产业就是脊梁

白益民 ◎ 编著

"寓军于民"与"产业突围"启示录

日本：一个没有核武器的核大国
日本"空心化"？or"控心化"！
警惕日本秘而不宣的产业战争
中国向日本政经"军团"学习什么
寓军于民，"武力"保卫中国商业

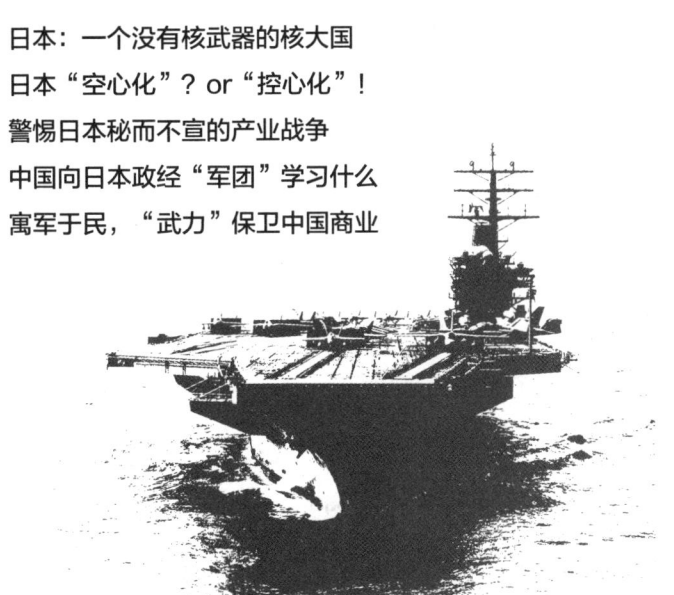

·北 京·

图书在版编目（CIP）数据

产业就是脊梁／白益民编著．
北京：中国经济出版社，2016.7
ISBN 978-7-5136-4254-5

Ⅰ.①产… Ⅱ.①白… Ⅲ.①产业发展—研究—日本 Ⅳ.①F131.34

中国版本图书馆 CIP 数据核字（2016）第 117368 号

责任编辑　李煜萍
责任审读　贺　静
责任印制　马小宾

出版发行	中国经济出版社
印 刷 者	北京科信印刷有限公司
经 销 者	各地新华书店
开　　本	787mm×1092mm　1/16
印　　张	27
字　　数	413 千字
版　　次	2016 年 7 月第 1 版
印　　次	2016 年 7 月第 1 次
定　　价	68.00 元

广告经营许可证　京西工商广字第 8179 号

中国经济出版社 网址 www.economyph.com 社址 北京市西城区百万庄北街 3 号 邮编 100037
本版图书如存在印装质量问题，请与本社发行中心联系调换（联系电话：010-68330607）

版权所有　盗版必究（举报电话：010-68355416　010-68319282）
国家版权局反盗版举报中心（举报电话：12390）　服务热线：010-88386794

看点提要

——20世纪80年代，军工立业、彩电兴业的长虹是如何从引进松下的生产线到其家电产业最终被纳入日本财团体系的？

——2004年底，联想收购美国IBM的PC业务，是抢来了美国香甜的蛋糕，还是接手了日本吃剩下的空盘子？

——2009年，丰田"刹车门"事件明明是被冤枉的，为什么丰田还愿意支付11亿美元的和解赔偿金来息事宁人？

——2011年日本大地震，为什么中国的电子组装企业反而比受灾的日本零部件制造厂商更紧张？

——当你开着三菱汽车、坐着三菱电梯、吹着三菱中央空调时，是否也知道它同时还在为日本自卫队生产着飞机、坦克和军舰？

——日本媒体将我们标有"和谐号"的动车组称为"异乡的新干线"，这里面有着怎样的联系？

——为什么日本媒体将美国军工企业组装的波音787亲切地称为日本的"准国产飞机"？

——日本宣称可以在一年内制造出核武器，日本核电厂里的钚完全可以制造出4000多枚的核弹头，这是真的假的？

产业就是脊梁

梦系中国人自己的综合商社
倡导中国新经济的财团机制
促进国民企业的振兴与发展
捍卫国家经济的主权与安全

对冷兵器的需求促进着金属冶炼技术的进步，殖民扩张推动了造船技术的发展，而计算机技术则于二战期间在密码战中实现了跨越式发展。战争对技术进步的作用是毋庸置疑的，在和平年代，若想实现制造业的技术突破和产业突围，发展军工产业应作为重中之重。

日本二战后逐步形成"寓军于民"的军工体制，在政府的扶持下，建立了以"民有国营"为主体的军事工业，将战争潜力深藏于民，并在财团内部调控机制的作用下，悄无声息地实现了其他产业利润向日本军工产业的转移，其"军民融合"的先天优势，淡化了其军国主义的形象。

中国的产业转型困难重重，核心的材料、零配件、成套设备等仍受制于人，而这些都是在战争年代被落下的。我们在和平年代也不能只算经济账，要为战争做好准备。因此，中国再有四万亿，不要扔到房子上去，应扔到装备制造上，扔到军工产业上，用"武力"保卫中国经济。

曾有"崖山之后无中国"一说，我们以史为鉴，纵观宋朝兴衰，让人惋惜而又警觉。宋朝重文轻武、重经济轻军事、重建设轻国防，这些措施，在宋初对人民休养生息确实意义重大，但在国家富强后仍长此以往，最终致使一个歌舞升平的美好朝代，在蒙古军队的铁骑下走向灭亡。

同样，在中国当前房地产泡沫形势严峻的情况下，全民和媒体的关注点又都跑向金融创新、互联网＋、大健康、文化等产业上去，而关乎国民经济命脉的制造业却得不到应有的重视。在这个大国博弈加剧、地缘局势日趋严峻的关键时刻，我们大声疾呼"产业就是脊梁"，希望给中国人民和政府以警示！

自 序
PREFACE

我是学理工科的，1991年大学毕业。多年以后，每当我和工科出身的朋友们在一起交流时，都能体会到职业的危机感。当时，正赶上1995年国企改革的"大跃进"，一批手里掌握着工艺制造绝活儿的老师傅纷纷下岗，而很多像我一样学习工科专业的大学生也都放弃了研发制造，转而投身跨国企业，一个个都仿佛不太"看得上"自己的专业了，好像什么先进技术都是可以买回来的。

当时东北是"重灾区"，原来日本殖民时期留下了完整的重工业体系，共产党也是依靠东北解放了全中国，后来苏联援建，东北成为全国最重要的军工、装备制造等重工基地。但是当年的国企改革使大批国企倒闭、工人下岗，技术工人发生断代，整个东北老工业基地几乎土崩瓦解。

今天，当中国经济发展到了一定阶段后，曾经以组装制造业为主的发展模式已经走到了尽头，正面临着产业升级的现实需求，此时不管是学界还是实业界才得到一个共性的认识——科技的对外依赖在一定程度上已远多于自力更生。随着多方呼吁，社会舆论开始意识到要大力支持自主创新，研制出属于我们自己的关键"零部件"。

然而，中国的产业升级之路却并不那么好走。

2001年中国加入WTO（世界贸易组织），随后大量外国资本疯狂进入中国，打破了所谓的"贸易壁垒"，这使得我们国家的民族工业受到了极大的冲击，企业面临着严峻的生存考验，因此大量的代工企业"应运而生"，中国逐渐成为全世界的OEM（贴牌）工厂，大部分中国企业其实都过着技术在外、资本在外、市场在外，只有生产在内的经营模式。

产业就是脊梁

2004年5月,我在日本《呼声》月刊上读到了一篇题为"中国的未来取决于日本"的文章,作者长谷川庆太郎在文中说道,中国现在的产业发展已经完全离不开日本的技术支撑,并且随着经济的不断增长,中国对日本的依赖也只会是越来越强。

其实长谷川庆太郎的话并非危言耸听,高举"民族品牌"大旗、立志以产业报国的长虹,其第一条生产线却是由日本松下提供的;而号称"国产品牌骄傲"的比亚迪汽车,其发动机也多是日本三菱制造的;当我们将"和谐号"看作中国高端制造代名词的同时,它却成了日本媒体口中的"异乡新干线"……

同样是面临着产业升级、海外扩张的重要关口,日本在20世纪七八十年代的高速发展期积累了大量宝贵的经验与教训,其最终形成的"产商融结合"财团体制和"寓军于民"的军工体制,可以为中国的经济发展转型、产业结构升级提供极大的借鉴作用。

在"失去的二十年"经济衰退的假象背后,日本其实早已通过多次产业升级转移,在海外悄悄地打造了"另一个日本"。甚至可以说,日本"失去的二十年"实为"创新的二十年",在汤森路透最新评出的《2015年全球创新企业百强》榜单中,日本以40家高居榜首,而中国内地却无一入围。

2015年9月,中国的航空公司与美国波音公司签署了300架飞机的采购协议,当国人纷纷惊呼中国要把航空制造业的主导权拱手让给美国人的时候,却鲜有人注意到波音背后闪现的日本魅影。就"梦幻客机"波音787而言,其35%的制造部分是由日本负责承担的,因此也完全可以称之为"准日本产飞机"。

事实上,远不止几百架波音飞机那么简单,日本财团其实早已渗透到了包括航空制造、基建设施等诸多领域在内的中国基干产业。而众所周知,基干产业同军工的关系密切,是国防工业的基础,掌握了基干产业的核心就是掌握了国防军工的命脉,现在我们最需要的就是建立独立自主的国防军工体系。

20世纪60年代,由于当时中国周边形势十分严峻,东海、南海局势动荡，中央提出了"三线建设"的战略构想，并在"老三线"地区建设起了一大批以国防军工、基础工业为核心的企业，而"老三线"就是指以现在重庆、四川、贵州为主的中西部广大地区。

在全国工业经济下行的大背景下，重庆的发展却是一枝独秀，2015年实现地区生产总值15719亿元，同比增长了10%，而这就要归功于重庆市长黄奇帆大力探索和推动的发展模式，在此模式带动下，重庆在经济实现持续高增长的同时，也在进行产业结构的调整与升级，从供给侧进行改革，不断提升以技术产业为核心的综合竞争力。

而就建立自主的国防军工体系而言，重庆也有着得天独厚的优势，首先，"老三线"地区有着良好的军工、制造业基础，到20世纪70年代中期，"老三线"地区先后建起了常规武器、战略核武器、电子、航空航天和船舶等30多个工业及科研基地，并已经形成了一个完整的工业系统；其次，由于该地区拥有重要的战略位置，因此进入"老三线"的外国资本十分有限，这也就很好地保护了这一地区民族工业的健康发展。

进入新世纪以来，特别是在东海钓鱼岛、南海油气田开发等问题的不断困扰下，民族资本挺进"老三线"，建立起中国自主化的军工基地，并逐步形成以军工制造业为核心的军工财团体系，也就具有了非常重要的战略意义。

2016年是"十三五"开局年，是国防科技工业改革、"军民融合"深度发展的关键年，在"军民融合"已成国家战略的大背景之下，加速"军民融合"也必将成为"十三五"的主旋律之一。我认为发展"寓军于民"的模式不仅能够推动国防科技工业改革的快速前进，同时还可以极大地提高装备制造产业整体的竞争力。

在"财团商道"系列文集的《财团就是力量》一书中，我就日本财团如何布局中国、隐身发展、夺取商权等方面详细剖析日本海外扩张的模式和做法，为中国"一带一路"的出海提出自己的建议；而在本书中，我将从不同的角度通过具体案例再度解析日本的产业发展模式和"寓军于民"体制对提升日本综合国力的重要作用，这将为中国实现军工改革、产业突围提供指导价值。

2005年，由于看到中国经济暴露的诸多问题，同时意识到当代的中国企业界和教育界对日本经济模式研究的极端缺失和漠视，我决心辞去在日本三井物产（株）12年的工作，专心研究日本财团及其综合商社对国家微观经济管理的重要功能和作用。以三井物产为核心的日本三井财团拥有丰田、东芝、石川岛播磨（IHI）等一大批准军工的装备制造类企业集团。

值得一提的是，我对日本财团商社的研究，得到了国资委研究中心楚序平主任的高度重视及肯定，并且受到国资委研究中心支东升处长的邀请，参与了"央企境外风险管理"等方面的专题研讨。2015年，在支东升处长的主持下，又成立了"一带一路国别风险和安保体系"课题研究组，我应邀成为课题组专家顾问，同诸多央企的领导进行了面对面的深入交流。

自2008年畅销书《三井帝国在行动》出版后，近八年来，本人接受了上百家媒体的采访，发表文章三百余篇，涉及经济、商业、产业、能源等诸多领域，本次"财团商道系列文集"对这些散落在各处的文章进行了搜集分类。

在我的指导下，我的优秀学生兼助手杨履明、乔梓效对大量文章进行了系统整理编辑，分别围绕财团体制、商社模式、产业强国、能源暗战四个主题形成逻辑体系后，重新以四部文集的形式呈现出来，以飨读者，希望能为国家全面深化改革、经济产业的健康发展、海外的扩展与繁荣提供有益的借鉴和参考。

在此感谢中国华信集团董事局主席叶简明先生对我的大力支持。自2011年始，我作为中国华信集团首席经济学家，有幸参与到中国华信的发展当中，并将学识和智慧奉献给这家肩负国家能源保障使命的集体所有制民营企业。

值得庆贺的是，2014年，中国华信集团以336亿美元的营业收入首次入围《财富》世界五百强，位列第349位。2015年，又以347亿美元的营收攀升至342位。并且，中国华信集团正以财团商社的模式践行"产业突围"的国家战略和"寓军于民"的体制改革。我的研究成果能为中国华信集团的发展贡献力量，让我深感荣幸和自豪。

《产业就是脊梁》这本文集收录了本人多年发表的文章,我的学生彭正江、王维在初期资料收集、整理和文章写作方面作出了重大贡献。这本书中还收录了许多媒体记者如余启阳、袁璐、张凌、刘文波、萧三匝、佟文立、信晓霁、杨学敏等对我的采访或撰写的与我相关的新闻稿,均为本文集的成书贡献了力量。

前　言
PREFACE

给日本制造一个真相

• 高科技是买不来的

近期，网络上一篇标题为"难道我们连 iPhone 也要抵制？"的帖子略显另类。发帖人是想让那些一味抵制日货乃至"打砸抢"的人看看，中日科技的差距到底在哪里，而作为年轻人的他们，又该具体做些什么。

发帖人是北京一家科研院所的研究员，他附上自己 iPhone 的图，写道：从液晶面板、闪存、蓝牙到相机模块，背后贴的都是东芝、夏普、索尼、TDK、精工爱普生等日本供应商的 logo，这还不能说是日本货吗？

在科技工作者嘴里，有关钓鱼岛的话题总是离不开高科技——精密器械、半导体、微芯片、发动机控件、ABS、安全气囊等看似不起眼的"零部件"，这些都是决定科技制高点的核心关键点。

如果以海外留学生最常见的两种行为——刷盘子和读书来比喻一个国家工业化道路的两种模式的话，正确的态度是：我们不放弃刷盘子，但更要坚持读书。"刷盘子"指的是追逐可以轻松获得的短期利益，"读书"指的则是国家或企业为了获得产业、技术、信誉上的积累，需要经历巨大的艰辛和忍耐。前者是出卖资源、简单劳动，以 GDP 速度为目标的模式；后者则是出卖知识、技术，以技术力提高为目标的模式。换句话说，经济结构的调整和未来发展的关键必须是自主创新，走一条新型工业化道路。

2011 年的日本大地震发生后，日本遭受核污染痛苦时，依赖日本核心技术的一些中国相机加工厂也在饱受镜片组配材料短缺的煎熬。正是因为这样的差距，在中国制造业，"产业升级"成了最紧迫的呼声。

如果一个国家过分享用消费品市场或是满足于生活水平的提高，而忽略将更多的精力投入"零部件"的研发，那么，这个国家在整个世界的工业框架里就只能担任提供低廉劳动力和消费市场的角色。

媒体上经常见到这样的说法：中国的产业升级是在经济全球化的环境里，具有国际化的特点。然而事实并非如此，诸如材料、生产线领域的高科技是一种"封闭"的研发，至少，是在国际市场上买不来的。

如今与老一辈科学家造原子弹的时代不一样了。在芯片以毫米计、线路以万计算的电子世界里，"逆向工程"的方法似乎已经难以奏效，而留下来的仍是艰苦卓绝。

● 日本制造不仅仅是日本家电

在生产铜箔的相关企业中，目前执世界牛耳的公司是三井财团旗下的三井金属（mitsui－kinzoku），占有世界40%的市场。三井金属企划室三森主任强调说："世界电子业的发展，铜箔占有极重要且不可欠缺的角色。"

东洋纺织株式会社的 ZYLON 是世界上最强韧的"超级纤维"，用仅1毫米粗的 ZYLON 能够吊住450公斤的重量。它经受得起摄氏650度的高温，不易燃烧。

日立制作所制造的世界上最小的集成电路"mu芯片"，其横幅和纵幅均为0.4毫米，厚0.06毫米。在"mu芯片"中带有128位的唯读记忆体和用于无线通信的模拟电路以及超小型天线。芯片被埋入纸币中，伪造是极其困难的。

不管是在零下40度的西伯利亚，还是在水深2000米的西非沿海，又或者是萨哈林的一万米的地下，钻井不可缺少的都是无缝钢管。住友金属工业生产的油田天然气用不锈钢无缝钢管占整个市场份额的50%，而在高级品上则占到80%。住友金属工业的高级不锈钢无缝钢管"HiArroy"被称为钢管里的"劳斯莱斯"。

日本的明石海峡大桥，全长3911米，是世界上最长的吊桥。支撑着这一巨大桥梁的是世界上最坚最重的钢丝缆绳。在大约70年的时间里,世界上的桥梁用缆绳一直使用每平方毫米承受力为160公斤的钢丝,但明石海峡大桥使用的却是新日本制铁公司新开发成功的180公斤级和200公斤级的钢丝。

而首飞成功的美国波音787客机是波音公司未来最重要的机型,已经接到全球55个客户约900架的订单,但波音787却被称作日本国产。它的机体材料是首次在民运中使用的碳素纤维,由三井财团的东丽纺织供应。第一劝银财团的川崎重工主要制造机翼之前的部分机身,同时还提供主机翼固定后缘装置并运送至三菱的工厂。富士重工主要制造中心翼盒,以及位于机身中部下侧用来连接机翼与起落架的强化结构。三菱财团的三菱重工则总装机翼。

松下、日立、索尼出售工厂,日本制造怎么了?日本公司去制造化的趋势正愈演愈烈?这是最近比较流行的声音,前段时间与国资委、中央电视台的几个朋友聊天,他们也有着几种不同的看法,而实际上,很多朋友的嗅觉更多是来自日本制造企业的家电产品。日本制造不仅仅是日本家电。东芝、松下、日立、索尼等日本公司的业务领域有家庭、个人、商务、工业等,家电其实只是日本制造的一个部分。

日本制造怎么了?

• 日本制造无处不在

从世界上最小的「mu芯片」到世界上最长的吊桥,从萨哈林一万米的地下到万米高空上的波音787客机,日本制造无处不在。"日本制造衰退"的假论不知道是日本故意放出的烟雾弹还是国人的幸灾乐祸。**日本制造怎么了?日本制造其实很好很强大,说日本制造热衷于"幕后"也许更准确。**也许你不知道,大家经常吃的康师傅方便面是中日混血儿,喝的北京啤酒是日本籍,街上跑的丰田、本田、日产、大发、铃木、三菱是日本车,连我们最温馨的家在装修粉刷涂料时用的都是日本的立邦漆。而中国第一、世界第三高楼——上海环球金融中心也由日本财团出资、设计并承建。Made in Japan、日本制造无处不在。何谈日本衰落?

产业就是脊梁

● 日本经济发动机

当前，尤其是金融危机这个大背景下，松下、日立、索尼这样的制造企业追求的是高附加值，当产品在市场已经普及之时，全方位的评估后就会做出选择。比如日本目前正在悄然推广3D电视，索尼2009年12月初与国际足联签署协议，以3D技术转播和录制25场2010年世界杯比赛。

而日本的机器人技术，被寄予新的经济"发动机"厚望的产业，大约占有了世界市场的60%。现在日本的机器人可以奔跑、跳跃甚至翩翩起舞。在东京举行的一次国际机器人博览会上，来自索尼公司的4个Qrio机器人在执行一段跳舞程序时，其中的一个居然摔倒了。然而，这一摔反而成了体现机器人灵巧程度的计划外表演：这个小家伙自己站起来继续演出，其身体完好无损。

这些都将是日本未来的撒手锏。对于日本技术以及日本制造，我们没看到的远比看到的多。

● 危机是个喷嚏

索尼、日立、松下、丰田、本田等日本主要公司2010年7—9月的业绩超出了预期，由此，各企业纷纷上调了2009会计年度（2009年4月—2010年3月）的业绩目标。比如营业利润：日立（800亿日元）、东芝（1000亿日元）、三菱（600亿日元）、NEC（600亿日元）、富士通（900亿日元）、松下（1200亿日元）、夏普（500亿日元）。

丰田也把2010年会计年度的营业利润从"小幅"向上调整至1900亿日元。日产也把营业利润预期从亏损1000亿日元大幅提高到了盈利1200亿日元。

有分析认为，日本企业的复苏势头源于企业的"体质"比2009年大幅"坚强"了。例如，索尼、东芝等9家日本家电企业在2008会计年度（2008年4月—2009年3月）创下1.9万亿日元的亏损，但其中营业性亏损仅为600亿日元，其余的是关闭工厂和裁员等加强竞争力所需的费用。

危机是个周期性的喷嚏，日本企业对其已经司空见惯。自1970年以

来，日本经历了5次经济危机，在稍有一点好转迹象的当口又会遭逢新一轮病毒的侵袭，而日本企业也总是马不停蹄地去创新、去变革，去适应从波峰到谷底的改变。因此，日本企业很会过冬。现在回过头来看历经数次危机后的日本，产业井井有条，企业生存能力和竞争能力都变得更好。

半个世纪多回合的折腾给予日本无数百年企业顽强的生命力。对以危机为契机的日本企业来说，每次的危机都是上位的绝佳机会，反而是美国的产业在经济危机后，已被日本逼到了悬崖边。

• 财团式发展

日本制造业对国外需求的强度依赖也使其容易受到外汇市场波动的影响，这也促进了日本企业模仿三井、三菱等财团模式进行发展，最有代表性的要属丰田与索尼，如今的丰田与索尼早已不是传统的制造企业。

"丰田财团"拥有如三井物产这样的综合商社——丰田通商，现在的丰田，除了汽车和综合商社，还拥有金融、住宅、海洋、信息通信、网络、生物、绿化等诸多事业。凭借综合商社庞大的贸易网和灵敏的嗅觉，丰田通商已经收购了印度尼西亚、越南的稀土矿山，目前丰田通商正着手收购澳大利亚CSG液化天然气项目15%的股权。

而索尼的金融与文化产业更具实力：索尼生命保险公司是1979年盛田昭夫先生为了向金融业扩张而一手打造的公司，目前金融部分占索尼资产的1/3。2008年11月27日，索尼集团旗下全资保险公司索尼人寿宣布在北京设立代表处。索尼的两部电影《2012》、迈克尔·杰克逊《就是这样》让大家终于明白，收购了米高梅与哥伦比亚两家美国公司的索尼早已不是传统的制造业。

财团模式是什么样的模式，如何理解财团模式？我在《三井帝国在行动》一书中就有对日本财团模式较详细的描述："尽管彼此不存在从属关系，但主办银行、综合商社、制造企业还是构成了日本财团三位一体的紧密结构。财团成员通过交叉持股、互派经理、共同投资、交换情报等方式建立横向联系。事实上，多元化并非独立企业的使命，而是整个财团分工与协作的结果。"

产业就是脊梁

● 日本制造，不创新，就死亡

日本是一个国土狭长、资源有限的岛国，对于没有太多自然资源的日本而言，科学技术是其参与国际竞争的唯一手段，而要跟上全球竞争的唯一方法，就是在研发和创新能力上，在所有竞争国家中保持领先。小国以脑力制胜，即使大国也瞠乎其后，由此可知，"不创新，就死亡"绝非恫吓之言，而是国家社会存亡铁则。所以，日本的生存不能没有科学技术，不会抛弃制造业，这也是日本唯一的一条活路！

二战后，日本经历了很长时间的模仿型"技术立国"阶段，即积极引进和消化国外先进技术、自身努力开发应用技术。1995年11月，日本明确提出将"科学技术创造立国"作为基本国策，开始重视基础科学研究、开发基础技术。日本在2001年3月出台的第二个科学技术基本计划中提出，要在21世纪头50年里培养30个诺贝尔奖获得者。2001—2009年，已经有8位日本科学家获得诺贝尔奖，照目前的速度来看，实现起来并非难事。可以说，日本近年来频出诺贝尔奖得主与日本长期重视科学技术密不可分。当然，一个国家的科技实力不能完全以诺贝尔奖得主的多少来衡量，科技政策也不应以获取诺贝尔奖为导向。但在科技是第一生产力的时代，采取措施扎实推进科技发展总有裨益。

1995年11月，日本国会一致通过了《科学技术基本法》，拉开了半个世纪以来重建日本科技体制的序幕。从1996年开始，日本政府每隔5年都会制订一个"科学技术基本计划"作为国家的科学技术大方向，其目的是确定国家的重点研究领域，推动科学技术振兴。在1996—2000年度的第1期、2001—2005年度的第2期这10年时间里，投入的资金大约为40万亿日元。在2010年度结束的第3期内，其目标是5年投资25万亿日元，也就是说，15年间，用于科学技术振兴的资金共计65万亿日元。投资规模接近日本全年的国家预算。

原文发表于《经济观察报》2010年1月，作者：白益民

目 录
CONTENTS

前 言 / 1
- 高科技是买不来的 / 1
- 日本制造不仅仅是日本家电 / 2
- 日本制造无处不在 / 3
- 日本经济发动机 / 4
- 危机是个喷嚏 / 4
- 财团式发展 / 5
- 日本制造，不创新，就死亡 / 6

第一章
揭开日本制造的隐秘面纱

第一节 是中国制造还是日本制造 / 3

第二节 日本控制关键零部件，中国只是组装厂 / 11

第三节 模具"日本制造"品质佳 / 17

第四节 日本占据全球制造业最高端的秘密 / 24

第五节 综合商社成就日本超一流"母体工业" / 37

第二章
电视产业背后的日本掌控

第一节 日企深度介入中国面板产业 / 45

第二节　上广电被托管之路 / 49
第三节　丸红撤出京东方 不影响另类掌控 / 55
第四节　联手台湾地区搅动东亚产业战 / 59
第五节　长虹：中国企业的宿命？ / 64

第三章
日本电子业在华攻城略地

第一节　经济地震启示录 / 73
第二节　揭穿日本电子业假面 / 79
第三节　日立公司打造中国"白金暗道" / 85
第四节　日美同盟的中国攻略 / 92
第五节　华为亮剑，阻击日立 / 100

第四章
丰田成为美国的心头大患

第一节　丰田用50年打败美国 / 111
第二节　丰田到底是做什么的？ / 117
第三节　狙击丰田：美国打响新一轮产业战 / 124
第四节　丰田的"和解"谋略 / 131
第五节　丰田交给美国政府的"保护费" / 135

第五章
日本悄悄进村，美国抛来空瓶

第一节　"影子丰田"隐秘布局吞噬巨额利润 / 145
第二节　财团体系支撑丰田"不死鸟" / 154
第三节　以丰田为镜，看吉利最缺什么 / 160
第四节　吉利收购沃尔沃 / 169
第五节　谁来审判高盛？ / 181

第六章
政经"军团"渗透中国基干产业

第一节　三菱重工的中国攻略 / 195

第二节　日本财团,"徐工案"幕后辣手 / 206

第三节　日本新干线的中国之旅 / 217

第四节　中国向日本政经"军团"学习什么 / 226

第五节　日本"官民一致"推进新干线出口 / 237

第七章
一个没有核武器的核大国

第一节　日本野心背后的核武器狂想 / 245

第二节　抢占中国核电市场 / 252

第三节　收购美国西屋　强夺中亚铀矿 / 262

第四节　核电难言放弃 / 266

第五节　中国核电重启下的日本机会 / 273

第八章
蓄力航天的军国复活梦

第一节　日本实为航天大国 / 281

第二节　潜藏火箭里的军事意图 / 287

第三节　日本财界的"星球大战"图谋 / 294

第四节　日本寓军于民的军工体制 / 302

第五节　日本尽是"爱国贼" / 308

第九章
磨刀霍霍的日本海空力量

第一节　日本航空部队的军国复活梦 / 321

第二节　日本拉抬"大飞机"意在吞蛋糕 / 328

第三节　波音机翼下的日本魅影 / 337

第四节 财界武装的日本海军 / 345

第五节 中国制造靠什么顶起航母 style / 352

第十章
中国如何应对产业战争

第一节 警惕日本对华产业战争 / 361

第二节 揭秘日本财团帝国 / 367

第三节 三井物产模式透视 / 377

第四节 三井模式带给中航工业什么启示 / 385

第五节 失之筑波，收之财团 / 391

后记 4万亿投装备制造业，"武力"保卫中国商业 / 401

- 中日产业战争，谁才是赢家？/ 401
- 隐藏的日本经济实力 / 402
- 掌握装备制造的"核武器" / 403
- 从危机感身上找到信仰 / 405

引用文章 / 407

第一章　揭开日本制造的隐秘面纱

格力、海尔、美的等中国品牌的空调里，核心的压缩机仍然摆脱不掉三菱、日立、大金等日本企业的掣肘；身为"国产品牌骄傲"的比亚迪、长城等汽车，其发动机也多为三菱提供；作为世界工厂的我们，在占有市场的同时并未换来产业技术的实质性提升。

当人们还沉浸在关注日本"失去的十年、二十年"的经济衰退表象时，没有人注意到以综合商社为先锋的日本财团企业，正不断渗透进中国众多产业当中，它们牢牢地掌控着核心技术和产业链中利润最丰厚的环节，包括中国在内的诸多亚洲国家逐渐成为日本制造业的附庸。

不只是亚洲，美国的高端制造业也基本被日本掏空，日本车的大行其道最终引发"汽车之城"底特律的破产，就算打开苹果 iPhone 手机，里面也随处可见日本的零部件。日本海外"控心化"的制造业发展模式，使得日本在 20 世纪 80 年代后一直占据着全球制造业链条的顶端。

作者题注：

只有组装型企业才把品牌放在竞争力的第一要素，而日本企业已度过品牌竞争的发展阶段，将重点放在对核心零部件和产业供应链的控制上。中国去海外发展，也应学会借鸡生蛋，隐蔽在别人的品牌后面实现盈利。

本章提要

对于日本来说，实际上早就过了用品牌赚钱的阶段。品牌是什么？只有搞组装的国家才强调品牌。20世纪六七十年代，日本强调品牌，因为当时它是组装型产业的国家。再回过头来看，即使中国是有品牌的，这些品牌到底值多少钱？

苹果跟三星打官司，说三星盗取它的设计外观，为什么不说三星偷了里面的核心技术，就说了一个外观？因为iPad里面只有外观设计和软件可能还算是它自己的，剩下的东西全不是它的。谁的？日本的。

在日本GDP低迷的2000年，日本人均国民收入却排名世界第一。到2002年，日本的海外存资产约合16277亿美元，与1991年的3831亿美元相比，11年间增长了3倍多，年均增速为两位数。他们正在默默地打造一个"海外日本"。

在中国境内的发明专利申请，日本公司超过了所有国家，排在第一位，仅松下1家公司在中国申请的发明专利数就达到了16825条，索尼为9817条，日立为8402条，而靠专利吃饭的美国高通公司，其发明专利申请量不过1539条。

日货随处可见，但如果抵制美国货呢，我们是看不到美货的，你告诉我哪个是美货？福特汽车、通用汽车掀开，看看里面的零部件是什么？美国的汽车就是组装，全球采购。它的全球采购主要来自日本和德国。

日本学者总结日本从外看是资本主义，从内看是社会主义。也就是说从外面看日本似乎是谈市场经济，但是实际上它的内部是社会主义，有人总结为公社制资本主义，这是我看到的日本，或者日本型社会主义。

第一节
是中国制造还是日本制造

引进—落后—再引进

中国是世界公认的一个全球新兴制造业大国，其未来的趋势与地位被认为可直追 19 世纪的英国制造业及 20 世纪的日本、美国制造业，但必须指出：制造业大国不等于经济大国，甚至中国目前是否是一个十足的制造业大国，也有商榷的余地。

今天中国获得"世界工厂"的称誉，是建立在大量耗用原材料、大量耗用能源、大量耗用初级劳动力、大量进口发达国家的知识技术产权以及大量牺牲环保及生态资源的成本的基础之上的。

世界经济论坛（WEF）2006 年 9 月 26 日公布的 2006—2007 年度《全球竞争力报告》显示，中国大陆全球竞争力排名在第 54 位，2005 年是第 49 位。自 2002 年以来，中国大陆 GDP 高速增长的同时，它的全球竞争力却在急剧下滑，从 2002 年的第 33 位掉到 2003 年的第 44 位，再到 2004 年的第 46 位、2005 年的第 49 位。

竞争力下降主要是长期以来我国对外来技术和设备重引进、轻消化，重引进硬件、轻引进软件，造成了引进—落后—再引进的局面。在中国的技术和设备引进的热潮中，日本逐渐成为最大的技术和设备的输出国。

2006 年的《全球竞争力报告》显示，中国大陆在 GDP 高速增长的同时，全球竞争力却在急剧下滑

"中国今后要继续保持持续的经济发展，就必须加强倾注在技术研究开发的投资。但是，中国既没有那技术力量，又没有这个意识。当然只有从日本购买技术专利、继续引进新的技术，除此没有别的方法。"日本国际经济学家长谷川庆太郎说。

中国制造日本专利

在汤森路透评选出的《2015全球创新企业百强》榜单里，日本以40家高居榜首，力压美国的35家，而中国内地无一入围

中国经济发展与日本密不可分，主要因为三点：一是日本拥有优秀的技术实力和为确保技术优势而对研究开发的巨大投资；二是日本企业能向中国提供经济建设不可缺少的高质量产品；三是日本向中国提供工业生产必不可少的大型生产设备。

截至2007年4月5日，国家知识产权局网站的检索结果显示，在中国境内申请的发明专利中，专利申请地址来自日本的有183196条，而地址为中国的发明专利仅有12632条，美国为122502条。仅在中国境内的发明专利申请，日本公司就超过了所有国家，排在第一位。

通过"申请人"一栏检索，海尔发明专利数为528条，康佳为134条，TCL为162条。相比较之下，仅松下公司在中国申请的发明专利数就达到了16825条，索尼为9817条，日立为8402条。靠专利吃饭的美国高通公司，其发明专利申请量不过1539条。"海尔、TCL、康佳……你数吧，把能想起的中国有名的公司都算上，数到100家，这100家中国公司的所有发明专利数，还顶不上一家日本大公司。"国家知识产权局一位负责人感慨。

据统计，在中国的不少电子信息企业，产品要付出的专利费往往高达15%~20%，通信、半导体、生物、医药和计算机等行业，外国公司拥有的专利占60%~90%，特别是航空设备、精密仪器、医疗设备、工程机械等具有战略意义的高技术含量产品，80%以上尚需依赖进口。来自国家统计局的资料说明，目前我国2/3的大中型企业没有自己的科研开发机构，3/4的企业没有科研开发活动，完全照抄别人的产品。

人大常委会副委员长蒋正华披露的数字更是令业界吃惊，据他透露，

2006年全国人大组织了一次《专利法》的执法检查,发现"全国还有99%的企业连一件专利都没有,大量的企业都还是依靠外国的技术,或者其他企业开发的技术在生产"。

据商务部统计数据,2006年1—11月,全国登记的技术引进合同共9537项,合同总金额203.5亿美元。其中,从日本引进金额为48.3亿美元,远高于美国的38.1亿美元,在所有国家中排名第一,而据专家估计,还有很大一部分技术引进合同并没有登记。实际上,中国每年要花费500亿美元来买技术,日本是最重要的技术来源国,500亿美元意味着每年可以再修1.5座三峡大坝。

其实专利差距仅仅只能说明电子信息产业等消费类行业的情况。在拉动经济增长的投资、消费、外贸三驾马车中,中国对投资的依赖度越来越高,已经接近50%的水平。投资与重化工业等基干产业的关系密不可分,而如水银泻地般渗透进中国基干产业的正是隐藏和融化在微观经济世界中的日本财团。

日本掌控产业链制高点

中国的经济发展使中国制造业对日本的材料和零部件有着强而有力的需求。中国钢铁产量虽然为世界第一,但是高级钢材却很少。高强度钢、电磁钢、表面处理钢等类别的高利润附加值的高级钢、特殊钢均被日本垄断。

从1982年开始,日本的机床一直保持着世界市场占有量第一的地位,2005年,日本的机床在世界市场上的占有率超过30%。与过去的"老师"德国相比,优势也非常明显。2006年,中国汽车产量为728万辆,中国生产汽车部件的机床年均工作时间高达3500小时,而只有日本生产的机床能保证连续5年性能不变。在重工业的生产资料上,中国严重依赖日本提供的大型设备。

中国这个崛起中的大国,对外依赖严重,现代化的基础是不牢靠的,经济安全和国防安全也是不牢靠的。其实,对外开放和自力更生是可以并行不悖的。科技部资料显示,中国投入巨资兴建的西气东输、海气登陆、广东福建进口 LNG（液化天然气）等一系列重大天然气项目中，新日铁和住友金属工业等日本财团企业控制着高级不锈钢无缝钢管的供应，大型 LNG 船的技术则掌握在石川岛播磨重工和商船三井手里。

中国高速铁路建设引进的是川崎重工的技术，机车原型是日本新干线 E2-1000。中国向日本订购的 60 列火车中，3 列在日本完成并完整交付给中国；另有 6 组以散件形式付运，由中方负责组装；最后提供中国国内制造剩余的 51 列列车所需要的设备等知识产权，但一些高技术部件中国仍需采用进口产品。

2007 年 5 月，中国国家核电技术公司同美国西屋电气签署三代核电项目，而一年前，日本东芝已经完成了对西屋电气的收购

2007 年 5 月 14 日，国家核电技术公司与西屋电气等公司在美国芝加哥联合签署了三代核电自主化依托项目最终合同谈判备忘录，随后美国将从西屋电气公司引进 4 台 AP1000 机组，而东芝拥有西屋电气 77% 的股份，占全球核电市场份额 28%。国际核电企业以日系为中心，正在逐步形成三足鼎立局面：日立通用、东芝-西屋、三菱重工-阿海珐。

中国各地的基础建设和资源开采让工程机械与矿山机械的损耗相当大，性能良好的大型基建设备的需求量也非常大。日立建机、三菱重工、小松、神户制钢、住友建机等日本企业生产的基建设备却能经受住这种考验，它们的技术很好地解决了金属疲劳问题。

在化学工业和材料工业中，日本也具备技术上的垄断优势。如高级面料、特殊面料用的人工纤维和化学纤维，耐热性强、重量轻、强度高的碳素纤维等。除此之外，以日本综合商社为首的财团企业把持着能源矿产的上游资源，从澳大利亚的铁矿到中东非洲的石油，从蒙古的铜矿到俄罗斯的天然气，都是日本综合商社的势力范围。资产投资中的设备投资 2/3 依赖进口，而进口日本设备的投资股份额排名第一。

中日两国产业空洞化的差异

很多经济学家认为,日本在20世纪90年代因为惧怕产业结构空洞化而失去了产业结构转型的大好机会,导致其在信息产业方面落后于美国。但就现在的情况来看,这种稳健让日本既保持了传统制造业上的巨大优势,又在信息产业上取得了后发优势。对自身产业的保护和自主标准的坚持甚至让日本在信息产业的某些领域强于美国。

产业结构空洞化,包括正反两方面意思:一方面指发达国家经济结构的脱工业化和服务化,现在很多发达国家服务行业在GDP的比重已经超过70%,但是因为掌握核心技术和高附加值的配套服务,依然控制着产业链的上游(如日本);另一方面是指一个国家或地区的已有产业处于衰退阶段,而新的产业还没有得到发展,或者新的产业发展得不够充分,不能弥补已有产业衰退的影响,造成经济陷入不断下降甚至萎缩的现象。

为了严防产业结构空洞化,日本制造业对外投资的"三部曲"通常是:第一步,将组装工序转出,在海外进行模块组装生产;第二步,在当地采用部分零部件;第三步,原材料产业跟进投资。日本企业向中国的生产转移中,很大部分是劳动密集型的组装和加工业以及中低端资本密集型产业(如汽车行业),核心技术和工艺却不会转移。

日资企业在国外制造的最终产品中,除了完整产品外,还包含着很多日本制造的高技术零部件等中间产品,因此,日本企业扩大对外直接投资直接带动了日本的机械设备和零部件的出口,这不仅有利于日本出口增加而且也为日本经济景气恢复做出了很大贡献。近年来,日本政府和财团认为日本主要利用"最终产品"赚钱的时代已经过去,因此积极推行"知识产权立国"政策,即以输出知识和智力为主,超越"技术立国"的时代,产生和提供附有知识产权保护的技术信息。

在这种国策的指导下,日本成为工业化成长道路上的亚洲各国的技术、设备乃至产品的提供者。"不买日货"的韩国给中国的印象一直是"自强不息",但是其长期以来都受制于日本却是不争的事实。1965年,朴正熙政府恢复了日韩外交后,由于得到日本的援助,经济进入高速增长时期。截至2005年，韩国对日贸易累计逆差达2500亿美元，其中零部件、材料领域所占比重最高，达65.9%（2005年统计数据）。2007年1月28日韩国产业资源部公布的数据显示，2006年韩国对日贸易逆差创历史新高，达到253亿美元。

亚洲各国之中，只有印度尼西亚对日本贸易出现顺差，成为唯一的例外，这还是因为印度尼西亚生产石油，靠石油输出就能得到贸易盈余。中国对日贸易从20世纪80年代开始一直是逆差，仅2006年就高达241亿美元。2002—2006年的5年间逆差累计达812亿美元。

在中国对美贸易顺差巨大的同时，出现对日贸易高额逆差，其中还有相当部分是中国背负了日本对美的顺差，因此中日贸易的实际逆差还不止这个数。说得形象一点就是中国帮日本生产产品卖给美国，赚一些打工的钱。

当审视我国微观经济领域时，一种产业空洞化的巨大危机感油然而生。2006中国企业百强中（销售额排名前100家），电力、能源、电信、银行、保险等国有垄断型企业占了46家，外资占据了13家，纯民营企业只有5家，靠自然发展壮大的仅10家。很难想象在未来20年内，依靠低技术含量的低端资本来带动国民经济的发展是一个稳步走向崛起的大国之所为。宏观经济领域，中国受到美国的胁迫，微观经济领域，中国又受制于日本，笔者虽然位卑却不敢忘忧国。

路在何方？

中国经济宏观强、微观弱的局面被经济界所公认。2006年有一本书叫《世界是平的》畅销全球，书中就建议中国和印度应当接受目前在世界格局的分工，不要去试图占有更高端的领域。这种说法显然是不可能被中国接受的。现在中国慢慢意识到了这种靠资源消耗、大量投资和市场换技术以拉动GDP快速增长的方式已经严重制约中国经济的健康发展。

2007年4月30日，商务部和海关总署联合发出公告，决定从2007年5月20日起对部分型号的热轧卷材、冷轧板材等钢材产品出口实行出口许可证管理；

2007年5月21日,我国政府又再次出台规定:提高钢铁出口的关税,钢坯及部分钢材将加征5%~15%的关税。同时,国资委出台的央企改革计划明确提出了培养30~50家具有国际竞争力的大企业集团的构想。2006年的《国家中长期科学技术发展规划纲要》中又明确提

日本经济学家长谷川庆太郎在日本《呼声》月刊2005年5月号上发表题为"中国的未来取决于日本"的文章,指出中国经济对日本技术的依赖性,值得国人深思

出了到2020年将我国对外技术依存度降低到30%以下。

这些美好的愿景还需真正具有竞争力的中国企业去实现,华为或许能给国人一些希望。在电子信息产业,中国企业与国外企业展开了激烈的竞争。华为总裁任正非说过一句著名的话:欧美的专利如今已经占领了山顶,我们就要用专利把山脚围起来,让他们下山的时候绕不开我们的专利,然后用山脚的专利去换山顶的专利。

从眺望对手到近身搏杀,华为在19年的专利长跑中已经大幅缩小了与跨国竞争对手的差距。世界知识产权组织(WIPO)的报告显示,2006年华为提交PCT(专利合作条约)国际专利申请575件,上年这一数为249件,超过思科2.4倍。同时,华为在企业排名上也力压爱立信、三星等企业,在纯通信企业中仅位于诺基亚和高通之后,在全球申请人中的排名从第37位上升到第13位,并且占到中国PCT国际专利申请量的14.7%。

即便华为每年将销售收入的10%~15%投入研发开发,在研发经费的数量级上缩小了与西方公司的差距,在专利上也缩小了差距,其相对世界其他公司几十年的积累还是不够的。经过19年的艰苦奋斗,迄今为止,华为仍没有一项原创性的产品发明。

面对缺少核心技术的现实,华为只能通过购买和支付专利许可费的方

式,实现产品在国际市场的市场准入,并在竞争的市场上逐步求得生存。购买核心专利之后,华为主要做的是在西方公司的成果上进行一些功能、特性上的改进和集成能力的提升,更多的表现为工程设计、工程实现方面的技术进步。基本专利的形成是"冰冻三尺,非一日之寒"。即使是应用型基本专利的成长过程也至少需要 3~5 年,在这一点上华为有着清醒的认识。

国家重工业化是日韩崛起那个时代的特征,而信息化则是这个时代的特征。微观经济模式让日本实现了重工业化,同时也让它取得了在信息化时代的巨大优势。中国这个崛起中的大国如果放弃了自主的基干产业,就等于放弃了经济建设的基础,如果放弃了信息产业就等于放弃了未来。华为那样有国际竞争力的企业给中国带来希望的同时,我们也应该清醒地认识到现在中国企业竞争力的严峻形势。

中国多元化的时代特征,决定了中国需要顺应多元化的发展趋势。现在越来越多的人也认识到完全依靠市场经济无法解决中国产业不合理的困境,政府宏观调控也无法提高中国企业整体的竞争力。在技术、贸易、金融、投资、物流、信息和人才等方面落后的中国企业,面对国外先进企业的竞争,整合资源是必然的选择。

韩国政府便是效仿着日本政府的产业模式及日本的财团商社体制来推动经济发展,并最终创造出"汉江奇迹"

在 1997 年以前,中国政府曾着力去培育日韩式的财团型大公司,然而亚洲金融风暴的突然出现,让这种努力半途而废。今天,当我们再次感受到日韩企业巨大的竞争力时,当初对日韩模式的否定似乎就不那么站得住脚了,光阴荏苒,10 年的时间就这么过去了。

中国经济经过改革开放 30 年的发展,无论是物资、技术还是人才,都有了一定的积累。面对国际竞争的巨大压力,我国应该重新考虑如何能集中全国的资源,建立一个综合性的在市场经济下以计划为手段的微观经济管理集团,确立一个长远的战略目标,合理分配资源，合理运用全国的人力物力，为中国的腾飞提供动力。

经济发展为中国积累了巨额财富，在完成原始积累后，应该把这些积累投入微观经济可持续发展上来，大飞机、航母等的建造就是重新建造和培养中国制造业的契机。同时，应该尽量让有技术积累的民营企业参与这些大型建设项目，以此带动中国企业间的跨行业合作。

中国现在奢望在各个行业都拥有很强的竞争力是不现实的，为了追赶日本等发达国家，只能把有限资源投入那些中国还具有优势的行业，像我国对国产化程度较高的 3G 标准 TD‐SCDMA 的绝对扶持和 TD‐SCDMA 产业联盟的建立就是比较好的例子。

原文发表于《董事会》2007 年 8 月，作者：白益民

日本控制关键零部件，中国只是组装厂

品牌只是华丽的外衣

日本的家电或者相关产业是它的小玩闹，实际真正的产业已经过渡到资源以及高精尖的零部件。为什么日本需要那么多稀土？因为它能点土成金。而这些稀土在中国人手里就是土，因为中国没有技术把它变成材料。

这些材料能做到纳米级，搁在手机芯片里面。这些都需要专门的机床设备。这些东西美国也没有，只有两个国家有——德国和日本。它们控制着这些东西，从材料到机床。这一切并不是说拍拍脑袋就能出来的，都是通过各种实验、用几十年的积累研究出来的。

日本早就过了用品牌赚钱的时代，只有搞组装的国家才强调品牌。在 20 世纪六七十年代，日本强调品牌，因为它当时就是组装型产业的国家。换句话，就算中国是有品牌的，我们来看看这些品牌到底值多少钱？

曾经高举"民族电视产业"大旗的长虹，第一条生产线是松下提供

的，从此以后，长虹就没有离开过日本。当时长虹的领导人倪润峰，三天两头往日本跑。干吗？要去采购人家的零部件。所以说，实际上是人家给了生产线、给了零部件，你生产的长虹只是个壳。

我们再看联想，联想到处炫耀它收购了 IBM 的 PC 部门，但是收购 IBM 的主意是谁出的？日本人。为什么？收购完以后，联想才发现，原来 IBM 是由日本生产的电脑，由大和实验室设计，IBM 的第一台笔记本电脑就是大和实验室给它做的。大和实验室和联想是什么关系？联想 thinkpad 所有的产品其实都是大和实验室做的，只是贴了联想的牌。我们再看海尔，海尔做冰箱、洗衣机、空调等家电，但你到网上搜一下就会发现，空调、冰箱等最重要的部件是压缩机，是谁给海尔提供的呢？再搜一下大金，再搜搜包括美的在内的所有空调厂家，基本上全是日本提供。中国人做的是壳，做了一个品牌也不过是一个壳。

我们的汽车产业也基本上都是外资品牌，只有奇瑞等几个是屈指可数的内资品牌，但是再看看奇瑞的发动机是谁的？三菱的。前一段时间，奇瑞还跟三菱谈合资。**也就是说做到现在，我们国内的产业做来做去就是个壳，就是组装，就是个品牌，我们的关键零部件全在别人手里。如果打起贸易战，我们认为不买别人的东西是一种制裁，但你有没有想到，人家不卖你东西也是一种制裁？**

关键零部件我不给你，就像我们不给日本稀土一样，我们不卖稀土对它是制裁，但是人家拿着关键的零部件，不给你，我们就组装不了东西，这也是制裁。同时，包括佳能、松下在内的很多日资企业都在中国开了工厂，它们的产品不但是卖给中国市场，还有很多是返销到日本市场，销售到东南亚、欧美市场。你让它的工厂倒闭，你有没有想到，这些在中国组装的东西也卖不到美国去了，也卖不到欧洲去了。而我们在这块的损失有没有计算过？我们的失业有没有计算过？我说中国的损失要比日本大，因为中国现在的劳动力优势已经没了，土地优势没了，制造业已经开始往外转移，有些工厂已经考虑转移到菲律宾、印度等完全能替代我们的国家和地区，最后损失的也是我们。我们跟人家打经济贸易战最主要的问题在于，独立自主的产业体系没有做起来，如果有可替代的自主研发的核心零部件，才有底气。打经济贸易战之前，先数数手里的牌，你自主的产业有没有做起来，没做起来，就不要做这种伤自己的事。

日本的"社会主义"内核

刚才谈到日本社会主义的事，我深有感触，我在三井物产工作了12年，1996年，我去了东京，在那一段时间的工作中，我的上级又是我的老师，平常带着我，工作的时候教我。在日本没有中国这样的一大堆商学院，就是师傅带徒弟，上级就相当于师傅。

我在商社下班，下班以后他们都喝点酒，喝得有点晕乎，在地铁上跟我聊。那时候才1996年，中国还不像现在这样贫富分化严重，但他已经认识到并对我说——"你们中国是资本主义，我们才是社会主义，因为你们有贫富分化。"

这件事对我触动很大。我后来仔细观察日本，发现它的确没有显著的贫富分化，大学生和社长之间的工资收入差距也就几倍，从普通的大学生到社长这样一点一点上去，没有那么大的差距。它是分成九级工资，根据年龄一级一级上调，这跟国企是一样的。

日本学者总结说"日本从外看是资本主义，从内看是社会主义"。也就是说，从外面看日本似乎是谈市场经济，但是实际上它的内部是社会主义，有人总结为公社制资本主义。这是我看到的日本，或者日本型社会主义。2007年，福田康夫到北大演讲说了一句话"我国被称为比社会主义还要社会主义的平等社会"。

所以真实的日本跟我们舆论宣传的很多是大不一样的，它们的财团、商社、企业之间交叉持股，我定义为集体所有制，看不出是个人的，但也不是政府掏的腰包，是民间资本滚动大了后相互持股，然后上市。

日本完成社会主义是美国帮了忙，因为战后美国把日本企业里家族的人全给赶走，又搞了一个反垄断法。例如丰田从家族企业做起，但是二战后就被美国人强行将企业解体并把家族赶出。日本企业在被美国军事、经济占领之后，想寻求独立自主的产业，搞独立自主的经济，从美国这块挣脱出来，所以又重新抱团，企业之间就形成了交叉持股，形成

产业就是脊梁

2007年日本首相福田康夫在北大演讲时就曾说过"日本被称为比社会主义还要社会主义的平等社会"

了集体所有制，它要绕开反垄断法，变成软垄断，最后把美国资本赶出日本市场，还打到美国。

这是我们看到的日本，跟我们不一样，我们现在还在拼命吸收外资，但是日本在20世纪六七十年代，就已把外资驱逐出去，而且到20世纪80年代日元升值形成资本输出国、投资国，把自己的市场全夺回来了。这时候它自己的产业发展起来了，因为它的市场拿回来了。你在日本看不到外国货。韩国也是这么做的。这背后实际是东亚的文化，其实他们用的还是中国的文化。我看到的日本是这样一个形态。

中日相争，"渔翁"得利？

我们看钓鱼岛事件时候，要理性回归一下，我们跟日本为什么会有这么大的一种矛盾？我认为在钓鱼岛问题上，美国是脱不开干系的，但我们把目标瞄准了日本。之所以我们瞄准的是日本，是因为我们觉得：第一他们侵略过我们；第二日本失去的几十年中我们强大了，小日本弱得很却还敢在我们头上拉屎，所以我们很愤怒。但是你有没有想到我们为什么不敢跟美国叫板？大家去看看战后那段历史，其实是美国把钓鱼岛交给日本管辖的，我们应该大声向美国要钓鱼岛，为什么冲着日本？美国在这个事件背后还有什么企图？我看到有资料显示，这次保钓运动内地最初没有动，是从香港搞起来的。2003年的保钓运动是从中国台湾搞起来的，大陆本来没有人做这个事情，谁在背后煽风点火？

钓鱼岛争端一次一次提上来，有日本挑衅，但是也有美国在背后挑拨的因素。中日之间掐起来以后，得利的是美国，因为虽然美国有金融霸权，但美国的产业已经被掏空了，德国、日本以及现在的中国，对它都是贸易顺差，它现在要回流产业，想回流制造业产业，谁是它的敌人呢？实际上,东亚经济体就是它的对手。

再有,美国想重返亚洲。有很长一段时间,美国都把精力放在中东、伊拉克,现在想重返亚洲。它在亚洲的对手是谁?就是日本和中国。这两个国家掐起来,谁得利?肯定是美国。它为了它的经济目的,也为了它在亚洲的统治力,希望两国掐起来。

而且我们还看到一个奇怪的现象,我们看到石原慎太郎好像天天在捣乱叫板,但是网上去查查资料,他也是一个反美的,而且是极端反美。1989年,他跟索尼的社长写过一本书《日本可以说不》,1998年还写了《日本经济可以说不》,也是对着美国的,副标题是"从美国的金融奴隶中摆脱出来"。

石原慎太郎是个反美反得很厉害的人,结果钓鱼岛事件、东京都购岛事件等,都是他在2012年4月份在美国谈到的。本来他反美,结果还跑到美国谈这个事,显然美国在纵容这件事。

在全球进击的"日货"

日货随处可见,但如果抵制美国货呢,我们是看不到美货的,你告诉我哪个是美货?福特汽车、通用汽车掀开,看看里面的零部件是什么?美国的汽车就是组装,全球采购。它的全球采购主要来自日本和德国,而日系车和德系车不是,整个产业链全是它的。

丰田汽车其实是一个总装厂,丰田有十几家公司,其中有5家是世界五百强企业,丰田汽车、丰田通商、丰田纺织、爱信精机还有电装,都是世界一流的企业,除了丰田汽车是组装以外,丰田通商做金融物流及关键的零部件企业联系,日本电装是全球最大的零部件生产企业,丰田纺织是装备制造汽车生产线。爱信精机也是生产零部件,除此之外汽车的电子供应商还有阿尔贝司。日系车基本上零部件配套都是它自己的。所以,我们看到丰田汽车2008年的全球利润151亿美元,但是福特和通用拼到最后,亏损100亿美元,通用2009年倒闭,福特最后被美国政府接管。

我们再看我们用的电脑,原来的IBM笔记本是日本大贺实验室生产的。再说美国苹果公司的iPad,大家知道2011年日本大地震的时候差点断货,为什么日本大地震iPad会断货?有没有想过这个问题?实际上iPad是什么东西?苹果跟三星打官司说三星盗取它的设计外观,为什么不说三星偷了里面的核心技术,就说了一个外观?因为iPad只有外观设计和软件可能还算是它自己的,剩下的东西全不是它的。谁的?日本、韩国的零部件,还有富士康。富士康是在深圳的台湾企业,但是你去网上查查,富士康的设备是谁的,它的零部件从哪儿采购?日本。

所以全球的产业链是什么分工?日本已经给做好,再由东亚各国(地区)整合,叫雁行模式。20年前,就有这个模式了,雁头是日本,第二级是韩国,第三级是中国台湾,第四级是东南亚,但是后来中国把东南亚给挤掉了,变成第四级了。

iPhone6的部件供应商中日本企业很多

摄像头
(CMOS图像传感器)
索尼等

液晶面板
日本显示器、夏普、韩国LG电子

摄像头的光学防抖修正用促动器
(仅限iPhone6Plus)
三美电机、阿尔卑斯电器

LED背光模组
美蓓亚

高频部件
村田制作所
TDK、太阳诱电等

同样,拆开iPhone6,也可以见到大量的日本零部件

我们把iPad拆开后,看看里面的零部件,数一数:哪个不是日本的?所以没有美国货,但是日本货无所不在。你用的摄像机是日本的,你们手上拿的高级办公用纸是日本的,还有女士用的高端化妆品,到商场柜台去看,我专门做过一个调查,我看了第一层都是高档化妆品,都是有名的牌子,应该有十几家,但是仔细看说明书,七八家写的是日本公司,上面是英文字。

再看孩子用的尿不湿,很多高端一点的都是日本纸。日本不砍自己的森林怎么造出那么多的纸?它在全球拿资源。加拿大、俄罗斯的树它去砍,中国的筷子它来进口,但是日本却是世界森林覆盖率最高的国家,70%。中国有多少?百分之十几。日本用纸的纸浆,很多都在中国生产,我跟这些公司都打交道。王子制纸属于三井财团的,在南通投资28亿美元,因为环保问题招致当地人反对,新闻炒得很热。你告诉我哪个东西不是日货?

原文发表于《搜狐财经》2012年9月,作者:白益民

模具"日本制造"品质佳

日本精密制造领先全球

日本的模具制造技术处于世界领先地位。据国际模具及五金塑胶产业供应商协会常务秘书长罗百辉介绍,日本共有模具生产厂约10000家,其中20人以下的企业占91%以上,即日本模具业以中小企业为主,主要靠专业化分工,完成高质量的模具设计、加工。在加工方面,大量采用无人看管的加工单元,或者通过计算机进行联机控制。在设计制造部门几乎都采用CAD/CAE/CAM技术,进行动作仿真分析、DNC(直接数字控制)加工。

模具的技术开发主要向高精度、高速度、长寿命、复杂、大型、一体化和高性能诸方面发展。由于日本的专业化分工做得好,中小模具企业的整体制造水平高,"日本制造"的模具因此成为一种品牌、优质的象征。

2011年3月11日,日本东北部近海发生9级地震,引发多处海啸,由此造成一系列工厂停产、福岛核电站停止供电并发生泄漏,死亡失踪人数达数万人。这次地震的重灾区东北部地区并不是日本最主要的工业区,但该地区也集中了汽车、IT电子、半导体、石化塑料等众多重要产业工厂,经济规模占到日本国内生产总值(GDP)的8%左右。

国际模具及五金塑胶产业供应商协会常务秘书长罗百辉表示,汽车、IT电子业遭受损失最为严重,由于零部件供应震后受阻,日野、三菱、丰田、本田、尼桑、大发等8家日本汽车制造商暂时关闭在日工厂。日本三大汽车厂商丰田、本田、日产一共有22家工厂已经关闭。停产的三家日本车企,包括雷克萨斯、英菲尼迪及讴歌品牌,其中,丰田进口量排名在第三位,仅次于奔驰及宝马。IT电子业界,索尼关闭了6座工厂;松下选择了暂时停产;东芝也关闭了位于岩手县的微控制器工厂。此次地震并未给这些电子芯片工厂的厂房或生产设备造成太大破坏,但设备检修、电力供应不足以及交通损坏,都将影响芯片供应。

据不完全统计，日本对中国出口金额较大的行业主要情况是：①机械20亿~30多亿美元/月；②化工15亿~20亿美元/月；③制成品15亿~20多亿美元/月，其中钢铁产品7亿，有色金属3亿，金属模具及制品2亿，橡胶模具及制品6000万，纺织纱线及织物2亿，非金属矿物器具1亿多，纸及纸制品4000万；④电子、电机30多亿美元/月，其中半导体子项目有10多亿，集成电路7亿~8亿；⑤运输设备6亿多美元/月，机动车和机动车零部件各约一半；⑥其他项目12亿美元/月，其中，科学光学仪器6亿~7亿美元/月。

罗百辉认为，地震将导致汽车、IT电子、机械模具等产业出现上下游供应链危机。传统制造产业的模具包括：汽车覆盖件模具、汽车零配件及电子模具、家电产品模具、消费电子类模具、移动通信产品模具、OA模具、医疗用品模具、仪器仪表模具、塑料日用品及玩具模具、航空航天组件模具、轨道交通相关制品模具、各类机械成型相关产品模具。在服务汽车、机械、电子、家电等传统制造业的基础上，众多新产品也将为新能源、医疗器械、航空航天、节能减排等战略性新兴产业服务。

模具制造业将支撑新兴战略产业的发展，为新一代IT信息技术产业服务的具有传感等功能的精密、超精密模具；为生物产业服务的医疗器械精密超精密模具；为节能环保产业服务的高光无痕及模内装配装饰模具、叠层模具和旋转模具、多色多料注塑模具、多层共挤复合模具、多功能复合高效模具、LED新光源配套模具和高效节能电机矽钢片冲压模具；为新能源产业服务的兆瓦级风力发电机新型桨叶模具、主轴模具及电机模具；为新能源汽车产业服务的塑代钢和轻金属代钢模具、节能型汽车混合动力装置模具、汽车覆盖件热成形模具及多工位自动化冲压模具等智能模具，都将受到关联影响。

虽然日本的主要制造厂商并未受到灾难性损害，但地震导致交通中断，原材料供应受到影响，成品无法运至机场或港口。由于日本在全球产业链中的地位极其重要，因此供应链危机会在数月内给日本厂商乃至全球厂商带来损失。

成功的"控心化"发展模式

最近几十年,日本企业一直向外扩张,把制造基地设在海外,有人认为这是"空心化"。国际模具及五金塑胶产业供应商协会秘书长罗百辉认为,日本向来是以"产业立国",产业向外转移有以下几个特点:

首先,核心技术和利润掌握在自己手上。日本公司的特点是以商业网络为主体,比如几家大型汽车公司都和中国建立了合资厂,留给中国企业的利润只在组装环节,其他利润最丰厚的如零部件、发动机、高端内部装饰等,仍然牢牢掌控在日本企业手上。

日本一直以"产业立国",很多合资企业看似生产工厂,实则是在中国布下的销售网络,通过这种方式进入中国市场,而且把中国的品牌也纳入了日本经济的共同体中。比如长虹、海尔等,表面上看是中国的品牌,但显示器等核心零部件都是日本的,留给中国的只是一个牌子。这些都可以从《三井帝国在行动》《瞄准日本财团》等书中找到线索。

2011年的日本大地震对日本相关产业的破坏程度有多大?

一方面,在过去30年间,日本的产业扩散在全球各地,GNP(国民生产总值)每年保持百分之十几的增长,单从经济上看,已经在海外打造了一个新的日本。它创造的许多GDP(国内生产总值)被统计到了包括中国在内的其他国家,尽管看上去经济增长停滞,但这只是表象。从这个角度来看,本土发生的大地震对日本经济以及重要产业不会造成特别大的影响。

另一方面,日本财团构建了"雁行形态",即以本土企业为雁头,掌握最上游的产品和技术;其次是韩国和中国台湾地区,主要为日本技术做配套;最后才是大陆地区所扮的"雁尾"角色,为"日本制造"做组装,处于产业链的最下游。

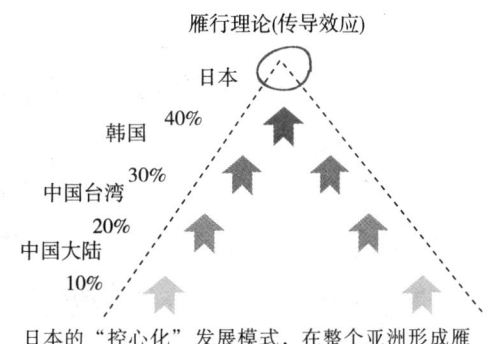

日本的"控心化"发展模式,在整个亚洲形成雁行结构,处在雁头的日本将利润最丰厚的核心及高端产业牢牢掌握在自己手里

从这个角度而言，受地震破坏的日本本土产业，不可避免地要波及下游，特别是中国大陆的一些工厂。所以综合判断，地震对其国内经济不会有根本性的影响，恢复起来也比较快。

由于日本是电子产品生产大国，此次地震对全球的电子产业肯定会有较大影响，如东芝的一家芯片工厂因地震而停工。和电脑里的 CPU 不一样，东芝生产的芯片用于更高端的产品，比如手机、闪存、汽车的自动控制系统等。如果代理企业拿不到货，肯定会囤积惜售，对价格的影响要看工厂的破坏程度和恢复进展：若工厂能够很快恢复运转，价格不会大涨；如果工厂停产一段时间，那么全球芯片价格必定会涨。

其他产业如钢铁，不会对全球铁矿石市场产生太大影响，因为日本目前已经集中生产高档钢材（如汽车板材），而大量粗钢从中国采购。这次地震可能会影响日本高档汽车板材对中国的出口，而长远看日本地震重建会增加对中国粗钢的进口。

日本除了在很多领域把控着核心技术外，还掌握着产业链中利润最丰厚的环节，给大部分全球其他市场的合资厂只留有组装环节的利润，这种"产业立国"的经济模式也是值得中国企业学习的地方。当前需要警惕的是国际对冲基金及资本家通过制造舆论，夸大损失，趁机抽走资金，那将对全球经济的发展都产生严重冲击，如果日本资本被抽走，全球产业关联体都将受到非常大的冲击。

不甘示弱的欧美技术

美国现有约 7000 家模具企业，90% 以上为少于 50 人的小型企业。由于工业化的高度发展，美国模具业早已成为成熟的高技术产业，处于世界前列。美国模具钢已实现标准化生产供应，模具设计制造普遍应用 CAD/CAE/CAM 技术，加工工艺、检验检测配套了先进设备，大型、复杂、精密、长寿命、高性能模具的发展达到领先水平。但自 20 世纪 90 年代以来美国经济面临后工业化时代的大调整、大变革，也面临强大的国际竞争带来的成本压力、时间压力和竞争压力。

德国一向以精湛的加工技艺和制造精密机械、工具而著称，其模具业也充分体现了这一特点。德国模具制造厂商对模具这个内涵复杂的工业领域经过多年的实践探索，形成了一个共识：即全行业必须协调一致，群策群力，挖掘开发潜力，共同发扬创新精神，共同技术进步，取长补短，发挥好整体优势，才能取得行业的成功。

此外，为适应当前新产品快速发展的需求，在德国不仅大公司建立了新的开发中心，而且许多中小企业也都这样做，主动为客户做研发工作。在研究方面德国始终十分活跃，这成为其在国际市场上保持不败的重要基础。在激烈竞争中，德国模具行业多年保持住了在国际市场中的强势地位，出口率一直稳定在33%左右。据德国工模具行业组织——德国机械制造商联合会（VDMA）工模具协会统计，德国有模具企业约5000家，2003年德国模具产值达48亿欧元，其中（VDMA）会员模具企业有90家，这90家骨干模具企业的产值就占德国模具产值的90%。

中国企业准备出海

澳大利亚近年来经济发展较快，而且今后几年还有继续增长的势头。但是作为基础工业的模具制造业，尤其是冲压模具的制造能力赶不上经济发展的需要，为此急需从国外进口冲压模具制造技术和能力，而中国模具业在这方面恰好有较大的优势，市场前景看好。

具体分析如下：中国冲压模具企业的技术装备水平高于澳大利亚。目前国内四大汽车冲模企业拥有数控铣床56台，其中大型的35台，高速铣5台（其中主轴转数20000转/分2台）。拥有计算机工作站143台，配备各种软件200套，还有成型分析软件和逆向工程软件8套。大型坐标测量机5台，调试压机30台（1600吨、1400吨、1300吨、800吨、600吨），研配压机16台，吊车多为30吨和15吨，这些远远超过澳大利亚装备水平。

中国有完整的冲模设计制造技术人员和编程人员，有熟练的数控机床操作工人、钳工装配和模具调试人员。中国的劳动工资水平低于澳洲，目前已具备制造轿车冲压模具能力，企业生产能力多在年制造200~400套大中型冲压模具，而且企业设备负荷不高，完全有能力为澳大利亚制造模具。

澳大利亚汽车模具设计制造所用的软件多为 ug、pro-e、catia 和 euclid，与中国模具企业用的软件基本相同，可以共享，cae 分析软件和模拟成型分析软件都有相似之处。这为我们开展中外合作提供了良好的条件。

澳大利亚模具协会、阿德莱德模办、墨尔本模协都对中国模具市场和制造企业寄予很大希望。这将为中国向澳大利亚出口模具创造有利条件。

新加坡是一个只有 300 万人口的小国，在 20 世纪 80—90 年代，政府重视和支持精密模具的发展，出台了很多政策，使模具工业得到快速增长，促进了新加坡经济的快速发展。新加坡拥有各种类型模具以及精密加工相关企业超过 1000 多家，模具年产值超过 45 亿人民币，在亚洲模具业中有着相当重要的影响力和作用。模具企业中，上市的有 10 多家。新加坡 65% 以上企业生产的模具都是为电子相关业配套的，生产的不是大型模具，但都是高精密、高水平的模具。新加坡模具企业主要集中在半导体框架/封装模具、五金冲压模具、塑胶模具、硅橡胶模具等领域。

地震危机下的日本策略

2006 年上映的《日本沉没》，讲述了因地震、海啸而日本最终沉没，是一部对日本岛国民族忧患意识深度解读的电影

2011 年 3 月 11 日，日本本州岛附近海域发生 9.0 级强烈地震并引发海啸，造成重大人员和财产伤亡。此间国际模具及五金塑胶产业供应商协会常务秘书长罗百辉对深圳模具巨头亿和控股等公司在日本地震中的影响进行综合分析。

据罗百辉了解，亿和公司的 OA 客户均为日本厂商，2009 年前五大客户分别为柯尼卡美能达、富士施乐、佳能、京瓷美达和东芝，其 OA 的收入占比分别为 21.9%、16.0%、13.9%、7.0%、6.2%，前四大客户的主产区均不在重灾区，仅有东芝可能会受部分影响。

本次强震对日本的北方工业造成严重冲击，该区域是日本半导体及电子零部件的主要产地，具体而言：岩手县分布许多大型半导体制造厂家，宫城县是电子零件与电子机械的制造基地，仙台市主要为半导体相关产业的 MEMS 领域，福岛县主要生产单晶硅片和半导体器件，受影响最大的电子厂商主要有东芝和索尼，此外松下、三洋和夏普也受一定影响。

据此，罗百辉认为，地震对亿和公司直接影响极为有限。原材料供应方面，公司有少部分的钢材和塑胶粒采购于日本，由于相关厂商也不在强震区域，因此几无影响；产品销售方面，由于公司几乎全部的零部件都销往日本客户在中国大陆的制造基地，纯粹以内销为主，因此没有直接影响，只有极少部分的模具销往日本，但占比极少，基本可以忽略。

间接影响尚需时间观察。公司销往日本客户的产品零部件部分，尚需芯片等电子配件组装成产成品，而本次受强震影响最大的则是芯片等半导体产品，因此不排除在未来一段时间有少数厂商的打印机因芯片等供应短缺而无法完成组装的情况，这也会间接影响公司的销售，但这种情形目前尚未出现。

罗百辉分析认为，由于本次地震破坏力巨大，初步估计 3 个月内难以恢复电子工业的生产，因此间接影响尚需时间观察。因**日本生产条件的自然约束，从长远看，不排除日本客户加快向中国转移产能尤其是高端产能的速度这一可能性，而公司将极大得益于产能转移的进度和幅度**。

从突发性事件炒作思路来看，地震受益延续两条线路：一是传统的灾害投机线路；二是核危机线路。

前者首先突出的是抗震救灾主题，其中"航运救灾"概念比较受人关注，因为地震会拖累日本经济的复苏进程，油运和集装箱运输受到的负面影响与分歧较多，而干散货市场因为替代性需求而短期可能受益，如中国远洋、招商轮船、中远航运等。

另外，由于日本钢厂主要布局在沿海，受地震影响，多家钢厂被迫停产，预计将导致钢材价格上涨，中国钢材价格目前全球最低，可关注钢铁板块的机会。此外,"半导体及芯片"主题和"OA 家电及其零部件"主题也应关注。重灾区岩手县聚集着许多大型半导体制造厂家,地震对这些厂家的产能影响严重,国内相关企业机会将凸显。

原文发表于《模具网》2011 年 7 月 18 日,作者:林正则

日本占据全球制造业最高端的秘密

中国企业海外收购为何屡屡失败

南方都市报:近年来,中国企业"走出去"多以失败而告终,比如中铝增资力拓、中海油竞购优尼科、联想收购 IBM、上汽收购双龙等,无论是收购品牌、技术,还是石油矿山等资源,都是同样的命运,这里面我们不得不深思的一个问题是"为什么",难道仅仅是因为"走出去"的经验匮乏?

白益民:实际上,中国企业进行海外收购,拓展海外市场,无论是收购资源、技术还是品牌,其实都和打仗一样,无非是想占领那块阵地。打仗的话,你必须把周围的情况弄清楚,一上来就火力猛攻一个阵地而没有一个铺垫过程,或者急于把主力部队开过去,动静很大,对方很快就能把你的主力给阻击住。

在这个方面,日本走过的路子非常值得我们学习。日本企业往往是分路包抄,比如说它的综合商社先布局,财团的关联企业分散开来,采用合资的形式,先在一个山头入股,再在另一个山头入股,通过此类的布局建立人脉关系。其实最后能否完成收购,关键的还是这些被收购方的人是否认同你。如果他们把你当作伙伴而不是敌对的收购,那么趁他们危机或缺钱时再去收购,对方反而是欢迎的。日本的财团在进军海外的过程中,立足长远,做好铺垫,最后完成收购顺理成章。

第一章
揭开日本制造的隐秘面纱

中国企业的海外收购一个是方式不对，大张旗鼓，等于把这个市场变相炒起来，国际市场应声而涨，也抬高了自己的收购价格；一个是出击的时机也不对，就像中铝收购力拓一样，资源价格正在回升的时候去收购，很容易被认为是敌对收购。其实收购最好的方式，是要有一个核心，而这个核心周围集结的是一个部队，化整为零，先几方出击，慢慢建立关系，尝试着一些小的合资，慢慢取得优先认股权。

在争夺印尼东部的天然气资源时，有一个非常好的案例。中海油当时买了印尼东固气田的部分股权，英国的天然气公司想出售它在东固的股权时，三井物产也想买这个股权，但三井物产并没有直接入股，而是它的一个合资企业入股了。当时中海油获取了优先认股权，当英国天然气公司要卖的时候，中海油就启动此权阻击了三井物产。后来虽然三井物产没有进去，但实际上东固气田的股份里，除了英国的天然气公司及BP外，大部分都是日本的资本，包括双日、丰田通商、三菱商事等，但它们都是以合资的面目出现的，从外面是看不到日资的。

《大败局》——探寻中国企业"中国式失败"的基因，该书深入剖析了9家著名中国企业的衰败之路，作者：吴晓波

日资通过这种方式，实际上把东固气田50%以上的股权拿到手了。虽然中海油阻击了三井物产，但其他的日资公司也启动了优先认股权，最后是中海油多拿了4.5%的股权，但日资企业多拿了6%的股权。

南方都市报：中资企业是一个"单兵突进"式的收购模式，直奔的目标往往就是"（控）股权"，但日本企业的收购是先在战略布局上把外围工事打通？

白益民：对。第三个问题出在思路上，**中资企业的海外收购已习惯美国投行的做法**。美国投行采用的是一种金融模式，是金融家的思维主导，就是盯住"股权"，用钱去砸。中国很多海外收购主要的依赖方就是美国投行，依赖它们的信息，依赖它们的判断。

它们收购的一个标准是看财务报表,但实际上收购一个企业或资源并不简单是一个财务报表的问题,还有当地的政经资源问题、法律问题、环境问题、市场问题以及它们在整个产业链的关联问题等,这些问题在企业的财务报表里是看不出来的。

财务报表只是把资产、盈利等数字化,然后估算一个值出售,卖出的其实是一个数字概念,很多时候,买家等收购完后才发现是一个陷阱,就像中铝收购力拓被套在高点、上汽收购双龙最后败走工会一样。

美国投行不管这些,它的收购模式就是把企业剥离完了以后,把主业出售,至于管理、文化冲突、市场等,它们都不管。在这种情况下,中资企业与美国投行合作,买了以后根本不能消化这些东西,其后的成本要远远高于收购价格。而日本的综合商社拓展海外市场实际上是什么呢?它是一个产业投行,它不是美国式的金融投行。产业投行的思维实际上是商人思维,有点类似浙江的温州人。

他们是先去跟人打好交道,与当地政府打好交道,然后再带领一群企业杀过去,不仅各个企业之间的资源汇集、情报汇集,而且其背后还有主办银行的金融支持。像中资企业,往往就是一家,中铝、五矿等的海外收购都是这样,基本上都是依赖投行,没有协作单位,也没有关联企业的支持,更不能在整个产业链条中做长远布局。

南方都市报:这种综合商社或者财团的海外收购,采用"集团军作战"模式,实际上是把产业资本、商业资本以及金融资本这三种资本力量集合在一起并肩作战,渗透到产业的整个链条中去。日本是如何形成这么一种模式的?

白益民:实际上,不仅仅是海外收购,日本企业与全球企业的竞争也是采用同样的模式。我喜欢把日本人和温州人对比着说。温州人做生意的一个典型特征就是抱团。无论是从资本上,还是从整个的战略布局上都抱团。而国企为什么不走浙商、温州人的这条道路?就是因为它们手头有钱,有钱的人和没钱的人做事的方法是不一样的。

日本人在二战后是没钱的,没钱的情况下它们用什么方式扩张,用什么方式与其他国家竞争呢?首先是综合商社先出去,先完成情报工作,先了解当地的资源、产业情况，先建立办事处，先从做贸易开始，然后金融资本利用商社的情报力量获取投资信息，接下来再把产业资本引入，在当地企业入股，办合资或独资公司等。

日本的这种财团体制实际上脱胎于二战前的日本财阀体制，在这个体制内部，它有主办银行，有做贸易的综合商社，有做实体产业的公司等。二战后，日本的财阀体制被美国人解散了，当时美国人认为财阀体制是战争的根源之一，将包括三井、三菱、安田等在内的几大家族财阀解体，像三井物产这类的综合商社，也被分割成170家小公司。20世纪50年代初，日本的这些企业又重新聚合，以旧财阀银行为中心，联合原系统各大企业的经理，陆续组成经理会，逐渐形成了三井、富士、第一劝银、三菱、住友等财团，原来的家族关系变成了相互持股的关系，实际上还是变相的家族主义，集中力量做事。

日本财团模式的运作机制

南方都市报：日本现在的综合商社模式，或者财团模式与战前的财阀体制有何不同？

白益民：二战前的财阀体制实际上是以家族为中心的，是金字塔式的垂直管理，二战后的财团实际上是交叉持股，是相互关联的球状结构了，这种网状的结构使它们能在全球不断滚动，不断壮大。像现在的三井财团，是一个新型的家族企业，但它不再是依靠自然人的血缘关系界定家族成员，而是以企业法人之间的资本关系形成新型的命运共同体，依靠终身雇佣制、年功序列制、企业内工会等来维系整个财团体制的稳定。

从另一个角度看，这个财团实际上是一个长期稳定、从事专业化分工和协作，相互紧密依赖，有共同文化理念的人群的集合体。它围绕全套完整的产业链而构造，使整个产业协调统一发展。经过现代企业制度的改造，它已经成为真正的社会企业，被日本人称为"国民企业"。

南方都市报：这个财团体制内部是如何运作的？

白益民：在这个新型的、现代化的家族式企业集团中，主办银行（或金融集团）扮演父亲的角色，通常决定家属成员的血缘关系和姓氏归属，

产业就是脊梁

在日本，金融和产业互相持股，金融是父亲，商社是母亲，产业是孩子，三者组成了一个家庭。一旦遇到危机，这些财团内企业就形成了利益共同体，共生共荣，共渡难关

是家庭成员稳定的经济来源。综合商社扮演了母亲的角色，它负责生儿育女（众多的制造业），对孩子的教育和成长施加影响，并为儿女长大后外出求学与发展谋划（获取情报），甚至为子女选择对象和操办婚嫁（创办合资企业）。

深入综合商社里面，你会看到首先它是一个贸易公司，但与买办代理型贸易公司不同，它更是一个连带投资型的综合贸易公司。就像三井物产的社长所说，从卫星到鸡蛋，它可能什么都做，但它不是百货商店，综合的意思其实是集成，通过集成来发挥综合效应。它以贸易为平台，介入产业里面，同时又有金融的服务功能，综合商社在日本又被称为"第二银行"或"影子银行"，但它与单纯的银行又不同，既有投资银行的功能，又有对关联中小企业的融资功能，它对关联的中小企业的帮助并不是融资那么简单，比如它还包销它们的产品。

像三井物产作为三井财团的母体，已经培育出众多的世界级企业，三井财团体系内的五百强企业更是有一大把，其中就有丰田、东芝、索尼、三井住友银行、商船三井、三井造船、石川岛播磨重工、三越百货等知名企业。

在面临全球产业转移浪潮时，这种模式的企业不像美国，一转移，就丢掉了整个产业。所以你看到日本这么多年始终占据全球制造业的中心，而美欧的制造业日益空心化。一些学者在谈中国制造业升级的时候，喜欢谈要掌握定价权，其实日本的经验早已告诉我们，没有产业主导权根本谈不上定价权。

南方都市报：这样一种经济模式，对日本社会产生了哪些深刻影响？

白益民：1996年我被派往三井物产东京总部研修和工作，主要学习日本、韩国和中国台湾地区的粮食贸易和美国的粮食期货操作。教授业务的大江先生对我说:"如果没有综合商社,日本经济就会垮掉了。"更让我吃惊的是,他说:"日本走的是社会主义道路,没有贫富分化。"

你若考察一下日本的这种企业制度的社会功能,会发现:日本国民首先将企业视为自己终身依托的归属团体,比如自称"丰田人"、"东芝人"等,他们是经过企业这一中介与日本政府和国家联系在一起的。日本的这种法人交叉持股的形式实际造成了经营者支配的结构。法人股东更多情况下与其说是为了"支配"本身,不如说是为了反映企业的关系程度,特别是稳定的交易关系。

主办银行为财团企业的发展提供充足的资金,商社为财团这些法人股提供资源保障。这些法人股股东几乎很少干涉持股企业的具体经营活动,甚至不要求高的分红,这些都为日本的职业经理人提供了充分展示自己的舞台。

日本这些公司董事会成员的持股比例非常低,企业的管理者与员工的收入差距很小,不像美国企业,动辄几百倍。只是在近年,部分企业才开始引入期权机制,但仍然引起很大争议。所以东京大学的佐藤康邦教授用"从外面看是资本主义,从里面看是社会主义"来形容日本社会的特征。其实,他就是说日本的经济资源具有极强的统合性,这种统合性兼备了灵活性和战略性。

日本的精英对他们建立了既有社会主义的国家干预和民众福利特征同时又比所谓的"正统"社会主义国家更灵活的制度感到自豪。需要指出的是,日本经济的计划性并不是来自政府的强力干预,而是产生于企业间的协调,在这个方面,在财团内部,经理人联合会发挥了重要作用,而在全国范围内,"经团联"(日本经济团体联合会)则发挥了日本整体的产业分工与协调作用,形成了名义上的"大日本株式会社"。一些经济学者也把这种制度称为"公社制资本主义"。

为何要建立"东方经济学"

南方都市报:我们回过头来观察20世纪,几乎所有重大的发明都是美国人干的，但进行大规模的商业应用、产品的升级更新等工作最后都是日本人深化完成的，这是否与日本的这种财团模式有关？

白益民：这一问题首先与美国的本土环境有关，美国人更强调利润，这并这不利于制造业的发展。因为它要迎合股市的要求，股票只有在财务报表好看的情况下才会涨，但很多产业是需要培养期的，而且是要有人才积累的，市场又要求不断地对产品进行升级，而美国的人才体制流动性比较高，所以美国的经济模式不适合制造业的培育、升级，也不适合产品的综合化、规模化，而适合产品的发明。美国经常玩一些概念，说个故事，然后就到市场上去圈钱。也不是说这样不好。电脑是美国人发明的，但笔记本电脑是东芝最先造出来的；手机是美国发明的，但由大板砖变成现在的小巧手机也是日本人干的。最后

日本前首相鸠山由纪夫主张"东亚共同体"理念，表示"美国主导的市场理念使人失去尊严"，并批评美国的经济思想带坏了日本

能把各种产品集约、综合化到一起，让其更小巧、更多样性，能大规模应用于生产的往往是日本人。为什么日本能做到这些，因为它的企业是有关联的，能透过市场的反应把各种技术综合在一起。

正因如此，美国往往是发明了一种产品，推向市场，然后有人复制，在激烈的市场竞争中，美国企业相互之间缺乏关联性，到一定时候它就死掉了；而日本开始可能也有竞争，比如彩电，松下在做，东芝也在做，但竞争到一定阶段，它们就走向"和"，不是谁吃掉谁，而是互相持股、共同投资，甚至相互分工，像日立、东芝、索尼等公司共同干一件事、组建一个公司很常见，不仅在彩电业，在矿山机械等领域，它们都是这么做的。

南方都市报：如果深思二战以来的全球化进程，我们可能需要重新认识日本的这种经济模式对全球经济、金融的深刻影响。日本这种财团模式

实际上使得日本在20世纪80年代后一直占据全球制造业链条的最高端，这最后导致美欧（德国除外）的产业空心化不断加剧，逼迫美国不断去做大虚拟经济。

白益民：对，20世纪70年代，美国经济学界出现了一个"比较优势理论"，我们现在把这理论当圣经一样看待。为什么是20世纪70年代出现了这个理论，而不是30年代、50年代出现？其实这是一种被逼出来的理论。当时日本、德国把美国的产业挤兑得不行了，美国怎样生存、怎样竞争啊，那他就说要把利润低的产业转移出去，保留电脑等利润高的东西，后来什么都是低利润了，只剩金融了，美国人觉得钱能生钱，为什么还去搞生产。

美国利用美元的全球储备货币地位，可以滥发纸币，布雷顿森林体系解体后，美国开始利用IMF向全世界推销浮动汇率，近30年来不断爆发的金融危机实际上与此是息息相关的。

美国现在只能玩虚拟经济和发明了，但美国的教育体系很厉害，很适合搞发明，他们通常在大学里弄一个概念，把产品发明出来。但日本人也有应对之策，美国申请的往往都是原创性专利，而日本往往申请的都是实用性专利，原创性专利被实用性专利包围后，只能被动应对。因为原创性专利如果搁置几年不用，可能新的技术、新的专利就替代它了，而实用性专利是与市场息息相关的，它的生命周期比较长，最后往往逼得美国只能把原创性专利卖给日本人。

原创性专利只有与实用性专利变成一个"专利池"最后才能成为一个普遍应用的产品和产业。像EVD这种产品，一个两个专利是不行的，它的应用是一个专利池。现在世界上申请专利最多的国家是日本，美国专门做专利的高通公司在中国才申请一千多个专利，而光一个松下在中国就申请了上万个专利。

南方都市报：从频繁爆发的金融危机及最近的金融海啸中全球各国对美国的不满可以看出，美国这种金融模式未必玩得下去了，当初欧元建立的最主要原因也是应对美元霸权，使欧洲各国不再深受浮动汇率之害，美国这种金融模式未必能玩下去了。

产业就是脊梁

白益民：美国产业空洞化，而这种金融模式玩不下去，我觉得它也会回归制造业，但它的制造业根基已经动摇了，回不去了，因为制造业需要高级技工而不是金融家。欧洲只有德国存在，德国的制造业体制与日本类似，西方人称之为"莱茵模式"，它是与"盎格鲁-撒克逊模式"相对立的一种模式。我把"莱茵模式"和"日本模式"并称为"农耕模式"，而把"英美的盎格鲁-撒克逊模式"称为"游牧模式"。

南方都市报：这两种模式区别在何处？

白益民：德国、日本都是深受农耕文化的影响，以培养作物、精耕细作为主，而游牧模式是掠夺式的、粗放型的，是放马吃草、注重短期利润的模式。为什么丰田会出现"精细化"生产，实际上就是深受农耕文化的影响。美国重拾制造业，可能会与欧洲产生更紧密的结合，重启与欧洲的金融产业合作。

日本的产业在全球做得产业规模越大，它的风险系数也越大，从长远来看，它非常需要中国在产业链上的分工，需要中国巨大的市场来分担它的风险。日本可能会更紧密地与中国大陆、台湾地区，韩国，新加坡，越南等东南亚国家和地区加强合作，形成雁字形排队。当然，中国大陆现在产业升级，正在向中国台湾、韩国这些产业链条上的中段挤压，日本产业低端的下一个合作伙伴会是印度。

南方都市报：你提出建立"东方经济学"，目的也是呼唤我们重新认识日本的经济模式以及其背后的文化哲学基础。

白益民：对。2002年，日本商界两个最重要的经济组织经团联和日经联宣布正式合并，推举原日经联会长、丰田董事长奥田硕就任新的日经联的会长。经团联的会长有"财界首相"之称，实际上日本的经济政策是由经团联主导的。日本是产业立国，所以经团联会长奥田硕是日本经济的最高领袖。奥田硕此人以注重劳资关系、提出"重视人性的市场主义"理论、反对"资本至上主义"著称。在日本，股东利益并不是第一位的，雇员利益才是第一位的。年功序列制、终身雇佣制的背后实际上是人本主义，而不是绩效主义。

日本这种财团模式里一个很重要的制度就是终身雇佣制，这些年来

第一章 揭开日本制造的隐秘面纱

我们老说它是不好的,因为按照美国的说法,人才要有流动,才有创新,而日本人却说终身雇佣制是一种能把很多知识和技术积累下来的方式,产品的升级和综合化都需要这种积累,其实这就是日本的"工程师"文化。

我们这些年来也老在说要有自主知识产权什么的,靠什么?最后都是落实到人。买了专利技术,买了设备,但能维持多久?可能马上就被市场淘汰掉了,因为你没有升级能力,因为你的技术人才都在学美国,都在快速流动,技术沉淀不下来。

美国在利用它的金融资本(基金模式)的垄断力量管理全球,显示其宏观经济的霸道,而日本则利用这种商业资本(综合商社模式),演绎微观经济管理的王道。我总结为,基金姓"资",商社姓"社"。而且,从更长远来看,美国的这种模式与日

日本是东方现代经济模式的样板,其实溯源的话,也是徽商、浙商等中国商业文明在现代的延续

本模式的竞争,最终谁会笑到最后,我觉得还不好说。

中国大型上市公司的经理们,在MBA、投资银行和管理咨询公司的协助下,常常很容易被说服进入资本运作这一个更高层次的管理阶段,这其实是美国人的玩法。中国人玩不起,因为有那么多的人口需要就业,也要制造业立国。现在到处都是美国的MBA教育,事实上,中国的商业文明非常发达,甚至可以追溯到殷墟出土的器物上,只是在近代,我们穷了,我们就把我们的东西全盘否定掉了。

日本是东方现代经济模式的样板,其实溯源的话,也是徽商、浙商商业文明的现代延续,但日本并不是东方经济学要研究的全部。实际上,日本的商业文明是中国宋明时期商业文明的继承和发扬,更早可以追溯到汉唐和殷商文化。

为什么中国学习财团模式没成功

南方都市报：中国在20世纪90年代初期，也曾经想学习日本的这种以综合商社为核心的财团模式，比如当时中央政府就明确扶植当时的中化集团做试点，最后为什么都没有成功？

白益民：20世纪八九十年代，中国乃至全球学习的榜样是亚洲四小龙，是日本，连美国人也学习日本，美国人也在高呼苏联解体后，最大的竞争对手是日本。而中国的改革方向更多来自学者的建议，去美国学习的留学生还没有回来，还没有像现在这样占据了各大高校和话语权的中心位置。中国的学者善于捕捉领导意思，当时领导倾向于学习日本，而韩国学习日本建立的财团制度相对来说又比较成功，也在快速扩张，于是中国学界掀起了一股学习日本的热潮。

1994年，国务院正式批准中化公司在全国进行首家综合商社试点。但企业的内部运营机制还不具备，还是计划经济的那一套，还是靠垄断、靠指标吃饭，价格机制都不是市场化的，也缺乏金融的支持，而实际上商社、财团是与市场经济结合在一起的，是面对市场竞争形成的一整套体系，就是说当时在不具备条件的土壤里播下了种子。

另外，中化公司虽然是当时全国贸易行业的一艘旗舰，海外分支机构遍布20多个国家和地区，但内部管理尤其是财务管理非常混乱，到20世纪90年代中期时，集团负债沉重，许多项目管理失控，而各路诸侯各自为政，在投资决策和资金管理上拥有超常的独立性。

后来赶上东南亚金融危机，舆论风向标突然变了，好像日本韩国不行了。美国的金融玩虚拟经济，像索罗斯的这套比较厉害，再加上美国的IT行业的兴起，1999年麦肯锡公司介入中化集团的改革，为其设计了新的业务发展战略。中国开始学习美国，企业的发展通过股市直接融资，而不是像日本财团、像温州商人那样间接融资，然后就是学盎格鲁－撒克逊这套经济模式，让企业进入股市圈钱，接着就搞MBO，搞产权明晰，搞创业板，连企业上市的标准都是要搞主业经营，不能交叉持股，实际上主业经营影响了产业链的结合。美国这种建立在个人主义基础上的企业文化对整

合产业链不感兴趣。

危机来临时,美国公司总是企图摆脱和剔除其陷入困境的产业和部门,而日本财团更加注意建立企业间的相互依赖关系,形成命运共同体,共渡难关,共同发展。所以美国适合搞尖端的或者一个新创的技术,它要求产业发展要主业经营,因为它最主要的融资方式是上市。但中国搞什么都是一刀切,说学习美国,一窝蜂地都上去了。

南方都市报:中国正处在制造业升级的关键时刻,现在的确有回过头来重新认识日本这种独特的经济模式的必要。

白益民:是的。这些年来,中国学者对日本的认知水平还停留在"失去的十年"阶段,老拿日本这些年来GDP(国内生产总值)的低增长说事,而没有看到日本在整个海外的资本扩张和产业布局。日本已经走出海外很多年了,就像你回头看温州的GDP这几年都在下降一样,但温州不行了吗?真正衡量一国财富的重要指标是GNP(国民生产总值),而不是GDP。GNP等于GDP加上本国投在国外的资本和劳务的收入再减去国外投在本国的资本和劳务的收入。

在日本GDP低迷的2000年,日本人均国民收入却排名世界第一。到2002年,日本的海外存资产约合16277亿美元,相当于法、德、意对外纯债权总额的6倍,与1991年的3831亿美元相比,11年间增长了3倍多,年均的增长速度是两位数,他们正在默默地打造一个"海外日本"。

这种错觉其中也有感情色彩的成分,近年来我们与日本的关系不好,所以看日本我们也总看到日本不好的一面。然后我们也爱看韩国的热闹,韩国大宇家族出问题,现代集团的领导人被逮了,韩国前总统卢武铉自杀了,等等,但你要反过来看,韩国的财团模式与日本的财团模式是不同的,韩国的财团有点类似二战前的日本财阀模式,是受家族控制的,而且必须要跟政府捆绑,而在经历了这么多事以后,韩国的财团实际上也在社会化了。

南方都市报:中国人不重视日本的这种经济模式,实际上与留学欧美的这批人占据了话语体系的中央有关,除此之外,还有没有其他原因?

白益民:中国人现在不重视日本的这种经济模式,与留学欧美的这批

产业就是脊梁

人口稠密，食物缺乏，实在可算是赤贫的国家。却能在短短的一百多年中，频频做出令人惊奇的事情。作者：傅高义，美国费正清东亚中心前主任，社会学家

人占据了话语体系的中央有关，除此之外，还跟中国当下的发展阶段有关系，中国真正搞市场经济也就30年，或者更准确地说，也就15年，因为在邓小平南方讲话之前的15年，我们搞的基本上还是计划占主导的经济体制，要求我们在这么短的时间内，或者在婴儿期深刻领悟并学习日本的这套经济模式是不现实的。日本的这套体制实际上已有近300年历史了，不断地改造完善，既经过二战后的被动分解，又经过主动聚合。

南方都市报：这里面值得我们深思的就是每一个经济模式的背后都有它的一套DNA符码，我们在学习或模仿的过程中，一定要深刻了解这种模式的来龙去脉和缺憾，以及与自身的基因是否契合的问题。

白益民：我们学习美国模式最主要的失败还是在意识形态这块，之前中国是深受儒家文化影响，经过前30年的社会实验失败，我们认为我们要个人主义，认为个人主义最能发挥人的主观能动性，提倡个人创业啊，崇拜比尔·盖茨啊，要改革原来僵化的国有体制。

事实上，我认为这些年我们在经济模式上学习美国这套是必要的，是适合这个时期的需求的。因为这一时期中国的市场是一片空白，要做是能做起来的，但是，现在跑马圈地圈得差不多了，需要精耕细作了，中国产业要升级，要争夺海外市场，是要进入已经被圈地划片好的市场，靠美式单枪匹马的个人主义是不行的了，日本的这套模式值得我们学习。

中国产业要升级，将来可能面临的最大对手就是韩国、日本，我们必须搞清楚它们是怎么做大做强的，是如何拓展海外市场的，不要像中铝或者中投这样一搞都是大动作。日本吃过这些亏，当年日本高调收购美国的帝国大厦，被美国人惊呼"日本第一"，其后日本就被美国主导的广场协

议逼迫得日元升值，落入金融陷阱，所以，日本现在做事越来越低调，越来越隐蔽，更多的是搞合资，你看很多合资企业的名字是英文名称，其实背后是日资在控制。

原文发表于《南方都市报》2009年11月1日，作者：白益民

第五节
综合商社成就日本超一流"母体工业"

三星咄咄逼人 日本冷静应对

21世纪伊始，从东南亚金融危机中走出来的韩国三星公司似乎在一夜之间便成为这个时代的企业英雄。三星的技术优势和营销能力，使它成为日本电子巨头的强劲竞争对手。**大家津津乐道的是连大名鼎鼎的日本索尼都需要三星电子为它的电视机生产液晶显示屏，但是人们忽略的是三星为了生产这些显示屏，需要从其他拥有先进技术的日本企业手中购买生产设备和原材料。**

日本企业面对三星咄咄逼人的势头并没有惊慌，因为，它们知道没有它们，全球电子产业将不会存在。例如：佳能公司和东京电子公司为三星电子和其他韩国电子企业制造用于生产芯片的昂贵设备；京瓷公司和村田机械公司垄断了用于数码仪器的陶瓷等关键材料和相关的生产设备；日本电产公司控制着用于硬盘驱动器和DVD播放机的微型马达的全球市场。这些财团企业在全球仅有几个真正的竞争对手（都是日本公司），它们的利润可想而知，这样的例子并非仅限于电子信息产业，它在整个制造业普遍存在。

在亚洲，日本企业牢牢地控制着被称作"母体工业"的装备制造业，这是日本产业竞争力的本质所在。成就日本超一流的"母体工业"最关键的因素不是人们常说的政府产业政策、科研投入、官产学协作等，而是被

称为"产业组织者"的综合商社，它是让国家产业政策从理想变为现实的最强有力的执行力量。

引进来——装备制造的取经之路

装备制造业是为国民经济各部门提供技术装备的基础性、战略性产业，集中体现了国家的综合竞争力和工业发展的技术水平。从20世纪50年代中期到60年代，日本引进的大量国外技术都集中于重化学工业部门，如钢铁制造成套设备、大型发电设备、煤矿采掘设备、石油精炼与乙烯等化工生产设备等。

综合商社扮演着中间人和牵线人的角色，活跃在大规模装备引进的舞台上。可以说，在当时，凡属与装备制造有关的引进，综合商社基本上都介入了。诸如对方提出苛刻的技术转让条件时的谈判，签订技术引进合同，进口先进的机械设备，直到机械设备的安装调试等，综合商社作为日本财团的后勤和服务单位都发挥了巨大作用。

装备制造需要巨大的资金、设备、土地和人力的投入，产业周期也很长。民间企业一般不可能单独完成，战后重新聚集的财团，让高投入的风险由整个财团共同承担，综合商社就扮演着协调人的角色，避免重复引进。例如，氧吹炼钢技术引进的窗口企业是日本钢管。日本钢管引进该技术后，其他财团企业可分享此技术专利，从而节省了大量资金。同时综合商社还致力于加强财团企业之间的联合和兼并，防止过度竞争，通过扩大企业的规模经济效益，增强了企业的国际竞争力。

20世纪六七十年代，在规模经济效益显著的装备制造业，财团企业出现了大规模的横向合并。例如1964年，三菱日本重工业、新三菱重工业、三菱造船合并成现在的三菱重工，在这次合并中，三菱商事社长苍清彦和三菱银行董事长宇佐美洵（后任日银总裁）对合并的实现起了决定性作用。

相比设备和工具等硬件的进口，日本更重视技术的引进，这些技术包括专利使用权、图纸设计、技术诀窍等。根据日本长期信用银行的调查，从1955—1975年间，日本仅用了不到60亿美元的外汇，就引进了欧美耗时30多年、花费2000亿美元研发的先进技术。同时，日本还用了500多亿美元对引进技术加以消化吸收和创新。

在引进国外先进技术的过程中，为了获取技术转移的情报，日本于1958年在通产省下设立财团法人贸易振兴会（JETRO），系统地收集整理、分析加工和传递报道国外经济和科技情报，美国人将其形容为"经济方面的中央情报局"。贸易振兴会其实是官方的综合商社，它集贸易、投资、研究为一体，是日本重大装备技术引进的官方组织者。

《模仿的技术》讲述企业如何从"山寨"到创新，这本书介绍了日本对技术的引进与消化，以及日本的改进式、集成式创新模式

各大财团的综合商社也是技术跟踪和技术情报调查的中坚力量。日本最大的综合商社三井物产于1967年10月成立三井情报开发株式会社，在三井情报开发株式会社的英文名称中，有一个在当时很超前的概念——"知识产业"，在当时译为"情报产业"。1972年8月，又成立了工学研究所（即现在的综合研究所），1987年7月，在美国成立了分公司。同时，日本各财团的主要公司都设立了专职的科技情报部门。技术情报活动的重点是收集欧美等国的产业技术情报，特别是居于工业核心地位的装备制造业的技术情报。

日本企业走过了一条从最初的解剖先进产品来学习国际先进技术到模仿创新以至最终实现自主创新的成功之路，成为今日的技术大国。在以贸易振兴会为代表的国家层面技术转移和以综合商社为代表的企业层面技术转移的共同运作下，日本装备制造业取得了飞跃。可以说，没有综合商社的情报保证，不会有日本目标明确的技术引进，不会有对引进技术的快速消化吸收，也不会促使日本的技术转移政策系统化。

综合商社巨大的情报能力和产业协调能力，使得日本企业可以把来自各国的不同技术加以集成创新，最典型的例子是钢铁技术、热轧技术、冷轧技术等。这些技术分别来自奥地利、美国、德国、瑞士和苏联等地，日本引入这些技术后,加以融合,形成日本式最先进的整套钢铁技术。一旦本国企业掌握了技术开发能力后,日本政府便堵住进口源头,让国产技术迅速发展起来。20世纪50年代,日本引进大型发电设备时,"1号机组进口、2号机组国产、3号机组出口"又是典型的例子。

走出去——日本工业的海外进取

任何产业的发展始终都需要收益支撑,日本国内市场狭小,并不足以支持重工业的发展,需要大量出口,才能解决可持续发展的问题。在经济高速增长时期,日本常常为国际收支的恶化而苦恼。因此,振兴工业品出口,特别是大型设备的出口,成了当时综合商社的战略重点。

1959年,日本政府制定了《促进成套设备出口临时措施法》,各大综合商社都投入了相当大的力量,组建专门的设备出口部门。到20世纪70年代末,日本机械产品的总出口额中,6大综合商社的出口额约占30%,在出口交易中日本企业对综合商社的依存度很大。这是因为,各个厂家在开拓海外市场建立销售网,收集有关物流、市场需求的信息等方面,都要借助综合商社。

机械行业很难用一句话说清,概括起来大体包括机床、产业机械(建筑、化学、纤维、农业等)、电气机械(重型电机、电器)、运输机械、精密机械等,其领域是多方面的。综合商社以强大的金融能力和组织能力为日本装备制造业拓展了广阔的市场。1979年,日本成套设备出口的成交额为118亿美元,首次突破百亿美元大关,成为仅次于钢铁和汽车的主要出口产品。

综合商社为财团制造业企业提供准确、周密的海外信息和市场情报,为成套设备的出口赢得先机,它通过分析对象国的经济形势,尽早察觉可能的风险并促使各参与企业采取相应的对策,并且在项目执行过程中提供直接金融支持或成为金融机构与制造业企业之间的纽带。

参加成套设备出口的实际上是由很多财团企业组成的企业群,其中包括:进行调查、规划、设计的工程技术企业;制造机械的厂家;负责土木工程和建筑物的建筑公司等。综合商社作为规划及协调人在计划进行的各个阶段发挥作用。它不单是起汇总协调作用,而且作为一个产业组织者居于领导地位。

商社——日本经济的参谋部

二战结束后,日本经济全面崩溃,日本企业的竞争力远远比不上欧美企业。

为了提高企业在国际市场的竞争力,20世纪50年代,大企业之间合并、协作以及产业再组织成了当时日本政策思想的主流。

1953年,日本政府修改了《禁止垄断法》,放宽了持有竞争关系的公司的股份及兼职的限制,三井、三菱和住友三大老财阀重聚起来。同时,战后的一些新财阀也相互结合,形成芙蓉、第一劝银及三和三大新型财团企业集团。

此外,**日本政府还鼓励财团之间通过相互持股、系列贷款、人事互派等纽带形成集团之间的联系,以增强团体对外竞争能力。这些政策的出台直接促进了日本财团的形成和发展。这些大财团横跨各产业,构成日本经济的基础,掌握着国家的经济命脉。**

日本财团不存在上下支配关系,因此财团也被称为"横向集团企业群"。另一方面,"纵向集团企业"也是日本大型企业所必备的一个特征。这类集团企业是一个在母公司一元化、垂直领导下活动的有机的事业集合体。

不仅如此,集团企业的经营活动范围往往并不限于集团内部,许多制造业企业将集团外部的中小企业群作为长期、经常性交易的对象(外包公司),实际上将它们纳入自己业务经营的内部范围。外包公司有的朝着水平方向延伸,如三菱公司拥有190家成员公司;有的朝着垂直方向发展,像丰田公司拥有175个初级供应厂商和4000多个二级供应厂商。

此外,在主要的制造商和全国几千个零售商之间还存在着销售联盟。局外人要想打入系统内部,真是比登天还难。

综合商社是日本经济的总参谋部,是日本国家经济战略的制定者,同时也对日本政治、外交和军事等方面具有很强的政策影响力。此外,日本财团几乎全部加入经团联,经团联主席又被日本民间誉为"财界总理"。日本政府对世界经济事务的认识和研究几乎完全依赖于财团的研究机构。

从以上表现看来,把日本经济称为一家超大型综合商社并不为过,西方人甚至将日本称为"大日本会社"。

原文发表于《装备制造》2008年6月,作者:袁璐

第二章　电视产业背后的日本掌控

　　以军工立业、彩电兴业的长虹参与过"神七""歼十"等诸多国家级重点国防项目，并以价格战击败了诸多国外竞争对手，其"以产业报国"的口号振奋着国人之心。然而其家电业务早已被并入日本财团的体系之内，一直源源不断地为日本企业提供着高额的利润。

　　日本电子业巨头近年来表面亏损的账面下，是其放弃终端产品、转攻核心零部件及其他领域的转型阵痛。它们躲在"中国制造"和"（中国）台湾制造"的背后，通过共生和竞合的手段，将目标企业控制在产业链的特定位置上，使之为财团带去持续收益，并长期顺应财团战略的发展需要。

　　事实上，为了更具有渗透性，这些日本财团企业早已在金融、技术、产业化合作等方面铺垫多时，通过在中国的诸多合资企业，形成了多个牢固的攻守同盟。因此，中国再进行简单的规模化整合是难以突破日企封锁的。如何提高本土企业的核心竞争力，才是我们急迫需要考虑的问题。

作者题注：

　　日本财团通过"活熊取胆"的产业控制模式，不断从中国企业身上汲取利润。一方面，我们需通过自主创新摆脱日本的技术桎梏；另一方面，在我们对外产业转移的过程中，这一模式是否也可作为参考？

本章提要

液晶面板技术最早诞生在美国,但技术升级、产业化尤其是配套材料环节基本由日本人掌握。而韩国、中国台湾面板企业的专利技术,也几乎全部来自日企。

从1978年引进松下的彩电生产线开始,不仅在彩电主业,在空调、电池等产业上,长虹和松下、东芝等也有颇多合作。考虑到日本企业的财团背景,按照"利益共同体"的标准来判断,说长虹已经被并入日本财团的势力范围并不过分。

以上广电NEC为核心的平板产业布局,自其诞生之日起,便一步步成了日本三井、住友两大财团的"蓄水池",早已失去产业链的自主性。上广电NEC的技术量产部门几乎为日本工程师控制,本土员工只是参与日常管理与业务部门。

尽管近年来在中国大陆媒体上充斥着日本电子巨头的亏损和没落的新闻,但实际上在液晶显示产业领域,日本公司依然把持着材料和关键设备等产业上游,尤其是夏普公司在液晶领域的领先地位从未被动摇。

实际上过去几年中国大陆的液晶产业没有成长起来,全球的液晶面板生产被韩国和中国台湾地区垄断,这让丸红等日本财团很失望,最终丸红逐步选择了退出,其在中国的布局更多集中在了粮油食品、纸张纸浆、能源等领域。

在传统的合作模式中,中国企业扮演的是生产、贴牌(终端)的角色,而利润最高的环节均被日企等海外企业控制,这一模式,多年来一直重复上演,直到今日,本土企业的核心竞争力并没有因此得到显著提高,已经到了必须反思的时候了。

第二章
电视产业背后的日本掌控

第一节
日企深度介入中国面板产业

上广电：不自由的"龙头"

2009年，因亏损而被上海仪电"托管"的传闻，让上广电集团陷入一场被动。谈及这一消息，上广电集团一位内部人士有些感慨地对CBN记者说："冰冻三尺非一日之寒，不是每个人都能直面这个残酷事实的。"

他所说的"这个残酷的事实"，倒并非被"托管"传闻本身。在他看来，多年来的产业发展模式，尤其是借力日本企业发展的模式，才是急需反思的根本。

事实上，大陆面板行业，已经被日本企业牢牢绑定。**上广电集团已是一个"不自由的'龙头'"。以上广电NEC为核心的平板产业布局，自其诞生之日起，便一步步成为日本三井、住友两大财团的"蓄水池"，早已失去产业链自主性。**上广电本身的诞生、发展过程也充满日本企业力量，几已积重难返。

上广电集团有着足够辉煌的历史，其前身是上海电视机厂一厂，1978年从日本日立引进中国首条彩电生产线，10多年后，上海市政府在该厂基础上组建了上广电集团。

2002年12月，为实现产业链整合、锻造SVA品牌，同时为从CRT时代向液晶显示时代转型铺垫，上广电集团与日本三井物产签署战略合作协议，合资成立了物贸公司；一年后，上广电集团再度携手日本住友财团旗下NEC，在上海投资80亿元，设立第五代面板生产项目，即

上海电视机一厂（上广电前身）从日本成套引进的年产二十万台彩色电视机装配线

上广电 NEC，上广电控股 75%，NEC 持有剩余股权。

由于技术依赖日方，上广电 NEC 的技术量产部门几乎全为日本工程师控制，本土员工主要是参与日常管理与业务部门。最初上广电集团的思路是：借助 NEC 的技术，上广电 NEC 负责面板，上广电光电子负责中游产品以及部分上游企业的投资，广电信息负责下游终端企业。上广电的上游关键零部件、设备及材料，不得不依赖 NEC 在日本建起的采购关系。这意味着，除技术外，利润最高的采购端已被日本控制，而日企更是步步为营，围绕上广电 NEC，逐渐建起由其控制的合资企业。

2004 年，住友金属与广电电子成立广电住金，生产电路板，上广电只拥有 30% 股权；2006 年，住友旗下日本电气硝子与广电光电子成立电气硝子广电公司，生产玻璃基板，中方仅持有 20% 股份；同年，日本富士联手上广电成立上广电富士光电材料公司。

日方还不动声色地向财务层面渗透。2006 年，由三井、住友金融集团联手日本大和证券成立的大和证券 SMBC，对上广电 NEC 注资 2500 万美元，成了新股东，以帮助其在国际市场融资，同时筹划第二条生产线。不久，大和证券 SMBC 则一跃成为上广电集团财务顾问。

技术、采购被掌控之后，上广电的融资模式、未来规划也已被锁定。进口设备昂贵、每年折旧压力沉重，是导致上广电 NEC 亏损的最大缘由。

京东方：自主知识产权尴尬

当上广电遭遇托管传闻后，"有自主核心技术、自主知识产权"成为京东方人士每言必称的竞争优势。2006 年争夺康宁玻璃基板落地时，面对上广电的阻击，这家公司也是打了这一旗号。看上去，它已走在自己奠定的自主知识产权大路上。

此前，京东方曾借助收购韩国现代旗下显示企业 BOE‐Hydis 获得核心技术，但是，由于 BOE‐Hydis 不久之后破产，其核心技术团队早已流失殆尽，京东方的核心技术升级能力有限。同时，**液晶面板的技术升级、产业化尤其是配套材料环节基本全由日本人掌握**，韩国、中国台湾面板企业的专利技术，也几乎全部来自日企，包括当初韩国现代旗下的 BOE‐

Hydis，它们每年要向日方缴纳许多专利费。

京东方规划进入液晶面板业时，最初的谈判对象曾是住友旗下的松下、三洋，但两家日企均不答应转移核心技术。这让京东方颇为无奈。

事实上，京东方早已被日企渗透多时。2003年9月，京东方投资12.5亿美元的第五代面板项目在北京破土动工，2005年第一季投产。但因设备与材料均为进口，生产成本过高，加上市场竞争惨烈，该项目一投产便亏损。

这时候，日资悄然浮出水面。当年3月，日本百年商社丸红收购京东方母公司——北京东方投资发展有限公司10%股权，成为战略投资者，在董事会拥有一名董事参与决策。同时，它与京东方签署了战略合作协议。其中规定，丸红将为京东方提供面板所需材料、部件信息，根据需要为其吸引海外配套企业。京东方由此将采购权交给了丸红。

而丸红早已在中国完成渠道布局。2002年成立的丸红信息技术（上海）公司，几年来一直代理着海外尤其日本的材料及关键部件。早在20世纪90年代初CRT仍统治市场时，丸红就曾与京东方达成合作，参与成立北京旭硝子玻璃公司，此后还成立一个工作小组，专门跟踪京东方的未来面板项目。

面板业整合之难

同一时期，中国另一座第五代液晶面板厂——昆山龙腾更是充满日企力量。该项目由昆山当地政府、鞋子代工大王台湾宝成等联手投资。但负责初期建厂、无尘室与设备采购等关键任务的一方，却是脱胎于索尼液晶面板制造部门的NVtech公司，作为龙腾光电技术投资方，这家公司的领军人桥本孝久目前正担任着龙腾总经理。

而当时的中国正在规划上马众多新的生产线。2009年3月，工业和信息化部电子信息司司长王勃文在上海公布了在建与规划建设的面板项目：深超创投5代线已投产；京东方、彩虹集团规划着6代线，深圳天马、京东方规划着4.5代线；龙腾、TCL规划着7.5代线；而上广电、京东方则宣称进军8代线。

产业就是脊梁
CHAN YE JIU SHI JI LIANG

由昆山当地政府、鞋子代工大王台湾宝成等联手投资的，充斥着日本元素的昆山龙腾光电是中国第五代液晶面板厂的代表之一

由于本土企业在设备技术环节没有核心竞争力，上述项目注定要依靠海外力量，而这给了等待技术、设备、材料输入的日本等海外企业机会。上述项目背后，几乎全部隐藏着日企的身影。

在传统的合作模式中，中国企业扮演的是生产、贴牌（终端）角色，利润最高的环节均被日企等海外企业控制，这一模式，多年来一直重复上演，本土企业的核心竞争力并没有因此得到显著提高，已经到了必须反思的时候了。

此前，上广电、京东方、龙腾曾一直试图整合，然而，这一举动反而更像三井、住友、丸红及其旗下NEC、索尼、东芝等日企财团的背后大会师。事实上，为了更具有渗透性，这些日本财团早已在金融、技术、产业联动、产业化合作方面铺垫多时，几乎都有合资企业，已经形成了多个牢固的攻守同盟。因此，简单的规模化整合难以突破日企的封锁。

京东方无法获得技术转移，正是松下与三洋的协同阻隔。而在上广电与夏普的最新谈判中，中方要求必须获得核心技术转移，夏普背后的三和财团竭力阻隔，而索尼、东芝等其他三井财团下的企业也是紧张万分。然而，中方即使是拿到生产的核心技术，在大部分产业化尤其配套材料环节，本土企业仍无法完全实现自主性。

台湾电子时报社长黄钦勇曾在上海强调，大陆此前发展的路子有点像多年前台湾地区的模式，他不希望看到大陆再走这种模式。

"在友达、奇美与上广电、京东方之间，可以实现合并。"黄钦勇说，这只是面板环节，两岸整个平板高度互补，台湾有技术，大陆有市场与终端，有望形成一个自主性的产业链。

这也是业内期望的一幕。但两岸模式还难以真正达成，因为，台湾地区至今仍禁止面板后段业务西进大陆。黄钦勇表示，可以结合实际情况，先从行业协会，或者独立的产业组织开始做起来。

不过，本土企业确实也在艰难前进。王勃文此前强调，中国在电视芯片、模组、玻璃基板、专用材料设备等环节，以及OLED领域，已有很多企业有所布局，只是成长并实现真正产业化，尚需时日。

原文发表于《第一财经日报》2009年4月9日，作者：王如晨

第二节 上广电被托管之路

龙头企业——上广电

上广电，这个环绕着诸多光环的产业龙头，拥有政府的支持、海外技术的拥簇和资本市场的青睐，却因巨额亏损走上被托管之路。除了国际金融危机的影响之外，它还经历了哪些鲜为人知的故事？

2009年4月15日，因在之前披露了《重大事项进程情况公告》，上广电集团旗下的广电信息从2009年4月15日起停盘1个月。截至2009年4月末，由上海市政府和上海市国资委成立的工作小组制订了工作方案，该工作方案报送上级有关部门审核。

这预示着上广电走到被托管的边缘地带，而此次托管首先要解决上广电债务问题———一些资不抵债的公司，可能变卖土地和固定资产；旗下能单独存活的公司继续经营，不排除引入战略投资者重组的可能。

而在上广电集团的亏损中，绝大部分赤字来自上广电NEC这个上广电集团控股75%的企业。生产TFT－LCD面板的上广电NEC是一个不折不扣的"吃钱机器"，它的亏损直接拖累了上广电集团的报表。

上广电NEC是成立于2003年11月的中日合资企业，拥有中国第一条5代TFT－LCD薄膜晶体管液晶显示器生产线，是目前中国主要液晶面板生产商之一。它的出现曾被业内视为中国家电企业进军上游的标志。由于

产业就是脊梁
CHAN YE JIU SHI JI LIANG

上广电同日本企业关系密切,图为上广电五位领导正式启动 SVA 液晶显示器项目,最右边为上广电 NEC 日籍副总经理太田透嗣夫先生

积极引进国外先进 TFT-LCD 生产线,上广电 NEC 一度被认为是"引进－吸收"模式的集大成者。

然而,就是这样一个头顶上环绕着如此光环的产业龙头,拥有地方政府的支持、海外技术的拥簇和资本市场的青睐等众多优势,却在 6 年时间内走上被托管之路。除了百年不遇的金融危机所带来的影响之外,广电 NEC 还经历了哪些鲜为人知的故事?

高层变动已伤筋骨?

2004 年 10 月,中国大陆第一条 TFT-LCD 第 5 代生产线正式投产。该生产线的东家——上广电 NEC 的总经理周家春已经为这个让人倍感兴奋的项目筹备了将近两年时间。该生产线自 2003 年 5 月开始动工建设,用了 16 个月完成了厂房建设、设备安装调试和试投料生产。

此后的将近 2 年时间内,5 代线产量逐渐提升。然而,上广电 NEC 在国内的同行——京东方 5 代线也于 2004 年 4 月破土动工。与上广电选择的引进战略不同的是,京东方的 5 代线完全是自建的。而且建设与量产的速度紧跟着上广电。这让上广电 NEC 感受到莫大的压力。

不怕慢,就怕站。"上广电 NEC 的 5 代线破土动工比京东方早 1 年,而两家量产的时间间隔仅为半年。上广电 NEC5 代线量产后的成品率达到 90% 的时间,只比京东方早 3 个月。"熟悉两家 5 代线建设的刘先生认为,上广电在整个 5 代线的建设过程中,速度远比不上竞争对手。而这直接导致了上广电集团对上广电 NEC 相关负责人的质疑。

2006 年 9 月,原上广电 NEC 总经理周家春正式退休,而新任总经理一职由原上广电光电子总经理施岳志接任。上广电集团表示,原上广电 NEC 总经理退休后,新任总经理施岳志正式接掌公司,至于新帅上任是否会造成上广电 NEC 在营运策略上的调整，上广电集团则不愿评论。

在面板行业工作超过 8 年的刘先生对上广电 NEC 非常熟悉。"上广电 NEC 此次换帅，对其 5 代线的运营造成了不小的影响。"他表示，"施岳志上台后，上广电 NEC5 代线相关的采购、研发和与日本人打交道的一批中层几乎全换了，造成了严重的人员流失。"

他还透露，施岳志采用了与周家春不同的管理思路和战略规划，使得周此前布局在上下游产业链上的伙伴几乎损失大半——作为一个资本密集度相当高的产业，液晶项目需要大量的投入，单凭企业自身无法完成这一使命。"施岳志试图用自己的思路重新打理 5 代线上下游的关系，但这一举措至少需要 2 年左右的时间才能见效。"刘先生表示。

台湾人施岳志新政后的一段时间内，上广电 NEC 陷入了前所未有的管理混乱期。在这次人事震荡中离职的原上广电 NEC 采购部门的许某介绍说，上广电 NEC 是中日合资企业，整个公司团队中除了中方人员外，还有为数不少的日本工程师。施岳志空降之后，又从台湾带来了一大批员工。"上广电 NEC 内部权力犬牙交错，各有各的山头，互相牵制，谁也不服谁。"

这直接导致了上广电 NEC 接下来的经营业绩不佳。实际上，液晶面板行业在 2007 年开始回暖，京东方在 2007 年第二季度已实现扭亏为盈，但与"京派"京东方相比，"沪派"上广电在面板行业最好的时候却没有明显起色。

不仅如此，施岳志领导下的上广电 NEC 项目的产品毛利率一直大幅落后于京东方。据公开资料显示，上广电 NEC 液晶公司 2007 年的毛利率仅为 8.53%，到 2008 年中期甚至下降为 1.48%，其 2007 年的毛利率约为京东方的 1/2。

"尽管上广电 NEC 在关键时刻临阵换帅为其业绩带来莫大影响，但施岳志依然为使这个公司有所好转做了努力的尝试。"刘先生告诉记者，"5 代线最拿手的切割尺寸是 15 英寸，但 2006 年初开始，国内市场 17 英寸 LCD 显示器的需求已经非常明显，于是周家春决定转产 17 英寸 LCD 屏幕。施岳志履新后，确立了增产扩能的策略，在 15 英寸、17 英寸产品上均开足马力进行生产。换帅的振荡期结束之后，上广电 NEC 越来越好，在施岳志的努力下，亏损额一度在 2007 年前后缩减到有史以来的最小。"

然而，上广电 NEC 没想象中那么幸运，接下来的高层震荡更是让上广电彻底错过了行业的春天。2007 年 11 月 10 日，上广电集团领导班子集体换届，集团董事长和总裁同时易人。与此同时，上海广电电子股份有限公司总裁顾伟民接替施岳志出任上广电 NEC 总经理。

伴随着易帅，上广电 NEC 再次迎来人员整顿。"与 2006 年施岳志上任时一样，许多中层在这次高层变动后不久纷纷离职。上广电 NEC 项目亦未能抓住机遇做到扭亏为盈。这为今后的健康运营埋下了隐患。"许某表示。

金融危机是最后一根稻草？

两次换帅让成立三四年的 5 代线不堪压力，出师未捷就一直在巨额的亏损中游走，尤其是 2007 年 11 月发生的集团领导集体换届，更使本来业绩就一蹶不振的上广电 NEC 雪上加霜。此后的半年时间内，上广电集团自上而下实施变革，但上广电 NEC 的报表却一直未见起色。更要命的是，上广电 NEC 资本链条一直处于紧绷状态。

2006 年底，上广电规划在上海莘庄附近的平板产业显示基地再建一条第 6 代生产线，并于 2007 年得到上海市批准。原定 2008 年 9 月底要开工建设，却没有解决资金问题。此时，日本夏普又提出要和上广电组建第 7.5 代生产线，于是上广电又开始与夏普谈判，之前的规划被束之高阁。

尽管得到地方政府的支持，但上广电一直无法解决资金来源问题，毕竟上马一条生产线需要近百亿元的投入。2006 年 6 月 9 日，**日本大和证券 SMBC 株式会社宣布向上广电 NEC 注资 2500**

在日本大和证券 SMBC 带来的银团贷款及财务顾问支持下，上广电上马了造价十分昂贵的 TFT‑LCD 生产线，而这条生产线也成为压垮上广电的重要因素

万美元。在合资之外，大和证券 SMBC 担任了上广电集团的财务顾问，为上广电的经营战略、财务战略的策划和实施提供全面的支持性服务。

仅仅在大和证券 SMBC 注资上广电 NEC 的 3 天前，即 2006 年 6 月 6 日，以中国银行上海市分行为牵头行的 7 家银行，筹组了包含人民币、日元 2 个币种，采取境内外投资方担保和设备抵押的贷款担保方式相结合，构架相当复杂的 TFT－LCD 项目银团贷款，为上广电 NEC 公司的第 5 代 TFT－LCD 增资扩产项目提供总额为 220 亿日元（约合 15.68 亿元人民币）的银团贷款。

然而，建设一条 TFT－LCD 生产线的初次投入就高达 100 多亿，这些钱只是聊胜于无，只能用于对目前的生产线进行"修修补补"，要想新建生产线，这些钱远远不够。"钱很快被用到扩张产能上去了，上广电 NEC 公司的资金链条一直处于高危状态。"许某说，上广电 NEC 的产品价格没有竞争力，但采购成本却比国内外同行要高得多。"上广电一直都依赖 NEC 公司先前与日本材料供应商的关系，在日本进行采购，采购成本过高。"他说。

记者了解到，2005 开始，中国台湾、韩国、日本液晶面板厂商的第 6 代、第 7 代生产线纷纷量产，相对上广电的第 5 代生产线，它们的液晶面板的成本优势非常明显。

2008 年下半年开始，国际金融危机席卷面板产业，在外进口原料、在国内加工、成品出口外销的典型的外向型经济模式受到最严重的冲击。据上广电旗下的广电电子和广电信息发布的年报披露，2008 年预计亏损逾 10 亿元。

"国际金融危机成为压垮骆驼的最后一根稻草。事实上，上广电 NEC 的资金链条，早已经受不起这样的折腾了。"许某说。

学费还要交多久？

自 2003 年上广电 NEC5 代线动工之日起，围绕着"引进技术是否有助于产业自主发展"的争议就不曾停止过。而上广电 NEC 高层则多次表示，至少在当前看来"引进是合适的"。

产业就是脊梁

上广电 NEC 高管不愿承认在合资企业中 NEC 掌握着生产 TFT–LCD 的核心技术,因为"在和我们合作之前,NEC 并没有搞过 4.5 代以上的产品。但选择 NEC,无疑有助于上广电迅速实现产业转型过程中的技术过渡。"

其实,早在 CRT 时代,上广电的经营思路便是"引进–吸收"的模式。20 世纪 90 年代的前几年,上广电在自身业务发展的鼎盛时期便陆陆续续与德国西门子、日本索尼等世界著名企业组建了合资公司,例如在上海西门子移动通信公司中,上广电持股 26%;在索广映像中,上广电持股 20%;在索广电子中,上广电持股 30%。在上广电 NEC 同样如此,上广电持股 75%。

然而,上广电 NEC 收获的绝不仅仅是来自日本方面的资本支持。在 2003 年动工和 2006 年扩大产能的两次增资中,日本最大的财团——三井物产的身影数次浮出水面,为上广电提供着无微不至的"关怀"。

实际上,本土企业在没有技术又背负巨额债务的情况下,想要生存就必须跟上产业升级的步伐,购买昂贵的设备,也就只能一次次地跟在设备供应商的后面亦步亦趋。在这个产业链上,三井财团才是背后真正的大佬。正是如此,上广电和日本财团逐步形成牢固的共生关系。换句话说,上广电成为日本财团在中国的一个"新索尼"。

《产业链阴谋》揭露了外资通过掌控全球产业链,可以轻而易举地挑起中国厂商的价格战,进而让中国制造走向恶性循环。作者:郎咸平

采访中记者了解到,日本厂商将液晶显示屏技术和生产线转移到国外,但仍然掌握着关键的技术和设备。而且,大多数厂商每年都要向日本厂商缴纳价格不菲的专利费。而上广电就一直在向 NEC 的上游企业缴纳"学费"。

因此,我在接受记者采访时表示,"从某种意义上说,上广电 NEC 是日本三井财团培育起来的,这并非言过其实。与三井财团在上广电 NEC 公司的投入（日方股份一共只有 25%）相比，它在这个项目中得到的回报却大得惊人——对于上游的关键零部件和原材料，上广电不得不依赖 NEC 公司先前与日本材料供应商的关系，在日本进行昂贵的采购——高昂的成本直接导致了上广电更大的资本压力。在产业链上，三井财团已经渗透到生产加工、配套产业、物流贸易、金融咨询等各个层面，上广电 NEC 已经被三井财团牢牢绑定。"

实际上，液晶屏生产线的投资规模都相当巨大，被业界人士戏称为"大钱坑"。TFT－LCD 生产线只有不断扩大投入和规模才能产生效益。此时，日本、韩国和中国台湾的规模生产和资源优势，已经提高了中国大陆企业赢利的门槛——这也是造成上广电连续亏损、最终走上被托管之路的深层次原因。此次上广电集团的整合并不排除引进新的战略投资者，这表示上广电将有可能获得从根本上翻身的大好机会。

原文发表于《中国计算机报》2009 年 4 月 28 日，作者：李强强

第三节

丸红撤出京东方 不影响另类掌控

继 NEC 在上广电液晶项目中折翼后，又一家日本电子厂商在国内液晶面板领域选择了退出。

2010 年 1 月 6 日，京东方 A（000725.Z）发布公告称，日本丸红株式会社已将其所持京东方投资（京东方 A 的控股股东）10% 的股份转让给北京电子控股有限责任公司。

2005 年 3 月，丸红以 1.6 亿元获得京东方投资 10% 股权，此举当时被解读成为京东方"筑巢引凤"战略的重要举动。"在丸红参股的 4 年多时间中，并没有兑现当初的投资承诺，所以从 2008 年初开始双方谈判解除合作协议，现在的结果是预想中的。"2010 年 1 月 6 日，京东方投资有关人

士告诉本报记者。

然而从全球范围来看，无论是中国大陆，还是中国台湾地区或韩国，其液晶面板的上游材料领域依然被日本的财团所控制，而且在新一代的OLED等新兴显示技术上游材料领域，日本财团依然走到了前面。

丸红的"撤出"

对于丸红退出京东方投资，丸红（中国）株式会社公关课有关人士表示，"丸红在中国的主营业务已经发生变化，所以总部做出了这样的决定。"

京东方与丸红的缘分还要说到CRT时代，20世纪90年代，丸红与京东方的前身——北京电子管厂在彩色显像管（CRT）的零部件方面开始了合作，参与成立"北京旭硝子电子玻璃有限公司"。

随着京东方从CRT向液晶升级，丸红与京东方的合作开始延伸到液晶材料领域。在2005年第一季度京东方5代线投产后，丸红与京东方投资的控股股东北京电控以及第二大股东智能科创签署了三方协议，持股比例为43.75%的智能科创将其手中的10%的京东方投资的股权转让给了丸红。

然而京东方想从丸红得到的显然不只是这1.6亿元的资金，根据战略合作协议内容，双方合作范围包括：一是日本丸红将根据需要为京东方的TFT-LCD工厂提供稳定的、具有市场竞争力的原材料及零部件供应服务；二是日本丸红将通过积极参与投资等方式，协助吸引海外TFT-LCD零部件材料厂商来北京投资，进行本地化配套；三是日本丸红协助将京东方的产品介绍并推销到国际市场；四是对在京东方第二条TFT-LCD生产线项目上，日本丸红将积极研究包括直接投资在内的合作方式。

然而，双方合作的几年来，丸红并没有像CRT时代那样帮助京东方引进上游的原材料和配套设备生产商，一直到2010年，京东方在北京只引进了美国康宁的后端玻璃基板生产线，以及自己投资的LED背光模组，这些都与丸红没有直接的关系。

对此，京东方内部人士表示："丸红不仅没有帮助京东方引进所需的配套设备，而且在京东方在成都、合肥和北京8代线的投资中，丸红也没有参股，这最终导致了双方合作的结束。"

日本财团进与退

个人认为,丸红当初在京东方的投资,与三井财团在上广电 NEC 的布局一样,都是日本财团惯常的做法,即投入少量资源来进行布局。在京东方 5 代线持续亏损后,北京等地方政府曾暂时放弃了投资计划,这也让丸红选择了放弃。

另一方面,其实丸红的业务结构在过去几年也发生了变化,2010 年,其在中国的主要业务已经从原来的电子材料采购供应等转向了粮油食品、纸张纸浆、能源、电力基础设施等领域。

对于丸红退出京东方投资,京东方公关总监张宇表示,"这是丸红与京东方控股股东的合作终止,并不会影响到上市公司的运作,而京东方的 6 代线、8 代线投资也不会受到影响。"

事实上,京东方的液晶面板投资其实更多得到了三井财团的支持。2004 年 8 月,三井信息电子(上海)有限公司、芝浦机电(上海)有限公司分别与位于北京市经济技术开发区的北工大软件园签署了正式入园协议,在园区设立技术支持及售后培训中心。由此,三井财团已经将上海和北京两地的液晶平板电视业务联系起来。

值得注意的是,三井信息电子(上海)有限公司主要从事液晶显示屏(TFT-LCD)及相关配件、半导体设备等相关产品的生产和技术服务,是"京东方 TFT-LCD 项目"的主要生产设备供应服务商。

我们必须看到,当时三井-住友财团通过 NEC 在上广电 5 代线完成了自己的布局,并且借助上广电 NEC 的壳建立起 100 多家关联公司,这些公司实际上已经控制了三星、奇美、友达液晶原材料的供应,而丸红则希望借参股京东方投资来完成在中国北方的布局,双方最初是有分工的。

实际上,在过去几年,中国大陆的液晶产业没有成长起来,全球的液晶面板生产实际上被韩国和中国台湾地区垄断,这让丸红等日本财团很失望,最终丸红逐步选择了退出。相对而言,虽然随着上广电 5 代线被深圳中航集团托管,三井-井友财团在上广电 NEC 的投资"打了水漂",但是

2005年3月1日，在北京昆仑饭店。日本丸红与京东方投资联合宣布：日本丸红以1.6亿元现金购买京东方投资10%股权，从而跻身京东方投资第三大股东

三井－住友的100多家关联公司却依然是中国台湾地区面板厂商的主要供应商和采购商。

中国液晶背后的日资身影

虽然丸红退出了中国液晶面板市场的竞争，但是三井－住友财团依然是中国乃至全球液晶产业的真正背后控制者，记者从三井信息电子（上海）有限公司的官方网站上注意到，包括京东方、龙腾、上广电、深天马在内的所有中国液晶面板巨头都是其客户，而中国台湾地区的4大面板巨头同样如此。

由于本土企业在设备技术环节没有核心竞争力，截至2010年，在建和筹建的多条高世代项目背后几乎全部掩藏着日企的身影。**在传统的合作模式中，中国企业扮演的是生产、贴牌（终端）角色，而利润最高的环节均被日企等海外企业控制，而液晶面板的生产设备也被日韩企业控制，这一模式，多年来一直重复上演。**

虽然到2012年中国拥有京东方、TCL深超、龙飞光电等多条8代以上的面板生产线，但是一旦日本企业愿意将核心技术转让给中国企业，这意味着他们在下一代技术（如OLED）领域已经完成了布局。

日本企业液晶技术的全球转移第一波是韩国和中国台湾地区，第二波是中国大陆，接下来第三波日本有可能把产能和技术向印度转移，印度的液晶行业可能是中国大陆面临的新竞争对手。

原文发表于《21世纪经济报道》2010年，记者：郎朗，采访对象：白益民

第四节
联手台湾地区搅动东亚产业战

东亚面板竞争风起云涌

2013年，一场针对境外6家液晶面板企业的价格垄断处罚引起了境内外媒体的关注。但是，**这次反垄断处罚在韩国主流媒体未见任何报道，在中国台湾却是一片好评**。在台湾中时媒体集团旗下的《旺报》报道中，台湾外贸协会董事长王志刚更是将大陆的电子视像行业协会秘书长白为民称为"面板女"。在国家发展改革委网站上，一则"6家境外企业实施液晶面板价格垄断被依法查处"的消息以官方口吻阐述了这宗价格垄断处罚案的来龙去脉，更是表明了"在调查过程中，相关企业主动报告了合谋操纵液晶面板价格的情况"。业内人士也普遍认为，这种串谋式的操纵市场价格行为，除非有参与者"反水"，执法部门仅凭几封举报信进行取证很难做出处罚决定。**但从处罚对象和金额看，台湾地区的面板厂无疑是这次反垄断案的"受益者"。**

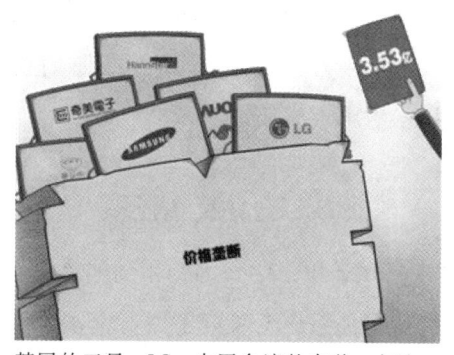

韩国的三星、LG，中国台湾的奇美、友达、中华映管、瀚宇彩晶共6家企业在2001—2006年，利用优势地位，合谋操纵液晶面板价格，在中国大陆实施价格垄断行为，受到处罚。图片源自《深圳特区报》

与前些年三星电子"反水"充当污点证人最终使美国反垄断机构得以重罚韩国和中国台湾地区的面板厂不同，本次的中国大陆首起液晶面板垄断案无疑从深层面反映出了东亚地区之间的产业竞争状态。

为此，台湾地区的行政机构"经济部"甚至想出了"抗三星联盟"的主意；不过，在2013年1月11日时任民进党主席蔡英文的小英教育基金会举办的一次论坛上，面对蔡英文"三星因国家大笔资金投入而壮大，台湾该如何应对？"式的提问，台湾"半导体教父"张忠谋指出，三星是几十年来在韩国特别政经环境中产生的"怪物"，生产范围极广，包括面板、手机、家电、半导体等，台湾要跟三星竞争，得各个击破。

近年来，三星电子、LG和现代汽车等韩国财团相当程度上扭转了夹在日本产品高品质和中国产品低价格之间的"三明治"尴尬状态。在2013年1月的北美CES电子展上，三星电子和LG可谓挣足"眼球"，但韩国主流媒体依然清楚地指出韩国企业的创新能力不足，诸多产业的核心技术领域依然来自欧美。

尽管中国大陆媒体上充斥着日本电子巨头的亏损和没落的新闻，但实际上在液晶显示产业领域，日本公司依然把持着材料和关键设备等产业上游，尤其是夏普公司在液晶领域的领先地位从未被动摇，而韩国、中国台湾地区和大陆则是在代工领域进行一轮又一轮的价格血拼。事实上，中国大陆仅有的两家液晶面板企业——京东方和华星光电早年起步时的技术和人才也来自韩国和台湾地区，或者说最终还是源自日本的"二手"设备和技术溢出效应。

"双方"合作反击三星

2012年，中日因钓鱼岛陷入对峙，但就在当年的11月29日，中国台湾亚东关系会会长廖了以（前国民党秘书长）与日本交流协会会长大桥光夫（富士财团旗下昭和电工会长）签署了"相互承认协议"及"产业合作搭桥计划合作备忘录"，从而为双方经贸关系创建新的里程碑。

2010年，海峡两岸经济合作框架协议（ECFA）签署，标志着两岸在经贸关系达到一个新的层次，台湾由此成为跨国企业进入大陆的跳板。2012年的日本与中国台湾产业搭桥合作，对日本意义深刻。占据台湾大量出口比例且处于下游的电子产业急需产业升级，处于产业上端的日本则垄断着核心技术与零部件，在韩国步步压缩台湾电子产业利润和生存空间的时刻，二者合作帮助台湾产业向中游升级，与韩国进行对抗，日本既可在双方争端中获得更多的盈利，也可借台湾压制三星的扩张，为反击蓄势。

根据这种布局，日本将会逐渐降低在终端产品的市场竞争力，并躲在"中国制造"和"台湾制造"的背后，在享受终端产品的利润基础上，利用核心零部件以及技术专利获取丰厚的利润回报，且能在中日关系甜美时

期享受利益回报，在未来中日关系短暂交恶时期减少损失。

与多元化经营的三星和LG"八爪章鱼"式的韩国财阀不同，台湾地区的液晶面板产业没有类似PC产业下游式的彩电品牌，一度被岛内评为"找不到出口的高速公路"。不过两岸关系的改善使台湾液晶面板产业等来了"及时雨"，自2009年开始，大陆电子视像协会白为民每年都率领9大彩电企业赴台进行面板采购。不过2012年年底，LG在广州的8.5代液晶面板线的投产，为未来的竞争格局将带来新的变数。

产业联盟促发展

多年来，液晶面板产业因为巨大的投资额和产业规模成为各地政府争取引进的投资项目，这无疑也为日韩企业提供了"套利"空间。日本夏普公司曾经用同样的技术方案和投资条款在深圳市和南京市政府之间寻求合作；当2010年台湾友达获批在苏州投资7.5代线后，韩国总统李明博更是亲自出马，在2011年的博鳌亚洲论坛上当面向胡锦涛主席提出放行三星和LG在中国大陆的高世代面板项目。而2012年做出反垄断价格处罚的国家发展改革委的另一个角色其实就是外商投资项目的批准者，或许也正是因为这一原因，反垄断案的执法机构和依据才不是商务部和反垄断法。

李名彰（化名），一位台湾液晶面板产业的专业人士表示："过去，**大陆地方政府的积极参与恶化了面板产业的竞争，这很像当年汽车产业领域各地积极引进欧美日跨国公司并争相提供优惠政策，但同时也在扼杀本土产业的创新和市场空间。**汽车产业毕竟多年来都是一个利润丰厚和提供高税收的行业，给地方政府的贡献确实很大。而面板产业已经是政府资助下的过剩产业，韩国公司投资到大陆的设备都已经提过几次折旧了，对于大陆本土企业来说无疑是一种无序竞争。"

必须注意的是，2012年**中国大陆处罚韩国和台湾地区液晶面板巨头的确是个需要警醒的事件。未来，中国大陆电子信息产业需要更多财团式的联盟来应对日本、韩国的产业竞争，除了联盟更需要政策上的配套与协调，这是为了避免本土产业在经济全球化、市场国际化的浪潮下成为国际巨头的附庸，并威胁到国家产业安全。**

在 LED 产业上的日本布局

中国台湾与日本的合作不仅仅只是体现在液晶产业上，他们在 LED 光电方面的合作布局也是值得我们关注的。

2012 年，三安光电宣布认购台湾 LED 芯片厂商 19.9% 的股份，成为璨圆光电的第一大股东。而两者间均可见三井物产的身影

在多年准备后，神秘的日本三井物产终于与中国大陆 LED 龙头企业三安光电拉上了关系。2012 年，三安光电宣布，公司全资子公司厦门三安光电公司拟使用不超过 23.52 亿新台币（约 5.06 亿元人民币），认购台湾 LED 芯片厂商璨圆光电以私募方式发行的不超过 1.2 亿股普通股，持有璨圆光电约 19.9% 股份，同时也是璨圆光电的第一大股东。

在此之前，璨圆光电的第一大股东为三井物产，持股比例为 15%。三安光电入主璨圆光电后，三井物产则变身为璨圆光电的第二大股东。"此次三安光电顺利入主璨圆光电，除了基于双方对市场发展的需求外，三井物产在其中也应该起了很大作用。"一位熟悉三井物产的业内人士指出，毕竟三井物产是璨圆光电的第一大股东，拥有很大的话语权，"应该是三井物产加速促成这桩大陆与台湾的 LED 行业第一并购案"。

不过，三井物产中国有关人士不愿意对此做出任何评论。三安光电证券代表李雪炭也仅对《新产业》表示，与璨圆光电的合作是三安光电产业布局的一步，也是三安光电走向全球市场的重要步骤。

其实近年来，三井物产一直在悄然布局中国 LED 产业。多年前，三井物产曾经与 LED 照明厂家广东中龙和勤上光电接触过。2010 年，三井物产以 12.2 亿港元认购了电视代工厂家冠捷科技 2.35 亿股份，占冠捷科技已发行股份比例达 15.05%，成为冠捷科技第二大股东。2011 年，璨圆光电完成私募案后，三井物产认购 7469 万股，持股约 15%，成为璨圆光电第一大股东。

2012年三安光电入主璨圆光电，也让三井物产基本完成其中国大陆LED产业链的布局。三井物产是日本最大商社，主营业务是钢铁、能源、物流等贸易生意，它喜欢和老朋友做生意商贸模式，是通过贸易带动投资。而三安光电董事长林秀成最早是通过钢铁贸易发家，应该与三井物产有所接触。三安光电通过三井物产的关系，更快与璨圆光电达成协议的可能性很大。

三安光电有关人士也曾对《新产业》透露，林秀成在日本有很多关系，与日本ＬＥＤ芯片巨头日亚化学高层很熟，突破LED专利封锁只是时间问题。相关迹象表明，林秀成所谓的日本关系应该就是与三井物产的关系。因为包括日亚、丰田合成等很多日本LED厂家，基本都是三井财团体系的成员。

三井物产就好比一座桥梁，不仅可以使自身通过与台湾企业的捆绑，降低其对大陆投资的风险，还可以间接控制供应链、零部件而获利。在中日关系出现矛盾的背景下，三井物产和三安光电通过这种形式都能满足自己的诉求。因为，夏普、索尼、东芝、松下、三洋等日本跨国企业巨头背后，有着共同的控制力量，即三井物产。这些都让三安光电和璨圆光电在ＬＥＤ背光源市场，有更多的想象空间。打一个比方，三井物产控制产业链的方法就像下围棋，先下几个点，然后再逐步全面布局。

三井物产的国际图谋

不过，对于三井物产来说，三安光电入股璨圆光电最大好处可能不仅仅是控制产业链，也可以让投资有更好的回报。而三安光电入股璨圆光电，给自己带来的却是未来更大的国际市场。高工产业研究院院长张小飞表示，三安光电可以通过璨圆光电在技术和专利等方面的优势进军国际市场，并且直接挑战国际ＬＥＤ大厂，尤其是晶元光电。

易美芯光总裁范振灿表示，目前三安光电产品主要偏重于大陆区域市场，璨圆光电则是在韩国、中国台湾、日本市场等具有一定优势，双方合作将有利于区域市场的互补。

另一优势是双方产品应用市场的互补,三安光电产品主要为显示屏、景观照明及室内外照明,而璨圆光电在电视背光领域占有重要地位。据悉,璨圆光电有很多国际大厂等下游资源,其中LED封装客户包括LG、东贝、亿光等,下游电视客户包括LG、三星、TCL、京东方A、长虹、创维等。"三安光电还可望借璨圆光电绕开国际LED专利壁垒。"范振灿说。因为璨圆光电LED芯片技术水平居于全球LED大厂前列,与一些国际LED巨头有专利交叉授权。

三安光电表示,不排除公司以璨圆代工厂的身份迅速切入国际市场,打开成长空间。据了解,三安光电作为中国大陆最大LED芯片厂家,拥有MOCVD设备(LED外延片生产设备)140多台,璨圆光电拥有MOCVD设备约100台。而竞争对手晶元光电拥有的MOCVD机台数量在300台左右,三星MOCVD机台数量为150台左右。

由此可见,三安光电与璨圆光电联手后,足以在全球的LED版图中具备与巨头抗衡的基本实力。"兼并购也是一种战略投资,将是未来LED行业发展的必然之路。"张小飞表示,三安光电参股璨圆光电这一动作本身也透露出,未来可能有更多产业兼并购出现,无论是上游与上游企业之间,还是上游与下游企业之间,各种参股投资、策略联盟等合作的步伐将日益加快。

原文发表于《中国产经新闻》2013年1月23日,作者:佟文立

长虹:中国企业的宿命?

国内彩电行业的先行者

2007年4月28日,长虹斥资60亿元在绵阳开建中国第一条等离子生产线,一举创下四川省单笔项目投资之最。现场非常热闹,长虹董事长赵

勇带领项目团队宣誓,立志通过自主创新,实现中国家电业的战略转型,提升中国家电的全球竞争力。

长虹又要打破日本、韩国对等离子技术的垄断,这不免让人联想起,长虹让彩电成为一般人能够消费得起的普通商品,并且打破了日本企业在中国彩电市场上的垄断局面。

如今,长虹已经改变了单纯的彩电企业形象,成为年销售额231亿元,集彩电、手机、冰箱、IT和网络等产业于一身的多元化企业。2006年4月,赵勇宣称长虹已经完成3C(计算机、通信和消费电子产品三者的融合)战略布局,将朝着国际高端家电制造商的目标努力,新长虹呼之欲出。**作为国内彩电行业的先行者,长虹的经历具有代表意义:引进技术、发展规模经济、价格战、反倾销、受新技术冲击。不过反观长虹走过的道路,人们还能发现以下名字:松下、东芝、索尼、日立、三洋。这一次的等离子生产线奠基,长虹身后又多了个名字——韩国ORIONPDP。**

摆脱倪润峰的阴影后,赵勇立志打造新长虹。但在这种合作伙伴的切换上,新长虹似乎又在重走老路。

长虹的日本缘

"以产业报国"这句富有民族自强色彩的口号让人记住了长虹,而长虹也以价格战击败了外国竞争对手。然而,长虹和日本却颇有渊源。

在20世纪80年代开始的大规模仿制日本彩电工业体系和引进技术设备的大潮中,长虹走在了前列。从此,长虹迅速走红,它和日本企业的交往与合作越来越多。**不仅在彩电主业,在空调、电池等产业上,长虹也和松下、东芝等颇多合作。考虑到日本企业的财团背景,按照"利益共同体"的标**

与日本渊源颇深的长虹是老牌军工电子基地,前身是国营780厂,是当时国内唯一的机载火控雷达生产基地

准来判断，说长虹已经被并入日本财团的势力范围并不过分。从1978年引进松下的彩电生产线开始，长虹就逐渐融入了日本财团利益统合的体系之中。

与日本公司的密切关系，却只是一个光彩的上半身。2004年的一项倾销诉讼，揭开棋局的另一角。

2004年4月13日，美国商务部公布了对中国彩电反倾销案的终裁结果：长虹、TCL、康佳、厦华等4家特别调查对象的倾销税率分别为24.48%、22.36%、11.36%和4.35%，海尔、海信等9家应诉企业的税率为21.49%，其他未应诉中国企业的税率为78.45%。

至此，历时一年多的中美彩电倾销纠纷尘埃落定，中国彩电企业最终还是败给了名不见经传的美国五河电子公司。据报道，美国已几乎不生产CRT彩电，美国五河公司只是一家很小的木工和彩电组装厂。值得一提的是，美国彩电工业早已经被日本推垮，所谓中美彩电企业的竞争本质上是中日彩电企业之战。

从2000年开始，以长虹为代表的中国彩电企业的出口量开始爆发式增长。资料显示，当时的国内市场规模不到3000万台，而全行业的产能达到了8500万台以上，这数千万台的过剩产能只有靠出口才能消化。未料中国企业刚一走出国门，就迎上了当头一棒。

事情并没有这么简单，这场倾销风波幕后故事却是"日本电子巨头露骨暗助美对华彩电反倾销"，东芝、松下、三洋和ORION等日本企业在倾销案幕后所起到的主要作用。它们从倾销案一开始，就给原告方提供了信息、数据和技术等方面的全力支持。而早在2003年6月，媒体上也传出长虹指责日本企业在幕后推动了倾销案。

日本企业平时习惯于少说多做，2004年却在不经意间揭开了统合中国电子企业大棋局的一角，在这场并不十分引人注目的棋局中，日本企业已经默默耕耘了相当长的时间，统合中国同行是他们的终极目标。

财团"统合"长虹

"统合"是日本财团在表述战略规划时常用的一个词。

第二章 电视产业背后的日本掌控

日本财团统合的精髓在于通过共生和竞合等手段，将目标企业控制在产业链的特定位置上，使之持续地为财团带来收益，并长期顺应财团战略发展的需要。在这一过程中，财团会为目标企业的发展提供金融、技术、人才和商业等全方位的支持，但前提条件就是目标企业的壮大会给财团带来更大的利益，并且不会对财团造成实质的威胁。

日本企业一方面以独立的主体身份运营，另一方面又和其他的日本企业保持股权、业务和人员等方面的密切联系。因此，与其说长虹面对的是松下、东芝、索尼、三洋、日立、夏普，倒不如说是"日本电子株式会社"更恰当。

以时间为线索，可以清楚地看到日本财团是如何统合长虹的。以长虹2003年遭遇反倾销为界，在2003之前，长虹和日本企业间注重"共生"。而近年来二者的关系发生了变化，长虹开始加速融入日本财团企业的体系之中。

1978年，长虹从松下引进了彩色电视机生产线，并在短时间内仿制出13条生产线，长虹"生产线上的竞争力"开始引起住友财团的松下和三井财团的东芝以及其他一些日本电子企业的关注，此时的长虹已威胁到松下的在华利益。因此，松下向长虹低价销售高性能的生产线，同时也提供大量彩电关键部件，其中比较有名的就是松下彩管。

在彩电生产线普及的大潮中，1986年长虹与日本松下公司第二次进行合作，引进了国内第一条自动化彩电生产线。从此，长虹走上了规模化发展的道路，并依靠买来的生产能力于1989年发动了第一次大规模的价格战。

在这一过程中，松下电器虽然暂时损失了部分利润，但却换取了中国企业在未来相对长一段时间内对自己的依赖。

通过1989年、1996年和1998年三次大规模的价格战，中国彩电工业结束了诸侯林立的局面，开始进入以长虹为代表的寡头竞争阶段。在获取市场份额优势的同时，依赖日本企业提供核心部件的习惯使长虹在被统合的道路上越走越远。在与长虹的"共生"过程中，日本财团获取的利益到底有多少，恐怕不是普通人所能知道的。

产业就是脊梁

长虹与东芝合作密切，除业务往来外，还共同出资成立了长虹·东芝联合实验室，形成技术开发战略联盟

此后，日本财团开始为长虹的多元化提供帮助。以三井财团为例：1998年，三井财团的东芝向长虹提供碱性电池的生产设备和技术；同年，东芝与长虹建立技术开发战略联盟；1999年，东芝与长虹合作生产"大清快"空调；同期，三井财团的索尼公司向长虹提供VCD机芯；三井物产也与长虹签订了长期的出口代理协议……

自主知识产权的挣扎

经历反倾销风波后，长虹更换了主帅，技术出身的赵勇再次提出了产业多元化的目标。从平板电视到网络家电，再到3C融合，长虹一步步走向日本财团已经规划好的产业路径。

到了平板电视时代，作为最重要的部件——显示板的关键技术和生产设备都掌握在日本企业的手里，长虹必须从日方购买核心部件才能正常运作。由于中国没有日本那种以综合商社为核心的财团产业群做支撑，长虹为了生存必然会进一步倒向日本财团。

2005年9月，长虹明确表示支持以东芝为核心的HD-DVD标准，将推出兼容现有DVD格式的HD-DVD产品。在国产EVD正面临生死抉择的关键时刻，长虹倒戈投向日方的结果无疑是给了EVD一次沉重的打击，日本人"以华治华"的策略在商业上再次得到应用。

近30年来，中国的彩电工业从全面仿制以图超越，到现在的大幅落后、丧失赶超意志，长虹的经历代表了中国电子企业普遍的生存状况。

长虹近来高调复出，凭借"量子芯"、"虹手机"等产品再一次证明自己并没被埋没。另外，长虹还声称完成对拥有等离子面板核心技术的韩国ORIONPDP公司的收购，并以此为契机投60亿巨资兴建新的等离子生产线。

然而，所谓"量子芯"不过是和国外合作研发的产品，广告宣传没有足够的底气，只是在文字上做文章，并且已经有专家开始对量子芯的成色提出质疑。而所谓"拥有等离子面板自主知识产权"一说更是不值一驳。韩国 ORION 和涉嫌幕后共谋中美彩电倾销案的日本 ORION 公司的名称完全一样，这难道仅仅是巧合吗？不论表面多么热闹，长虹其实并没有走出困境。

原文发表于《董事会》2007 年 6 月，作者：白益民

第三章 日本电子业在华攻城略地

联想冲着 IBM 的 ThinkPad 品牌和技术，以 12.5 亿美元收购了 IBM 的全球 PC 业务。不过 ThinkPad 的第一款笔记本电脑诞生于日本大和实验室，而不是美国，更悲剧的是，在此次收购前，IBM PC 业务的相关核心技术其实早已经被日本财团掏空了。

日本电子企业近些年来看上去衰相尽现，有些品牌甚至退出中国市场，中国产品反而红红火火。但事实上，拆开这些产品看，核心的东西还是日本生产的。日本表面上让出了品牌，转而掌握核心的零部件，进而掌控产业链。日本地震，中国企业反倒更吃紧，对日本企业的依赖可见一斑。

此外，我们也要注意到日本电子巨头都在寻求转型，如东芝在核电、智慧城市领域，索尼在影视、医疗设备领域，松下在新型能源领域等。日本电子企业相对前瞻性的战略布局以及未来有可能以产业关键部件供应商角色参与全球竞争的思路已相当明显。

作者题注：

以产业立国的日本，并未出现如美国制造业的"空心化"问题，而是走上了一条以财团商社为核心的"控心化"产业发展模式，其电子产业在中国的布局及掌控便是值得我们研究和反思的范例。

本章提要

日本地震，东芝、索尼等厂商的高端系统芯片、闪存芯片的生产受到较大影响，进而影响全球产业链，当时就传出消息，iPad、iPhone等产品的供应出现短缺。日本电子业在全球产业链中所处的核心地位可见一斑。

索尼前掌门人出井伸之在《索尼神话的五次破灭》中表述："索尼总是在每次神话破灭的时候变大变强"。如今，当我们还停留在日本家电制造集体没落的误区时，索尼等日本电子企业早已悄然转型，"黑手"伸向了更高层次的"绿色竞争"。

从2007年开始，松下明确将生活电器产业、元器件产业和系统解决方案产业树立为三大支柱产业。松下欲到2018年公司创业100周年时，成为电子产业第一的环境革新企业，从这一目标可看出，松下正从一家电子企业转型为新能源企业。

事实上，联想集团以总价12.5亿美元收购IBM的全球PC业务，某种程度上可以说就是冲着IBM的ThinkPad品牌和技术而来的。然而，谁会想到第一款以ThinkPad命名的笔记本电脑却诞生于日本大和实验室，而不是美国。

我们不能不断依赖外资，但是对外国资本的依赖度增加意味着国民财富被不断抽血。如果我们自身有造血能力，自己的资本能够运作，何不自己运作？我们看日本经济的发展，它们就能够形成内循环，把外资排挤出去，并能够在海外投资。

日本以产业立国，金融只是润滑剂，它们不是用钱来玩钱生钱。主导日本经济的是经团联，经团联的会长都是出自大企业集团，比如工业企业集团的头、社长等；而控制美国经济的是华尔街，是那些金融家，这是两个不同的概念。

第一节
经济地震启示录

日本地震，中国危机

2011年的日本地震与核危机对日本经济、中国经济乃至全球经济到底造成多大影响？面对电力、通信、交通、物流的中断，日本企业为何能够沉着应对？日本企业的立业基因是什么？中国企业从中又能学到什么？中国社科院日本经济学会理事白益民为我们另类解读。

《新经济导刊》：据您了解，地震对日本经济、中国经济乃至全球经济造成多大影响？

白益民：其实，地震刚发生时，对日本经济影响不是很大，当时核危机还没有出现。地震发生在日本东北部地区，不是日本的经济重心。不过，东芝、索尼等一些电子企业在那设有工厂，受到的影响比较大，因为这些电子企业生产高端的系统芯片、闪存芯片，在全球产业链中处在核心地位，因此会影响全球产业链，当时就传出消息，IPAD、IPHONE等产品的供应出现短缺。

而随着核危机的出现，就不仅仅是地震问题了。核辐射有持续的时间，其衰变期有个过程，这就影响了人们正常的生产生活，造成影响的进一步扩散。不仅如此，核危机还造成很多经济活动不能正常进行，人的活动受到限制，动力恢复不了，必然对其本土经济产生很大的影响。

核危机对日本的进出口贸易也有一定的影响，对海鲜、渔业等有打击，当地农民的收入会受影响，而这部分农民的比重在日本不是很大。日本是最大的粮食和食品进口国，饲料工业、玉米、大豆等都是100%进口，小麦也是90%进口。只有大米是自给自足的，但也有部分进口，不影响内部生存的需要。此外，交通运输的中断也会对物流产生一定影响。

我们谈日本经济，往往只看日本本土经济，而忽视了其在全球的经济作用及整体布局。我们所有人看问题，都是冲着日本本土来看，很少有镜头转移：震后日企在中国的工厂在干什么？日企在金砖四国的工厂的镜头如何？其在全球工厂是否正常运转？

看完我的《三井帝国在行动》一书后，大家都会感到震惊。日本企业最近10年不声不响，有些品牌甚至退出中国市场，中国企业反而动静很大。但事实上，很多中国企业的产品，用的都是自己的壳，而核心的东西还是日本生产的。日本在中国表面是让出了品牌，但它们只要掌握核心的零部件，就能掌握供应链。地震后，中国企业才感到产业链吃紧，对日本企业依赖那么强。

2010年，中国对日本的贸易逆差是556.5亿美元，中国这么大的国家出口不少东西，日本也从中国进口不少东西，为什么这么大逆差？中国出口的产品多是低端产品，而日本卖给中国的产品大都是附加值很高的核心零部件，正因如此，中国从国际上获得的贸易顺差，最后都回到日本了。

GDP 并不能衡量国家财富

《新经济导刊》：2010年，中国GDP首次超过日本，成为全球第二。此前，日本在这交椅上坐了近40年。这些又能否说明什么问题？

白益民：日本GDP在下降，为什么？实际上，日本经济就像一家公司，其产值下降了，但利润率却在提高。真正的价值是以利润率乘以产值算出来的，国家的财富同样如此，就是用GDP乘以国家的利润率。中国GDP在增长，但利润率在下降，中国的财富没有增长，也就没有后续发展能力。虽然我们的产业规模在扩大，但产业没有升级，仍是以高耗能支撑着经济增长，石油价格还在上涨，国家整体还有利润吗？2011年3月份统计数据显示，第一季度的对外贸易出现逆差，因为资源涨价，中国额外付出了480亿美元。

《GDP究竟是个什么玩意儿》一书，揭秘了GDP80年完整演变史，是读懂GDP两面性的第一本书！作者（英）Lorenzo Fioramonti

GDP 不是衡量国家财富的标准，真正衡量国家财富的标准是国民生产总值（GNP）。日本 GDP 虽然在下降，但其在海外部分资产在膨胀，其国内和海外部分加起来，每年也有百分之十几的增长，但没人关注，没人报道。事实上，在 2002 年以后，我们就看不到关于日本 GNP 的报道了，因为媒体不敢报道，真的统计出来吓你一跳。同时，媒体关于中国 GDP 的报道很多，关于 GNP 的报道则很少。

中国的产值实际上要减去外资创造的部分，因为中国企业在海外基本没什么创收。前几年出海的企业，被赶回来很多，有些即便走出去，至今仍未成功。如果用 GNP 衡量，中国国民财富是在下降，这意味着国民收入上不去，工资上不去。

但我们又没有办法，只能再靠外资来输血，这样就形成恶性循环。如果外资一撤，中国经济后果不堪设想。过去 30 年，中国不断地引进外资，但总该有个头吧？引进外资是用来干嘛的？若出现危机，可以用来解救。**但我们不能不断依赖外资，对外国资本的依赖度增加意味着国民财富被不断抽血，如果我们自身有造血能力，自己的资本能够运作，何不自己运作？我们看日本经济的发展，就能够形成内循环，把外资排挤出去，并能够在海外投资。**

比如，我们看温州的 GDP 可能在浙江并不是最多的，但看看温州人在全世界、全中国赚钱吗？到处都是他们的产业，到处都是他们的炒房团、炒煤团，为什么？因为温州大部分人出来做生意了，他们都是老弱病残在家守着，GDP 当然上不去了，消费也上不去。日本同样如此，企业都在外面赚钱，所以本土 GDP 上不来，它们把本土很多重工业搬到中国来，用中国的资源、能源来扩大生产，虽然扩大的是中国 GDP，但它能够赚钱，为什么要把产业放在本土？

债务危机与金融软肋?

《新经济导刊》：日本财务大臣野田佳彦表示，此次用于震后重建的追加预算规模可能会超过政府在 1995 年阪神大地震后为支持国内经济而投入的资金。据报道，日本财政本身已经入不敷出，债务占 GDP 比重已经超过200%，这是否会加剧恶化？

白益民：日本的财政资金主要投入抗震和震后重建，所以华尔街看到日本地震有些幸灾乐祸，说日本的政府的债务已经200%多了，日本没救了。实际上是华尔街的那帮对冲基金在做空日本，目的是为了抄底日本的产业资本。在华尔街的眼里，日本企业的股票都是被低估的，做空后更低，正是抄底机会，包括与美国相关的机构如世界货币基金组织等评级机构都给日本降级了。实际上，在东南亚金融危机的时候，他们也干过这些事。

在这样的背景下，按道理日元应该汇率下降，但奇怪的是，日元依然坚挺，2011年震后的汇率仍在上升。在外界做空日本的时候，日本的海外财团资金也在回流，他们也在抄自己的底，等于阻击华尔街。

实际上，日本财团手里不缺钱，所以日本的金融一点也不脆弱。2008年，金融危机席卷全球，日本独善其身。在2009年，日本还能抄底雷曼：野村证券几亿美元收购了雷曼亚洲和欧洲业务；三菱UFJ还买了摩根士丹利20%的股权；三井住友金融集团也准备收购高盛，尽管没买成。所以，2011年的日本地震海啸的危机，基本依靠回流的财团资金就能够解决问题，而政府的投入是引导性的，起到心理的信心提振作用。

此外，我们好像听不到日本清理债务的声音了，为什么？因为在2005年，它们就基本清理完了。**日本是以牺牲金融保护产业为目标**，当时它们没有着急清理不良资产，而是扶持产业继续做强、做大，当危机一过，这些产业不但没散，而且能够大量赚钱，这些持股方金融机构的坏账自然就消失了。

过去十年来，日本财团在海外（澳洲、欧美）大量购置资源、购置矿山。而在中国，企业如果出现问题，银行肯定是极力讨要，最后把企业掏空，这也是中国的窘境和矛盾所在，因此我觉得真正失去十年的其实是中国。

《新经济导刊》：我们大家还有一种感觉，金融业在日本只是作为一种工具，没有作为独立的产业来发展。很多报道说金融业是日本的软肋？

白益民：日本是产业立国，金融只是润滑剂，它们不是用钱来玩钱生钱。主导日本经济的是经团联，经团联的会长都是出自大企业集团，比如工业企业集团的头、社长等；而控制美国经济的是华尔街，是那些金融家，这是两个不同的概念。在中国则是国资委与人民银行这两个体系。

日本的经团联跟国资委差不多，但它们是国民资产管理委员会，因为它的财团是民间资本，不是国有资本，也不是私有资本。虽然以前是家族资本，但二战后被美国人清理掉以后，现在都是职业经理人，职业经理人也不像华尔街那样暴富，他们拿的是序列工资。

正是因为它们是集体所有，所以日本企业发展起来没有形成贫富分化。而中国基本上就是两个对立的关系，要么是私有，要不就政府所有。更何况，现在的中国企业还不是国有，而是官有，中国的集体所有制企业都被消灭了，很多企业搞MBO，最后都变成个人的了。

瞄准日本财团

《新经济导刊》：在我们采访过程中，很多日企表示地震对其本身影响并不大。日本产业界具备哪些特质，使它们在危机处理中表现得如此沉着？

白益民：客观来说，2011年的地震对日本经济是有影响，但相对不大，也不至于崩溃。实际上，财团体制是个稳定器，这些企业之间是相互关联的命运共同体，如果其中一家企业死了，对其他企业也不好。三井住友及另2家日本银行在2011年就考虑为东京电力提供2万亿日元作为紧急资金，因为东电的大股东就是这几家财团的金融机构。此外，东电的很多反应堆都是东芝、日立等做的。东电最惨的时候股票跌了近80%，但在其股票跌后，财团内企业马上就会去收购这些股票，它们都是捆绑在一起的，不至于垮。

在全球化之后我们才发现，国家财富的概念不能以领土衡量。我在《瞄准日本财团》一书中，站在体制模式的角度写得很清楚，就是日本财团。日本有6大财团：三菱、住友、三井、第一劝银、富士和三和。一个财团相当于一个国家，这些国家没有领土界限。大家并不知道财团内部很多关联企业之间是如何进行产业链分工和协作的，也不知道它们的金融和

产业就是脊梁

《瞄准日本财团——发现中国的对手与榜样》，综合全面地剖析日本财团商社体制下的经济与商业模式，作者：白益民

产业是如何结合的，金融与商业是如何结合的，产业与商业是如何结合的。

《新经济导刊》：三井财团下有哪些知名企业？企业之间是如何协作的？

白益民：例如三井财团，财团下的知名企业包括：东芝、丰田、石川岛播磨（其掌握日本的航天及核电设备技术的核心，二战前，日本的轻型航母也出自这一企业）、商船三井（日本最大的物流企业）、王子制纸（世界最大的造纸企业）、东丽世界（最大的高端纺织面料企业）、三井住友银行（日本第二大银行）、中央三井信托、三井海上保险等。三井财团实际上是一个大的金融控股集团，但可能大家都知道东芝、丰田，却很少人知道三井。

日本财团旗下各企业间是独立的，但它们之间互相交叉持股，产业链上互相分工、共同合资。比如丰田汽车中有些核心零部件来自东芝。在财团的体系中，它们是利益共同体，战略联盟的关系。在日本的财团体制下，某个领域的产品技术能够应用到更多领域。比如东芝，在高铁上能看到它的产品，在核电站有它的产品，在芯片领域能看到它的产品，在装备制造业也有它的身影。

财团内企业的技术能够渗透到产业的各个方向，几乎能够在大小不同的行业通吃。但在中国，如果是高铁技术，只能应用在高铁范围内，因为中国的各个产业系统是独立的。日本的金融、通信虽然都是封闭的状态，但水平都比中国高很多。就是因为在财团体系下，技术很容易实现产业化。

《新经济导刊》：财团内部产业链会有分工协调，财团之间是不是竞争非常激烈？

白益民：现在，财团之间的竞争正在模糊化，财团之间也有很多融合。在全球化程度没那么高的前期，它们在海外和国内有许多竞争。但当它们面对外部如中国企业、美国企业的竞争时，就出现了更多的融合，比如三井住友，在金融方面融合在一起成立了三井住友银行，三菱和三和有合作，而富士和第一劝银也有些融合。发展到今天，日本财团之间的框架不像之前那么清晰了，特别是东南亚金融危机之后，日本财团进行了产业链的重新分工组合，清理金融债务。

原文发表于《新经济导刊》2011 年第 5 期，作者：白益民

第二节

揭穿日本电子业假面

智能城市中的鹰爪

"10 年之前，民用家电只要在全世界卖出去 1000 万台，一般就能赚钱。但现在的情况是，就算卖得更多，也依然没有利润。"就民用电子产品的困境，2012 年 3 月，时任东芝公司中国总代表和东芝（中国）有限公司董事长兼总裁的桐山辉夫在接受采访时如是说。

由此，从 21 世纪初开始，东芝已私下进行产业转型，并开始加大布局"阳谋"力度。

2003 年 3 月 7 日，在宣布一大堆合资和投资计划后，东芝新的窥视终于浮出了水面。当天，东芝社长冈村正对外宣布，东芝在未来 3 年将主要资源集中于 3 个领域——数码产品、电子零部件和社

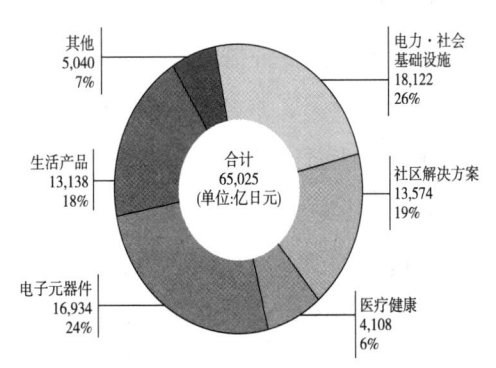

注：包括各个领域之间的内部销售额抵消的 5,891 亿日元

东芝集团 2013 年度全球业务销售额及构成比例图，由图可见，电子相关业务已经并非是东芝的发展重点了

会基础设施。社会基础设施业务首次被正式定位为东芝的重点发展领域。

2006年10月17日,东芝出资41.58亿美元,完成对美国核电鼻祖西屋电气的收购,成为拥有西屋电气77%股份的出资者,西屋电气正式成为东芝集团中的一员。收购西屋电气使东芝在全球核电站建造市场的份额提高到28%,并使东芝成为第一个拥有两种主流核电技术(BWR和PWR)的公司。

此后,东芝将西屋电气部分股权转让给哈萨克斯坦原子能公司,从而获得哈萨克斯坦哈拉桑铀矿两个矿区22.5%的权益,成为日本重电厂商获持铀矿股份的先例。2008年,东芝进军美国核电市场,获得美国南方集团总计7000亿日元的2座核反应堆的大单。2010年,东芝又携手2家美国公司,共同竞标沙特的核电项目。在截至2010年3月的2009财年,核电业务已给东芝集团带来了5700亿日元的收入。

进入2010年,智能城市的概念在全世界铺开。据日经BP清洁技术研究所调查显示,智能城市的全球市场规模将在2030年累计达到4000万亿日元,每年的市场规模也接近于200万亿日元。面对如此巨大的市场,东芝社长佐佐木则夫开始了其产业的转型图谋。

2010年10月,东芝成立了专门的"智能社会事业统括部"来强化智能社区业务,该统括部直接向社长与首席执行官汇报工作。2011年4月1日,东芝将旗下的电力流通产业系统公司、社会系统公司与由社长直接管辖领导的汽车系统事统括部门合并,新成立一家社会基础设施系统公司,专门为智能社区业务提供支持。

2011年5月,东芝以23亿美元的价格击败美国通用电气,成功地把全球领先的能源计量设备、系统和服务的供应商瑞士兰吉尔公司(Landis+Gyr)收入囊中,这是东芝5年来金额最大的一笔收购交易。

2011年5月24日,东芝公布了一份中期业务计划。计划将转变长期以来的以半导体和核电为重点的战略,智能社区建设业务发展则成为东芝一个主要的营收来源。该建设业务包括从发电到智能电网和各种节能系统等不同领域。东芝也觊觎该业务3倍的盈利目标,计划在2015财年盈利9000亿日元。

绿色未来中的黑手

索尼前掌门人出井伸之在《索尼神话的五次破灭》中曾说:"索尼总是在每次神话破灭的时候变大变强。"如今,当我们还停留在日本家电制造集体没落的误区时,索尼等日本电子企业早已悄然转型,"黑手"伸向了更高层次的"绿色竞争"。

2010年4月,索尼提出了一个狂妄的计划:到2050年实现"环境零负荷",目标是将能源消耗、废弃物使用降到最小,力求温室气体零排放和重点资源的一次性材料利用率为零,并通过各种活动维护和恢复生物多样性。

同时,索尼还设定了为实现这一目标的2015年度绿色管理中期目标:与2008年相比,到2015年,索尼电视、电脑等产品平均年耗电量将消减30%,产品重量消减10%,与产品物流相关的二氧化碳排放量消减14%;与2000年相比,到2015年索尼的水使用量消减30%,废弃物总产生量消减50%。

2010年6月底,索尼"高调"公开了橄榄石磷酸铁锂电池的全新储能模块。而在绿博会上,索尼展示的是光电转化效率高达9.9%的新型燃料敏化太阳能电池,主要材料采用了燃料分子而不是硅,通过燃料分子吸收光能转换为电能。

事实上,绿色已经从一个话题转变为一种理念和技术的沉淀,而且绿色的重要性要大大高过制造和贸易本身。有国际经济专家分析认为,目前"绿色产品"比例大约为5%~10%,再过10年,所有产品都将进入绿色设计家族,产品可回收、易拆卸,部件或整机可翻新和循环利用。也就是说,在未来10年内绿色产品将成为世界商品市场的主导产品。

同时,随着人们环保意识的增强,那些不推行绿色技术和不生产绿色产品的企业,将会在市场竞争中被淘汰,发展绿色技术可谓势在必行。

除此之外,索尼还开始插足医疗设备领域。2010年收购了美国伊利诺伊的生命科学公司iCyt Mission Technology,2011年又收购了华盛顿州雷蒙德市的医疗诊断设备公司Micronics。据医疗保健研究公司Espicom Business

产业就是脊梁

索尼将触角伸向医疗领域,在2013年与奥林巴斯创建了合资公司,利用索尼图像技术和奥林巴斯在内窥镜领域的专业知识生产设备,目标实现2000亿日元的营收

Intelligence称,全球医疗设备市场的规模巨大而且仍在不断发展,预计这个市场将在未来5年增长28%,到2016年时将增至3486亿美元的规模。

2012年2月,即将出任索尼社长的平井一夫在其复兴索尼计划中表示,索尼目前处于有利地位,能够在医疗设备业务领域取得发展。索尼在传感器、信号处理、光学透镜和显示器等领域有着大量创新。通过将这些创新应用于内窥镜、X光诊断设备和超声波设备等,索尼能够开发出创新产品。

2012年9月28日,索尼以500亿日元认购奥林巴斯增发的3438.79万股普通股,持股比例达11.46%,成为奥林巴斯的最大股东。奥林巴斯在医疗设备领域有优势,占领了全世界医疗内窥镜70%的市场。双方于2012年12月成立合资公司,研发、生产和销售应用3D、4K技术的医疗内窥镜和整体解决方案。新公司由索尼控股51%,奥林巴斯持股49%。

平井一夫说,索尼的目标是到2020年医疗设备的收入增长至2000亿日元(约26亿美元),"医疗设备总有一天会成为索尼利润的重要支柱"。

欲成新能源独裁者

从2007年开始,松下加大了以新能源为基础的产业谋划,明确将生活电器产业、元器件产业和系统解决方案产业树立为三大支柱产业。松下的计划是,到2018年公司创业100周年时,成为电子产业第一的环境革新企业。从这一目标可以看出,松下正从一家电子企业转型为新能源企业。

2009年,松下完成了对全球第7大太阳能电池制造商三洋电机的并购。松下收购三洋电机最为看重的是其新能源业务,尤其是其太阳能电池业务。2008年,三洋电机在能源事业领域的销售额约为5000亿日元,营业利润约450亿日元；到2010年，三洋电机的计划是销售额达到6100亿日元，营业利润达到580亿日元。

2010年4月，松下成立了能源系统解决方案促进部，负责指导集团公司进行能源系统开发。同一个月，松下在其位于日本尼崎市的平板电视机厂建造新的太阳能电池厂，并由三洋电子公司负责运营。

2010年11月，松下和美国电动车制造商特斯拉汽车（Tesla Motors）共同宣布，松下已向特斯拉投资3000万美元。此次投资巩固了两家公司之间的一项多年期合作，目的是加快企业在电动汽车市场的扩张。松下公司旗下负责电池业务的能源公司总裁野口直人表示："松下的目标是在2018年，即公司成立100周年之际成为电子行业第一大绿色创新企业。"

同年，松下将旗下的三洋白色家电业务以8.3亿人民币的价格抛售给中国海尔，还宣称将不再对等离子和液晶显示器业务进行投资。日本转让背后的手段和盈利性至今无人披露，尤其是产品线的转让中有多少是真正的价值也被人们忽略了。

2011年4月28日，松下宣布在2012财年结束前，完成总计约4万人的裁员计划，而这4万人主要集中在松下旗下家电和电子产品的海外生产部门以及日本国内的营业部门。当年4月1日，松下刚刚完成了对三洋电机和松下电工的全额收购，以生产充电电池、机器人、电子元器件、照明设备和太阳能电池板等产品，并吸收了16万名员工。

2012年1月，松下董事长大坪文雄称："没有一家厂商能够通过电视机硬件来赚钱，因此松下打算从家电业务向B2B业务转型。"当时他在松下电器担任社长职务，后来在2012年6月被替换下来并转任会长。

不过松下的谋划并未达到其原本设定的目标。松下的能源业务为公司贡献的收入仅占总收入的6%左右，这部分业务在上个财年还亏损了2.63亿美元。但松下公司的高管对未来仍保持乐观态度，松下称，公司可以在未来的4年内将这部分业务的营收提高至少60%，即在截至2016年3月份的财年里实现126亿美元以上的收入。

据分析师们预测，同期整个市场的预期营收增长率只有10%左右。松下预计能源业务的利润率将超过10%，高于公司整体的利润率。不过，其对旗下太阳能电池业务要在2013年雄踞日本市场第一、2016年跻身全球三强的野心能否实现却是未知数。

日本电子业衰退的假象

随着当前日本电子业巨头企业大幅亏损,关于日本电子业战略衰退的舆论达到了顶峰。然而从全球产业深层次生态看,贸然说日本电子业战略衰退的观点是缺乏战略审慎的,不容忽视的是"去制造化"仅是日本电子企业阴谋中的一步。

中国社科院世界经济与政治研究所研究员李毅分析称,家电领域的高科技含量已经不多,中国企业和韩国企业都能进行标准化生产,在此领域,日本企业的优势很难在标准化的产品里体现出来。因而,日本企业开始学习美国企业,把那些无关紧要甚至拖累公司前行的部门剥离,如制造工厂。

家电研究专家于清教也认为,日本产业结构"十年一换"的规律在家电行业得到充分体现,这是行业趋势所逼。因此,松下走新能源、环保领域路线;索尼进军锂电池业务、3D电子产品和网络服务;夏普强化液晶电视和白电,主打健康节能牌。

值得关注的是日本电子业在制造领域加速其在未来产业上的发展。虽然目前日本电子企业在绿色低碳方面的布局尚未形成规模效应,对缓解目前产业困境作用甚微,但从长远产业发展角度看,日本电子企业的产业布局方式值得人们重视。

据韩国公认的最大智囊库三星经济研究院研究员许李彦分析,东芝进行的转型正是日本企业转型的一个缩影。其内容主要是从传统产业向产业链上游移动,同时大力开拓以新能源和社会基础事业为代表的新产业,并且由于日本国内市场的萎缩,企业目光更多投向了中国、印度等发展中市场。

美的制冷家电集团总裁助理王金亮也认为,日本家电业并非没落了,而是瞧不上低利润业务,转型高端制造业。美的从1993年与东芝在家用空调技术上开始合作,在将近20年的光景里,美的与东芝的合作不断升华,东芝也不断地发展新技术，并向美的提供优质的产品和服务，将美的紧紧地与其捆绑在一起。

从日本电子企业的发展轨迹看，其相对前瞻性的战略布局以及未来有可能以产业关键部件供应商角色参与全球竞争的思路已相当明显。日本这种表面的衰退有可能是暂时的，而其真正的野心才应该成为人们关注的焦点。

原文发表于《环球财经》2012年12月，作者：白益民

第三节 日立公司打造中国"白金暗道"

悄然进入中国金融信息安全领域

2010年9月，中国金融业信息安全暨数据中心发展研讨会在广东珠海举行。中国人民银行、国家发改委、公安部、工信部、银监会、国家信息化专家咨询委员会等部门代表，香港金融管理局、澳门金融管理局以及境内商业银行等金融机构代表悉数与会。中国人民银行党委委员、行长助理李东荣出席会议并讲话。

李东荣强调，当前，金融业对信息化依赖程度日渐加深，金融业信息安全直接关系到国家经济安全和社会稳定。人民银行各级分支机构和各金融机构应从国家安全的全局出发，牢固树立忧患意识，把金融信息安全工作作为信息化建设的重要大事来抓。

2010年11月，《环球财经》刊发《日本财团的政经角色》一文，披露了日本富士财团旗下的丸红公司曾经在钓鱼岛争端、中国台湾问题以及商

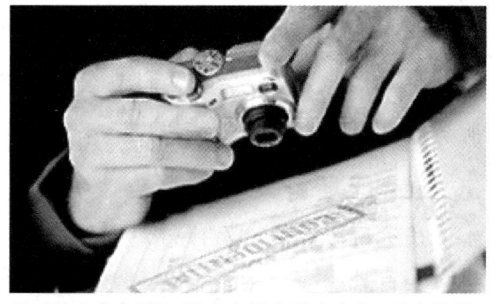

从"钓鱼岛争端"到"中国金融安全"，日本财团正不断地向中国信息安全领域发起"暗战"

业间谍案中扮演了"幕后角色"。文章作者经过暗中调查和对公开资料进行分析后认为,与丸红公司同属富士财团旗下的日立公司正在中国金融信息安全领域发起"暗战"。

作者以日立公司在中国的主要合作企业代理人石锋的经营活动为线索,梳理出一层层的关系网,从而揭示出了日立公司进入中国金融信息安全领域的一条"暗道"。

谁搬动了中国金融安全的基石

数据存储被称为金融信息安全的奠基之石。笔者经过资料梳理后发现,带有日本军工背景的日本日立公司,正悄然进入中国四大国有商业银行数据存储这样一个重要的金融信息安全基石领域。

2010年7月1日,日立数据系统公司(HDS)在其北京办公室举行授牌仪式,宣布将业绩斐然的渠道合作伙伴北京长远智扬科技有限公司(下称"长远智扬")升级为"白金合作伙伴"。由此,日立数据系统在财务、服务与支持、销售及业务拓展等方面给予长远智扬更加全面和深入的支持。

"白金合作伙伴"是日立数据系统全球范围内"五星级合作伙伴合作计划(TNCP)"中的核心组成部分,该级别一般授予市场及地域覆盖范围广、具有广泛的渠道渗透能力并且具备获取客户详细情报的集成商。从长远智扬获得这一"殊荣"来看,其为日立公司深入中国金融安全领域立下了汗马功劳。

数据是银行运行的命脉,故数据中心的建设至关重要。2010年9月9日—12日,日立集团参加了"2010年中国国际金融(银行)技术暨设备展览会"。在这次大会上,日立公司首次透露:日立的大型数据存储器、服务器已经被中国的银行界广泛采用,并为以金融行业为首的众多行业提供了优秀的IT解决方案。

长远智扬总经理石锋曾对媒体表示:"日立数据系统的三容灾中心技术方案具有成熟、稳定、可靠等特点,非常切合银行和其他金融机构的需求,帮助我们在银行业客户拓展中屡有斩获,实现了我们与客户和日立数据系统之间的多方共赢。"

事实上，中国的数据存储安全已经面临被境外产品垄断的危险。赛迪资讯存储事业部张兴良博士曾经向《IT时代周刊》记者指出："目前，国内存储业的公司大多都在扮演着利润率不高同时技术要求又相对简单的系统集成商角色。而处于高利润端的底层存储软件开发和大量的售后服务资源，则牢牢地被老牌国外存储软件商把持在手中。"

公开资料显示，长远智扬是一家提供软硬件产品、行业解决方案和专业的信息技术服务的公司，客户群主要为国内4大专业银行（工行、建行、中行、农行），主要经营的产品为日立数据系统公司的数据存储设备，总部设在中国北京，在香港、上海、厦门、福州、南昌、长沙、济南、郑州等地设有办事处。

令人称奇的是，业绩如此彪炳、简历如此显赫的一家企业，其注册资金仅为100万元，注册地为北京市房山区张坊镇。这样一家注册资金仅堪比"个体户"的公司，是怎样悄悄搬起中国金融信息安全的这块基石的呢？

日立公司的白金级代理

要了解长远智扬公司，首先得了解公司法人代表兼总经理石锋。石锋，兼北京融商电子货币工程集团（下称融商集团）驻福州办事处负责人。资料显示，融商集团创办于1993年，是国内首家从事电子货币工程的专业化公司，"尤其得到了银行系统的普遍信任"。融商集团全方位致力于金融电子化、系统集成和办公自动化等系统的建设，并且在计算机网络、银行专用机具进行研制和推广。

资料显示，融商集团驻福州办事处的地址位于福建省福州市鼓楼区华盛大厦，而石锋本人的户口所在地就是福州市鼓楼区。1998年12月4日，石锋还在福州市工商局注册成立了"福州康博计算机软件有限公司"，该公司主营计算机软件开发生产销售和技术服务、计算机网络系统工程设计、安装维修。

身为日立数据系统公司的白金级代理人，石锋以融商集团在福州、重

庆、石家庄、南京、西安等几十家分支机构为依托，对全国各地的银行系统的工程建设信息了如指掌。例如，融商集团西安分公司承担了工商银行西安市分行网络工程的设计、安装调试、人员培训等业务，已经施工完成超过500家的典型网络综合布线工程。

2010年7月1号，长远智扬科技公司代表石锋（左四）接受HDS（日立数据系统公司）白金合作伙伴授牌

与此同时，石锋还有一个重要的合作伙伴周建新，此人是浙江建达科技有限公司（下称"浙江建达"）董事长，两人同为号称"养生大师"韩良淑的信徒。浙江建达主要为金融、公安、交通、财税、政府和企业等行业提供信息技术产品和系统集成解决方案，拥有杭州建达软件有限公司、杭州博泰信息技术服务有限公司和浙江建达智能科技有限公司等多家子公司，在北京、上海、南京、嘉兴和广东等地都成立了分支机构。这些渠道也都成为日立公司白金级代理人石锋的重要资源。

在授予石锋"白金级伙伴"的授牌仪式上，日立数据系统公司中国区渠道总经理蒋慰慈表示了充分的赞赏，他说："不断加强与渠道伙伴的合作，实现互利共赢是日立数据系统渠道策略的重点。在过去的几年中，日立数据系统的渠道合作伙伴数量增长非常迅速，这为我们在中国市场的进一步增长奠定了坚实的基础。"

石锋的渠道建设与公关能力，从长远智扬公司中标厦门广播电视集团项目过程中可见一斑。据不完全统计，在2007—2009年的三年政府采购中，石锋连续三次从厦门经发机电设备招标有限公司的手中获得了机房设备自动控制、网络及办公设备的采购合同，价值数百万元。

让人产生疑问的是，在2007年政府采购的中标书中，石锋的长远智扬公司登记的地址是"北京市崇文区夕照寺大街16号华城大厦1-4-2202"，笔者暗访后发现，这是石锋在北京的居住地址。换句话说，石锋

2007年在北京凭借这样一个没有经营实体的公司就获得了大额采订单，其在家乡的人脉关系与公关能力，不容小觑。

如今，长远智扬虽然名义上在北京的领行国际大厦办公，但贸易主体在厦门市凯旋广场2号楼，同时在香港建立了机构。

除此之外，石锋还通过"养生大师"韩良淑，通过参与重建金粟寺，聚拢人脉。

2006年11月20日，"金粟寺重建发起人大会"在距离金粟寺3公里外的浙江嘉兴澉浦镇南北湖风景区召开，运作这次会议的是石锋、周建新等人，会议组织方打着"养生大师"韩良淑和"现代禅门第一巨匠虚云大师"之弟子久忍师傅的名号。

韩良淑发迹于20世纪90年代气功盛行之时。1996年3月《中国气功》杂志上刊发了介绍韩良淑的长篇通讯，称其能够治愈各种疑难病症，全国各地慕名而来请他治病的人络绎不绝，每天少则数十人、多则上百人。近年来，韩良淑从"气功大师"升格为"养生大师"，在福建武夷山开办养生项目。

2005年6月，在武夷山浏览齐云峰时，韩良淑和弟子石锋一行发现一座新建的观音庙中有一尊高达8米的楠木观音菩萨像，随后对外宣称看到了许多观音显灵的神奇现象，并请浙江省作家协会会员欧阳胜撰写了一部《观音菩萨在武夷山显灵记》（下称"显灵记"），由石锋捐资刊行。

养生大师的神通

石锋为什么要与"养生大师"韩良淑捆绑在一起，而且还帮他做出一本"显灵记"的书呢？其实，每个"养生大师"的最大神通，就是能够成为一大批各界名流、精英的座上宾。

有关韩良淑的公开报道很少，不宜妄加评论。但是，2010年媒体对另一名"养生大师"李一的爆料却值得思考。

2010年8月，曾被宣传成养生专家、学问大师的"神仙"李一因涉嫌强奸女大学生被调查，随后被媒体曝光。一个获得教籍仅4年的道士，为何被尊为"神仙"？李一号称拥有弟子3万，信徒无数，自称是马云、杨

产业就是脊梁

韩良淑和石锋等人发起重建金粟寺,与李一当年改建绍龙观之举,其背后动机有着异曲同工之处

锦麟、王菲和李亚鹏的师父。

李一成名于一本名为《世上是不是有神仙》的书,作者为著名电视剧导演张纪中的夫人。书中详细叙述了作者在缙云山一座名为"绍龙观"的道观中辟谷养生等多种奇特体验及人生开悟。李一彼时正是绍龙观的道长,"道家养生"法门的传播者与教导者。在李一事发后,据媒体记者从重庆市相关部门获取的资料显示,李一曾任润达扶贫有限公司、国立股份有限公司、龙人集团、无量水厂等企业的重要股东或法人代表。1998年在商场面临困境的李一开始涉足宗教,29岁的他盯上了缙云半山的绍隆寺,开始寻找资金,改建绍龙观。

经过10年"经营",缙云山上的绍龙观和白云观成为中国炙手可热的"养生圣地"。据说,一般的官员富商要见"师父"已属不易,道长的时间更多需要用在"高层次"的传授上。

回过头看,韩良淑和石锋等人发起重建金粟寺,与李一当年改建绍龙观之举,有几分相似。其背后动机,与李一构建名流、精英人脉网络有异曲同工之处吗?

谨防"间谍案"重演

如今许多外资公司进入中国,为了迅速建构人脉、拓展业务,同时保持低调,常常以设中方代理或合作伙伴的方式来实现业务推进。一些国际大型公司更是通过中方代理,收集和掌握我国相关产业的大量商业与政经情报。

2009年7月,轰动一时的"力拓间谍门"爆发后,侦察机关在力拓公司上海办公室的电脑里面,竟然看到了很多关于中国钢铁企业的极为详尽的资料。甚至有人戏言,"力拓上海"所了解到的钢铁企业信息,比中国钢铁协会了解到的还要周详。

2009年7月15日,《环球财经》编委、商务部国际贸易经济合作研究院梅新育博士在接受媒体采访时指出,类似力拓窃密案的情况在我国相当多,窃取对象既包括我们的战略性先进制造业的机密,也包括一般性产业的机密以及传统手工业的技术机密。

除胡士泰这种"洋买办"间谍行为外,另有一个案例也值得深思。2000年10月8日,北京市人民检察院提请批捕永濑国男。早在1986年,永濑国男被日本三井物产株式会社聘请为部长、特别顾问等职务,主要负责在中国的大型投标项目。从此,永濑国男在中国开始了他的"攻垒"计划。第一个被击中的是电力部原副部长查克明。

据永濑国男交代,1996年2月,查克明率核电考察团访问日本。1997年上半年,三井物产参与了浙江嘉兴火电厂二期项目的投标,永濑国男给查克明先后送去了6万美元。1998年1月8日,查克明同意并签署了上报国家计委的有关文件。五六个月后,嘉兴项目通过审批,三井物产成了嘉兴项目的总承包商。经过侦查,一批官员和专家的受贿行为纷纷败露:谭艾幸,国家电力公司国际合作局局长受贿3.5万美元;刘加宇,国家电力公司国际合作部高级工程师,受贿36.5万美元;王建国,国家机械工业局国际招标审查处处长,受贿4.5万美元、18万元人民币;席胜建,浙江省电力局外事秘书,受贿10.5万美元;赵湖宾,浙江北仑港电厂厂长,受贿2万美元。

2008年8月,现代国际关系研究院经济安全研究中心主任江涌发表文章警告说,随着境外利益集团在华活动越来越活跃,中国经济主权已遭到严重威胁。中国民间经济分析机构安邦集团提供的一组数据显示:近十年来,跨国公司在华行贿案件一直呈上升趋势,在中国调查的50万件腐败案件中,六成多与国际贸易和外商有关。

诚如中国人民银行党委委员、行长助理李东荣在2010年9月中国金融业信息安全暨数据中心发展研讨会上所说,金融业信息安全直接关系到国家经济安全和社会稳定。数据存储系统是中国金融安全的重要基石,而这也是国外跨国公司的重要争夺目标。日立公司在数据存储领域占据了垄断地位,并与这一领域的巨头美国IBM公司形成了联盟态势。

如今，日立、IBM 和 EMC 已经形成了全球数据存储系统的寡头垄断。害人之心不可有，防人之心不可无，中国理应加强在中国金融业信息安全的风险防范意识。

原文发表于《环球财经》2012 年 12 月，作者：余启阳

第四节

日美同盟的中国攻略

日立、IBM 在华商业贿赂案

2006 年 11 月 3 日，中国法庭宣判，中国建设银行前董事长张恩照在批准信息技术（IT）合同时收受贿赂，判处有期徒刑 15 年。在法庭文件中，出现了计算机服务企业 IBM 的名字。IBM 并非唯一一家卷入涉嫌对张恩照行贿的跨国公司，在法院宣判中，安讯、日立等跨国 IT 巨头的名字也都在列。

判决书显示：2002—2003 年，IBM 的高管曾通过中间人邹建华，多次违反建设银行外事活动工作原则和程序跟张恩照会面。作为报酬，此后的两个月内，IBM 公司通过北京一家公司，将 22.5 万美元以服务费的名义汇入邹建华所属公司在香港的账户。同时，判决书中还特别提到了藏在幕后的日本日立公司香港子公司。

此前，由于张恩照在美国被起诉，中国对其进行调查的事实才为人所知。一家名为 Grace & Digital Information Technology 的公司，在美国起诉保险及 IT 管理企业 Fidelity National Financial，称该公司通过行贿而获得了建行的 IT 合同。Fidelity 总部位于佛罗里达州。张恩照 2005 年 3 月从建行辞职，6 月份被正式逮捕。

近年来，外国企业对中国大型国有银行合同的竞争非常激烈。这些银行已支出巨额资金用于升级各自的 IT 系统。然而，日立、IBM 公司的商业

贿赂危害极大,这不仅仅体现在对金融等服务行业的形象、信用的负面影响,专家们更注意到,一些跨国公司利用商业贿赂直接打压了国内产品的自主创新。

如果任由跨国公司的商业贿赂泛滥,将直接影响中国的投资环境,阻碍中国的自主创新。要遏制"洋贿赂",为中国的改革开放和自主创新创造良好的市场秩序,需要借鉴国外的有益做法,完善有关法规,加大监管力度。

张恩照的落马与 IBM、日立的涉嫌,并非跨国公司在国内行贿的孤例。从"沃尔玛礼品"、"朗讯风波",到"德普回扣门",再到"张恩照事件",几乎每年都有曾经显赫一时的人物倒在"洋鬼子"们的糖衣炮弹下面。跨国公司在中国市场的行贿行为似已司空见惯。

在中国境内从事经营的跨国公司行贿,破坏了市场的公平竞争原则,破坏了中国的市场秩序,受伤害最大的还是国内企业。有数字统计显示,中国在最近 10 年,至少调查了约 50 万起腐败案件,其中 64% 与国际贸易或外商有关。世界银行估计,每年中国向发展中国家出口金额的 5%——500 亿~800 亿美元都流向了当地的腐败官员。

IBM 姓"日",不姓"美"

2002 年 4 月 17 日,IBM 宣布同日立将形成新的存储战略联盟,以推动存储互操作性及开放标准的发展,同时通过双方已建立多年的联盟关系,共同研究和开发新的基于开放存储标准的先进技术,以推进新一代网络存储系统及解决方案在市场的普及和应用。由此,"IBM－日立存储技术标准联盟"横空出世。

让人吃惊的是,随后不过 1 年,日立公司花巨资将 IBM 的数据存储硬件业务收入囊中。

2002 年 4 月 17 日,IBM－日立存储技术标准联盟成立,图为日立董事长庄山悦彦(右)、IBM 日本董事长大岁卓麻(中)、IBM 总经理沃尔特·雷兹内尔(左)出席新闻发布会

产业就是脊梁

2003年新年伊始，日立社长庄山悦彦突然在东京宣布，日立以20.5亿美元收购IBM硬盘业务。日立不仅借助收购提高了自己的存储业务实力，而且还同IBM建立了长期的合作关系，合力在世界存储市场上建立战略优势。

值得一提的是，并购后的日立是世界上唯一一家经营全系列硬盘产品的公司。对待日立的并购，IBM选择的是积极配合。在正式并购之前，IBM和日立合资成立了"日立全球存储技术公司"（简称"日立存储"，英文：HitachiGST）将合资企业的经营全权交给了日立。之后，经过三年的过渡期，日立就能够得到合资公司的全部股份。

与日立存储一起为达成这一目标努力的另一家下属子公司是日立数据系统有限公司（简称"日立数据"，英文HDS）。HDS公司副总裁及首席技术官Hubert Yoshida是美籍日本人，从1997年就开始在日立数据工作，之前一直在IBM开发及业务部门担任重要职务。在日立公司对日立存储和HDS两家公司的介绍中，都用到了"核心业务"一词。

其实，东芝、富士通等其他日本财团企业此时正隐身幕后，通过分工与协作，将IBM的其他产品线牢牢地捆绑起来。2001年开始，同为三井财团的东芝和索尼公司，开始与IBM合作开发名为CELL的新一代多核心处理器，公布的研发计划为5年，研发费用高达4亿美元，以抢占未来IT技术的制高点。

与此同时，在基于CELL处理器的软件开发和应用领域，三方也是不遗余力。2005年7月，东芝、索尼和IBM宣布将面向全球开放Cell处理器的技术标准，谋求在未来的IT核心领域占据垄断地位。东芝和索尼与IBM三方的实质性合作发展非常迅速：到2006年初时，东芝、索尼和IBM三方共同宣布将冲击32纳米的新高度。

作为与IBM进行战略捆绑的一部分，日本富士财团的日立公司一直在积极与美国IBM合作研究新一代存储网络，以求在和存储市场老大EMC的竞争中抢占技术制高点。2002年1月，日本的日立、富士通和NEC联合美国IBM公布了在强化Linux企业功能方面的合作成果。在Linux应用领域，IBM一贯表现得十分积极。

为了对抗处于垄断地位的微软视窗系统，IBM 和富士财团的日立、三井财团的索尼、住友财团的 NEC 以及第一劝银财团的富士通积极合作，共同扩展 Linux 的影响力。开放创新网络公司（OIN）是国际最著名的 Linux 开发和推广企业，IBM 和索尼、NEC 都是这个公司的投资人和专利被许可人。

被日本掏空的"联想 – IBM"

2004 年 12 月 8 日，联想集团在北京正式宣布，以总价 12.5 亿美元收购 IBM 的全球 PC 业务。具体而言，联想集团付出的 12.5 亿美元包括 6.5 亿美元现金和 6 亿美元的联想股票构成，中方股东、联想控股将拥有联想集团 45% 左右的股份，IBM 公司拥有 18.5% 左右的股份，因此，这次收购实际上是中美两家 IT 厂商的战略合作行为。

这次联想的收购行为是中国 IT 行业在海外投资最大的一次，由此，联想集团成为年收入超过百亿美元的世界第三大 PC 厂商。联想管理集团的管理层在两间国际顾问公司（指高盛和美林）的大力支持下，历经近 13 个月的谈判和工作量极大的业务梳理工作，最终走到了一起。根据彭博社预估，美林与高盛分别赚进约 900 万美元顾问费。

事实上，中国联想集团 2004 年底以总价 12.5 亿美元收购 IBM 的全球 PC 业务，某种程度上可以说就是冲着 IBM 的 ThinkPad 品牌和技术而来的。然而，谁会想到第一款以 ThinkPad 命名的笔记本电脑却诞生于日本大和实验室（原称"IBM 日本大和事业所"），而不是美国。

日本是 ThinkPad 的诞生地。当时 IBM PC 的总经理无法忍受美国漫长的开发周期，从 1991 年开始将移动计算的开发工作转移到了日本，所有 ThinkPad 笔记本电脑机型的设计全部由日本大和实验室负责，可以说这里是历史上全部 ThinkPad 的家。

从某种意义上说，IBM 笔记本电脑最重要的火车头"日本大和实验室"才是联想 12.5 亿美元买下的最重要的资产。日本大和实验室是 IBM 笔记本电脑的设计开发中心，全球笔记本电脑产业许多设计、规格、用料和概念的创新,经常由大和实验室领衔。然而,当2005年5月1日联想宣布收购 IBM PC 正式完成的时候,大和实验室的部分核心技术和人才早已经被转移出去了。2001年7月4日,日本 IBM 与台湾奇美电子公司合资成立一家名为"IDTech"的新公司,并决定将日本大和实验室的大部分开发骨干划入新公司。

就在联想宣布收购 IBM 的 PC 业务后的第4个月,即2005年3月底,IDTech 公司把液晶面板制造业务作为一家新公司独立出来,而三井财团的索尼公司则以185亿日元的价格收购该公司全部股票。其实,IDTech 公司就是从三井财团东芝公司与 IBM 合资的 DTI 公司分离出来的,经过台湾奇美之手又转回到三井财团索尼公司的手上。

《失去联想》是一本抱着良好祝愿而希图人们警醒的书,是写给联想的,也是写给中国企业的。作者:王育琨,著名管理专家和并购专家

与此同时,2005年3月初,日立存储(HGST)完成对 IBM 的并购和消化后,宣布在全球开设5间新的设计中心,以协助客户将硬盘装配到各项消费电子产品中。5间中心分别设在中国的深圳和台北、日本的藤泽市、英国的哈凡特市以及美国的明尼苏达州罗彻斯特市,名为日立设计中心。

日美同盟攻陷中国市场

随着中国经济的发展,各类 IT 用户对存储设备和服务的需求越来越多,越来越专业。早在2002年,全世界用户在服务器和存储产品上的花费就已经接近1:1。在此基础上,2003年这一比例将扩大至1:3,世界存储市场的总值超过460亿美元,而到了2005年,全球外部磁盘存储容量以每年66.7%的速度逐年递增。

这样的市场发展速度,没有哪个 IT 企业会不动心,联想自然也不会例外。然而,国际存储市场早已为 HDS(日立数据系统)、IBM、SUN(台湾希捷)和 HP(惠普)、EMC 等巨头所把持。对于没有核心技术的联想来说,要想在这个领域分一块蛋糕,不和外国巨头们保持一致是不可能的。

日本富士财团的日立公司在国际存储市场上的地位举足轻重,对联想这样的大客户和潜在的竞争对手自然不会掉以轻心。2004 年中期,日立打出了一系列组合拳,为其将来在存储领域以及中国市场的绝对优势地位奠定了坚实的基础。

2004 年 5 月 26 日,HDS 与联想集团宣布结成战略合作伙伴。根据协议,联想成为 HDS 在中国唯一的联合品牌合作伙伴和全球战略合作伙伴,也就是说,联想集团成了日立数据系统公司占领中国市场的"伙伴"。

日立与联想双方的合作内容具体包括:①共同推出联合品牌的磁盘阵列,合力开拓以分布式或部门级存储应用为主的广阔市场;②在全国发展 50 家存储领域专业渠道,在各大城市建立技术支持网络,并计划在北京、上海、深圳等城市建立存储实验室;③培训超过 200 个存储方面的专业人才。

此时,在事关存储行业未来发展的领域,日立公司更是不遗余力地增强业已取得的巨大优势。在多年的交往中,IBM 和它的日本同行们从竞争对手逐渐转化为合作伙伴,它们在世界电子信息市场上形成了垄断性质的产业联盟。

在中国,日立全球存储技术公司继承了 IBM 在深圳的两个厂,一个完全为 IBM 所有,另一个是与中国长城电脑公司的合资企业。除此之外,日立全球存储技术公司投资 5 亿美元开设了一个新的硬盘工厂。显然,日立公司对 IBM 的收购包含对中国市场的战略意图。

2004 年 7 月 30 日,IBM 与日立合资的日立储存(HGST)表示,其在 2004 年的微硬盘市场上的占有率将达到 80%。这句话的背景是:日立在微硬盘研发领域已经拥有超过 5 年的经验,以及 3000 余项全球专利,参与研发的博士达 370 多人。

仅仅 1 个月后,2004 年 8 月 27 日,日立存储(HGST)宣布计划斥资数亿美元,将其全球硬盘生产基地迁往深圳,而 HGST(深圳)有限公司的内地客户主要是联想、方正和同方,台湾地区客户则是广达、仁宝和华宇以及惠普和戴尔。

与此同时,HGST 公司的业务发展及策略副总裁 Dirk Thomas 表示,

产业就是脊梁

2004年后的未来三年内，公司将会把美国和日本的硬盘生产基地全部迁往深圳。托马斯说："我们在中国南方有一个经过验证的技术基地，我们正在以较快的速度扩张。"2003年，日立全球存储技术公司在中国的生产能力占其全球生产能力的15%，估计到2008年前将占到50%。

此时，为了消灭处于萌芽状态的中国微硬盘产业，2004年12月，日立就开始积极推动对中国微硬盘企业的专利诉讼。经过长达2年的努力，日立终于赢得了最终的胜利。2006年6月2日，美国加利福尼亚州北区法院依据美国法律下达判决，判令中国唯一的微硬盘生产企业——南方汇通微硬盘科技股份有限公司侵犯了日立公司的5个美国专利，判令被告赔偿日立公司2360万美元。这场判决使还在成长中的中国微硬盘产业遭受了灭顶之灾。

对于联想来说，中国微硬盘产业的沦陷，意味着联想将不得不面对来自拥有垄断地位的供应商——日立的巨大压力。2005年3月29日，IBM存储系统部宣称将启动"存储先锋扶植计划"，计划的内容是选择30家合作伙伴和推出50个高端存储打包方案。

事实上，IBM存储部门和日立之间的关系早就十分紧密。在这个时间，由IBM存储来提出这样的计划，不论其目的是什么，客观效果就是让联想更积极地依附于日立。此时，在深圳龙岗总投资金额高达5亿美元的日立硬盘机生产中心已于2004年11月破土动工。日立和IBM将中国市场牢牢地掌控在了双掌之中。

日立数据：挟HP与SUN以自重

日立数据（HDS）是EMC（易安信）最主要也最为咄咄逼人的竞争对手。2002年以20.5亿美元收购了IBM的硬盘业务之后，信心十足的日立公司董事长庄山悦彦立刻放话出来说，日立的目标就是要做到存储器领域的全球老大。

HDS后来居上的秘密在于，有效地利用营销联盟，切入EMC的核心市场。据美国媒体报道，几年前，HP（惠普）就与EMC有一场非常激烈的公开争吵。EMC与HP的决裂，使其无形中放弃了一大块的市场，让

HDS立刻乘势而上。

虽然HDS没有企业级的服务器产品，但是HP与SUN却是服务器市场上的霸主。于是，HDS通过与HP、SUN以及MICROSYSTEMS的战略联盟，透过联盟伙伴庞大的分销渠道，HDS非常快速地拉动了自己的产品销售。

早在1999年5月，惠普公司宣布将停产自己的高端存储器产品，这样日立公司就成为惠普高端存储器产品的OEM（原始设备制造商）厂商。此后，惠普公司自己生产的存储器产品有低端的MSA 1000和中端的EVA等系列产品。2003年8月13日，美国惠普公司（HP）宣布，它与日立公司加强在存储器产品领域的合作伙伴关系，此前两家公司之间已经达成的合作协议再延长至2008年。

美国希捷公司（SUN）和日立的合作始于2001年8月，最初定于2004年底终止合作，随后的协议规定双方的合作将延长至2006年。同样在2003年8月，SUN和日立延长了两者在高端存储系统的合作，允许SUN转售由日立数据系统公司设计的数据中心级存储系统，并贴上Sun StorEdge的品牌。Sun StorEdge产品大多由诸如银行和政府组织等大型机构购买。

2007年6月26日，日立数据（HDS）宣布与惠普扩大全球OEM协议，将存储资源管理软件纳入其中。此后，日立通过将惠普的旗舰存储资源管理（SRM）软件套件Storage Essentials与其自身开发的功能丰富的软件产品相结合，占据了新的竞争优势。

与此同时，惠普公司与日本日立公司有原始设备设计和制造的长期合作关系，于2007年7月面市的XP24000是这一合作关系的代表性成果。惠普之前发布的XP系列磁盘阵列，包括XP12000和XP10000，都将继续出售并配以相关支持。

在与HP结盟的同时，日立还携手SUN和西部数据，共谋机械硬盘出路。2010年8月，面对来势汹汹的SSD固态硬盘，HDD机械硬盘领域曾经针锋相对的三大厂商却走到了一起。日立、希捷和西部数据公司共同宣布成立技术联盟，合作研发下一代HDD硬盘技术。

紧接着，2010年9月，日立数据系统（HDS）和惠普（HP）两家厂商都推出了采用 OEM 合作伙伴日立公司技术的企业级 SAN 阵列。惠普推出了 StorageWorks P9500 阵列，它实际上是基于与 HDS VSP 相同的日立平台。同时，惠普还推出了 2 款新的软件套装 APEX 和采用日立技术的 P9000 Smart Tiers。

总之，HDS、HP 和 SUN 三家的高端存储系统都来自日立，即所谓"日立系"。不过，SUN 和 HP 的做法有所不同：前者采取"拿来主义"，直接将 HDS 的系统"贴牌"出售；后者则坚持宣称自己与日立公司合作，"是唯一一家与日立公司在 XP 技术上同时签署了 OEM 协议和工程协议的公司，是日立公司的合作伙伴，双方进行合作来不断改进核心技术"。

原文发表于《环球财经》2011 年 1 月，作者：白益民

华为亮剑，阻击日立

"日立 GST"挥舞知识产权大棒

2004 年 12 月 29 日，日立环球存储科技公司（简称：日立 GST）宣布对中国南方汇通微硬盘科技股份有限公司、其中国母公司南方汇通世华微硬盘有限公司（简称：汇通世华）及其联营研究机构 Riospring Inc. 提出诉讼，控告该公司侵犯日立 GST 硬盘机的多项产品专利权。作为日本当时影响最大的一起对华专利权诉讼，此消息一出，举国哗然。

在微硬盘（数据存储的一类）生产领域，世界上具有量级生产的厂家只有日本的东芝和日立、美国的希捷、中国的汇通世华，而 IBM 将其微硬盘卖给日立 GST 之后，全球的微硬盘技术和生产都有向日本转移的趋势。事实上，东芝的微硬盘产品多数用在自己的消费电子产品上，而供应全球市场的主力仍旧是日立 GST。

当时，日立 GST 有 4300 多个专利（注：原归 IBM 所有），而南方汇通

第三章 日本电子业在华攻城略地

有200多个专利，与日立比起来，汇通世华小得可怜。日立为了独霸市场，不仅斥资20多亿美元购买了IBM的微硬盘技术，还投入5亿多美元在深圳建立了微硬盘生产中心，相比之下，总投资不超过2亿美元的汇通世华更像一个"实验车间"。

汇通世华依靠专有技术率先研发出容量为40G的1.8英寸微硬盘，并先于日立公司攻克了微硬盘的垂直读写技术

然而，自2003年1月正式投产以来，中国的汇通世华依靠专有技术、政府强力支持以及低廉的用人成本，不仅在世界上率先成功推出容量为2.4G（千兆）、4.8G、6.0G的1英寸微硬盘产品，还研发出了容量为40G的1.8英寸微硬盘和容量为1.0G的0.85英寸微硬盘，并先于日立公司攻克了微硬盘的垂直读写技术，在业界引起震动。

作为微硬盘领域的传统强势力，日立GST在收购IBM硬盘部门之后拥有了微硬盘方面的绝大部分专利技术。而在1英寸微硬盘领域中，日立的最大竞争对手只有汇通世华一家。

2004年5月，日立存储投资5亿美元在深圳设立微硬盘"整机"厂，主要生产1.8英寸和1.0英寸的微硬盘，与汇通世华的主导产品形成正面交锋。巧合的是，汇通世华的生产厂在贵阳，而销售和管理团队都在深圳。

日立了解到汇通世华虽然资金紧张，但在政府的支持下，即将引进实力强大的战略投资者，所以日立选择立即起诉不仅能有效吓阻战略投资者，更能通过马拉松式的诉讼和高额的诉讼费用将汇通世华逼入绝境。显然，日立毫不犹豫地对一个在规模上跟自己完全不在一个等量级的汇通世华下手，是企图彻底将中国自己的微硬盘扼杀在摇篮中。

汇通世华：未能延续"华为式胜利"

研发一直是日立GST谋求成为全球第一大微硬盘生产企业的法宝，中国市场更是日立环储谋求霸主地位不可或缺的部分,而南方汇通此时正处于快速扩张期。把强敌扼杀于襁褓之中,是最保险也最容易成功的手段。倘若一击成功,日立GST固然可以继续坐稳江山,享用微硬盘的巨额利润;即使案件拖延若干年,日立GST也可以让汇通世华疲于应战,疏于拓展市场。

在2004年,汇通世华的小规格硬盘产量已经突破了100万台,直接对日立造成了潜在的威胁。在2004年10月深圳高交会上,汇通世华获得了3.56亿美元的订单,更是风闻将接到苹果iPod微硬盘的订单。苹果iPod的热销使得全球微硬盘的供应能力陡现不足,日立本身已经难以满足苹果公司的需求,自然更害怕苹果把订单交给汇通世华等竞争对手。

于是,日立GST要求南方汇通赔偿其经济损失,并向法院申请永久性强制命令,禁止汇通世华及该有关公司在美国生产、使用、进口及销售涉嫌侵权的产品;而汇通世华在2004年12月30日晚发表正式声明称,公司所生产的微硬盘完全拥有自主知识产权,日立公司是采用媒体渲染手段进行商业干扰,汇通世华已委托律师全权处理该起诉讼。

回溯历史,汇通世华案与2003年7月底最终裁决的思科华为案有不少相似的地方。

2003年,国际行业巨头美国思科系统有限公司在美国得克萨斯州地方法院正式起诉中国华为公司及华为在美国的两家分公司侵犯了思科的知识产权

美国时间2003年1月23日,国际行业巨头美国思科系统有限公司在美国得克萨斯州地方法院正式起诉中国华为公司及华为在美国的两家分公司——华为美国公司和Future Wei技术公司,称其在美国境内销售的Quidway路由器和交换机侵犯了思科的知识产权,要求华为停止上述行为。

华为被迫加入这一场知识产权诉讼案。当时的形势对华为万般不利:思科为了达到目的,早就在其全球业务系统中成立了"Beat Huawei"的机构,专门针对华为的市场行为制定策略。由于华为的坚持，2004年7月28日，思科与华为最终达成和解，法院终止思科对华为的诉讼，全部解决了该起专利争议。

华为与思科之争，是后来竞争者与市场垄断者之间不可避免的利益之战。华为从被迫应战，到最终"和气"收场，中间经历了种种艰辛劳苦，但也表现出成熟企业的风范。华为最终依靠过硬的技术专利和国际化大企业所应有的管理、竞争模式赢得了这场诉讼的胜利。在时隔不到两年的2004年12月29日，类似的诉讼案又已拉开帷幕。汇通世华案与思科华为案某种程度上来说惊人的相似。

然而，汇通世华未能延续"华为式胜利"。2006年7月2日，星期一，贵州南方汇通世华微硬盘有限公司（汇通世华）关上了大门。随着外籍员工于当日晚间最后一批撤离硬盘厂，这个地处云贵高原的高科技工厂，在靠存货周转了9个月之后，终于沉寂了。微硬盘项目，一度是贵州的光荣，也承载了太多梦想。它身上曾寄托了于三五年内达到100亿美元产值的期待，也是更为庞大的高科技产业跃迁式发展的第一步和最关键的一步。

与汇通世华一起破灭的，不仅是激情与梦想，还有总计约20亿元的巨额投资。2006年8月2日，贵州省银监局局长邓瑞林在《贵州日报》发表文章，其中透露，"截至2005年末，农、建、交、商4家商业银行共向贵州微硬盘公司累计发放贷款11.75亿元，产生不良贷款8.7亿元"。

"日立HDS"誓在中国做老大

就在日立GST起诉南方汇通的前1个月，即2004年11月16日，日立数据系统有限公司（简称：日立HDS）的CEO岩田真二郎到了广州，发出了欲夺中国存储市场老大位置的战斗"檄文"。事实上，日立HDS和日立GST都属于日立公司的信息集团，而日立HDS是其核心业务，2003财政年度（截至2004年3月31日），在全球实现了24.9亿美元的营业收入。

作为专注于高端市场的专业存储公司，日立HDS业务遍及170多个国家，全球一半以上的财富100强企业是HDS的客户。在高端市场上，日立HDS此前在中国市场发布的新一代存储系统TagmaStore通用存储平台，在技术上远远甩开了竞争对手。在日立 HDS 中国区总经理吴景祥的计划表里，HDS 要在 2 年内成为中国存储市场的老大。

2005 年是日立 HDS 在中国市场上打基础的一年，它在中国市场的业务已经遍及金融服务、电信、政府、媒体及能源等行业，其高端市场的竞争优势在业内有目共睹。为满足公司在华业务迅速增长的需求，HDS 北京办事处于 2005 年 1 月 1 日迁入位于北京东方广场的新址。

作为在华增资项目的重要内容之一，新的日立 HDS 北京办事处办公面积扩展至 1800 平方米，为原来的 6 倍。除了办公环境大大改善之外，日立 HDS 中国员工数量也有大幅度增加。同时，日立 HDS 将其北亚区存储技术培训中心从香港迁至北京，并在北京新建了一个产品展示中心，为其在中国的合作伙伴和客户进行专业的存储技术和发展的各种培训。

日立 HDS 自进入中国以来，在中国的大部分业务都通过渠道合作伙伴来开展，因此渠道合作伙伴对公司继续拓展中国市场起着至关重要的作用。在高端市场，日立 HDS 希望将业务进一步渗入中国国内的金融服务、电信和政府等三大重点行业。此外，日立 HDS 还通过加强与 OEM 厂商的合作，扩大公司在高端市场的影响力。

2010 年 7 月，刚刚就任日立 HDS 公司副总裁兼中国区总经理的庄国光，特地在北京的办公室举行了授牌仪式，将其三家渠道商升级为"白金合作伙伴"。日立 HDS 公司中国区渠道总经理蒋慰慈解释了白金合作伙伴的含义："与 3 位白金合作伙伴的关系，已经从普通的渠道合作提升到了非常密切的程度。"

谈到三家伙伴的晋升，庄国光强调了日立 HDS 对于渠道的重视，"如果合作伙伴不成功，我们就不会成功。并非只是我们在市场上打拼，最重要的是合作伙伴一直在和我们并肩战斗。"在加入日立 HDS 前，庄国光曾担任甲骨文公司中国区金融、电信、媒体、公用事业部总经理及上海分公司经理。

谁拥有更多的数据，谁能够充分利用这些数据，谁就能够在今天和未来的竞争中占据主动。因为数据的占有量和利用效果，决定了企业的信息化程度。这需要经过长时间的信息化磨合与吸取足够经验教训才能完成。

国外企业早就走在了国内企业的前面，而且相关的数据存储产品领域也几乎被日美企业占据，尤其是高中端的数据存储产品，完全是日本日立公司关系企业的天下。

反观中国数据存储市场，除了华为公司以外，几乎找不到能够拥有最高端技术以及巨大利润的公司和企业。中国大多数数据存储公司都是在做系统集成，代理国外的品牌产品，只能赚取少量的代理费，这对发展自主数据存储产品有着极大的影响。

没有利润，就无法生存，更谈不上研发。数据存储领域对技术的要求很高，不是传统行业打价格战就可以轻易实现的。况且，数据存储领域关乎国家经济、金融、政治和军事等方面的安全问题，除了依靠我们自己，是谁也不会帮我们。

"华为"出手，翻"云"覆雨

2008年，在全球金融危机笼罩的乌云下，企业对IT采购成本控制的欲望比任何时候都要强，而"云计算"、"云存储"、"云服务"这些云模式挤进了人们的眼球，它们提供了采购和使用IT资源更加经济的途径。此时，全球存储和网络安全设备市场已经达到230亿美元，中国的存储和网络安全设备市场预期超过11亿美元。

在存储领域，中国的产业才刚刚起步，计算领域有曙光和浪潮这样的企业带头，但是此前国内没有一家厂商在真正做存储，直到2006年，中国的华为公司开始做存储。此前，华为公司作为硬件厂商，主要精力集中在基础硬件上面。早在2003年，华为就动用几十人开始做预研发，紧接着在2007年开始研究"云存储"。

2008年2月，华为与美国赛门铁克公司合资成立了华为赛门铁克科技有限公司（简称：华赛），致力于网络安全与存储产品的研发、销售和服务。合资公司总部设在成都，其中华为占51%的股权，赛门铁克占49%。华为总裁任正非担任新公司总裁。华为向该合资企业提供一定技术许可，并提供750人的工程师团队。而赛门铁克为新公司提供一定的存储和安全软件许可，赛门铁克还向新公司投资了1.5亿美元。

2008年3月12日，华为与赛门铁克合资的华为赛门铁克有限公司举行揭幕仪式。3年后，2011年11月，华为又以5.3亿美元收购赛门铁克在合资公司中的全部股权，华为正不断加码中国云计算领域

2009年9月，华赛的信息存储安全项目在成都高新西区揭开了面纱，超过1.5亿美金投入已经全部到位，研发重心落在存贮与安全领域，试图为全球电信运营商、互联网服务提供商和企业提供解决方案。此时，华赛员工人数已由成立之初的800人扩张至3500人，已争取到政府、运营商、金融、能源、交通等行业的1000多个重要客户。

华赛在成都的计划是启动部分样板和试点项目，形成向外拓展的平台，吸引更多的合作伙伴和经销商参与。华赛看好医疗、能源、交通等应用领域，此外推进政务数据化和视频监控也是公司在成都地区布局的重点战略。对于未来，华赛副总裁苏立清表示："在云时代，华为赛门铁克将坚持以客户需求为出发点，持续投入，致力于成为云基础架构的领导者。"

2010年5月，华赛在北京发布名为"泛在多业务云"的云战略（"4+1"朵云），满足客户对云服务的多种需求。实际上，华赛自成立之初就启动了向云计算进军的战略。华赛云战略的"4+1"朵云，其实都是经受过市场检验，有过实际运用的"成熟"的云。该公司只是将旗下的云产品进行了一次全面整合，以此作为其云发展战略的一个新台阶。

5个月后，即2010年10月，华为赛门铁克科技有限公司（华赛）宣布为中国科学研究院（简称：中科院）计算机网络信息中心成功搭建建设容量达6PB的云存储服务平台。借助华赛云存储服务平台，中科院数据资源中心可以向中科院全院用户提供数据存储服务，以更好地满足科研人员的数据存储、信息资源共享需求，同时该系统未来还将面向市场需求，向中科院以外的用户提供数据存储服务。

华为赛门铁克存储产品线总裁范瑞琦表示："云存储基础平台建设作

为网络经济下一个新的增长点,是全球存储行业的发展潮流之一,其应用范围正在不断扩大。华为赛门铁克作为少数拥有自主知识产权和核心技术的云存储平台厂商,积极致力于推动应用与存储相结合,帮助用户实现从使用存储设备向使用存储服务转变。"

日立急忙架"云梯"

2010年,正值日立集团创业100周年之际。10月27日,日立数据系统(日立 HDS)在北京举行的"2010日立数据存储科技峰会"上宣布推出最新解决方案包括新型日立虚拟存储平台,为企业级虚拟化 IT 解决方案树立了全新的行业标杆。"日立数据存储科技峰会"是日立 HDS 一年一度的用户大会,2010 年大会主题定为"存储无限,立领云道——展望未来数据中心"。

在此次大会上,日立 HDS 首席执行官 Jack Domme 发言中表示:"在预算缩减、组织变革和竞争加剧的背景下,IT 必须用更有限的资源完成更繁多的任务和应用,企业正面临着确保信息的可用性和安全性等诸多挑战。我们正在通过采用一种适用于所有数据类型的统一通用平台,并通过日立数据系统在虚拟化技术方面的领先地位,帮助整个 IT 行业解决这些紧迫的挑战。"

随后不久,日立 HDS 高级副总裁及亚太区总经理 Kevin Eggleston 在 2010 年 11 月 15 日接受搜狐 IT 专访时表示:"云存储市场在中国蓬勃的发展,尤其是在一些行业,比如说电信行业(华为的优势领域)这样的重点行业,发展是非常快的。随着全球化越来越明显,日立数据在全球的很多市场都具备了一些共同的特征,进入了一个同质化的过程,但毫无疑问,中国是我们第一位重视的战略市场。"

云存储热度不减,越来越多的 IT 厂商正在打造一个个帮助用户顺利升入云端的"云梯",日立 HDS 也不例外。作为存储行业的垄断性厂商,日立 HDS 将"全面虚拟化、全面自动化、支持云计算、可持续发展"视为其产品及解决方案的内在灵魂,并于 2010 年推出了让用户平稳过渡到云计算的产品及服务,例如日立统一计算平台 UCP、高端虚拟存储平台 VSP、可加快和简化云部署的 HCP v4 和 HDI，以及私有分层云和公共在线存储云等。

2010 年上半年，日立 HDS 宣布推出自己的统一计算平台产品 UCP（日立统一计算平台）。UCP 可用于私有云或公有云的部署，是日立数据云存储战略的重要组成部分之一。下半年，日立 HDS 宣布推出日立私有文件分层云服务，已经在私有云方面拥有了很多中国大型的企业级用户，比如联想和神州数码。

"日立统一计算平台"（UCP）作为日立 HDS 向企业数据中心的一个产品，将四块东西整合在一起，一个是服务器，一个是存储，一个是网络，一个是管理软件。在这四块之上进行综合协调的是日立 HDS 的智能 Orchestration 软件，运行在日立的刀片服务器上，通过虚拟化，Orchestration 可以把各种品牌的 x86 服务器作为统一资源进行管理。

日立的刀片服务器叫 Blade – Symphony，在美国、欧洲、韩国都有销售，但主要还是在日本销售。过去生产该刀片服务器是日立（美国）公司，与日立 HDS 是分开的。2008 年，它也并轨到日立 HDS 来了。在这之前只是大量地在日本卖，在日本做得很大，算得上是排名前三的服务器供应商。现在它变成日立 HDS 的一部分，也在进行产品研发，制定了很多的策略，以在全球范围内推广。

原文发表于《环球财经》2011 年 4 月，作者：白益民

第四章　丰田成为美国的心头大患

2009年6月,百年老店通用汽车宣告申请破产保护,而此时,日本主要的8家汽车生产厂家在美国的市场占有率达到了46.6%的历史最高纪录,首次超过美国三大汽车厂商,然而我们要知道的是,日本的汽车工业起步比欧美国家晚了整整30年!

随后2010年的"刹车门"事件爆发,丰田在美遭受严重危机,直至第二年美国交通部才为丰田平反。回顾历史我们会发现,日美汽车史就是一场产业战争史,每一次日本汽车产业触动美国核心利益时,美国都会"有规律地"发起舆论攻击战、贸易保护战或产业战争,屡试不爽。

日本财团就像一支庞大的舰队,丰田汽车与丰田通商、爱信精机等财团核心企业在数十年来相互持股、相互依存,从日本爱知县到美国底特律,这种日本沿袭多年的利益共同体模式使丰田财团获得巨大成功,财团体制的内部协调机制也有利于丰田进行全汽车产业链的"殖民"控制。

作者题注:

日本汽车工业从落后美国30年到如今占据全球产业半壁江山,其财团商社型的产业发展模式值得我们学习和借鉴,但更需要关注的是其海外扩张模式,及其应对美国各种贸易壁垒和报复打击的措施,这对中国企业出海提供了更有意义的参考。

本章提要

1980年春,哥伦比亚广播公司(CBS)制作了一个"丰田入侵"的新闻特别节目,把底特律的停滞和丰田的繁荣兴旺做了详细的对比报道,节目以大量篇幅描绘了美国工厂的悲惨景象,并感叹道:"底特律的辉煌时代已经成为过去。"

2010年的"刹车门"其实就是美国政府刻意制造的一起冤案,是典型的政治干预市场事件,而丰田公司最终选择和解,是周瑜打黄盖,一个愿打、一个愿挨的结果,这意味着丰田汽车或将下一步工作重心转移至北美市场。

11亿美元的赔偿金对丰田来说虽然有点冤,但是对于正在大规模布局美国市场的丰田财团成员来说,这笔资金或许可以看作丰田财团为了防止鸠山时代的悲剧重演而交给美国政府的保护费。

在日本汽车界,"销售的丰田,技术的日产"流传甚广。由此可见,丰田汽车绝对不是一般的造车者,而是更接近于商人。在某种程度上甚至可以说,丰田汽车就是一群商人的集合。

丰田财团旗下拥有5家世界500强企业,分别是丰田汽车、丰田自动织机、丰田通商、爱信精机、日本电装。十几家财团一级企业均是世界知名企业,产业链覆盖汽车产业从上游原料到下游物流的所有环节。

把汽车做到世界第一的丰田为什么卖白薯粉?丰田的解释是,利用白薯中分离的淀粉制造可分解性塑料的产业技术将得到普及;从白薯中提炼出的氢气可以制作燃料电池,成为电瓶汽车的能源;白薯可以代替玉米成为喂养家畜的饲料。

第四章
丰田成为美国的心头大患

第一节
丰田用50年打败美国

从零开始的日本汽车工业

日本的汽车工业起步比欧美国家晚约30年左右,当丰田汽车公司的创始人丰田喜一郎开始研制汽车时,美国的通用汽车公司和福特汽车公司早已成为举世闻名的大企业了。在大量生产技术和市场运作方面,两家公司的实力足以让世界其他汽车生产厂家望尘莫及。

1937年8月27日,在丰田自动织机制作所汽车部的基础上,"丰田自动车工业株式会社"正式建立。作为一家拥有1200万日元资本金的新公司,丰田从此踏上了自己崭新的历程。而对于通用与福特,丰田喜一郎并没有把美国这两大汽车巨头的举动过多地放在心上。他全身心地投入以大量生产为基础的国产汽车工业的创立。

1941年12月,太平洋战争爆发,到1945年8月二战结束时,日本的工业生产设施几乎毁坏殆尽,丰田的工厂也在战争中遭到惨重的破坏。为了重建汽车工业,将其作为和平时期发展经济的支柱产业,丰田于1945年9月决定在原有的卡车批量生产体制的基础

日本电视剧《Leaders》2014年在日本热播,该剧以二战后日本丰田汽车的创业史为原型,展现了以丰田为代表的日本制造企业在日本战后重建及崛起中波澜壮阔的历史画卷

上组建新的小型轿车工厂。丰田做出这项决定主要是考虑到美国的汽车厂家不生产小型轿车,指望因此避开同美国汽车厂家的直接竞争。1947年1月,第一辆小型丰田轿车的样车试制成功。

1952年7月,日本参议院运输委员会专门就这个问题邀请汽车制造厂商和外国车进口商的代表进行讨论。会上,主张发展本国轿车生产的只有丰田的石田退三经理一人。石田以其雄辩的口才,为发展本国轿车生产进

行了长达6个小时的孤军奋战。

　　1954年，日本实施了限制进口外国轿车、促进国产化的方针。为了弥补技术方面的落后，各汽车制造公司相继与欧美企业建立起合作关系。日产汽车与英国的奥斯汀汽车、五十铃与美国的鲁茨汽车、日野汽车与法国的雷诺汽车分别建立起技术合作关系，开始生产轿车。**丰田汽车工业公司在与美国福特汽车公司的技术合作努力失败后，打消了同外国企业合作的念头，于1953年1月发表了著名的"石田宣言"，明确表示要依靠本国的技术发展轿车工业。**

　　与此同时，丰田汽车工业公司积极进行小轿车的研制工作，于1954年建成了面积达5000平方米的丰田技术中心。1954年12月，日本《读卖新闻》报道了这样一条引人注目的消息："据通产相透露，明年日本将首次生产出正式的国产轿车。据说价格在90万元以下，目前这种新轿车正处于在全国试跑的阶段。"

　　1960年，丰田、日产等大企业开始脱颖而出，成为日本汽车工业中的中坚力量，巨大的生产规模、先进的生产技术及行之有效的经营管理方式，使得日本汽车业迎来了历史上的第一次飞跃，欧洲老牌汽车生产国相继被日本迎头赶上，1961年，日本汽车产量超过意大利，居世界第五位；1964年又超过法国，上升至第4位；1966年超过英国，上升到第3位；1967年赶上西德，登上世界亚军的宝座。1970年日本汽车产量高达530万辆，比1960年的76万辆增加了近6倍。日本在这一时期建立起了自己的汽车工业，并超出预想，实现了汽车在日本国内的普及。此时丰田汽车已占有了日本轿车市场的45%。

汽车贸易战争中击败美国

　　1957年，丰田汽车公司销售之父神谷手下大将加藤诚二觉得既兴奋又紧张。他高兴地说："出口日本小客车到小客车家乡的美国，简直是难以想象的事情。"加藤诚二一番话代表着丰田人对美国汽车市场的强烈期待。

　　丰田公司于1957年在美国市场首次推出Toyopets汽车，只是这款汽车就如同它的名字一样，成为人们嘲笑的对象，这也与产品的奇怪设计、瘦

第四章 丰田成为美国的心头大患

小体积和低劣品质有关,当时丰田汽车的表现可谓极差,马力不够,最高时速太低,无法上高速公路;油耗大;发动机过热;修理费过高。沮丧的丰田人写信回东京建议干脆放弃整个计划,而东京要求继续进行,即使只有公司名称在美国登陆也好。

几年后,丰田决定重新进军美国市场。1963年8月,丰田汽车工业公司和汽车销售公司举行了"产销联合出口会议",制订了一个以1964年为第一年的"丰田出口五年计划",根据这一计划,在五年计划最后一年的1968年,丰田计划出口车辆达到8.4万辆。1965年,丰田把新推出的RT40型光冠轿车出口到澳大利亚,受到好评。1966年,这种车出口美国获得了成功。丰田一鼓作气,于1967年又将花冠轿车推向了美国市场。

自大的美国人不会想到,这个被嘲笑的"渺小"外来者,借石油危机打响了反击战。

日本是个自然资源贫乏的国家,从丰田喜一郎那一代开始,丰田汽车就认为开发燃耗功率高、可靠耐用的汽车对日本汽车工业来说是至关重要的课题。1939年,丰田公司成立了蓄电池研究所,开始着手电动汽车的研制。

而在美国,汽油价格一直很低廉,导致美国人开汽车追求大马力、高速度,讲究舒适豪华,不去计较汽油费用支出。美国的汽车公司为满足美国人的这种偏

《日本战胜美国》一书展示了日本企业集团化及其机能作用:成为日本经济迅速发展的推进器,并实现了多个产业占领美国市场。作者:郜振庭

好,主要生产各种系列的大型轿车。大型轿车尽管有马力大、速度高、宽敞、舒适豪华等优点,但耗油量大,美国人把这些舒适的大型轿车称为"汽油狂饮者"。而日本汽车市场主要以小型省油轿车为主。

美国汽车巨头们的盲目自大,给了日本汽车企业可乘之机。丰田汽车公司敏锐地看到了石油危机对耗油量大的美国大型轿车的冲击,决定抓住这一千载难逢的机会,进军美国市场。

丰田公司紧急召集所有销售人员，包括在美国的经销商共聚东京。社长丰田英二发布总动员："论实力，日本汽车制造商还赶不上美国厂商，石油危机对他们来说是时运不济，对我们而言却是时来运转。一定要不惜一切出击，让日本车大行其道！"

丰田此次战役的目标是全力抢夺市场占有率，采取的策略是广告与优惠价。因此，丰田一方面投入巨资在美国展开铺天盖地的广告攻势，另一方面以极优惠的价格吸引美国消费者。就在当年，丰田汽车在美国刮起了销售旋风，上百万辆各种型号的丰田汽车被疯狂的美国消费者抢购一空。

日产、本田、五十铃急忙跟进，群起仿效丰田攻略。其中尤以本田攻势凶猛，1970年，本田在美国的销售量仅1300辆，托第一次石油危机的福，本田汽车在美销售量跃升到近10万辆。这次本田拿来冲锋的车型是4000美元一辆的大马力省油型ACCORD轿车，该车型在美国引发排队抢购热潮，车一运到美国马上就被销售一空，这情形让本田汽车社长本田宗一郎喜得合不拢嘴。

1979年，日本汽车在美国市场的占有率为17%，1980年快速上升到24%。丰田名车"花冠"在1980年生产达到鼎盛，在高冈工厂中，3条组装流水线以65秒一辆的速度推出新车，年产85.6万辆。从此，丰田轿车每年生产总量均超过300万辆。

与此相反，美国的三大汽车公司经营业绩直线下降。克莱斯勒1978年亏损2亿美元，1979年亏损扩大到11亿美元，1980年亏损更是高达17亿美元。福特公司由盈转亏，1979年亏损10亿美元，1980年亏损增加到15亿美元，均创下历史最高亏损纪录。通用由于在欧洲市场销售状况良好才免遭巨亏的厄运。

20世纪80年代中期，美国与日本之间的贸易逆差造成两国关系紧张，美国政府开始考虑邀请日本的汽车制造商到本地来开设工厂。在政府方面，这意味着既能降低贸易逆差又能创造就业机会。美国国内的汽车制造商勉强同意了这个决定，他们认为，日本制造商进入后，会面临相同的成本结构及工会问题。为了鼓励日本人在美国投资建厂，美国政府投入了数百万以进行税收激励。

然而，丰田、本田、日产和其他日本汽车厂商让那些认为他们的运营成本不可能更低的人大吃一惊。这些工厂大多设在美国南部，诸如肯塔基、田纳西、南卡罗来纳、密西西比以及德克萨斯这样没有工会组织的地方，这样他们就能雇用更年轻的工人（福利要求更低），并雇用移民来降低成本，从而使底特律遭受了巨大的竞争压力。同一时期，通用只在全球扩张上略有进展，在本国市场则节节败退。

汽车进入"微增长"时代

2012 年，我国汽车产销 1927.18 万辆和 1930.64 万辆，同比分别增长 4.6% 和 4.3%，尽管蝉联了世界销量冠军，但是从增速来看，已经进入微增长状态。与此相伴的是，不少经销商都在抱怨汽车销售的利润越来越低，汽车售后市场反倒是成了大家掘金的新大陆。新华社提供的数据显示，2011 年，中国汽车售后市场产值约为 4000 亿元，预计到 2015 年可达 7000 亿，年预计增速将达 15% 左右，远远高于整车的销量增幅。

但是据笔者对中国自主品牌的了解，我们都有一个通病，不仅缺少核心零部件体系，更存在产业链缺失的问题。尤其是进入汽车销售微利时代，"偏爱"整车生产、缺少产业链布局的中国自主品牌汽车更是备受煎熬。

自主品牌该向丰田学习什么

这方面，我国自主品牌汽车企业可以参考日本丰田汽车在华的模式与经验。众所周知，汽车零部件利润已经超过整车利润，丰田便在上游参与零部件生产。

丰田汽车在华的零部件供给绝大部分来自自有体系，其中以日本电装、爱信精机和丰田纺织为主。这三家公司都是世界首屈一指的零部件生产企业，并且同属于"丰田财团"，三家公司背后最大股东无一例外也都是丰田汽车。

值得注意的是，丰田在中国的零部件生产一般由其财团下属综合商社丰田通商主导展开。丰田通商以丰田财团内"组织者"的身份存在，致力

丰田财团的综合商社丰田通商，作为产业组织者，如同编织网络的蜘蛛般，将包括丰田、雷克萨斯等在内的整车品牌，以及电装、爱信精机等零部件厂商整合起来，形成协调凝聚的丰田财团

于汽车产业链的渗透，以协助丰田汽车进行整车生产与销售。在中国，丰田通商或与丰田三家"嫡系"零部件企业合资，或与日本其他企业合资，或与本地企业合资，为丰田生产各类零配件。

例如，丰田通商在1989年首次来华，与日本小糸制作所和上海华域汽车系统股份有限公司合资成立"上海小糸车灯有限公司"，目前该公司在中国市场份额超过40%。2001年4月，丰田通商与日本爱信精机、中国台湾信昌国际投资公司和天津新陆汽车部件有限公司合资成立爱信天津车身零部件有限公司，为一汽丰田提供零部件供应。截至2010年，仅合资零部件企业，丰田通商在中国就有将近50家工厂。

汽车物流领域，丰田汽车还是派出丰田通商出面。1996年7月19日，丰田通商、日本株式会社上组、丰田输送株式会社（属丰田财团）联合中国天津泰达投资控股有限公司共同投资，组建现代化综合性物流企业"天津丰田国际货运有限公司"，负责汽车相关物流。

涉足天津汽车物流后，丰田汽车来到天津，于2000年6月成立天津一汽丰田汽车有限公司。此后，丰田通商再接再厉，在2003年9月投资约2亿日元购买天津港保税区18000平方米土地，建设"丰田通商物流中心"。

该中心于2004年投入运营，二期整车物流在2005年运行，物流中心直接面向零配件厂家，为中国丰田汽车及其合资厂和供应商提供物流分拨服务，面向海内外的丰田整车及配套厂商，目前已经成为丰田汽车及其供应商在中国北方的进口零部件分拨基地。

在汽车下游零部件以及整车销售中，同样有丰田通商的身影。1993年

6月,"丰田汽车中国有限公司"成立,成为丰田中国销售总代理,其中丰田通商参股25%。此外,丰田通商还参股江门华通丰田汽车销售服务有限公司、华通丰田汽车服务有限公司、昆山通和丰田汽车服务有限公司等十余家下游汽车服务公司,同时在全国各地拥有多家丰田4S店。

在中国,汽车产业最下游的拆解回收往往无人问津,但丰田通商却特别重视。2012年3月,丰田通商首先受日本新能源及产业技术综合开发机构(NEDO)委托,在北京启动汽车再利用系统的研发及实证项目。同年5月,丰田通商与日本昭和金属、都聚源鑫再生资源回收有限公司在成都成立汽车再利用项目,三家公司分别持股30%、5%和65%,主要涉及报废汽车回收拆解,计划拆解能力为30000辆/年。

在当今汽车产业竞争越来越激烈的情况下,中国自主汽车品牌应何去何从值得深思。汽车供应链与产业链的全面提升,无疑将成为企业取得竞争优势的一把"利刃",在这一点上我们其实可以参考日本丰田汽车的经验。当然,我国自主品牌汽车并不具备丰田汽车那样的百年积累,但在清晰丰田产业链模式之后,应从"商道"上有所领悟与借鉴。

(原文发表于《汽车商报》2013年,作者:白益民)

丰田到底是做什么的?

丰田,不仅仅是汽车

对于中国人来说,丰田既熟悉又陌生,关于丰田"精益制造"的书刊汗牛充栋,无数"仁人志士"赴日学习,但有多少人能把握其精髓呢?那些关于丰田企业管理经验的书籍,几乎不涉及企业的发展环境与历史背景,总感觉像是抽象枯燥的经文。又有多少人知道丰田现在卖白薯、植树造林,并且还做得很大?

产业就是脊梁
CHAN YE JIU SHI JI LIANG

丰田从白薯中提取植物燃料以替代石油作为汽车燃料，还计划从白薯中提取氢用于制作燃料电池，丰田早已将视角望向了能源的未来

这真是一个奇异的关联。把汽车做到世界第一的丰田为什么卖白薯粉？丰田给出的解释是，利用白薯中分离的淀粉制造可分解性塑料的产业技术将得到普及；从白薯中提炼出的氢气可以制作燃料电池，成为电瓶汽车的能源；白薯可以代替玉米成为喂养家畜的饲料。

为什么植树事业刚刚在澳大利亚兴起的时候，丰田也开始植树？原因很简单，汽车是恶化地球环境的祸首，如果破坏了地球的环境，丰田的明天就不存在了。就是因为这样的理念，丰田致力于环保事业，并且总是在全世界率先推出新型环保节能车。

这样的表象让人感觉奇异和混乱了。丰田到底是做什么的？产生这样的疑惑是不是我们的头脑已经僵化，丧失了理解事物本质的能力？其实正确的答案是，丰田现阶段主要做汽车，二战以前或许是做纺织机的。摩托罗拉现在不是不做手机了吗？当然，摩托罗拉是个反面教材。丰田几乎从不裁员和剥离自己的产业，丰田自动织机制作所是丰田财团的本家，现在依然是世界500强企业，也是纺织行业的翘楚。

提到丰田，不少人可能首先会想到"拧干毛巾"的改善活动。通过改进保持丰田的高品质，从细微处的节省提高效率，再以此为新标准，继续实施改进运动。一言以蔽之，丰田的改进永无止境。这样的描述让人不由自主地想到为了节约而节约的"铁公鸡"形象。其实为了公司的长远发展，大把花钱正是丰田一贯的作风。承认丰田是小金库的荒木隆司副社长说："丰田集团保留的23000亿日元是为开拓将来的事业和应对风险的准备金。"

的确，如果没有充足的资金，就不可能有混合动力车和燃料电池车的研发，也不能有丰田在农业、生命科学和环保领域的成就。再过几十年，问丰田是做什么的，大家或许会回答："丰田不是全球最大的环保企业吗?"在丰田看来,任何事物都会"盛极必衰",再辉煌的事业最终也会变得衰弱,一项事业的寿命再长也不过 30 年。想要在商界立于不败之地,就必须不断地开发新型产业。

丰田财团全貌

现在的丰田财团是以丰田佐吉创立的丰田自动织机为母体发展起来的庞大企业集团,2006 年,仅丰田汽车的关联结算收入就达 210369 亿日元,经常利润 20873 亿日元,净利润 13721 亿日元。截至 2007 年 11 月,员工总数达到 30.9 万人。

丰田财团拥有 5 家世界 500 强企业,分别是丰田汽车、丰田自动织机、丰田通商、爱信精机、日本电装。此外,它旗下的十几家财团一级企业均是世界知名企业,产业链覆盖汽车产业从上游原料到下游物流的所有环节。不仅如此,丰田还立足于汽车产业的未来,不断在环保和新能源领域投资,成为环保汽车的领军者。

丰田财团在日本可以视为与三大财阀(三菱、三井、住友)集团及三大银行财团(芙蓉、三和、第一劝银)并立的较独立的企业集团。受东南亚金融危机拖累,1997 年,三井财团的樱花银行出现经营不善情况时,曾向丰田要求增资,制造商援助银行无论是在哪里都是一个特例,丰田财团强大的实力可见一斑。

1997—2001 年,日本经济受东南亚金融危机拖累陷入低迷,而丰田集团始终保持较高的盈利水平。2002 年 5 月,经济团体联合会与日本经营者团体联盟合并,成立新的日本经团联(Nihon Keidanren)。丰田前任社长奥田硕众望所归,成为有日本财界总理之称的新经团联的首任会长。

丰田汽车超强的盈利能力让无数企业羡慕,其实丰田财团旗下多家世界级企业的盈利能力并不亚于丰田汽车。众所周知,汽车配件的利润要高于汽车整车,日本电装、爱信精机、丰田自动织机被称为"丰田三驾马车",其主营业务正是汽车零部件。日本电装是世界屈指可数的汽车零部件生产厂家之一,在日本排名第一。爱信精机是世界第九大汽车零部件生产商,丰田汽车零部件的主要供应商,其汽车零部件制造技术

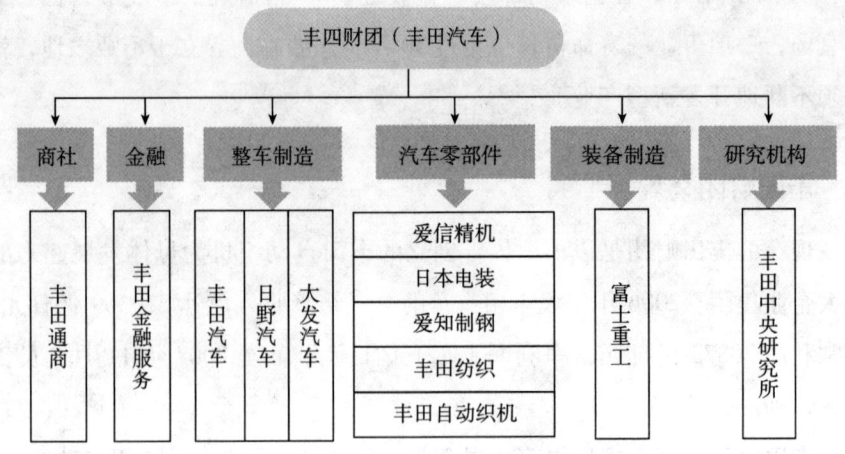

闻名于世。

著名的丰田自动织机是丰田集团的本家，多年来，公司以自动织机为基础，向世界提供了众多的一流产品，其中许多产品市场份额位居世界第一，如喷气式织机占世界市场份额的39%（2002年），汽车空调用压缩机占世界市场份额的38%（2002年），叉车占世界市场份额的25%（2002年）。丰田自动织机高浜工厂更是迄今为止世界上最大的专业生产工业设备的制造厂。

在日本汽车界，"销售的丰田，技术的日产"流传甚广。由此可见，丰田汽车绝对不是一般的造车者，而是更接近于商人。在某种程度上甚至可以说，丰田汽车就是一群商人的集合。丰田的商业能力集中体现在丰田通商（丰田财团的综合商社）身上。丰田通商总是刻意保持低调，尽量地隐蔽起来，在背后默默地支持和帮助着丰田汽车。

丰田通商的业绩在2007年3月达到销售额3兆日元、常规利润970亿日元、净利润465亿日元，成为排名三井物产、三菱商事、住友商事、伊藤忠商事之后的日本第五大综合商社。值得一提的是，从1971年到2006年，丰田通商在中国成立了116家合资企业，形成了规模庞大的丰田汽车产业群，强力地支持着丰田汽车在中国的发展，最终使丰田汽车超越之前进入中国的众多外国汽车巨头，站在了行业的制高点。

史上最强的资金周转

众多书籍从不同的角度探讨丰田是如何一步步强大起来的,但很少有人提及丰田的金融、财务以及现金周转。资金周转对企业的重要性如同血液对人体的重要性一样,丰田经营的要诀是"保持远大的目标,并配合精密的预算"。有长远的目标才能网罗人;有配合精密的预算,才能用长远的眼光投注资金。换言之,就是现金周转经营。

石田退三担任丰田社长的第一年,丰田汽车陷入前所未有的困境,自有资本率仅为5%,自有资本与负债的比率为990%。以三井银行和东海银行为中心的24家银行在政府的授意下,对丰田进行了融资,融资金额1.882亿日元。于是丰田加入了三井集团的"二木会(集团内企业领导人会)"、"三井业际研究所(二木会直属的智囊团)"和"网町三井俱乐部(以集团企业中间领导层为会员组成的社交俱乐部)"。

1950年4月,丰田汽车生产和销售分离,作为生产商的丰田汽车工业股份公司不再生产丰田汽车销售股份公司订货量之外的车辆,明确地分离了设备资金和销售资金。丰田汽车销售股份公司始终坚持"客户第一、经销商第二、生产商第三"的原则,依赖地方资本建立了强有力的销售网络,"销售的丰田"得以扬名,可以说是销售的不断强大推动了汽车产业的发展。

以石田退三、神谷正太郎为首的经营管理层经历了丰田最艰苦的岁月,深切地感受到银行"只会锦上添花,不会雪中送炭",提出了"必须建立不依赖银行的经营体制,自己的城池总要由自己来坚守",并在1978年完全实现了无贷款经营,利息不再是经营成本。

1982年,丰田的销售和生产部门合并为丰田汽车股份有限公司。2003年,丰田汽车自身的备用金有14875亿日元,丰田集团内部更是达到了23000亿日元,丰田汽车的备用金中有6200亿日元是现金存款。

汽车产业与金融产业密不可分,如通用汽车的金融子公司的利润远超过汽车等基本业务,通用汽车和福特汽车的金融事业销售额已经超过总销售额的20%以上,而金融资产占企业总资产已经超过60%。丰田于2000

产业就是脊梁

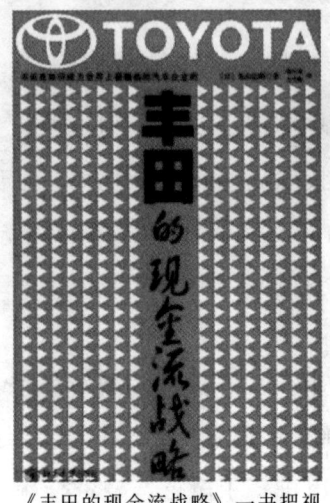

《丰田的现金流战略》一书把视角放在很少有人提到的金融、财务及现金周转战略上,试图从一个侧面来揭示丰田成功的原因,作者:丸山弘昭(日)

年7月整合金融资产,创立丰田金融服务公司(TFS)。2007年3月决算,丰田金融服务公司(TFS)总资产11兆6135亿日元,利润1558亿日元。TFS集团旗下包括5家公司:

(1)开展销售金融和信用卡事务的丰田金融股份公司;

(2)销售丰田集团发行的公司债券和投资信托的丰田金融服务证券股份公司;

(3)管理资产运用,进行投资顾问的丰田资产管理股份公司;

(4)代办财务和总务,管理财务咨询、人才派送、财务教育的丰田财务股份公司;

(5)处理汽车保险、火灾保险、伤害保险、赔偿保险的同生伤害保险的(丰田汽车持股33.4%)TFS集团已经在美国、德国、法国、挪威、巴西、波兰等国家获得了开设银行的资格。而在日本,没有银行资格仅限制存取款业务和结算业务,对资金实力雄厚的丰田来说,筹集存款、增加资金不具备任何意义。

除了成立金融子公司外,2003年,丰田针对财团内企业引进了CMS(资金管理服务),超过2万亿日元的丰田闲置资金在集团内部得到有效利用。向各分公司进行超低利息的融资也成为可能。

目前,丰田汽车已经成为丰田财团旗下各公司的主要控股公司,集团内部普遍形成交叉持股状态。不仅如此,丰田汽车还大量购入本公司的股票,2002年3月决算时,购买本公司股票的支出为2828.49亿日元,2003年3月决算时更高达4546.11亿日元。这种稳健的资本结构,让丰田财团的经营不受任何外部因素的干扰。

综合型制造业企业集团

丰田汽车的创立者丰田喜一郎在欧美考察旅行时,目睹了英国棉花产业的衰落，他由此联想，认为需要开发能够代替自动织布机生产的新型产业，并在公司内部冒险性地制造汽车，丰田汽车就这样诞生了。对新型产业敏锐的预见能力也是这样一代代传承下的。

丰田前社长奥田硕曾经说过："绝不能做成功的因徒，越是成功的人越会拘泥于自己的做法。但只要周围的环境发生改变，你的那一套就失去用武之地了。"

丰田强大的原因正是在于不惧怕"变化"，甚至是欢迎"变化"，而不是大家所津津乐道的"丰田式生产"。

1990年，丰田更改了公司章程，开始向船舶、航空器、航天器、信息通信等全新领域全面进军。尽管在此之前丰田也曾经向汽车产业以外的住宅建设、产业车辆、工业自动化相关系统及设备以及信息通信企业、航空航天企业等领域进行过投资，但通过这次修改公司章程，丰田明确地向世人展示了它将面向21世纪全面拓展新事业、向一切可能性发起挑战的姿态。

作为修改章程以前的一项重大变革，1989年，丰田对公司的组织机构进行了大规模的调整，废除了课、系两级机构，使原来的部、课、系这种金字塔形结构变成了平面型结构。通过这项改革，丰田不仅实现了迅速决策，同时使得每名职工都可以自由地参与公司各项工作，从而最大限度地发挥了全体职工的能力。

1992年，为了在全公司范围内进一步推进环境保护事业，设立了丰田环境委员会，并制定出了被人们称之为丰田地球环境宪章的《丰田对于地球环境的参与方针》，提出了"制造亲近人类与地球的汽车"的公司宗旨，更加积极地投入了保护地球环境的事业。从前面白薯和植树造林的例子，可以看出提前10年、20年的先行投资是"丰田的传统"，被称为"钱生钱的投资方式"。

2002年，丰田汽车的利润首次超过1兆亿日元，2003年，丰田的研发经费更是达到了6900亿日元，排名日本企业的第一名，远超过排名第二的松下电器（5800亿日元）。虽然丰田不遗余力地进行先行投资，但是在新兴产业的运营有一个不成文的规定，就是3年内必须出现盈利，5年内要消除赤字。比如丰田生命科学－绿化事务所在2000年创立花卉事业，当年销售额就达到了4亿日元，并在2001年实现了盈余，2002年完全摆脱了亏损。经过数年努力，前文提到的白薯业务也在2006年实现销售盈余。

在全球化经济中，企业间竞争日趋激烈，想在竞争中获胜，就必须准确把握5年、10年甚至20年以后的经济发展情况，强化核心竞争力。丰田曾提出"汽车是一个移动的空间"，丰田的核心竞争力在于"创造移动的空间"。船舶、航空器、航天器、信息通信甚至是环保领域都和"移动空间"息息相关。21世纪的丰田有明确的主营业务，但实现方式则是越来越综合的制造业企业集团。

原文发表于《装备制造》2008年7月，作者：袁璐

狙击丰田：美国打响新一轮产业战

蚕食美国，遭遇打击

2009年7月，日本主要8家汽车生产厂家在美国的市场占有率达到46.6%的历史最高纪录，首次超过美国三大汽车厂商。

兴奋之余，丰田公司社长丰田章男表示："我们其实非常担心，日系厂商对于美国汽车市场的过度蚕食会引发市场之外的贸易纠纷。"

不过半年光景，丰田章男当初的担心一语成谶。

2010年1月下旬，丰田"召回门"爆发。从最初的售后服务，到2月下旬美国司法部介入调查，美国联邦大陪审团和美国证券交易委员会洛杉矶办公室一纸传票，使得2月17日下午还举行记者招待会表示本人无意出席听证会的丰田章男，7天后出现在美国国会，面对议员们的凌厉质询。

第四章
丰田成为美国的心头大患

丰田"召回门"前传

底特律，2009年"全美最悲惨城市"（《福布斯》评选），曾经的世界汽车工业之都，也是美日"汽车战争"的主战场。

20世纪80年代，底特律汽车工人挥舞大棒砸向日本汽车的一幕，至今仍让人记忆深刻。那时，在美国街上跑的汽车中，4辆就有1辆是日本车。

20世纪70年代，围绕着日本小型汽车的跃进，日美之间的贸易摩擦日益加剧。1979年12月，泛美汽车工会（AW）的副列渣会长揭开了批判日本的序幕。他指出，要么限制日本汽车的出口，要么选择在当地生产的办法。事后，各行业、议会、政府内部抨击进口日本汽车的呼声越来越高。在美国众议院支（收）入委员会贸易分组委员会及参众两院经济合同委员会上，举行了公开报告会，通过这样的活动表明美国政府的正式意见。

《时代周刊》上破败的底特律，曾经的世界汽车之都底特律2009年的失业率高达28.9%，被评为"全美最悲惨城市"

1980年春，哥伦比亚广播公司（CBS）制作了一个"丰田入侵"的新闻特别节目，把底特律的停滞和丰田的繁荣兴旺做了详细的对比报道，节目以大量篇幅描绘了美国工厂的悲惨景象，并感叹道："底特律的辉煌时代已经成为过去。"

同年夏天，当25万美国工人被裁减时，CBS又连续推出美日对比节目，报道日本经济的繁荣，讲述美国经济一片萧条的悲惨故事，这些节目在美国民众中引发了强烈的危机感。

面对以丰田汽车公司为首的大举进攻，已连续2年严重亏损的克莱斯勒总裁艾尔卡克和福特董事长卡德维尔商量出一计：借美国媒体和美国工会造起的舆论声势，克莱斯勒和福特联合向国际贸易委员会正式对日本提出反倾销诉讼，指控"丰田向美国市场倾销汽车"。

面对反倾销指控,日本通产省组织了律师团去应诉。日本律师以大量资料和数据表明:美国汽车产业的停滞,并非因为大量进口日本汽车所致,而是由于美国汽车公司对于汽车市场上偏好小型车的快速变化未能及时反应所致。再说,"石油危机"是偶然事件,以前市场旺销大中型轿车时,日本汽车制造商也没到处去告状。说辞合情合理,国际贸易委员会同意日本通产省的说法,驳回了克莱斯勒和福特对日本的反倾销指控。

但是事情并未结束,以保护美国的汽车产业和避免失业为由,美国国内要求限制日本汽车进口的呼声越来越高。

美国国会也准备提出新法案:将日本汽车的进口量限制在150万辆水平。

日本朝野为之震动,一旦美国国会通过这个法案,日本汽车产业将遭受严重打击。更麻烦的是,欧洲各国也可能起而效仿。**日本首相铃木亲自出面调解。**他一方面措辞谨慎地向卡特政府表示:此事的发生日本应承担一定的责任;另一方面,铃木要求日本的汽车厂商发扬"团队精神",无论如何做出些让步,以避免贸易战的发生。时任丰田公司社长丰田英二对此十分不平地说:"我们成了美国企业不景气的替罪羊!"

日方的谈判代表是日本通产省高级官僚天谷直弘,早在20世纪70年代,天谷就意识到,如果日本汽车保持10%的美国市场份额,可能相安无事;如果这个数字增长到20%,美国就会产生重大的政治反应;而现在已达到了30%,美国陷入了工业危机之中。福特汽车公司和美国汽车工人联合工会向美国国际贸易委员会申请使用201条款的保护。几位来自美国中西部各州的参议员提出了一个把1981、1982、1983年出口到美国的日本汽车总数限制在160万辆的议案。议案原定在1981年5月12日的参议院金融委员会上进行提交、讨论和修改。

"欲练神功,挥刀自宫。"日本政府在知道这一消息后,主动于当年5月1日宣布"自愿"限制在美国市场上汽车的销售。1981年日本对美国出口汽车数量为168万辆,1982年限制为193万辆。

该协议使日本所有汽车制造厂商都遭受了损失,极大地限制了各公司的生产能力。美国汽车公司却从中受益不浅。以通用为例,1983年盈利37

亿美元，1984年盈利47亿美元。

此外需要提及的是，在1987年前，自愿限制对日本的汽车出口一直是有约束力的。但日本人也自有对策。此后，日本公司开始在美国境内生产汽车，美国从日本的进口自然下降，实际进口逐渐低于限制总额。到1994年3月，美国对日本汽车的自愿出口限制就取消了。

而这一次，"召回门"事件就是发生在日本在美国境内生产的汽车上。

30年前，底特律汽车工人用大棒砸向来自海外的日本汽车，引发一场声势浩大的汽车产业战；30年后，大棒再次砸到了日本汽车头上。30年斗转星移，如今挨砸的车是日裔美籍，美国政府则从幕后走向前台，直接成为抢棒的主角。

对比30年前后的两幕，可以发现一些有趣的相同之处：同样是大背景下的美国汽车衰败，同样是美国媒体率先发起冲锋号角，只不过是将夸张对比美日两国汽车景象，换成了对事故细节的高度关注，以充分调动公众情绪。

老布什的"前世"

回顾历史我们会发现，日美汽车史就是一场产业战争史，每一次日本汽车产业触动美国核心利益时，美国都会"有规律地"发起舆论攻击战、贸易保护战或产业战争，屡试不爽。尤其在本国经济发生危机时，总统更会身先士卒，冲在产业战争的最前沿。

1987年10月19日美股"黑色星期一"严重地打击了美国人的信心，这次股灾对美国经济造成了较大影响，至1989年四季度美国整个国民生产总值的增长率几乎下降为零。里根政府留给1989年上台的布什的是沉重负担——高赤字和高国债。1990年10月1991年3月，美国陷入二战后第八次经济危机。

1992年1月，美国总统老布什的专机降落在了日本成田机场，底特律三大汽车老板随行。彼时美国经济低迷依旧，汽车制造业更创1982年以来的新低，失业率居高不下。布什此行扮演着"美国企业领袖"的角色，肩负两项任务：第一是催促日本开放市场，进口更多的美国产品。

产业就是脊梁

第二项任务是鼓励日本企业在美国能够做一个"好公民",尤其是日本汽车制造商。

时间回到2009年,细数小布什留给奥巴马的是什么?是伊拉克战争超过3万亿美元的开销,是全球反恐超过1万亿美元的开支,是次贷危机2万亿美元的黑洞,是美国国债以及汽车业的烂摊子。

奥巴马的"今生"

历史就是这么耦合,2009年1月20日,就在这个奥巴马"登基"的日子,丰田第一次登上了全球销量第一的汽车业宝座。

此时美国的汽车业是个什么状况?2009年6月1日,百年老店通用汽车宣告申请破产保护。根据美国《破产法》第一1章,公司把优质资产重组到新通用公司之下。而在新通用公司中,美国财政部占有72.5%股份,美国汽车工人联合会股份占17.5%。新通用成了不折不扣的"国企"。

"美国汽车决不做老二。"这是在美国汽车工会强力支持下坐上总统宝座的奥巴马参选时的承诺。

如何发展美国汽车业?奥巴马原计划实施新能源战略,在汽车领域主攻节能车,并将此作为振兴汽车产业的战略步骤。在通用破产的当日,美国总统奥巴马就在白宫明确表示:"生产环保型汽车才是通用汽车的未来。"

奥巴马为解决美国居高不下的失业率问题,屡屡将制裁大棒砸向丰田、大众等外资品牌,仅"召回门"事件就致使丰田当年的财年损失达1700亿至1800亿日元之多

然而,在美国低油耗新车购车补贴政策中,受益最多的是销量居冠的丰田汽车,尤其是丰田旗下近30万保有量的节能型油电混合动力车普锐斯。此外,在这个补贴政策中,前10位车型中日本车占据7席。

此时美国的中间阶层高度关注自己支持的奥巴马政

权如何解除美国汽车制造商的经营危机,并以此作为衡量奥巴马新政权的政策执行力和经济领导力的重要试金石。同时,他们也祈望通过新政权针对通用和克莱斯勒的拯救,由社会来检查其政权运作能力、对经济界和劳动界的领导能力。

2010年3月17日,著名调查公司盖洛普的每日跟踪调查结果显示,47%的美国人不认可奥巴马的执政表现,46%的人表示认可。这是2009年1月奥巴马上任以来,反对者比例首次超过支持者。奥巴马就职伊始其支持率曾高达68%,随后一路下滑。盖洛普的另一项民调显示,奥巴马在环保、能源和实现国家繁荣等三大政策问题上并未交出满意答卷。其中,民众对奥巴马能源政策的预期值与现实情况之间的落差最为明显。

这怨不得奥巴马,他手中能出的牌其实所剩无几,在汽车领域,对早已落地本土的日本汽车企业来说,以往各种贸易保护措施已失去更大意义,而本土公司开发能力的提升又需时日。

正是在这样的背景下,"汽车召回"以出人意料的震撼力,被甩上台面。

根据美国州立农业保险公司的发言人菲尔·苏普莱发给新闻媒体的电子邮件中表述,早在2004年2月,该公司就已经向美国公路交通安全监管部门提交了报告,说明丰田汽车在行驶中会突然加速并导致事故,但在当时并未引起任何部门的关注。

全球主要汽车生产商召回记录统计显示,几乎每家汽车公司每年都会召回大量汽车,有的汽车公司甚至以召回"作秀",以此做出有责任感的表示。2004年,美国通用汽车以一年召回2500万辆汽车创造了"召回"世界纪录,但也没见其总裁有过任何正式表示,更遑论鞠躬道歉。

但这一次,丰田却"史无前例"地一脚踏入了"召回"深渊。"社长到处跑着道歉"是事件爆发后的一个月中丰田章男给人们留下的最深刻印象,而"丰田召回门"风波伴随着他的奔波依旧愈演愈烈。

"丰田的形象恶化了很多,因为(召回)已经损害了公司的品质声誉,而这本是公司的力量之源。"三井住友银行研究中心汽车分析师 Shigeru Matsumura 表示。

谁能从困境中突围？

事态下一步将会如何进展？

在日美较量史上，曾上演极端一幕：

1996年，日本大和银行纽约分行因雇员从事非法证券交易而导致1100亿日元的巨额亏损，酿成臭名昭著的"大和事件"。

美国司法和金融当局立即做出强烈反应，采取了极为严厉的制裁措施。不仅逮捕了肇事者和大和银行纽约分行行长，而且还发布命令，限令大和银行在美国的17家分行及大和信托投资公司90天内停止一切经营活动，撤离美国，并规定大和银行3年内不得在美国重新开展金融业务。

丰田会重蹈大和银行覆辙吗？

这种可能性并不大。一方面虽然在鸠山上台后，日本屡屡有"亲美入亚"之举，但"脱美入亚"当是双方执政者都不愿意看到的结果。另一方面则在于丰田方面的应对，尽管舆论普遍认为此次丰田应对失当，致使陷入公关危机，但事实上，"功夫在诗外"的丰田早已为自己积累了沉甸甸的政治砝码。

公开报道显示，在过去5年里，丰田花费了大约2500万美元游说联邦政府，是外国汽车生产商中对政治游说投入最大的一家企业。仅在2009年，丰田就雇用了31名联邦级游说员，并在游说美国联邦政府一项支出上就花费540万美元。据《华盛顿邮报》报道，丰田还透过各州政党及政治行动委员会，每年额外向国会议员提供100万美元竞选经费。

此外，"召回门"愈演愈烈之时，丰田针对美国民众最为关注的"就业率"，在美国大批量招工并实行两班制，可谓正中要害，这也就难怪丰田章男到美国国会道歉之时，国会外有丰田公司的200多名美国员工举行支持丰田的游行活动，并高喊"我们是丰田家族的成员！"

到2010年，已有包括肯塔基、印第安纳、密西西比及亚拉巴马等7个州在内的州长公开表态，要求以公平的态度对待丰田召回事件，并斥责听证会"发展成一个由政治家驱动的奇怪场所"。美国密西西比州州长黑利·巴伯在2月24日向《华盛顿邮报》投稿，要求美国国会必须拒绝为美国汽车企业攻击丰田汽车。

综观日美历史上屡次产业摩擦,似乎多以美国强硬出击、日本韬光养晦而取得暂时平衡。但在其后漫长的岁月中,日本产业的韧性慢慢崭露。美国当局能否通过"召回门"事件,扭转奥巴马日渐下滑的民调支持?丰田能否在这次事件中展示其强大的韧性?

原文发表于《环球财经》2010年4月,作者:白益民

第四节
丰田的"和解"谋略

重心或向北美市场转移

从2009年起就闹得沸沸扬扬的丰田在美"刹车门"事件,终于在2012年岁末盖棺定论。尽管丰田汽车公司被美国交通部调查证明无罪,但丰田还是选择了支付11亿美元的和解赔偿金来息事宁人。

这一看似并不合理的赔偿背后有着怎样的隐情?丰田北美的决策对中国市场又会产生怎样的影响?丰田中国口头承诺对中国丰田用户做出适当回报措施是否只是敷衍?

针对丰田北美有关"刹车门"事件的和解赔偿事宜,丰田中国公关部发言人向记者做出了这样的解释:

丰田"刹车门"后,丰田公司总裁丰田章男在发布会上鞠躬道歉,被迫承认丰田汽车在安全性能上存在一定的问题

"通过确凿的科学验证和多家第三方机构的调查,证实了丰田电子节气阀控制系统的安全性不存在任何质量问题。如果丰田将诉讼进行到底,

丰田相信自己会赢，但是需要花费的时间成本以及投入的精力会是巨大的，所以权衡利弊之后，丰田很艰难地做出了和解的决定。我们认为对于公司、员工、经销店以及顾客来讲，能够与历史遗留的法律问题做个了结，是具有积极意义的。"

丰田北美的有关人士也表示："通过和解，丰田可以将更多的时间和经营资源投入回报顾客的期待中，制造更好的汽车产品，这是向前迈出的很大一步。本次和解也表明，丰田秉承顾客第一的理念、一如既往对自己产品负责的态度。"

然而在记者看来，这样的解释未免有些牵强，不能令人信服。既然丰田已证实自身的清白，11亿美元的和解赔偿金付得岂不是有些冤？

对此，白益民一针见血地道出了自己的分析："刹车门"其实就是美国政府刻意制造的一起冤案，是典型的政治干预市场事件。而丰田公司最终选择和解，是周瑜打黄盖，一个愿打、一个愿挨的结果，意味着丰田汽车或将下一步工作重心转移至北美市场。

"刹车门"的缘起要追溯到2008年。当时美国正遭遇金融危机，美国汽车业更是险遭灭顶之灾。此时，丰田的全球销量利润却达到了新高，不仅在产量上赶上了通用，而且还凭借2008年150亿美元的利润坐到了全球汽车业老大的位置。而当年的通用和福特亏损额分别达到了168亿美元和146亿美元。

2009年，通用和福特更是险些面临倒闭，幸好有美国政府这个"救世主"才得以存活。于是，丰田在美的竞争对手一下子从通用和福特汽车公司变成了强大的美国政府。可想而知，与美国政府的对立关系的建立，使丰田汽车成为美国政府的"眼中钉"。于是丰田汽车做出了将事业重心向中国市场转移的决定。在这样的背景之下，美国政府随即出面制造了一系列"刹车门"事件，引起了美国社会和舆论的强烈反响，并导致丰田汽车在美销量受到沉重打击。

其实从召回的数量上来看，过去的十几年间，通用和福特在全球的召回数量远超丰田。只是在美国的汽车产业被日本打垮的大背景下，"刹车门"事件被美国舆论过分夸大和渲染了，后经证实当时的某些事故视频是

第四章
丰田成为美国的心头大患

刻意伪造的。根据最新调查,"刹车门"涉及的车祸是由驾驶员操作不当造成。但这时的丰田是哑巴吃黄连——有苦说不出,因担心遭到美国变本加厉的抵制而采取了隐忍的态度。

此外,中日两国因为"钓鱼岛事件"心生嫌隙,丰田汽车2012年四季度在华销量受重创,这也促使丰田下决心做出将战略重心向北美市场转移的决定。11亿美元和解赔偿金丰田看似付得有些冤,但实际上却是丰田在变相地向美国政府交保护费,也是丰田公司重新攻占北美市场的一块敲门砖。

综上所述,一方面,中国市场的失利使北美市场对丰田的重要性被放大了;另一方面,美国消费者的情绪已被调动起来,亟需一种妥善的解决方案来平复。在这两方面因素的作用下,丰田对美国强势政治姿态做出的妥协,其实是一种以退为进的公关策略,同时丰田汽车公司还博得对产品、用户负责任的好名声。如此一来,在美国严苛的消费者保护体系下,和解对丰田来说,无疑是上上策。

在华扩张方式将更加隐蔽

"钓鱼岛事件"使得日本汽车企业在中国市场吃到了苦头,也使日本汽车企业对北美市场的重视程度提上了新的高度。虽然丰田声称不会放弃中国市场,但从其全球市场战略上来看,2013年后丰田会考虑减少对中国市场的依赖,而更多地依赖美国市场。

尽管丰田中国公关部发言人强调,刹车门中涉及的脚垫是北美地区专供,与欧洲、日本、中国、韩国等国家和地区的产品无关,但是为了避免引起中国丰田车主在心理上产生受到区别对待和歧视的感觉,丰田将采取适当的措施来回报中国用户。丰田中国公关部发言人表示,之所以做出这样的决定,是为了表达对在非常时期支持丰田的540万中国用户的感谢。而对于回报措施的具体内容,丰田中国将和一汽丰田和广汽丰田协商。

丰田此次的"主动示好"是继"丰田中国"更名为"中国丰田"以及意欲推出合资自主品牌这两项救市举措之后采取的又一项公关政策,所有这些措施都表明丰田中国意在降低因"钓鱼岛事件"在中国市场的损

产业就是脊梁

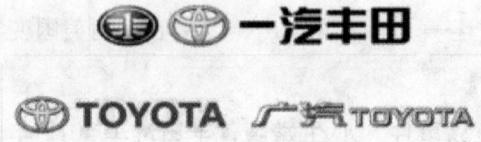

从合资的一汽丰田、广汽丰田,到"丰田中国"更名为"中国丰田",丰田在华的布局战略愈发的低调及本地化起来

失,但谈不上要下大力气,真正对中国市场战略进行调整,其在中国市场的扩张节奏反而会放慢。

至于丰田中国改名中国丰田,只不过是玩文字游戏,口号大于实际意义。我认为,为规避中日民族情绪再度恶化可能导致的风险,丰田很可能将其他一些在华合资公司陆续改名。像2012年,丰田与某中国企业进行了合资,公司名称原来是丰田某某公司,现在丰田主动提出企业名称直接以中方合资方的名字命名,对"丰田"二字只字未提。

所有人都知道丰田与一汽、广汽进行合资合作,但很少有人认识到,丰田在华布局已经渗透到汽车产业链的各个环节。丰田汽车背后的丰田通商(丰田财团的综合商社)像一只藏在幕后的黑手,绕开了中国人的民族情绪,暗中牟利,这才是其可怕之处。然而这并不仅是某一家日本企业的做法,除了丰田通商,很多日本企业都同样的"潜伏"在中国市场甚至是美国和欧洲市场攫取利润。

丰田的合资自主战略,其实是丰田和在华合资方你情我愿的结果,一方面一汽和广汽为应对中日关系的变化需要进行产品战略调整;另一方面日本人也想借合资自主品牌隐藏自己。

那么这种市场营销策略所能带来的效果会达到这两家合资企业的预期吗?中国消费者会买合资自主品牌的账吗?笔者认为,普通大众肯定不会对中日车企之间的利益关系了解得这么透彻,消费者还是会更多地从性价比方面进行选择。但事实上,不管是技术、零部件、物流还是销售服务等众多环节,都是丰田在背后掌控着。另外,一汽丰田、广汽丰田这两家企业的业绩好坏对丰田来说只是小问题,丰田通商可以通过很多途径在汽车产业链中赚取利润。

第四章
丰田成为美国的心头大患

销量稳步回升 乃未来主流趋势

据丰田中国最新快报显示，2012年12月，丰田汽车公司在华销量为9.1万辆，对比2011年12月的108000辆的销量，同比下跌15.9%。2012年度丰田汽车在中国大陆地区市场销量达到84万辆，同比下降4.9%。至此，丰田汽车公司2012年在华年销量100万辆的宏伟蓝图彻底落空。为此，丰田中国低调地下调了2013年度的目标销量，丰田中国公关部发言人称，2013年度丰田汽车公司将与合作伙伴一起努力，计划在中国市场的销量达到史上最高的90万辆以上。

从2011年9—12月销量看，随着钓鱼岛事件影响的淡化，以及日系车企一系列自救措施的实施，总体上日系车的销量同比跌幅呈收窄趋势。2012年9月丰田在华销量同比跌幅为48.9%，达到4.41万辆；10月在华销量为4.56万辆，同比下降44.1%；11月在中国市场销量为6.38万辆，同比下跌22.1%；12月跌幅进一步缩小，下跌了15.9%。

在中国，爱国情绪很有可能是一时的，当消费者回归理性消费时首先考虑的会是性价比的问题。况且某些地方政府会因为税收、就业等因素，不希望和日资企业的关系闹僵。在这种大环境下，丰田的销量回归也在情理之中，也会是今后的主流趋势。

原文发表于《中国汽车报》2012年1月，作者：杨学敏

丰田交给美国政府的"保护费"

当了鸠山的"替罪羊"

2009年底，当刚刚上任日本首相的鸠山由纪夫在亚太地区积极打造"东亚共同体"时，日本的汽车巨子丰田却在北美地区遭遇了滑铁卢。10

产业就是脊梁

丰田召回风波后不久，2010年4月12日，日本首相鸠山由纪夫前往华盛顿会见了美国总统奥巴马

月5日，丰田因踏板问题召回380万辆汽车，次年1月21日，丰田再次召回230万辆踏板问题车辆，1月27日，在美国国家公路交通安全局的敦促下，丰田第三次增加召回车辆110万辆。

2010年2月11日，自丰田大规模召回风波以来，美国总统奥巴马首次公开对丰田公司施压。奥巴马称，一旦涉及公众安全问题，只要确认有问题，任何一家汽车制造商均有义务迅速、果断采取行动。

面对美国方面的强烈指责，在2010年2月23日举行的关于电子油门测试的发布会上，丰田美国新闻发言人表示，"许多证据显示，不明原因的加速更多的是由机械原因引起的"，暗示将问题归咎于电子系统可能是个错误。在丰田提供给美国国会能源和商业委员会的文件中也显示，"丰田一贯否认电子缺陷是造成突然加速事故的原因"。

在当月24日关于丰田召回的国会听证会上，国会议员要求美国公路安全管理局调查丰田汽车的意外加速问题是否与电子或软件缺陷有关。在国会的要求下，美国公路安全管理局同时开始了两项调查：一是委托美国航空航天局（NASA）和美国科学院（NAS）评估可能导致丰田汽车意外加速的电子方面的原因；二是广泛调查整个汽车产业可能出现的意外加速问题。

2010年4月5日，美国国家公路交通安全局要求对丰田汽车进行最高1637.5万美元的民事罚款，因为丰田违反美国法律规定，在发现此缺陷4个月后才向安全局报告。美国法律规定，汽车制造商必须在5个工作日内向美国国家公路交通安全局汇报其安全缺陷。丰田于4月19日支付全部罚款。

2010年12月20日，因为美国国家公路交通安全局认为丰田未能及时召回 550 万辆相关汽车。丰田再次同意支付一笔 1637.5 万美元的民事罚款，然而，在被处以 3 起总共 4880 万美元的罚款之后，2011 年 2 月，美国高速公路安全管理局（NHTSA）就丰田汽车突然加速问题发布报告，认为丰田汽车电控油门没有安全缺陷。美国交通部并由此得出结论："车辆出现突然加速问题的原因完全不在丰田车辆的电控系统身上。"

2011 年 5 月 20 日，美国高速公路安全管理局宣布丰田卡罗拉的转向系统没有问题，再一次还丰田"清白"。2010 年 2 月，美国高速公路安全管理局开始就丰田卡罗拉的转向系统展开调查，因为很多投诉者认为卡罗拉自己会"跑偏"。

通过对丰田的恶意打压，美国不仅警告了"脱美入亚"的鸠山政权，而且意在拯救当时深陷泥潭的美国三大汽车公司通用汽车、克莱斯勒和福特，并最终帮助福特渡过难关。丰田在 2010 年踏板门事件爆发后，遭遇美国各地方执法部门穷追猛打以及一连串诉讼，丰田品牌形象由此遭到重创。

11 亿美元的保护费

美国当地时间 2012 年 12 月 26 日，日本丰田汽车公司（丰田）终于以 11 亿美元的赔偿结束了困扰它三年多的因"突然加速"问题而引发的一场官司。同一天，被认为亲美倾向明显的安倍晋三带领日本自民党从民主党手中夺回了失去四年的执政权力。

丰田汽车的这场官司始于"脱美入亚"的鸠山政权，止于亲美的安倍政权，恰恰映射了这三年来日美关系的演变。而这场官司的终点，也将成为丰田财团在美国新战略的起点。

早在 2008 年美国遭遇金融危机时，美国汽车业就险遭灭顶之灾，而当时丰田的全球销量利润却达到了新高，不仅在产量上赶上了通用，而且更是凭借 2008 年 150 亿美元的利润坐到了全球汽车业老大的位置，而当年的通用和福特亏损额分别达到了 168 亿美元和 146 亿美元。2009 年，通用和福特更是险些面临倒闭，幸好有美国政府这个"救世主"才得以存活。于是，丰田在美的竞争对手一下子从通用和福特汽车公司变成了强大的美国政府。

自2010年开始,从美国的踏板事件到2012年中国的抵制日货行为,丰田这几年可谓屋漏逢雨,然而就是在这种情况下,丰田却重新坐上了销量第一的宝座

自2010年开始,从美国的踏板事件到2012年中国的抵制日货行为,这几年的丰田可谓屋漏逢雨,然而就是在这种情况下,丰田却重新坐上了销量第一的宝座。

在2013年1月14日,2011年的全球汽车销量冠、亚军通用和大众相继公布了它们2012年的销量数据,分别为928.6万和907万。而在2011年仅居第四位的丰田,在2013年上半年稳妥预估销量为970万,已超过通用及大众集团2012年的汽车销量,稳坐第一。值得注意的是,丰田2012年在北美市场的销量为208.25万辆,同比增长26.6%。正是此前丰田遭遇滑铁卢的北美市场,成了丰田2012年业绩的重要支撑。

事实上,由于钓鱼岛问题对日系汽车的影响,以及美国市场对汽车需求的强劲增长,丰田的战略重心正在向美国转移。美国著名市场研究公司波尔卡预期美国2013年新车销量将进一步增长6.6%。丰田汽车美国销售分公司总裁也信心满满地预计2013年丰田在美国的销量将达到220万辆左右,创2008年以来的最高纪录。

所谓"兵马未到,粮草先行",对于丰田汽车来说,最重要的"粮草"莫过于汽车的配套零部件。丰田汽车旗下的重要汽车零部件供应商已经为此做好准备。

2013年1月中旬,电装公司宣布将在未来4年中斥资10亿美元拓展其在北美地区的业务,其中1.5亿美元的资金将被用于扩建其位于密歇根州的一座技术中心和一座生产厂,电装公司还将分别在田纳西州、北卡罗来纳州、爱荷华州及加利福尼亚州进行投资。

2011年11月,丰田纺织密西西比公司开始为丰田花冠(Corolla)生产座椅架以及门饰板,丰田花冠的成品座椅将由丰田纺织美国公司的合资企业汽车内饰系统公司SAI(Systems Automotive Interiors)生产,然后再由

SAI 向丰田密西西比制造公司供应座椅。

丰田自动织机公司则在 2012 年 1 月宣布投资 280 亿日元（约 3.63 亿美元）在美国设立新的子公司生产汽车空调用压缩机。此前一年丰田还考虑将出口至韩国的凯美瑞转移至美国生产，将美国打造成丰田汽车的大型出口基地。

11 亿美元的赔偿金对丰田来说虽然有点冤，但是对于正在大规模布局美国市场的丰田财团成员来说，这笔资金或许可以看作是丰田财团为了防止鸠山时代的悲剧重演而交给美国政府的保护费。不仅如此，丰田的 11 亿美元赔偿金也有助于建立其在美国消费者中的口碑，可谓一举两得。

丰田是安倍联美的敲门砖

不管出于什么原因，丰田在 2012 年 12 月 26 日选择以支付 11 亿美元的方式草草了结此案，证明了美国市场在丰田战略中的重要性。巧合的是，就在当天被视为亲美派的安倍晋三当选了日本首相，而且安倍的新内阁中也有多人被指亲美倾向明显。似乎财界与政界达成了一致观点，那就是，未来日本将从经济上和政治上与美国紧紧绑在一起。

在安倍的新内阁名单中，最令人瞩目的当属岸田文雄出任外相。现年 55 岁的岸田文雄毕业于早稻田大学法学部。在安倍上次担任首相期间，岸田出任冲绳和南千岛群岛对策担当相，熟悉美日军事基地事务。从岸田文雄的履历来看，他更擅长处理日美、日俄关系，而非中日关系。因此，安倍派他出任外相以加强美日同盟的意图昭然若揭。

2013 年 1 月 18 日，新官上任的岸田文雄旋即拜访美国，与美国国务卿希拉里·克林顿举行会谈，就钓鱼岛以及普天间基地迁移等问题进行了讨论。岸田文雄不仅在钓鱼岛问题上博得了美国的支持，还促成了日本首相安倍晋三梦寐以求的访美行动。1 月 19 日凌晨，美国宣布总统奥巴马正式邀请日本首相安倍晋三于 2 月 20 日访问美国。

鲜为人知的是，安倍晋三的政治动向早已经通过千丝万缕的人脉关系与日本财界紧紧地捆绑在了一起。而安倍晋三与丰田的关系，则要从小泉纯一郎时代说起。

产业就是脊梁
CHAN YE JIU SHI JI LIANG

安倍晋三崛起的时间段集中在小泉纯一郎担任日本首相期间，可以说正是小泉纯一郎的一手提拔使安倍晋三在日本政坛迅速爬升。早在2003年，小泉纯一郎就破格提拔安倍晋三为自民党干事长，把自民党的所有事务交给安倍晋三去打理，这一经历为安倍晋三在自民党内的地位打下了良好的政治基础。

安倍晋三得到小泉纯一郎的器重有多方面原因，其中也有小泉纯一郎对安倍家的感恩心理。小泉是安倍外祖父岸信介所在的自民党岸信介派系继承者，安倍晋太郎更是小泉初踏政坛时的政治恩师。正是安倍晋太郎在竹下登首相改组内阁时的大力推荐，小泉才能出任厚生大臣（日本主管健康福利的国务大臣）。

小泉时代的经济政策咨询会议中有两位来自经济界的民间委员：一位是牛尾电机株式会社社长牛尾治朗，此人是安倍晋三兄长安倍宽信的岳父；另一位是有着"财界首相"之称的日本经济团体联合会会长兼丰田汽车会长的奥田硕。小泉纯一郎的上台就是奥田硕出面支持的，而小泉下台后也是丰田出钱给小泉成立的研究所（日本国际公共政策研究所），而这个研究所就是为日本政府决策服务的。

2006年安倍晋三首次当选首相后，后来接替丰田汽车会长奥田硕出任日本经团联会长的御手洗富士夫，成为安倍经济政策咨询会议的民间委员。御手洗是佳能公司社长，曾在美国佳能公司工作过23年，对美国可谓了如指掌，而御手洗也被寄予了加强日美关系的厚望。

2015年1月25日，日本首相安倍晋三为丰田新能源汽车"代言"，图为安倍从丰田社长手中接过首辆量产的氢动力汽车Mirai的钥匙

丰田也像支持小泉那样支持安倍晋三，丰田汽车的会长张富士夫更是安倍晋三的好友。在2013年1月11日日本召开的内阁会议上，安倍政府通过了一系列紧急经济政策，丰田汽车社长丰田章男对此给予了高度评价并表示

"热烈欢迎"。

丰田章男认为安倍政权为日本经济振兴提出了具体、成型、高效的政策，体现了强韧的意志。丰田章男对此政策还表示出了相当高的期待，"通过实行经济对策可以唤回日本企业的活力，是重振经济的转换器"，表现其对有速度和实效的经济政策推进的追求。

丰田汽车选择在安倍晋三上台的时机与美国达成和解，不仅为其在安倍时代征战美国市场打了一剂预防针，也为安倍积极构筑日美同盟关系起到了推进作用。

原文发表于《汽车经济网》2013年3月，作者：白益民

第五章　日本悄悄进村，美国抛来空瓶

丰田，这个 1964 年就向中国出口汽车的企业，其触手早已伸进包括零部件、销售、钢铁、保险、物流等在内的中国汽车产业链上下游的各个环节，而完成这个布局的便是一直隐身其后的丰田通商（综合商社），后者总是刻意保持低调，为丰田整个财团不断攫取着利润。

与之相反，类似中国吉利收购瑞典汽车巨头沃尔沃这样的壮举，却在中国一个接一个地高调发生着。然而在收购背后却浮现出洛希尔、高盛等知名欧美投行的名字，我们一次又一次地成为高盛等外国投行们牟取利益的牺牲品，中国企业对股权的控制并未换来对产业的控制。

日本财团很少采用美国投行式的收购，往往由海外综合商社的分支机构一马当先，充当探路；然后逐步通过自己的布局，通过产业之间的协调配合，通过财团、综合商社、关联企业控制渠道，带动产业链上各个环节的公司进入市场，逐步蚕食目标国的市场。

作者题注：

对比美国资本对股权的追逐，日本财团更关注对全套产业链的控制。而中国企业需警醒的是，对控制股权的盲目执着，并不能带给我们在该产业的实际主导权。中国制造业的出路在于产业（陆）、商业（海）、金融（空）高效整合于一体的财团模式。

本章提要

中国品牌产品的核心零部件如果不是自己的，可以被称为"Made in China"（在中国制造），却是"Made by Japan"（由日本创造）。人们应当醒悟，并不是日本依赖中国的市场，而是中国甚至欧美都在依赖日本的技术，特别是高端技术。

中国组装工厂的业绩下滑对丰田财团的盈利只是个小问题，丰田的商业能力实际集中体现在丰田通商（丰田财团的综合商社）身上，后者总是刻意保持低调，尽量隐蔽起来，在背后支持丰田汽车。

要想把丰田通商（丰田财团的综合商社）在中国投资或参股企业的名称浏览一遍，至少花掉10分钟。确切的统计数据显示，仅截至2007年3月，其参股公司就多达158家。丰田通商投资的零部件企业已经遍布华北、华中。

各种相关的中国企业可以合资成立类似丰田通商的公司，通过资本运营的方式打通合作，像国资委所提的混合所有制一样，从资产管理向资本运营发展转变，实际上就是做综合商社，将汽车物流权、供应链夺回来。

实际上在美国，高盛早就臭名昭著，它甚至是"贪婪"、"欺诈"、"我活不顾你死"的代名词。然而在中国，高盛等外国著名投行一直被"神化"着，成为被崇拜和被拉拢的对象。

高盛一直在中国被视为投资界的风向标，通过信息的披露，制造概念，遥控市场，所以高盛既掌握市场话语权又通过旗下PE基金掌握股票，将盈利完全把握在自己的手中。

第一节
"影子丰田"隐秘布局吞噬巨额利润

丰田通商上演"盗利空间"

2010年10月底,天津一位丰田专营店投资人向记者表达了他的不安:"3月以来,店里的销售便一蹶不振,很难想象什么时候能恢复元气。"

2010年9月,丰田消失在中国汽车工业协会发布的轿车、SUV以及MPV等所有畅销车型排行榜上,就连一度热销的RAV4也被后来居上的大众途观和现代ix35打败。

不过,看起来被利润下滑困扰的只有丰田在华的合资公司和经销店投资人们,对于连续4年取得超过百亿美元利润的丰田财团而言,远未伤筋动骨,它正打算从一场隐秘的产业利润争夺战役中收获战果。

丰田通商业务领域		事业公司数量		
		日本	中国	其他
八大业务领域	金属领域	17	10	16
	国际生产零部件·物流	2	5	4
	汽车领域	1	11	40
	机械·能源·成套设备	8	4	21
	化学品·电子领域	14	7	14
	食品材料	12	2	1
	生活产业·材料	16	3	4
	企业管理领域	5	1	3

数据来源:丰田通商官方网站

2010年10月1日,中国工商总局相关人士向时代周报记者透露,一家名为"丰田通商中国商贸公司"的企业将升级为"丰田通商(中国)有限公司"。这就是每每与丰田汽车投资建厂如影随形,23年里在中国投资组建了超过150家公司,业务遍及零部件、销售、钢铁、保险、物流等汽车产业上下游所有领域的丰田通商。

产业就是脊梁

我称其为"影子丰田"。人们通常只看到丰田汽车的销量不佳，但丰田在华布局已经渗透到产业链的各个环节。中国组装工厂的业绩下滑对丰田财团的盈利只是个小问题，丰田的商业能力实际集中体现在丰田通商（丰田财团的综合商社）身上，后者总是刻意保持低调，尽量隐蔽起来，在背后支持丰田汽车。

当记者试图向丰田通商北京代表处求证上述消息时，该公司以保护商业机密为由拒绝接受采访。

丰田的纽带

在全球最大汽车制造商的身份背后，丰田财团旗下十几家一级企业无一不是知名公司，进入世界500强排名的就达5家之多，它们分别是丰田汽车、丰田自动织机、丰田通商、爱信精机和日本电装，而丰田通商是连接所有关联公司的纽带。毫不夸张地说，没有丰田通商的全力扶助，就不会有今日的丰田汽车。当然，在丰田通商，丰田汽车和丰田自动织机拥有合计32.7%的控制表决权。

1989年2月，丰田通商首次在华参股组建汽车零部件企业，其与灯具厂商"小系制作所"合资成立了"上海小系车灯有限公司"，专门生产汽车灯具。这家公司日后发展成为中国本土最大的汽车灯具制造商，其市场份额至今仍超过40%。

作为丰田汽车销售的中国总代理，1993年6月设立的"丰田汽车中国有限公司"，丰田通商出资比例达到25%。天津丰田钢材加工有限公司、天津电装汽车电机有限公司、天津丰田物流有限公司、佛山东海理化汽车部件有限公司、丰田电装空调压缩机（昆山）有限公司……都记录着丰田通商在华扩张轨迹。

要想把丰田通商（丰田财团的综合商社）在中国投资或参股企业的名称浏览一遍，至少要花10分钟。确切的统计数据显示，截至2007年3月，丰田通商在华参股公司多达158家。在丰田汽车实现本地投产之前，丰田通商投资的零部件企业已经遍布华北、华中。以后来成立的广州事务所为例，其业务范围涉及丰田汽车的散装、代工零件、普利司通轮胎、日野汽车、大发汽车、石化产品、纺织机械、丰田叉车等。

除了赚取巨额零部件利润，丰田通商还在全球范围为丰田汽车抢占战略资源。2009年9月，中信国安发布公告称，已与日本丰田通商株式会社签署合作意向书，双方将就合资生产和销售电池级碳酸锂进行合作。"这将使丰田获得可靠优质的锂资源，在未来混合动力或电动汽车的竞争中占据优势。"汽车行业分析师钟师说。

当中国决定减少稀土出口之后，丰田通商开始在越南和印度投资开采这种生产普锐斯不可或缺的稀有金属。

利润转移

一家汽车公司的现金储备超过本国中央银行，这使日本一度流传着"丰田汽车公司是日本中央银行"的说法，原因是丰田拥有的现金数额比日本国内大型银行保有的现金数额还大，达到近3万亿日元（约合372亿美元）的现金。

就像一支庞大的舰队，丰田与丰田通商、爱信精机等核心的关联企业在数十年来相互持股、相互依存、滚动壮大。这种日本企业沿袭多年的利益共同体模式使丰田通商帮助前者转

以综合商社丰田通商为先锋及纽带，丰田汽车为核心及主体，在丰田金融服务的支持下，丰田财团如一只钢铁舰队般，不断进行着海外扩张

移了巨大盈利。而丰田成立丰田通商（中国）有限公司这一投资主体向中国转移的举动，将使其更容易协调在中国战场上的丰田集团，有利于进行全产业链的控制，甚至实现丰田汽车在华利润的转移。

丰田通商2014年第二季度财报印证了上述分析。2010年4月1日—9月30日，该公司销售收入达到2733.244亿日元，约合227亿元人民币。

"公司将致力于提高管理效率,并扩大中国等新兴市场的经销店建设。"丰田通商方面表示。

一辆丰田牌中级轿车在华的售价往往比北美高出1/3,这部分并未被生产汽车的合资公司获取的利润哪去了?

在广汽丰田的培训室里,有无数打火机大小的塑料零件模型,用来培训员工理解及时生产方式(Just In Time),杜绝浪费。"我们为每个这样的模型支付超过50元人民币。"该合资公司职员告诉记者。监管34家丰田技术培训中心及丰田特约维修服务中心运作,正是丰田通商的重点工作之一。

但与丰田通商从零部件、物流、提供生产线设备等环节获取的巨额利润相比,这只是蝇头小利,每辆丰田汽车的车座、轴承、变速器、踏板、内饰甚至雨刷,都为丰田带来收益。继续再投资也是丰田用以回避纳税的通常做法。

笔者认为,成本控制的主动权完全掌握在丰田的手里,这种模式实际上不利于中国汽车产业的发展。

丰田汽车的幕后推手

受中日关系紧张影响,丰田汽车在华销量大幅下降。数据显示,丰田汽车(包括合资公司)2012年9月份的销量是4.41万辆,同比下降49%。按照这种态势,2014年,丰田在华销售100万辆汽车的目标很难实现,短期内,丰田在华的发展前景也十分黯淡。

丰田汽车的业务是日本丰田财团在中国的一部分,丰田财团在中国的收益不单纯依靠丰田汽车。在丰田财团旗下有一个"影子"公司——丰田通商株式会社(以下简称丰田通商),一直在华发展并且在幕后支持丰田汽车,其业务已经布局到我国汽车产业链的多个环节。这家公司必须引起我们的重视。

从表面看,相对于全球其他几家知名汽车企业,丰田汽车进入中国较晚。但实际上,丰田通商(丰田财团的综合商社)作为丰田财团的先行者,很早就开始在中国投资,为丰田汽车"培育"市场。

第五章
日本悄悄进村,美国抛来空瓶

丰田的经营之道与其他汽车企业有所不同,"以夺取商权为根本目标"是丰田汽车最大的特点。同时,丰田通商如影随形,为丰田汽车提供生产、金融、零部件、物流、销售及其他相关环节的服务,为其在中国乃至全球汽车市场上的表现提供强大的支持。

更可怕的是,人们通常更关注丰田汽车在中国的市场业绩,很少有人认识到,丰田在华布局已经渗透到产业链的各个环节。一汽丰田、广汽丰田这两家企业的业绩好坏对丰田来说只是小问题,丰田的商业能力集中体现在丰田通商上,它可以通过很多途径在汽车产业链中赚取利润。如果从汽车产业链上划分,丰田通商的主要业务集中在产业的上游和下游。

上游靠投资和零部件配套

丰田通商作为一家综合商社,非常重视在我国汽车产业上游的开发与投资,从中获取高额收益。**在丰田汽车进入中国前,丰田通商就开始在汽车上游产业进行投资,包括资源、新技术、新材料等,这些投资很有前瞻性。由于很多投资项目无法替代甚至形成垄断,其中的利润必定丰厚。**

除了在产业链上游投资,丰田通商还参与丰田集团的零部件配套体系,从中获利。现在,丰田已经在中国建立了整套零部件配套体系,并与很多中国企业捆绑起来,可以从中获取稳定收益。虽然丰田汽车的销量在下滑,但是短期来讲,丰田这套供应链会比较稳定。

《丰田供应链管理——透视丰田产业链制胜的秘密武器》,该书揭示了丰田供应链背后的运营及其逻辑,作者:艾弗(美),高懿,李可雪,高婕

下游靠物流和投资经销商

2012年10月8日刊登在《中国汽车报》上题为"整车厂对经销商盘剥有些疯狂"的文章中,有经销商老总反映一汽丰田4S店里的配件、赠品都由丰田通商配送。以此为线索,记者多方面调查,发现

丰田通商在产业链下游也有布局。诚如这个经销商老总提到的,丰田通商控制着丰田的物流体系。而丰田通商在汽车产业链下游还有一项重要业务,就是投资经销商,控制流通领域。

目前,丰田通商已经在北京、哈尔滨、沈阳、乌鲁木齐、西安、郑州、广州、江门、汕头、温州等城市参股建店,店名均是华通丰田。

流传的丰田阴谋论,判断丰田通商会在市场不好的情况下,收购经销商,控制丰田的流通领域。我认为,丰田不会采用这种做法,丰田一直强调共生体制,单纯收购对丰田来说是一种负担,所以一般不会以资本方式吞并这些经销商。如果市场不好,丰田通商可能的做法是继续参股一些对丰田汽车忠实的经销商,帮助这些经销商活下去,让这些经销商对其产生依赖,最后把利润榨干。

目前中日关系紧张,丰田可能暂停一段时间生产和投资,但依然有很多途径在我国汽车产业中获得收益,特别是丰田通商这家"影子"公司,总是隐藏在背后,不容易被发现。对此,我们必须清醒地认识到,无论是丰田通商对经销商的控制,还是对汽车上下游各环节的渗透,都是在制约我国汽车产业的发展。

隐藏的垄断行为

席卷中国汽车市场的反垄断调查,已经从整车企业蔓延至零部件领域。此前,国家发改委已经完成对12家日本企业实施汽车零部件和轴承价格垄断案的调查工作,并将依法进行处罚。

数据显示,中国对日系汽车零部件依存度很高,2013年中国汽车零部件从日本进口额为95.8亿美元,占进口总额27%。其中核心零部件——变速箱及离合器进口占比均达到45%,制动器进口占比达33%。

日系企业如何控制汽车产业链?对于中国汽车产业发展,此次反垄断调查意味着什么?为什么这次反垄断很受关注?此前,国内反垄断基本将矛头对准国企——中石油、中石化……现在反垄断的矛头对准外资企业了。事实上,很多外资企业在产业上的控制力很强,而我们所谓的垄断国企,并没有真正掌握产业链。

第五章 日本悄悄进村，美国抛来空瓶

同样是垄断，目前的商业竞争环境下的垄断与过去的垄断截然不同。以前的垄断在明处，比如一个汽车品牌是否存在垄断行为，查看它的市场占有率就可以了。但现在，真正的垄断已经隐藏、渗透到零部件领域。

现在，中国汽车企业所用的发动机、变速箱等基本上是从日本进口，尤其在高端车上，70%~80%零部件都采购别人的产品，连组装汽车的生产线都是买的，你只剩下拧螺丝的份。

即便是合作，对方也会对技术有所控制。尽管在一些零部件上，中国企业能够做出模子，但因原材料和工艺的差距而相去甚远。

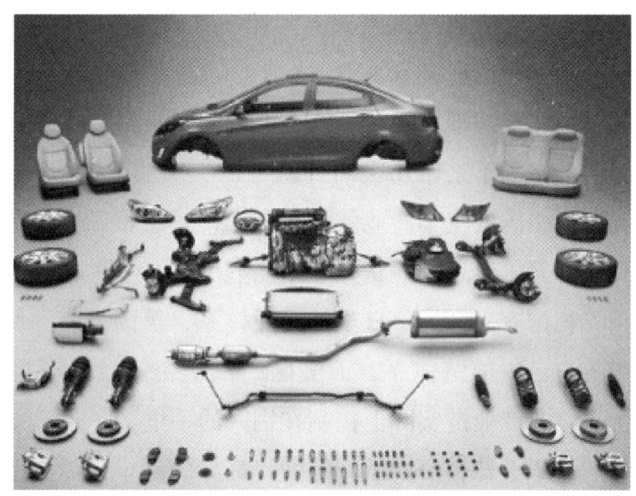

我国汽车零部件27%从日本进口，2011年美国的一家机构曾预测，当时日本大地震导致的零部件短缺将使全球汽车行业减产约30%

日系企业在汽车零部件领域的垄断实际上是体制问题。 日本的企业是财团体制，产业、商业、金融相结合。财团里面的综合商社是财团的核心，是产业组织者。它以贸易为主体，以金融为支撑，集信息、仓储、运输、组织与协调等综合功能于一体，即做供应链布局。

零部件领域的垄断，某种程度上也是供应链的垄断。事实上，丰田通商控制了丰田集团的供应链、物流这些环节。在中国，丰田通商有超过200家控股或持股的企业。丰田汽车和丰田通商都是丰田集团的企业，一个做汽车组装，一个做汽车零部件供给，掌控供应链、物流配送体系。

除了丰田通商，丰田持有主要股份或控股的爱信精机、电装、新日铁等企业为其服务。丰田、本田、日产等日系车企都有自己的零部件供应体系，并为零部件厂商制定长期的培养计划，以此降低成本、提高技术和质量。

中国汽车企业应形成自己的"垄断"

目前,没有一家中国汽车企业能够建立这样一套完整的产业体系。因此,中国的汽车企业必须借助他人的零部件体系,才能完成汽车生产,这必然受制于人,没有定价权。

事实上,中国汽车产业中的垄断不是中国企业的问题,也不是政府的问题,而是产业模式出现了问题。要改变现状,需要重新进行顶层设计。实际上,中国在进入 WTO 之前就应该把产业体系搭建好,而不是在市场放开后,被冲进市场的外资将原有的产业体系肢解了。

反垄断不是做几次调查就可以实现的,这是一个长期而艰巨的过程。当前,中国的汽车产业就像一个人得了感冒,反垄断只是一剂退烧药,短期内减轻了感冒的症状,却不能解决根本问题。

德国有一套类似日本的产业体系,美国没有。所以,德国汽车产业还掌握自己供应链体系,而美国的汽车企业虽然产量高,但仍集中在组装上,汽车产业链实际上控制在别人的手里。

放眼全球,目前供应链做得最好的是丰田体系,大众集团应用的很多变速箱都是日本提供的。实际上,日本企业藏在汽车产业链背后。虽然丰田在中国市场占有率没有大众高,但是丰田借助爱信、电装等关联企业在零部件领域的获利非常可观。

中国汽车产业应该向日本学习。要想抵抗别人的垄断,必须自己"垄断"。

目前,中国的产业之间、企业之间条块分割,各产业之间相互独立。但航天、铁道、汽车等领域的某些技术可以通用。

各种相关的中国企业如汽车企业、军工企业可以合资成立类似丰田通商的公司,通过资本运营的方式打通合作,像国资委所提的混合所有制一样,从资产管理向资本运营发展转变,实际上就是做综合商社,将汽车物流权、供应链夺回来。之后再配套技术,才能够形成自己的"垄断"。

中国车不能再当日本"殖民地"

从汽车配件产业版图看,中国的汽车配件市场早已沦为日本的"殖民地",不但生产规模完败,就连合资企业的高科技本土汽车零配件也是寥寥无几。日本大地震后,日本很多产业受到不小的冲击,而日本进口车、日系合资车,甚至包括一些欧系车、美系车都受到零部件供应的影响,全球出现"车荒"。

日本在产业链上进行的是整体竞争,而不是品牌竞争。品牌竞争已经过时。几十年前索尼、松下、丰田进行品牌竞争,后来因美日贸易摩擦而受到美国保护措施的打击。此后,日本

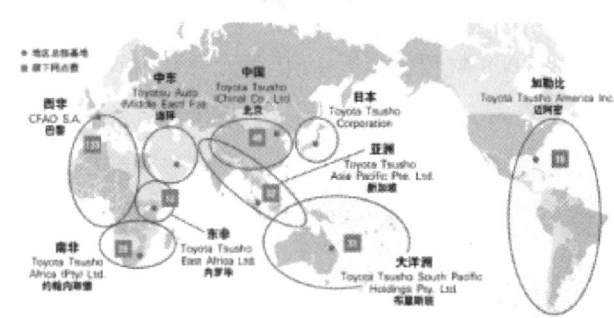

丰田通商汽车经销网络的全球布局图
日本汽车产业"殖民"扩张图,日本还存在着日产、本田、三菱等国际性的汽车厂商,而与它们配套的零部件厂商、物流及经销体系则会更加庞大

便不再硬碰硬地一定要把本土生产的汽车打进美国市场,而是在美国开始建立自己的合资企业、制造企业,甚至扶植当地的品牌。这套新产业竞争模式不仅是在汽车产业发挥作用,还被应用于电子产业。

过去十几年中,日本经济显示出衰退的表象,但实际上日本很多利益都藏在其他国家品牌的背后。日本在中国有一万多家企业,在全球更多。**"日货"和"中国制造"的定义需要更新,中国品牌产品的核心零部件如果不是自己的,可以被称为"Made in China"(在中国制造),却是"Made by Japan"(由日本创造)。人们应当醒悟,并不是日本依赖中国的市场,而是中国甚至欧美都在依赖日本的技术,特别是高端技术。**

中国不能以成为世界第一大汽车市场而沾沾自喜,更多应从日本地震后的"车荒"事件中得到一些警示。以此为契机,中国应反省、重新借鉴日本综合商社和财团模式的成功经验,并指导中国下一步的经济发展。中国亟需做自己的综合商社、自己的财团,进行产业链的竞争,并打造中国独立自主的产业体系,争取在产业链上有更多的话语权。

原文发表于《华夏时报》2014年8月,作者:丁玲

第二节

财团体系支撑丰田"不死鸟"

丰田开的不是汽车，是财团

从 2008 财年惊爆近 45 亿美元的亏损到如今"召回门"事件重创，丰田汽车会不会就此倒下成为人们思考和关注的问题。

《华尔街日报》刊发的一篇题为《日本制造的危机》的文章中预计，最开始的 20 亿美元召回和 17% 的股价下跌只能算全部代价的首付款而已；《纽约时报》则援引日本专家的话报道说："按这个速度，日本将沉到海底。如果丰田有问题，日本就有问题。"

对于丰田"召回门"事件，人们都把注意力放在了丰田汽车身上，在人们通常的认识中，丰田就是造汽车的——这与我们自身的错觉有关系，因为在中国，造汽车的企业就是造汽车的，没有或者很少有其他的一些产业和功能在里头，所以产生了"丰田的汽车产量最大，它就是一个造汽车的工业企业"的错觉。这种错觉之所以产生，与普通大众对经营模式的理解有关系。

2010 年出版的《谁想干掉丰田》，揭露了"丰田召回门"背后的"美日汽车博弈"

美国的经营模式是金融、商业和产业分离的模式，中国在过去十几年也都按照这种分离模式打造我们的企业，这样的现实造成我们在理解"日本制造"的时候，往往戴上"美国眼镜"去看日本的企业。实际情况是，日本的丰田并不是一家简单的制造业企业，它实为"丰田财团"。

只有从"财团"角度去审视，才能清晰地描绘出一个真正的丰田。

丰田财团 = 日本中央银行

一家汽车公司的现金储备超过本国中央银行，这听起来让人难以置信，但这就是在丰田身上发生的事实。**日本一度流行着"丰田汽车公司是日本中央银行"的说法**，原因是丰田汽车拥有的现金数额比日本国内大型银行保有的现金数额还要多，达到了保有近 3 万亿日元（1 兆日元≈110.6 亿美元）的现金。凭着这样巨大的现金储备，丰田汽车公司在日本甚至成为"央行"的代名词。

丰田是诸多日本企业的"救世主"。凭借 3 万亿日元现金储备，丰田似乎已成为众多并购交易的幕后神秘人物，而且不仅局限于汽车行业，还遍及银行、证券、保险、商社、电气、通信、化学、钢铁等众多行业。

过去几年间，丰田至少曾向两家银行注入了资金，这两家银行分别为日本 UFJ 银行（现三菱 UFJ 金融集团）和樱花银行（现三井住友金融集团）。丰田还向这两家银行的一些贷款对象提供了资金支持。截至 2009 年 3 月，仅丰田财团的丰田汽车便持有日本 72 家企业的股票，总持股金额 2.1 万亿日元。

有日本经济学者分析说："丰田汽车公司凭借着它的巨额现金和影响力，现在与日本中央银行一样，发挥着维持日本金融体系的支撑作用。丰田以现金融资支持一些企业公司，一方面有力地证实了丰田的信誉；而且，获得丰田资金支持的企业，将资金用于新技术开发和提高企业效益，从另一方面也使丰田获得了实际利益。"

丰田汽车何以这么财大气粗，何以储备如此巨大的现金？

丰田财团至今仍流传着当时的丰田如何直面经营危机的一段小插曲：1949 年，GHQ（由美国独家支配的"联合国军总司令部"）使出撒手锏，加紧紧缩财政，停止复兴金融融资，大大打击了复兴途中的日本经济，这时丰田深受其影响，于年底发生资金周转困难，此后丰田陷入"穷困"时期。

1949 年末，丰田终于面临资金周转缺口达 2 亿日元，无法支付物资的费用，更谈不上红利。此时，丰田喜一郎、石田退三、神谷等干部前往当时的主力银行求援，每天都重复着向银行低头献媚的日子，还被抛出"无钱借给冶炼公司"这句话，最后通过三井银行、东海银行等银行的特别融资才脱离困境。

产业就是脊梁

作为协调融资的条件，以三井银行为首的银行团要求在公司的重组过程中裁减人员，于是丰田汽车在1950年4月起的3个月时间里，经历了一场劳动纠纷，这场纠纷最后以丰田喜一郎的辞职、石田退三就任第三任社长告终，而丰田财团的第四任社长中川不器男就是在这个时候由三井银行调任过去出任专务董事。

丰田社长石田退三誓言，此痛铭记在心，此后要自力更生。他向员工训示，此后丰田必须做到：①加速积累盈余充裕资金；②破格实施固定资产之折旧；③借入款项尽量投入机械设备。以上三大原则，在此后几十年皆步步为营，积极累积盈余至今，而当时丰田的资本率不过是33%～4%而已。

以石田退三、神谷正太郎为首的经营管理层经历了丰田最艰苦的岁月，深切地感受到银行只会锦上添花，不会雪中送炭，遂提出了"必须建立不依赖银行的经营体制，自己的城池总要由自己来坚守"的理念，至1978年完全实现了无贷款经营，利息不再是经营成本。

1982年，销售和生产部门合并为丰田汽车股份有限公司。2009年丰田汽车自身的备用金有2.9万亿日元，丰田财团内部更是达到了近5万亿日元。

丰田汽车目前已经成为丰田财团旗下各公司的主要控股公司，财团内部普遍形成交叉持股状态。不仅如此，丰田汽车还大量购入本公司的股票，2002年3月决算时购买本公司股票的支出为2828.49亿日元，2003年3月决算时更高达4546.11亿日元。这种稳健的资本结构，让丰田财团的经营不受任何外部因素的干扰。

丰田模式何以"丰田"

现在的丰田财团是以丰田佐吉创立的丰田自动织机为母体发展起来的庞大企业集团，丰田财团由丰田总公司、子公司（529家）及关联公司（229家）组成。日本国内以丰田财团为主要客户的直接交易企业有26269家（包括供应商及销售商）。

虽因行业不同很难进行简单比较，但已确认丰田交易企业数量约为日本航空集团的 12 倍。从销售额看，"1 亿日元以上 10 亿日元以下"企业最多，为 13307 家（占整体 50.7%），年销售额为数亿日元的小规模企业占交易企业的大半。

丰田汽车超强的盈利能力让无数企业羡慕，其实丰田财团旗下多家世界级企业的盈利能力也不输于丰田汽车。众所周知，汽车配件的利润要高于汽车整车，日本电装、爱信精机、丰田自动织机被称为"丰田三驾马车"，其主营业务正是汽车零部件。

日本电装是世界屈指可数的汽车零部件生产厂家之一，在日本排名第一。爱信精机是世界第九大汽车零部件生产商，丰田汽车零部件的主要供应商，其汽车零部件制造技术闻名于世。

在日本汽车界，"销售的丰田，技术的日产"流传甚广。在某种程度上甚至可以说，丰田汽车就是一群商人的集合。丰田的商业能力集中体现在丰田通商身上。丰田通商总是刻意保持低调，尽量地隐蔽起来，在背后默默地支持和帮助着丰田汽车。

丰田通商的业绩在 2009 年 3 月达到销售额 6.2 万亿日元、净利润 402 亿日元，成为排名三井物产、三菱商事、住友商事、伊藤忠商事、丸红商事之后的日本第 6 大综合商社。

值得一提的是从 1971 年—2010 年，丰田通商在中国成立了 100 多家合资企业，形成了规模庞大的丰田汽车产业群，强力支持了丰田汽车在中国的发展。（《三井帝国在行动》一书中对丰田通商在中国的布局有详细阐述）

丰田通商、三井物产等综合商社正是日本财团的主要核心组织，日本企业与欧美企业最大不同之处就在于——日本企业拥有商社组织，这个在生产环节"内系统"之外的"外系统"，形成了对内系统的有力支撑。

在目前众多研究中，大多把"丰田模式"简单地等同于及时制（JIT），等同于精细化管理。这仅仅只窥见丰田制造环节的一斑，而没有能够看到丰田模式的全貌。丰田实质上是一个经营组织、制造、研发、供应链四个环节形成的系统模式。

如果把美国企业的不断细分化经营模式称为"游牧模式"的话，那么

产业就是脊梁

日本企业则是一种东方式的"农耕模式",在插秧、育种、除草施肥等劳动力投入外,围绕这块田,要想让它丰产、高产,还要做一个外系统,比如水渠,要引水、灌溉,甚至于建水库。此外,还要为产品寻找出口,做"米的加工厂"等等一系列,只有这样完整地来看,才能明白"丰田模式"的全貌为何物。

丰田财团及与三井财团的"通婚史"

在《三井帝国启示录》《三井帝国在行动》等著作中,我曾向中国读者详细剖析了三井财团低调横行天下的奥秘所在。而丰田实际上就是三井财团的一个翻版,这不仅是说丰田与三井、三菱等日本几大财团组织结构近似,而且表示丰田财团也正是三井财团成员之一!

三井财团是由20多家企业组成的一个组织,组织里面有一个"总经理会议"来协调各方的行动,企业之间有持股关系,有共同投资的关系,有互通情报、有人事互派。

《三井帝国启示录——探寻微观经济的王者》,作者白益民,本书揭示了丰田财团的模式中蕴含了很深的"三井文化"。而实际上,"三井文化"来源于中国的浙江地区

丰田财团的模式中蕴含了很深的"三井文化"。实际上,"三井文化"来源于中国的浙江地区。在对日本财团十数年的研究中,我们发现中国南方,如"温州商人""浙江商人"用通婚连接家族纽带的"商帮"经营模式,都体现在"三井"的经营哲学和经营文化中。

通过联姻,丰田与三井日益紧密融合成一体,当某个单一日本企业出现严重问题时,只是伤一指却不足以动全身,这种含金融、商业、产业"海陆空"三位一体军团结构的强强联合,给其中某单一企业以极大支撑,这种财团体制能有力地助其渡过难关。

财团实际上也是一种在市场经济环境下新的国家形态,因为如今日本财团的规模已大到其完整的产业链体系足够成为一个国家整个产业体系的境地。我们在国内看到的丰田汽车,其实代表的是日本这个国家在汽车产业上的整个产业体系。

在国内，丰田渗透日产及其他汽车公司的产业链里，和他们进行捆绑；在海外，丰田与中国"一汽""广汽"这样的产业链形成捆绑，在美国也是如此。故其帝国之大，远远超过了它在日本的版图。

如今，丰田财团已经形成了一个"帝国"（三井财团的帝国版图则更大），日本企业独有的"财团"体系，正是我们认为支撑丰田"不死鸟"的核心所在。

资料："丰田"与"三井"的历史人脉

1894年，丰田佐吉与纺机工厂老板石川藤八共同开办了"乙川绵布合资会社"，提供周转资金的是三井物产。翌年，三井物产董事长益田孝发表了"纺织立国论"，并设立了"井衍商会"收留丰田佐吉。

1905年12月，在三井物产总部主管棉布的主任藤野龟之助和名古屋支店长寺岛升积极筹划下，丰田织布机株式会社诞生，三井物产不仅自己参加，而且还成功地动员了大阪、名古屋以及东京等地的资本家加入该公司。

1909年5月底，经过藤野龟之助的劝说，在三井物产两名职员陪同下，丰田佐吉开始对美国进行访问，丰田佐吉此行的最大收获就是对美国的汽车业发展印象极深，并敏锐地感到汽车业将在今后的工业文明中唱主角。

1912年5月，丰田佐吉急需资金，从三井关联的"服部商店"的社长服部兼三郎那里很快就借到了25万日元。三井物产名古屋支店长儿玉一造在三井银行支行长矢田介绍下，认识了服部兼三郎，并把他介绍给了丰田佐吉。

1915年10月，由于丰田佐吉与儿玉一造之间的交情，两家结成姻缘。儿玉一造的弟弟儿玉利三郎（曾在伊藤忠工作）入赘到丰田家，娶了丰田佐吉的长女爱子为妻，并改名为"丰田利三郎"，他就是丰田汽车的第一任社长。

同年，在儿玉一造的推荐下，石田退三于1915年进入服部兼三郎的"服部商店"，他是丰田喜一郎的姐夫丰田利三郎的表弟，就是后来继任丰田喜一郎的第三任丰田汽车的社长，被称为"丰田中兴之祖"和"日本的商魂"。

1918年，神谷正太郎进入三井物产后，学长冈本藤次辗转到丰田集团。后来，神谷正太郎被冈本藤次郎拉入丰田汽车公司，成为后来的"丰田销售之神"。1940年，冈本藤次郎又介绍把三井物产的干将赤井久义推荐给丰田喜一郎当副手。

二战后，丰田汽车公司背着10亿日元的债务，陷入经营危机，丰田喜一郎不得不引咎辞职。石田退三听从三井财团主导的董事会的决定，出任总经理。以三井银行为首组成银行团借给丰田汽车2亿日元贷款渡过难关。

1950年6月，丰田喜一郎离开丰田公司以后，石田退三从丰田自动织布机接管了丰田公司，三井银行调派了中川不器男（后来担任丰田公司第四任社长）为专务。中川之下是大野修司，丰田家族的丰田英二仅在公司排第四位。

如今，现任丰田集团社长的丰田章男的夫人田渊裕子，是原三井物产副总裁田渊守的女儿，而丰田章男的母亲是原三井银行董事三井高长的女儿三井博子。另外，丰田章男堂兄丰田达娶了原住友银行（现三井住友银行）行长堀田庄三的女儿真理。

原文发表于《环球财经》2010年第4期，作者：白益民

以丰田为镜，看吉利最缺什么

2012年8月20日，大庆市规划建设局召开了沃尔沃大庆整车厂项目规划方案对接会，大庆市及沃尔沃汽车相关领导均出席了会议。问题是，大庆整车项目还未获得政府批复，但生产基地建设已经过半。在对接会上，凯旋汽车零部件制造公司（沃尔沃大庆整车生产厂）负责人透露，大庆项目进度非常快，很有可能在年底竣工并投入试生产。

与大庆相反,沃尔沃成都生产基地毫无动静,远远落后于大庆,大庆整车基地的飞速推进预示着沃尔沃正在努力实现到 2016 年在中国 20 万辆销售、20% 市场占有率的目标。

但令人冒汗的问题是,沃尔沃在中国缺少整车相关配套企业,更没有一个完整的物流体系支撑,沃尔沃拿什么去拼?向 13 亿人销售产品是令人垂涎的一个期望。但如果缺少一个完整的物流体系支撑,这多少会令人尴尬。

配套短板与难解的物流

虽然沃尔沃汽车大庆生产基地在 2012 年年底就有望进入试生产阶段,并在通过国家审批后便可以批量生产,但是沃尔沃似乎并没有强有力的零部件、物流等配套支撑整车生产,产业上的缺失势必会制约沃尔沃在中国市场的产销能力。

2013 年 9 月 26 日,大庆沃尔沃汽车制造有限公司正式成立,但大庆此前并没有汽车产业配套,主机先行的大庆整车基地,如何形成产业集群成为首要难题

当年吉利完成收购沃尔沃汽车之后,沃尔沃在北欧的汽车配套供应商也曾希望跟随沃尔沃走进中国。2011 年 6 月据英国《金融时报》调查报道,一些瑞典供应商已经在关注追随其客户进入中国市场的机会,瑞典汽车零部件制造商行业组织(FKG)负责人斯万诺克·伯格里说:"很明显,沃尔沃需要西方供应商,以帮助维系其在中国的扩张。"

然而在沃尔沃被收购后,我们并没有看到有西方的零部件供应商与沃尔沃在中国的正式合作。即使在收购之前,吉利汽车自身与一些国际公司形成零部件合作关系,但也只能认为是吉利汽车自身基于品质升级等因素做出的战略选择。

核心关键部件的国产化将考验沃尔沃汽车中国本土化生产的能力,一旦零部件不能顺利进行国产化生产,那么沃尔沃的配套短板将影响到整车生产，形成产业短板，从而使得沃尔沃在中国的战略布局与发展延期。沃尔沃能否做到还要拭目以待。

有数据显示，当前世界汽车产业中，欧美汽车制造业的物流成本占销售额8%左右，日本汽车制造商甚至只有5%，而中国汽车企业的物流成本占销售额的比例普遍在10%~15%，可见物流成本对中国汽车商已经有较大影响。像沃尔沃这样在中国刚刚起步的汽车厂家，物流成本更加不易控制。

建立一套完整而有效的物流体系对沃尔沃中国的发展大有裨益，可惜的是沃尔沃虽然整车生产神速，但是物流体系却并不明晰。2012年7月，沃尔沃汽车北京售后零部件分配中心宣布正式启用，中心位于通州物流基地，为中国客户售后服务需求而设立，可供应1万多种的沃尔沃汽车零件，涵盖了沃尔沃在中国销售的所有车型。在此之前，沃尔沃上海售后零部件分配中心已经投入使用。

直到2013年，唯一可以体现沃尔沃中国物流的也只有它的售后物流分配中心，而且前有吉利董事长李书福保障吉利与沃尔沃独立性的宣言，想必沃尔沃也不会借用吉利汽车在中国的物流网络，况且吉利汽车所拥有的中国南方物流优势以及潜在市场并不适合沃尔沃高端豪华车的定位。

根据沃尔沃中国战略布局，沃尔沃现在正缺少一套能够保障自身发展的物流体系。就位置而言，大庆和成都这两个城市本身不具备汽车集群地的优势，相关汽车零部件等配套设施也比较匮乏，相比于奥迪、奔驰、宝马所在的长春、北京和沈阳这样的汽车产业重镇而言，沃尔沃要想在大庆和成都打造出具有竞争力的国内一线中高端汽车就必须有物流帮助企业运输配套。

借鉴丰田

沃尔沃的汽车物流建设可以借鉴日本丰田通商株式会社在天津的汽车物流项目。

日本丰田通商株式会社隶属于丰田财团（包括丰田汽车、丰田通商、爱信精机、日本电装等），是该财团的综合商社，以汽车贸易物流为主，

负责丰田财团内企业的协作与统合，为丰田汽车等日本企业寻找投资机会。

丰田通商意义在于，为丰田汽车在中国的汽车生产提供贸易物流支持，同时参与到零部件生产的关键环节，联合相关企业形成大物流体系，以降低物流边际成本。

试想，如果沃尔沃利用这样一个具有综合商社性质的企业进行物流管理，那么沃尔沃汽车在中国市场必将如虎添翼。

丰田通商到底该如何打造呢？首先来看丰田通商前10名的股东构成：丰田汽车持有丰田通商21.8%股份，丰田自动织机（丰田财团成员，丰田汽车的主要零部件供应商）持有11.2%，接下来是两家日本国有银行，共持有9%股份，此外还有日本东京三菱UFJ银行、三井住友海上火灾保险等6家金融机构分别持有不超过3%的股份。

这是典型的日本企业股份构成，尤其作为综合商社，丰田通商由财团内其他企业、其他财团企业、政府共同参股构成，积聚多方利益。作为利益共同体，政府和企业都将因参股而努力扶持丰田通商，使得自身利益不受到损害，同时形成全体效应发展企业。而通过丰田通商的发展，股东们也会从经济、情报、人脉等方面有所受益。

在当前中国的经济形势下，打造这样一个聚集多方利益体参与的综合企业，并不是沃尔沃能够完成的，这需要政府的协助。

如果只是简单的拷贝，吉利注定难成中国"丰田"。学习丰田需要吉利根据自身情况对症下药，那么，现在的吉利最该学习丰田什么呢？答案无疑是物流。

2013年1月10日，吉利汽车公布了其2012年全年销售数据，数据显示，2012年吉利汽车全年销量达483483辆，超额完成了年初制定的46万辆的目标，且比2011年增长了约15%。也是在2012年，吉利汽车跻身《财富》世界500强，位列第475名。

从1998年的100多辆到现在的48万辆，吉利已经成为中国自主品牌汽车的一面旗帜，2010年成功收购沃尔沃汽车后，吉利更是一举跻身世界级汽车企业行列。这样的吉利，也依然有着自己坚定不移的奋斗目标——

丰田。但丰田成功的精髓是什么,吉利又应该如何效仿丰田,这些还都值得深思。

站在巨人肩膀上

吉利一直有着一个"丰田梦",从创业开始,便把丰田当作学习对象。尽管2002年底丰田曾因"汽车商标侵权"状告吉利,两家企业出现不愉快,但即便如此,吉利向丰田学习的意志却并未动摇。

号称"中日汽车知识产权第一案"的丰田状告吉利一案2003年在北京公开审理,吉利学丰田学得太像反被丰田控告

2007年8月9日,在北京举行的"吉利汽车品牌求证大讲坛"上,李书福高调宣布,将以丰田为镜,把"吉利"打造成世界级的汽车自主品牌。在李书福看来,学习丰田将成就吉利"站在巨人肩膀上造出好车"。即使此后面对深陷"召回门"的丰田,李书福依旧表示:"出事后还要学丰田。"

事实上,纵观吉利与丰田两家企业的发展史,会有一种似曾相识的感觉。1989年,丰田首款高档汽车凌志凭借比同级别奔驰低30%的价格迅速占领美国市场。1933年,丰田第一辆AA汽车下线,该车完全模仿克莱斯勒AirFlower。20世纪60年代,日本取消车辆进口关税,欧美车商渗透日本,当时的丰田则是唯一一家高举民族企业旗帜的汽车。

再看吉利,创业之初,吉利喊出"造老百姓买得起的好车",以低价策略迅速占领市场。20世纪90年代末开始,外资汽车进入中国,国内众多车企纷纷喊出"市场换技术"的口号,搞合资、合作,而吉利则是为数不多的坚持走民族自主品牌之路的车企之一。2002年,吉利第一款MR479Q发动机下线。MR479Q发动机在结构上与丰田8A发动机相仿,此后吉利才完全自主研发出"世界先进,中国领先"的CVVT - JL4G18发动机。

在营销战略上,吉利也开始趋向于丰田,重新推出"吉利牌"这一母品牌,将现有的帝豪、全球鹰和英伦三个子品牌归在旗下,集中精力实现"品质吉利"的战略转型目标,通过集中资源来提高销量。"从终级目标上看,吉利希望走丰田模式,也就是母品牌丰田下,可以推出各个子品牌车型,但这是中长期计划,很可能要20年以后。"吉利内部人士说。

2012年5月,吉利汽车取消帝豪、全球鹰和英伦汽车3个子品牌营销事业部,整合成南区、中区与北区3个大区,每个大区的营销事业部分别管理所属区域的销售及管理3大吉利品牌的销售渠道,执行营销总部的战略。7月份,吉利开始全面调整生产布局,将现有的8大生产基地进行资源重置,以此配合区域营销战略。2013年1月,吉利再次深化营销架构,将此前3大区域细化为5大区域。

需对症下药

自收购沃尔沃起,吉利汽车迎来了最大的希望,同时也迎来了发展最大的挑战。接手第一年,沃尔沃实现全球赢利给吉利莫大鼓舞,也正是因为沃尔沃的收编,吉利荣登《财富》世界500强。2012年12月26日,沃尔沃与吉利签署技术合作协议,"用沃尔沃技术打造吉利汽车"初露锋芒。

中国已经成为沃尔沃汽车的第二大本土市场,未来在中国的成败将有可能成为沃尔沃汽车能否重新崛起的关键。但物流却正成为制约沃尔沃乃至吉利发展的顽疾。

沃尔沃的整车生产基地大庆和成都本身并不具备汽车集群地的优势,物流等配套设施也比较匮乏,沃尔沃汽车要想将这两个城市打造成为今后沃尔沃汽车在中国的心脏就必须拥有"大动脉"物流体系的支撑。

2012年7月,沃尔沃在北京通州启用了北京售后零部件分配中心,可供应一万多种沃尔沃汽车零件,涵盖了沃尔沃在中国销售的所有车型。此前,沃尔沃上海售后零部件分配中心也已经投入使用。遗憾的是,沃尔沃在中国可见的物流也只是体现在这两个售后零件分配中心上。

沃尔沃汽车在欧美的物流体系也并未进入中国,像沃尔沃汽车集团下

属的沃尔沃物流公司这样的物流企业并没有跟随沃尔沃汽车来到中国,更不用说其他配套企业。而且,按照李书福在收购沃尔沃汽车之初许下的"吉利是吉利,沃尔沃是沃尔沃"的承诺,沃尔沃可能不会利用吉利在中国的物流渠道。

2012年7月11日,在河北张家口举办的"大好河山张家口·名企名商荟名城"重点产业推介会上,沃尔沃项目成为焦点。此前,沃尔沃汽车前总裁雅各布曾到张家口商谈沃尔沃张家口发动机基地相关建设项目,确定基地于2014年竣工,产能初定为60万台。

然而,沃尔沃的整车基地处于大庆与成都两地,发动机基地却选择在千里之外的张家口,如果试图降低物流成本、增强信息沟通,沃尔沃更需要建立一套完整的物流体系。

丰田的中国物流网

再来看丰田,丰田在中国有着完整的零部件、整车物流体系,实力不可小觑。但这一体系的缔造者并非丰田汽车,而是丰田汽车集团的综合商社——丰田通商。吉利现阶段最缺少的也正是丰田通商这样的商社机构,亦或者说是其所拥有的物流体系。

事实上,当中国人膜拜"丰田模式"时,很少有人关注丰田的"组织者"——丰田通商。丰田通商株式会社作为丰田集团的综合商社,长期活跃于汽车行业,在汽车物流、整车、零件、服务方面积累了大量的行业经验。2011年,丰田通商销售额达59167亿日元(约合人民币4111亿元),销售利润3439亿日元(约合人民币239亿元)。

天津丰田物流成立于1996年,由天津滨海泰达物流集团、丰田通商、丰田输送株式会社、株式会社上组共同出资成立的中日合资企业

在中国，丰田通商为丰田汽车编织了一张物流网络。早在1996年7月19日，丰田通商、日本株式会社上组、丰田输送株式会社（属丰田财团）便联合中国天津泰达投资控股有限公司共同投资组建现代化综合性物流企业"天津丰田国际货运有限公司"，注册资本161万美元，各方持股比例为36.2%、7.3%、4.5%、52%。次年10月，丰田通商（天津）有限公司在天津南京路成立。

丰田通商涉足天津物流产业之后，丰田汽车才于2000年6月在天津成立。此后的2002年6月，一汽集团与丰田汽车公司签署了"8·29"战略合作协议，将天津丰田正式纳入整体合作框架之中。

自一汽丰田进入天津后，天津丰田国际货运有限公司发展迅速，从以前的单一性的货代业务向物流企业转体，并形成了初步的丰田式生产模式。2004年开始在上海、广州、大连、成都建立分公司，进行国际运输代理、集装箱拼装拆箱和普通货物运输等业务，2004年8月更名为天津丰田物流。

2003年9月9日，丰田通商投资约2亿日元购买天津港保税区18000平方米土地，建设"丰田通商物流中心"。该中心直接面向零配件厂家，为中国丰田汽车及其合资厂和供应商提供物流分拨服务，目前已经成为丰田汽车及其供应商在中国北方的进口零部件分拨基地。

广汽丰田的物流同样由丰田通商掌控。2006年1月，丰田通商与广州汽车集团商贸有限公司合资成立广汽丰通物流有限公司，从事零部件仓储、运输和报关等业务，主要服务于广汽丰田、广汽日野等汽车企业。2006年12月，丰田通商又与广州汽车集团商贸有限公司、丰田输送株式会社合资，成立广汽丰田物流有限公司，主要负责广汽丰田的整车运输。

在丰田汽车出口方面，2004年6月，丰田通商与日本丰藤海运（属丰田财团）、中国最大的滚装船公司深圳长航实业发展有限公司合资，成立长航丰海汽车物流有限公司，主要为丰田提供商品车物流服务。

水路运输上，丰田通商还在2006年9月6日与一汽所属长春陆捷物流有限公司、日本丰田输送株式会社成立丰田陆捷物流（上海）有限公司，打造具有存储整备、集散调配、网络节点等综合性物流功能的物流企业。

拥有"综合商社"的优势

经过观察不难发现，吉利在物流方面已经开始致力于学习丰田式物流。从2009年7月开始，吉利宁波生产基地采用了上海畅联国际物流有限公司的JIS（准时化顺序供应）服务，以期实现"丰田式生产"，而上海畅联的物流模式也是源于丰田"精益生产模式"。

但是我们要知道，丰田通商的物流只是其在汽车产业中的一部分而已。丰田通商除了涉及物流外，还参与到零部件、钢材、设备生产以及技术、销售、售后等整条汽车产业链中。丰田通商会长清水顺三曾说："过多依赖单一产业并非一种理想的状态，因为当今社会瞬息变化。我们需要有灵活度。"

与欧美汽车企业不同，丰田汽车的零部件供应很大一部分来自财团关联企业，比如日本电装、爱信精机、丰田纺织等，在中国则由丰田的综合商社丰田通商出面，通过与中国企业或丰田关联企业合资的方式建立零部件生产企业，这些企业生产的零部件供应给丰田汽车使用。

1989年2月，丰田通商首次在华参股组建汽车零部件企业，其与灯具厂商日本小糸制作所和上海华域汽车系统股份有限公司合资成立了"上海小糸车灯有限公司"，中日双方投资比例各占50%，专门生产汽车灯具。目前这家车灯企业已经成为中国最大汽车灯具制造商，其市场份额至今仍超过40%。

此后，丰田通商大力开展与国内厂商的合资，生产汽车零部件。昆山六丰机械工业有限公司、烟台首钢电装有限公司、天津丰田钢材加工服务有限公司、浙江业信宏达汽车零部件有限公司、天津华丰汽车装饰有限公司、大连光洋瓦轴汽车轴承有限公司等等，截至目前，仅合资零部件企业，丰田通商在中国就有将近50家。

在汽车以及零部件的销售、售后上，作为丰田汽车销售的中国总代理，1993年6月设立的"丰田汽车中国有限公司"，丰田通商的出资比例达到25%。此外，丰田通商还参股了江门华通丰田汽车销售服务有限公司、华通丰田汽车服务有限公司、昆山通和丰田汽车服务有限公司等十余家合资企业，同时在全国各地拥有多家丰田4S店。

在汽车回收领域，丰田通商于2012年5月在成都启动丰田通商报废汽车拆借装备项目，总投资达10亿元人民币。同年6月，丰田通商还与西安市报废汽车回收企业陕西金辉公司达成合作共识，拓展对报废汽车回收利用合作。

汽车产业之外，丰田通商综合商社特性发挥得淋漓尽致：为马尔代夫提供太阳能光伏电池组件，从中东进口石油，在澳大利亚开展煤炭业务，收购加拿大天然气生产商，购买越南等国的稀土，经营粮食饲料以及食品加工事业，等等。可以说，丰田通商在汽车物流领域能够拥有较大优势，是因为其涉及众多产业，具有全球资源配置能力。

原文发表于《现代物流报》2013年3月，作者：白益民

吉利收购沃尔沃

警惕重蹈"空瓶"覆辙

北京时间2010年3月28日，一个让人"欣喜"的消息从瑞典哥德堡传来，吉利控股集团（0175，HK）收购瑞典沃尔沃轿车公司100%股权的交易已正式签约。这笔对外披露为在凝固

2010年3月28日，吉利控股集团收购瑞典沃尔沃轿车公司100%股权。成为中国汽车业史上最大的海外交易

剂约18亿美元收购资金加上9亿美元流动资金的收购，是中国汽车业史上最大的海外交易。由于沃尔沃品牌隶属福特公司（F，NYSE）旗下，路

透社撰文称吉利控股集团创始人李书福可算作中国版的"亨利·福特"。

李书福脸上写满了笑容，与福特汽车公司首席财务官 Lewis Booth 紧紧拥抱。

且慢高兴！据此前月余媒体披露，吉利控股在竞购沃尔沃的全程中，"伴随着洛希尔公司（NM Rothschild，在国内其以'罗斯柴尔德'而闻名）、美国高盛等国际知名投行的身影"。

仅仅半个多月后，华尔街传来更加惊人的消息，2010 年 4 月 16 日，当高盛被美国证券交易委员会（SEC）以"欺诈"罪名起诉后，麻省理工学院教授西蒙·约翰逊说："今天上午（4 月 16 日高盛被指控）之前，许多人还认为高盛运作良好。我想，现阶段没有人愿意再和高盛扯上关系。"

当我们把目光转回到 2009 年，美国次级债危机引发的金融危机在全世界蔓延，美国金融立国崩溃，多家银行倒闭，克莱斯勒与通用汽车相继破产，华尔街被千夫所指，高盛等投行被定义为贪婪之徒、万恶之源。

实际上在美国，高盛早就臭名昭著，它甚至是"贪婪""欺诈""我活不顾你死"的代名词。然而在中国，高盛等外国著名投行一直被"神化"着，成为崇拜和拉拢的对象。就像此次吉利对沃尔沃的收购中，甚至有舆论称高盛是吉利的"财神爷"！

果真如此吗？

干邑白兰地的空瓶贸易

在华尔街的并购贸易中，有一种被称为"干邑白兰地的空瓶贸易"。产自法国的干邑白兰地味道自不必多说，瓶子的设计更是精美。顾客以为瓶子里装入了美丽的干邑白兰地，但是卖家却转手把里面的东西腾走了，只把空瓶卖出去。

德国的德利银行曾为了收购一家投资银行花了大价钱，以为买了瓶"干邑白兰地"，结果这家公司最大的资产——两个创业者一个卖掉了拥有的股份大赚一笔后退休回家，另一个也辞职创建了新公司，德利银行欲哭无泪，售空瓶者成了最后的胜利者。

华尔街上，干邑白兰地的空瓶贸易更是投行惯玩的花招。

2009年3月27日，在香港联交所上市的吉利控股突然停牌，当日中午12时，在澳大利亚新南威尔士州政府大厦，李书福大笔一挥，以2.571亿港元签下了已经破产的变速器生产厂商澳大利亚DSI公司，洛希尔公司作为吉利的并购顾问，负责并购活动的运作及寻找私募基金以提供财务支持，该公司还牵线吉利以最短的时间与Baker & McKenzie律师事务所和安永会计师事务所签署了服务合同。

此事的蹊跷之处在于，从吉利接到收购邀请、考察到签下合同，仅仅用了40天。40天能考察什么？投行除了做分内的事情，更多心思是急于把业务做成，至于合适与否那是你的事！因为他们要拿的是手续费！

李书福迅速挥出的大笔之下，是否有着对国际知名投行和会计师事务所的本能信任？

要知道，安永并非没有"前科"。在雷曼兄弟破产后，**美国破产法院法官詹姆斯·派克（James Peck）曾发表了一份措辞严厉的报告，痛斥负责审计的安永会计师事务所以及其他投行的严重过失，使得该行酿成美国史上最大的破产案，并导致1929年大萧条后最严重金融危机的爆发。**

此外，吉利买到了什么？一家号称"全球第二大"的自动变速器公司。

这家名为DSI的公司是一家研发、制造、销售为一体的自动变速器专业供应商。但是，DSI远没有吉利以为的"全球第二大自动变速器公司"那么强大，汽车专业人士早已指出："DSI变速箱厂只生产4速和6速的自动变速器，它只算是全球独立于汽车制造商之外的第二大自动变速箱生产厂家，与博格华纳、德国ZF、丰田的爱信精机等并不是一个水平线上的选手。"

也就是说，DSI变速器公司并不是全球第二大自动变速器公司，仅仅是在独立于汽车厂家外的自动变速器供应商的名单中位列第二。DSI创办于80年前，是专业的变速箱企业。目前DSI拥有的成熟产品是4速变速器和6速大扭矩自动变速器。而7速自动变速器、8速自动变速器、DCT双离合自动变速器和CVT无级变速器的研发仅停留在概念开发层面，目前尚未到产品开发阶段。未来将是7速自动变速器、8速自动变速器、DCT双离合自动变速器和 CVT 无级变速器的天下，三年来 DSI 没有在这些产品上进行后续开发，而开发能力丧失，不能对新产品开发意味着永远失去竞争力。所以从这个角度看，吉利买下的 DSI 实非主流。

此外，由于 DI 独立于整车企业，且只生产变速箱一类产品，因此极为倚重研发能力，即 DSI 需要不断研发出新产品，才能取得稳定客户。但从 20 世纪 80 年代开始，DSI 的经营就开始不断出现险情，1987 年博格华纳出手卖给了英国轮胎和橡胶公司，2002 年 DSI 的所有者又变成后来垮台的 ION 公司。两次易主使 DSI 的研发人才损失过半。人才流失潮在 2006 年后愈演愈烈，在 2006 年前后，奇瑞接洽 ION 公司，从 DSI 挖走了部分研发人员，成立了奇瑞澳大利亚研发中心。目前担任奇瑞汽车研究院副院长的朱新潮，当时即担任 DSI 高级研发主管，他被奇瑞挖角后也带走了一些人才。2010 年 2 月 DSI 破产前，又有一批工程师加盟奇瑞，DSI 内占总员工 1/6 的研发中心几乎成为空城。

2010 年 4 月，吉利主管技术的副总裁赵福全曾说"7 速 DCT 的研发，85% 是我们做，15% 他们做"，听话听音，如果将其解读为"DSI 只能出 15% 的力"，恐怕并不为过。

如此一来，DSI 到底是瓶干邑白兰地，还是一个空瓶呢？按照华尔街的逻辑，这是吉利需要评估的事情，而不是洛希尔公司的考虑范围。

高盛的算盘

拿下 DSI 之后，李书福觊觎沃尔沃之心更为急切，如何保证能够成功收购呢？我们前文提到洛希尔公司除了作为吉利的并购顾问外，还负责为吉利寻找私募基金提供财务支持。洛希尔公司最后选定的目标便是老朋友高盛，在中行 2009 年试图收购洛希尔公司股份时，我们就曾看到高盛担任洛希尔公司的顾问。

并购往往需要巨额资金，尤其是在国际资本市场上的投资与并购，对资金的需求更加紧迫，高盛不但能在资金上给予吉利极大的帮助，另一方面洛希尔公司深知高盛与福特的深密关系。2008 年 12 月李书福在北京东方君悦大酒店会见了福特方的代表——福特董事、高盛前 CEO 桑顿，李书福便也深知高盛能够接触到福特核心管理层。

2009年3月高盛与吉利开始了接洽。2009年9月23日，高盛旗下一家名为GS Capital Partners的PE基金通过认购可转债以及认股权证正式投资了吉利集团子公司吉利汽车，注资约3.3亿美元，成为吉利汽车的第二大股东。该可转债2014年到期，年息3%，并在符合一定条件的情况下，可按最初换股价每普通股1.90港元转换为约9.98亿股吉利汽车新普通股。如果不予转换，债券将按面值赎回。此外，GSCP将获得约3亿股认股权证，每1份认股权证可认购1份普通股，最初行使价为每普通股2.30港元。该交易的财务顾问就是洛希尔公司。

《高盛阴谋》是一本全面揭秘高盛操纵世界经济真相的书籍，其中关于中资企业——深南电、中航油的案例尤为发人深省，作者李德林，著名财经作家、《证券市场周刊》编委

事后高盛宣布这是一项战略投资，将对吉利汽车持股3年以上。高盛花3亿多美元投资吉利，还是资本逐利的本性使然，根本目的不是帮助吉利去收购沃尔沃，而是希望通过入股吉利获得超额投资回报。这与巴菲特投资比亚迪汽车的目的如出一辙。

高盛首先看上的是中国国内汽车业的潜在市场。尽管金融危机使全球汽车业一片萧条，但中国汽车市场如日中天。其次，不排除高盛也打着一旦吉利沃尔沃海外上市高盛可作为其承销商这一算盘。而高盛一直在中国被视为投资界的风向标，通过信息的披露，制造概念，遥控市场，所以高盛既可以掌握市场话语权又通过旗下PE基金掌握股票，将盈利完全把握在自己的手中。

我们看到高盛选择的是稳妥的认购可转债以及认股权证（2.45亿美元可转债、0.89亿美元认股权证）。这与当初联想收购IBM筹资方式类似，其时3家美国PE购买了联想3.5亿美元优先可转债，并附加了一定的买股权。这些可转债的年利息为4.5%，具有极大的优势。如果联想经营得好，它可以随时转换为普通股套现；退一万步讲，即使联想倒闭，它也会最先得到偿付。

就在高盛投资吉利的近段时间，随着吉利控股的股价连涨，高盛账面盈利最高时达2亿多港元。如此划算的投资，谁不愿意往里砸钱？

在2010年2月《证券市场周刊》刊发的《沃尔沃陷阱？》一文中，作者写道："高盛进入的逻辑及路线图似已明晰——高盛适时切入，在某种程度上增强了福特的信任感，高盛将吉利汽车的资产注入设计成了稳赚不赔的长期攻略，低点进入，资产注入后高点脱手。"

哭笑两由之？

洛希尔公司、高盛分别与沃尔沃、福特有着密切的人脉关系，网络盛传，洛希尔公司"超级四人团"，正是由洛希尔公司、高盛、福特三方老员工组成。花旗投资研究评论称："沃尔沃还欠着福特35亿美元未偿贷款，而且未来5年还需要大笔资金投入。一旦沃尔沃被卖掉，将为福特花费浩大、最终失败的高端汽车战略的完结画上句号。"当然，对于洛希尔和高盛来讲，这是一笔难得的大买卖机会。

2010年4月17日《经济观察报》披露，根据吉利与沃尔沃签约前一天递交到中国相关政府部门的《融资结构说明》文件，"吉利收购沃尔沃价格为18亿美金，并将在交割日根据合同约定的价格调整机制进行调减，收购资金由注册资本金和国内外银行融资贷款构成。后续资金包括企业流动资金预计为15亿美金；目前计划由欧洲投资银行（EIB）、瑞典银行、中国国家开发银行各提供1/3（约5亿美金）的贷款"，这意味着，吉利对外公布的收购沃尔沃需要27亿美金的真正构成是81亿元（约合12亿美元）加上15亿美元流动资金，而非外界所知的18亿美元收购资金加上9亿美元的流动资金。这也意味着吉利的流动资金将大大吃紧。

吉利投下血本，收获的会是干邑白兰地吗？也许我们仍有理由存疑。

首先，沃尔沃关键技术和知识产权的所有权转让方面，福特对其进行拆分和规避，明面上限定吉利不能使用沃尔沃的独有技术，而且沃尔沃的部分技术还将与福特共享使用,这些技术吉利也不能碰。他们要组建一家新的全资子公司,接手并继续享有这些所有权及再开发权,然后将余下部分转让给吉利控股。

目前沃尔沃主要有3大车型平台,其中,生产紧凑型轿车的P1平台,主要生产S40、V50、C70、C30等车型;生产大中型汽车的P2平台主要生产S60、XC90;P24平台主要生产XC60、V70、S80系列车型。在这3大车型平台中,P1平台上福特有福克斯和马自达3与之共享,P2平台则有福特的蒙迪欧等车型共享。

更为敏感的是,福特与沃尔沃这些共享平台的车型,在国内长安福特马自达已有生产。至于沃尔沃的独有技术,主要有防撞预警系统、乘客约束技术和其他安全设备。如果这些平台技术和安全技术不能使用,吉利在这笔收购中,也许就扮演了一个"人道主义志愿者"角色。到那时,吉利收购的是白兰地还是空瓶,答案将浮出水面。

据德勤会计师事务所评估,吉利如收购成功后,2010年沃尔沃项目就可能实现盈利,而实现盈利的方法,便是增加汽车销量,尤其是在中国市场——最后一句,对于中国吉利而言,颇带点黑色幽默意味。

那洛希尔公司获得了什么呢?吉利首席代表王坚已经昭告于天下:"为收购沃尔沃,吉利付出了巨额中介费,这个钱一般人不敢花,也花不起。"

高盛"杰作"——联想失陷IBM

面对全球金融危机、人民币升值等,中国企业在能源、科技、制造业方面都表现出了较强的"走出去"愿望,但是联想、中铝等企业在"走出去"的路上惨遭高盛等外国投行暗算的案例应该载入中国"走出去"的史册,有必要时刻警醒所有与欧美投行打交道的中国制造企业。

2004年12月9日,通过高盛的穿针引线,联想集团(0992,HK)以12.5亿美元收购了其时已经陷入亏损的IBM旗下个人计算机项目,作为顾问的投资银行高盛因此获得了900万美元的顾问费。

如果联想未能成功收购,高盛是拿不到一分顾问费的。为了促成此

联想收购 IBM 个人电脑业务，其背后有高盛的推波助澜，在信息不对称的情况下，联想的海外业务决策反要受制于人

事，面对联想资金短缺，高盛先是协助联想获得了 6 亿美元的国际银行的贷款，随后高盛又给予联想 5 亿美元的过桥贷款，并趁机引入了 3 家美国 PE——德克萨斯太平洋集团、General Atlantic 及美国新桥投资集团 3.5 亿美元。

由于信息不对称，联想所有涉及海外业务的重大决策无不依赖于这 3 家美国公司的安排，3 家 PE 仅仅花了区区 3.5 亿美元，就控制了 30 亿市值的公司。

PE 的本质是赚钱，由于其多在 3~5 年内退出，因此在这个时间段内获得最大回报就成为它们的主要目标，资本的性质决定了其在企业投资行为上的短期性，从此展开了一系列追求短期利益的操作。**由于柳传志等中方管理层对 IBM 内部并无过深了解，所有涉及海外业务的重大决策无不依赖于 3 家 PE 的安排。从联想并购后出现的 CEO 更迭乱象，全拜 3 家 PE 所赐。**

因此，大家同样可以设问：联想收购 IBM，是收购了一瓶干邑白兰地，还是空瓶？

联想创业元老、联想集团原总工程师倪光南的一番话，或许已为我们提供了一个答案，"联想并购 IBM，17.5 亿的代价，没有买到什么高技术，更不用说核心技术。IBM 原来和长城合资生产 PC，在合资之前，却把技术含量比较高的服务器拿出来，和长城专门成立一个服务器的工厂，**卖给联想的工厂只剩下 PC，只剩下一半的技术。而实际上 IBM 的狡猾不仅仅在于将服务器拿出来卖给了长城，在将 PC 部门交给联想之前他把很多相关高技术含量的产业分拆卖出。**"

2001 年 9 月，IBM 将旗下 TFT-LCD 部门卖给了奇美电子，使其成立日本 IDTech 公司，并取得高阶技术及产能。2003 年 IBM 又将硬盘驱动产业卖给了日立，使之成为硬盘驱动业界最大的公司。

但偏偏到了联想这里，却似乎种下龙种，收获跳蚤。首先是收购完成后，联想"全球 PC 领先地位"不仅没有巩固，反而被 Acer 反超，从第三滑落到第四，且差距越来越大；紧接着在 2008 财年又出现了 2.67 亿美元的亏损，同时先后五次裁员；2009 年，在 Millward Brown Optimor 最新公布的"全球 Top 100 品牌排名榜"中，Lenovo 落选"科技品牌 Top 20"；老将柳传志被迫在归隐后再度出山，紧急救火。2010 年 4 月，《IT 时代周刊》发表《联想未来可能被收购》一文，文章指出，联想业务单一，未来存在被收购的可能。

2009 年 4 月，一位名为 Barrons 的网友，在联想集团网站上的"问吧"里，写下了题为"'强盗'走了，联想还剩下什么？"的帖子，文章细数联想收购 IBM 个人业务中的赢输家，赢家包括甩掉亏损包袱的 IBM、三家赚得盆盈钵满的 PE，自然也包括拿到并购佣金、提供过桥贷款的高盛，而输家呢？

——联想的普通员工：你省的钱还不够 CEO 一秒钟的私人飞机费用。到头来还被裁掉。

——中国消费者：用几倍的钱买 ThinkPad，应该获得冤大头大奖。

黑色调侃的背后，联想无疑是最大的输家。

高盛另一"杰作"——TCL 折戟汤姆逊

事实上，由高盛推动的联想收购 IBM 并不是其主导的中国制造企业海外收购折戟的第一例。此前，李东生应该已经有过"悔不当初"之感。

在关于高盛的介绍材料中，有如下一行：

高盛担任汤姆逊与 TCL 成立中国合资企业项目的财务顾问。

2003 年 11 月 4 日，TCL 集团（000100，SZ）在广州召开新闻发布会，宣布与法国汤姆逊集团有限公司签署战略合作协议，双方成立一家名为 TCL - 汤姆逊的合资公司，共同开发、生产及销售彩电及其相关产品和服务。在合资公司里，TCL 国际和汤姆逊分别拥有 67% 和 33% 的股权。新公

产业就是脊梁

《起诉高盛》是中国第一本深入分析和研究高盛如何欺诈中国企业的专著，作者张晓东，中投证券金融衍生品部总经理，曾就职于华尔街的对冲基金

司的收入将并入TCL国际股份有限公司的报表。汤姆逊在合资公司成立后的18个月内，可以用合资公司股权置换TCL国际的股权。

合资以前，TCL的彩电销售量为1000多万台，汤姆逊约为800万台。这也意味着，一夜之间，TCL变成了跨国企业，而且是全球最大的彩电生产企业的控股股东。带着"全球头号彩电企业"的喜悦，TCL总裁李东生踌躇满志，发出豪言："（这次合作）将把TCL带入一个新的增长时代，让我们提前实现了'龙虎计划'的两大目标之一——多媒体显示终端进入世界前五强。"

与后来的联想收购IBM以及如今吉利收购沃尔沃有异曲同工之处的是，这笔收购的动作也很快，4个月。在当时《财经》的报道中，是这样描述的："李东生的动作一向很快。尽管汤姆逊在今年（2003年，编者注）上半年就开始了在中国寻找彩电业合作伙伴的旅程，但正式与TCL接触却是7月份之后的事。汤姆逊公司的一位投资顾问介绍说，汤姆逊几乎谈遍了国内主要的彩电生产企业。包括康佳、创维乃至长虹。'开始的时候高盛向汤姆逊推荐的第一个合作对象就是TCL。'"

从2010年7月开始，汤姆逊和TCL就投入了很多精力进入了实质性谈判，并经过4个月左右的时间达成合资的意向。**就如此规模的合作而言，谈判所用时间之短表明了双方达成合作的迫切，而双方的财务顾问在其中扮演的角色举足轻重——为汤姆逊服务的是高盛，站在TCL身后的则是摩根士丹利。**

在高盛和大摩两家投行的鞍前马后下，TCL"合资"的对象情况如何？

资料显示，号称全球第四大彩电生产厂商的汤姆逊公司在2001年消费电子（家电）领域的销售额为65.41亿欧元，2002年下降为54.44亿欧元，2003年上半年则跌破盈利线，亏损达8000万欧元。也就是说，汤姆逊置入合资公司的是一个当年上半年就亏损8000万欧元的业务，是汤姆逊急于摆脱的一个财务包袱。

其时百富勤的罗伟业评论道，TCL从合资中得到的最大好处是用最快和最简单的方法，把市场拓展到了欧美。

然而，在这两家著名投行主导的当年全球彩电业规模最大的合资项目中，李东生得到的仍然只是一个"空瓶"——他最为看重的汤姆逊的专利技术和海外销售网络，并未转移"所有权"。

根据谅解备忘录，双方的品牌仍然是分区域使用：在亚洲及新兴市场以TCL品牌为主，在欧洲市场以汤姆逊品牌为主，在北美市场以汤姆逊的RCA品牌（汤姆逊从通用电器买入的品牌）为主，两家母公司将会给予TCL–汤姆逊电子公司品牌专利权，TCL–汤姆逊电子公司将会委托汤姆逊作为其在北美及欧洲市场的独家分销代理。

据李东生透露，在专利技术的使用方面，新旧公司有别。合资公司产生的新电视技术，将由新公司拥有；而汤姆逊原来的专利，TCL将按市场规则支付相关费用。也就是说，如果有一项专利技术要用到合资公司所生产的产品上去，仍需像两个企业一样结算。但同时，汤姆逊却把它从事彩电、DVD业务的8500名员工放到了合资公司，这相当于汤姆逊把庞大的员工成本转移到了TCL头上。

3年后的2006年11月，TCL与汤姆逊"姻缘"生变的消息传出。汤姆逊与TCL集团解除股权交换，TCL多媒体（1070，HK）宣布退出欧洲业务。而此时，据2006年三季报显示，TCL集团亏损7.06亿元，依据TCL集团的持股比例推算，其中5.88亿元亏损来自TCL多媒体科技控股有限公司。受TCL多媒体拖累，TCL集团在中国A股市场的股票简称，一度沦落为"＊ST"。

前事不忘 后事之师

回到吉利上来。吉利收购沃尔沃，资金缺口是根本。

吉利首席代表王坚说过这样一句话："钱不是问题，现在全世界都看好李书福。海外最大的投行 JP 摩根、英国的基金、美国的基金等大批投资者都进来了,这是一个多元化的融资团队。"

李书福曾表示,现任洛希尔公司资深顾问即"超级四人团"之一的汉斯·奥诺夫·奥尔森将在交易完成之后加入沃尔沃董事会,如若吉利-沃尔沃陷入高盛、洛希尔公司、美国 PE、英国 PE 的局面之中,联想起联想收购 IBM 时的"多元化融资团队",我们有理由对吉利引入海外资本后的控制权感到担忧。

另外,据报道,在协议签订前,"当谈判组成员向李书福汇报时,对谈判尾声福特提出诸如'运营资金一并注入'等新条件,李书福确实有一丝不快"。

"这如同一个农村来的穷小子追求一个世界顶级的明星。"李书福自己如此评价这单交易。

小议日本式收购

对比联想、吉利等中国企业的做法,日本的出海战略从来不采用这样大手笔的美国投行收购的方式,而是由长年驻扎海外综合商社的分支机构、当地法人一马当先,充当探路。然后逐步通过自己的布局,通过产业之间的协调配合,通过财团、综合商社、关联企业控制渠道,带动产业链上各个环节的公司进入对方市场,以这样的方式逐步蚕食目标国的市场。

这种方式是一个渐进的过程,甚至会用 10 年、20 年、30 年的时间,新近发生的丰田"召回门"事件,可以说正是因为丰田在过去的 10 年、20 年、30 年里不断在美国蚕食美国汽车产业,从而打垮了通用、克莱斯勒汽车,才遭到了美国的报复。

中国如今的大规模出海与日本 20 世纪 80 年代的情况极其相似。日本曾经的经验和教训相比其他国家也更具有参考价值

所以，中国企业在海外"出海"的时候，不一定都要采用美国式的收购方式，被美国的投行、金融资本利用，在"卖了身"的同时还在为美国人数钱。这种方式实际上是过去我们很多企业在海外扩张时都遭遇到的问题，包括中铝在澳大利亚的收购行动，也有美国投行的参与。

从这种种前车之鉴中，我们不难发现中国企业在"出海"体制、战略上存在的漏洞和失误。而日本企业以企业之间相互持股，形成财团体制，建立商业产业和金融相配合、三位一体的模式来进行海外布局，逐渐占领对方的市场，获取对方资源，这样的方式更值得中国企业借鉴。

原文发表于《环球财经》2010年5月，作者：白益民，王维

第五节
谁来审判高盛？

暴跌·暗幕

"出大事了！"北京时间2010年4月16日晚11时多，一位身处华尔街的对冲基金经理突然在MSN上对《环球财经》记者说道。

"高盛暴跌，5分钟跌掉了10美元，哦，15美元了，10%就这么没了！"

"跌掉20美元了！"

"最高跌掉30美元！"

大洋那边，关于高盛的消息接连传来。路透社抢发的关于高盛股价暴跌的消息，未经翻译，便登上了国内财经网站新闻频道。

"这一定是出大丑闻了，暗幕丑闻，连金融危机时都没这么跌过。"上述对冲基金经理对《环球财经》记者说。

其实，4月16日下午2时左右，一则关于高盛的消息已经引起了财经人士的广泛关注。知情人士称，高盛集团董事拉贾特·古普塔（Rajat

Gupta）已于3月告知高盛，他将不再参选董事，此前检方通知说正在审查其与帆船集团（Galleon Group）创始人拉杰·拉贾拉特南（Raj Rajaratnam）之间的谈话录音。古普塔通过发言人表示，他决定卸任是由于"有其他事情"。古普塔从2006年开始担任高盛董事。

《华尔街日报》周四报道，检方正在调查古普塔是否在金融危机最严重期间向拉贾拉特南透露了高盛的内幕消息。

现年61岁的古普塔和其他一些人接到政府信函，说他们的电话谈话已被截获，截获手段是通过窃听或该案证人自愿录音。

古普塔曾在董事会的审计、薪资、公司治理以及任命等多个委员会任职。他在高盛的董事任期将于5月到期。

"高盛的暴跌与这个消息有关吗？"《环球财经》记者向上述对冲基金经理询问道。

"有关，但不仅如此。这样的跌幅，只能说明大机构在疯狂出货。刚听到消息，GE也有麻烦了，与信息披露有关，似乎与美国前财长保尔森有涉。"他回答道。

保尔森，高盛前CEO。就在那一时刻，"高盛"一词仿佛瘟疫，谁沾上，谁倒霉。

"政商勾结就是罪恶的渊薮，"他进一步补充道，"高盛就是典型案例。"

灾难·报应

10分钟后，确切消息传来，美国证券行业的最高机构、直属美国联邦政府的独立准司法机构美国证券交易委员会（SEC）起诉高盛，罪名是欺诈。

消息称，SEC指控高盛集团及其副总裁托尔雷（Fabrice Tourre）在设计和销售与次优抵押贷款相关的担保债务凭证（CDO）产品时有欺诈行为。SEC认为，高盛和托尔雷触犯了美国证券法，SEC正谋求向高盛及托尔雷施加剥夺非法获利、罚款等处罚。

在4月16日向联邦法院提起的民事诉讼中，SEC指控高盛集团在金融产品问题上涉嫌欺诈,隐瞒与第三方的关系,放出错误信息,造成投资者损失超过10亿美元。《华尔街日报》指出,这些交易可能导致了金融危机的爆发。

SEC在随后发布的一项声明中指出,高盛设计并销售了一种基于住宅次贷证券(RMBS)表现的抵押债务债券(CDO),高盛没有向投资者透露该CDO的重要信息,特别是一家大型对冲基金公司——保尔森对冲基金Paulson & C在资产选择中所扮演的角色没有被透露,也没有透露该基金已对这一CDO做空。保尔森公司参与并帮助高盛集团选择了

《审判高盛》作者袁朝晖和很多华尔街精英,特别是投资银行、监管机构的大佬相交甚深,拥有其他人无法比拟的第一手资料

投资组合,并通过对抵押债务债券的卖空交易在房地产市场大幅下跌时期获得了大量的利润,但高盛没有向投资者透露该对冲基金公司参与了该交易,以及其在该交易中扮演的角色。

SEC执法部门的主管罗伯特·库萨米(Robert Khuzami)认为:"这种产品是新的且很复杂,但其中的骗术和利益冲突并不新鲜。高盛错误地允许这位能深刻影响其投资组合中抵押贷款证券的客户对抵押贷款市场做空,高盛还向其他投资者提供了虚假陈述:该证券的投资内容由独立客观的第三方机构进行选择。"

为了这项交易,保尔森对冲基金公司于2007年4月向高盛支付了约1500万美元的设计和营销费用,而以ACA资产管理公司和德国IKB银行为代表的投资者因此蒙受的损失可能会超过10亿美元。

该CDO的营销材料名为ABACUS 2007 – AC1,高盛副总裁法布里·托尔雷(Fabrice Tourre)应对ABACUS 2007 – AC1存在的问题负主要责任。托尔雷设计了这一交易,负责营销材料的准备工作,而且负责与投资者进行直接沟通。托尔雷知晓Paulson对外隐瞒的卖空部位,也知晓该公司在资产选择中扮演的角色。此外,托尔雷误导了ACA,让ACA误以为Paulson 的投资与 ACA 的利益存在密切关联。实际上，它们的理由存在严重冲突。

"欺诈门"案件令高盛陷入史无前例的危机，分析估计相关诉讼潮或导致该行损失 7.1 亿美元，高盛现任 CEO 布兰克·费恩更可能被迫下台。

在 2008 年金融危机后，高盛一度作为"金融黑手"被推向舆论的前台，但也有相当多的人士认为，这只是"阴谋论"的一家之言。一年多后，SEC 的起诉，为当初舆论对高盛的鞭挞落下了坚实的注脚。SEC 对高盛指控的时间点十分敏感。2009 年 12 月，美国众议院通过了全面改革金融体系的议案。目前，参议院银行委员会主席多德提出的提案正在作最后修改，参议院全院辩论即将开始。奥巴马总统再次敦促立法者：金融监管改革应在数周内完成。奥巴马在 2010 年 4 月 17 日表示，正在国会推进的金融监管改革计划将终结对金融机构的救助，转而向华尔街问责，以保护消费者和纳税人的利益，避免各种不负责任的行为再次引发危机、危害经济。

分析人士称，如果白宫只是针对高盛一家，那么对华尔街不会造成太大冲击；如果打击面加宽，将对美国银行业带来更多的变数。这一次，备受挞伐的高盛会得到它应有的惩罚吗？

答案并不清晰。因为，该案于 2009 年开始进行调查，但据 Bloomberg 报道，2009 年 9 月履任 SEC 执行起诉部门负责人罗伯特·库萨米此前任职于高盛，职位是"高级经理"，报道称，29 岁的罗伯特·库萨米没有任何法律方面的经验。

有网友据此揣摩："现在你知道高盛这招棋的妙了吧，美国证交会在周五公布该消息，黄金一时间掉了 28 美元，高盛的股票一时间下降 23 美元。我猜高盛的 trading desk（交易室）早就布好做空黄金和高盛股票的局了。"

另据英国《泰晤士报》2010 年 4 月 21 日报道，在高盛欺诈事件爆发以后，一些资深共和党人针对此事件展开调查，认为美国白宫可能与华尔街监管机构进行勾结，从而做出起诉高盛欺诈行为的决定，使高盛成为政治风暴的中心。

不过,白宫方面否认美国证券交易委员会出于政府授意,在参议院辩论前起诉高盛。白宫发言人罗伯特·吉布斯强调,证交会是独立机构,事先没有通知白宫。

虱子·渊薮

在美国,高盛32000名员工被看作高登·格科(大导演奥利弗·斯通1987年执导的电影《华尔街》中主角,由麦克尔·道格拉斯演)式的商业恶魔军团,制造住宅泡沫的贪婪操纵者,以及致使其商业伙伴美国国际集团(AIG)高额负债近乎崩溃的机会主义者。

"贪婪是个好东西。"这是高登·格科的名言。20年后,2008年,这句台词再度风行华尔街,不过变成了"贪婪不是个好东西"。

是的,在高盛的贪婪大白于天下时,那袭华丽长袍下隐藏的虱子,触目惊心地展现在人们眼前。人

在美国,高盛被看作是高登·格科式的商业恶魔军团,是制造住宅泡沫的贪婪操纵者,图为华尔街题材的经典之作《华尔街》中主人公之一的股市大亨高登·格科

们意识到,金玉其外的高盛,不值得拥有以往获得的尊重。在2010年4月5日由国际知名调研机构 Harris Interactive 发布的2010美国最受尊重企业排行榜中,高盛集团被评为信誉最差的5家美国公司之一。4月9日,以高盛为首的美18家银行被曝虚报债务数据。4月12日出版的美国《商业周刊》杂志指出,现在的高盛在华盛顿几乎没有朋友。败絮其外——在美国公众眼里,高盛就是华尔街罪恶的渊薮。

以下试数高盛近年来作恶的一二。

操纵石油

2003年,美国通过一项规定,放开了对大宗商品交易的监管,而放松监管就意味着高盛等投行有不公布其持仓报告的特权,它们拥有了无限持仓规模的豁免权,这使得对冲基金可以通过与投行达成互换协议来绕过持仓规模的限制,从而间接介入期货市场进行投机。这正是此后基金变得活跃、投机行为增多、油价上涨的起因。

2008年伊始,因全球金融市场的混乱,老百姓已经不愿意把钱投到任何感觉不靠谱的领域。华尔街便把赌局设在了老百姓能实实在在感受到的商品市场领域:粮食、咖啡等粮食资源,原料资源、能源资源特别是石油等。美元贬值、信贷和地产危机,这一切都造成所谓"飞向商品实物"的局面。石油期货价格像坐了火箭一样向上攀升,从2007年中的60美元一桶飙升到2008年夏天的峰值147美元一桶。

在那个总统选战如火如荼的时期,对于油价攀升到4.11美元一加仑的合理解释是"全球石油供应问题"。但是全球石油供应紧张是在撒谎,虽说全球石油供应最终会耗尽,但是短期石油供应量其实在增加。根据美国能源信息管理局的报告,在石油价格达到峰值的前6个月,世界原油供应量从每天8524万桶上升到8607万桶,而同期世界原油需求量则从每天8682万桶降低到每天8607万桶。也就是说不仅短期原油供应量上升,而且需求量在下降,这种情况按照经典经济学的理论,本应该带来原油价格的下跌。

那么,实际是什么导致了油价的飙升呢?

没错,价格上涨的不是真实石油消费,而是纸面石油交易。高盛通过说服养老基金和其他大型机构投资人投资于原油期货,几个大玩家竭尽全力把一度稳定的大宗实物商品市场搞成一个投机的赌场,也就是在固定的某一天可以以固定的价格购买原油。这种做法一举将严格按照供需情况定价的原油,从实实在在的商品变成了一个像股票一样可以投机的东西。投机到实物商品市场的热钱从130亿美元增长到3170亿美元,增长了2300%。到2008年,大约有800只基金集结在原油期货市场,油价波动的

60%~70%是投机和操纵市场引起,而平均一桶原油在最终储运和消费掉以前,要倒手27次。

在半公开的政府豁免权武装下,高盛成了一个巨大的商品赌场的首席设计师。高盛商品指数跟踪24种主要商品价格,其中原油价格的权重占据举足轻重的地位,成为各种养老基金、保险公司和其他机构投资人进行大规模长期赌博的主要场所。

在2008年7月以前,高盛的投资组合是做空美元、做多石油,因而在2007—2008年,美元的下跌和石油的暴涨以及次贷衍生品的崩盘中,获得了丰厚利润。

高盛做空石油是在2008年,在2008年初,被誉为"油价预言家"的高盛分析师阿尔琼·穆尔蒂,在《纽约时报》撰文预测由于尼日利亚供应中断、俄罗斯产量下降、中国对石油的需求将失控性的增长等,石油价格将"急速飙升"到200美元一桶。2008年7月,时任高盛大中华区主席胡祖六接受《中国经济周刊》采访时声称:"从原油需求、工业技术、地缘政治等多个角度考虑,国际原油价格依然会上涨",他还提出高盛有关"未来6到24个月油价愈来愈可能升至每桶150~200美元"的预测并非危言耸听。

事实却并非如此,实际上这是圈内人做空石油的信号,而做空的前奏就是吸引"最后一棒"接手原油仓位。原油价格于2007年7月见顶每桶147美元,随后一路狂泻,到2008年12月触及2004年初来最低点每桶32美元。不幸的是,包括中国在内的很多石油消费国,就真的成了这"最后一棒"。他们在130、140美元的价位上大量接手。

2008年10月,当众多国家接手后,高盛出手了。高盛令人咋舌地兀然多翻空,在没有拿出令人信服的理由时,把此前看多石油至150~200美元一桶,改为看空50美元一桶,这显然难以让人信服。被玩于股掌之中的人们早已失去了理智,更没有想到做空确实是由高盛说了算。

当然,高盛随之的策略调整就是做空石油、做多美元,随着这一策略的实施,石油从最高147美元/桶跌到33美元/桶,77%的跌幅,以及美元指数同期30%的涨幅所验证,全世界傻眼。

《猎杀"中国龙"》中提到,高盛已经悄然渗入包括石油在内的许多中国战略行业。这是一本关乎国家经济安全的必读书籍,作者:江涌,中国现代国际关系研究院研究中心主任

据《中国经济安全透视:猎杀"中国龙"》一书指出,高盛因为在全球金融市场的突出地位,在中国大型骨干企业"走出去"的过程中一直扮演关键角色。中石油、中石化、中海油等中国石油巨头,在股份配售承销、账簿管理、海外并购等各方面都得到高盛等相关美国金融机构的"周密服务",因此高盛对中国石油企业的海外布局了如指掌,这也是为什么以高盛为首的金融炒家总能轻易利用"中国因素"进行成功炒作。2009年以来,油价反弹,在每桶60美元徘徊。高盛却开始公开唱空油价,在5月初又发布研究报告,称美国原油期货价格将在未来2个月跌至45美元/桶,事实是,截至5月底,美国原油期货价格涨至65美元/桶,高盛唱空和唱多油价,都是为了达到自身利益的最大化。

当然,高盛介入的中国战略行业远不止石油。

涉嫌助希腊瞒赤字,并试图嫁祸中国

哈佛大学经济史教授尼尔·弗格森曾写道:"在每一次重大历史事件的背后,总暗藏着金钱的秘密。"以希腊为代表的欧元区债务危机,刚好印证了这句话。

希腊为了能够加入欧洲货币联盟,寻求高盛等投行帮助以降低财政赤字。因此,高盛帮希腊政府悄悄贷进了数十亿美元。因为被视为货币交易而非贷款,这笔交易没有对外发布,却帮助希腊在入不敷出的情况下,不仅达到欧洲赤字的规定,获得加入欧元集团资格,还得以继续挥霍,因而也埋下了隐患。2009年,希腊国家负债高达3000亿欧元,创下历史新高。2009年12月,国际评级机构连续下调希腊主权信贷评级,引爆希腊政府债务危机。

多项记录显示,在华尔街的协助下,过去10年来,希腊一直努力躲避欧洲负债的限制。由高盛制造的一笔交易,让希腊数十亿美元的债务得以躲过布鲁塞尔预算监督人员的审查。希腊为此支付了高盛大约3亿美元的费用。

掌握了高盛及一些华尔街交易文件的雅典经济学家 Gikas Hardouvelis 表示:"这类交易因为没有以贷款的方式记录,常会误导投资者以及金融监管人员对一国负债深度的了解。"

此外,这些"秘密"交易,除了欺骗投资者,更诱导政府采取错误的政策,以避免政府采取严格措施来控制他们的财政赤字和债务。比如,高盛曾一度要向中国推销250亿欧元希腊债券,想以此进一步帮希腊来掩饰现在的债务。高盛此举有转移危机、嫁祸中国之嫌。

在财经作家李德林所撰《做空希腊下一步 高盛的终极是中国》一文中,有如下描述:

"在这场危机中,人们意外地发现中国的身影。去年(2009年,编者注)11月,高盛投行总裁亲自前往希腊首都雅典,提出了一项帮助希腊还债套现的计划建议,并建议希腊方面由高盛搭桥,将高达250亿欧元的国债推销给中国。当一月底希腊成功拿到80亿欧元的新贷款时,市场一度便认为希腊已经没有支付危机。然而这正是某些人需要造成的效果。这时高盛高层再度游说希腊方面。然而希腊新政府显然已经认识到,高盛的建议是饮鸩止渴。在希腊的拒绝下,很快,市场上便出现了新的谣传:中国拒绝购买由高盛投行安排的一项'私人投资'——250亿欧元的希腊国债。也就是说,希腊委托高盛出面来替其安排寻找投资者,这明确显示希腊方面出现了问题。一个国家的国债无人问津的话,就是该国金融信誉出现问题的最为明确的标识。而中国的拒绝将使市场要求雅典提供更高的风险保险。在这种背景下,高盛就成为一个大赢家:一方面替希腊推销国债能够得到更多的收益,而另一方面高盛手中的"信用违约互换"保险CDS则大幅上涨。"

法国分析家认为,中国拒购希腊国债信息被透漏是令人吃惊的。这种消息按惯例必须绝对保密。对投资者或推销者来说,这种消息的泄漏对两者都是不利的。然而《金融时报》却发现，消息透漏者居然是高盛投行的第二把手凯利·科恩。他两次前往雅典，试图游说希腊当局让高盛将高达 250 亿欧元的国债推销给中国，但遭到希腊的拒绝，于是消息便蹊跷地走漏出来，对希腊和欧元造成巨大冲击。

整垮贝尔斯登和雷曼

贝尔斯登和雷曼兄弟认为是高盛操纵股价导致它们垮台和陷入困境。据 2008 年《华尔街日报》英文版文章《Goldman Is Queried About Bear's Fall》披露，高盛操纵贝尔斯登和雷曼兄弟股价的问题已经被美联储调查。雷曼兄弟 CEO Richard Fuld 指控高盛 CEO Lloyd Blankfein，认为高盛交易员恶意散播关于雷曼兄弟的谣言，造成雷曼兄弟股价暴跌，最终雷曼只得以破产收场。在美国，操纵股价是一项非常严重的指控。

事实上，高盛的一封电子邮件确实对贝尔斯登造成了重大打击。

《财富》杂志曾报道，2008 年 3 月 11 日，高盛的信贷衍生产品业务部在向其客户发送的一封电子邮件中称，高盛将不再就贝尔斯登的衍生产品交易为他们提供担保。

而在此前几周，高盛等银行都还在积极开展业务，同意对担心贝尔斯登这样无力履行其利率互换交易义务的金融机构提供担保，并从中收取不菲的佣金。

尽管高盛发言人当时声称该邮件不构成全面的拒绝，但资金管理公司 Hayman Capital 首席执行官 Kyle Bass 收到这邮件时还是感到异常震惊。Bass 让同事给高盛打电话确认一下，问是不是搞错了。

"没有错，" Bass 说，"高盛告知华尔街说，他们和贝尔斯登的关系完了，风险太大了。这是他们关系的终结。"

高盛的这封电子邮件的内容泄漏以后，越来越多的对冲基金和其他客户开始撤资，最后撤资者多达上百家，加速了贝尔斯登的崩溃。

制造"全球化模式"陷阱

在过去 25 年里，华尔街制造了一系列的丑闻，能忽悠出去的东西也没剩下啥了。垃圾债券、IPO、次级房贷以及其他曾经盛极一时的金融产品，在公众心目中都成为诈骗陷阱的代名词。信贷市场陷入危机当中，房地产泡沫经济破灭，这逼得华尔街不得不去找一个新的圈套诱人上钩——全球化模式。

《贪婪的资本主义》（华尔街的自我毁灭），是对资本主义危机的"日本式"解读。作者：神谷秀树（日），曾在高盛就职。

为什么全世界都要统一成"全球化模式"呢？1984年即在高盛任职的日本人神谷秀树在他所著《贪婪的资本主义》一书中这样写道："推进全球化模式的中心人物无疑都是美国巨大投资银行的顶层人物。简单地说，证券世界的销售体系是由不到十家高盛这种巨大投资银行（包括储蓄金融机构的投资银行部门）掌握的。他们为了让自己更方便，要把所有的证券都做成'定性化的商品'。也就是说，他们使交易条件规格化以便于自己更好买卖。不仅仅限于证券，原油、玉米、大豆、咖啡豆等等，他们建立起的商品交易系统中，交易的种类越多，他们的利益和市场支配能力就越强。他们在全世界各国证券市场的商业圈和支配能力都增强了，以至于市场都要采取他们的游戏规则。像他们这样追求数字的人最忌讳的就是'个性'。当证券、商品都失去自己个性的时候，世界就掌握在了这些人的手里。"

高盛等投资银行致力于用微薄的手续费来操作具有统一性（专家称商品化）的大规模商品，只要数量庞大，那么即使很小的价格差也能够带来巨额收益。以高盛为首的投资银行就是"贪婪资本主义"的产物，所以他们无论如何都需要"全球化模式"，推行全球化，就掌握了世界。

高盛的野心，不过如此。

全球化模式陷阱，贪婪的资本主义，高盛的罪孽。

原文发表于《环球财经》2010年5月，作者：白益民，王维

第六章　政经"军团"渗透中国基干产业

当年"徐工案"闹得沸沸扬扬，人们纷纷惊呼中国要把装备制造业的主导权拱手让给美国人了，却鲜有人注意到并购案幕后真正的买家——三菱财团。与其说是美国人要掌控中国装备制造的主导权了，倒不如说日本财团已经渗透到了中国重工业领域的方方面面。

对于曾经研发出著名的"零式战机"的三菱重工而言，绝不会仅仅满足于对中国基础制造业的简单掌控，渗透到拥有高额利润的中国军工产业才是其最终的目的。而中船重工，这家中国最大的军用舰艇制造商也就成为三菱重工进军中国军工产业的重要突破口。

现如今，乘坐动车组出行似乎已经成为大多数人的首选，然而在日本媒体口中，我们的"和谐号"却被称作"异乡的新干线"。当我们为国产"和谐号"动车组感到无比自豪的时候，却也不得不警惕那些藏在"和谐"背后早已将自己与中国工业根基绑定在一起的日本财团。

作者题注：

中国的经济活动中需要组建一个民间产业联合体，也就是集金融、商业和产业于一身的财团体系，以便在全球范围内赢得市场，从而为我们企业的技术投入带来巨大收益，并且可以推动中国装备制造业（准军工）的不断升级。

本章提要

2003年初,在卡特彼勒与徐工密集互访和谈判的阶段,双方高层会面密谈的地点,不是在美国,而是在日本东京。会谈的主要人物除了卡特彼勒的总裁外,几乎全是新卡特彼勒三菱的人,其中的原因实在是耐人寻味。

日本财团进入中国市场以来,很少运用资本运作的方式控制一个行业,而是通过综合商社与其财团制造业在产业链上的布局掌控市场,从而把中国企业纳入日本财团体系的整体结构与全球战略之中。

在于中国市场上攻掠斩获的同时,三菱重工并没有忘记为今后开路做好铺垫。以中国最好的理工大学清华大学为目标,三菱重工投入大量资源,力图与中国的学术界建立良好的关系,为自己在未来的中国预定一个有利的席位。

对于中国铁路高速列车"国产化达到75%"的说法,仍有媒体存有质疑。英国《金融时报》曾指出,中国CRH2型"子弹头列车"只是在日本E2-1000新干线车型基础上略加改进的。

日本寓军于民的国防工业推动了完整的工业体系的建立,并极大地提高了装备制造产业的整体竞争力。日本装备制造业具有涵盖范围广、产业关联度与集中度高、技术壁垒强、投资规模大、对经济增长拉动力强、对提高国家的技术竞争力与综合国力贡献大等特点。

第六章
政经"军团"渗透中国基干产业

第一节 三菱重工的中国攻略

从一张照片发现中国国家机密

日本三菱重工以民用品开路,逐步渗透进中国装备产业根基,在中国装备市场上攻掠斩获巨大。它用了些什么战术?它用什么手段将中国纳入其全球化的战略?

1964年,《中国画报》在封面刊出这样一张照片:铁人王进喜头戴大狗皮帽,身穿厚棉袄,顶着鹅毛大雪,手握钻机刹把,眺望远方,在他背后远处矗立着星星点点的高大井架。

这是一张普通的照片,日本三菱重工业株式会社(MHI)却从中破解了当时还是中国国家机密的大庆油田情况:大庆油田就在中国东北北部。他们更从照片中王进喜所站的钻台上手柄的架式,推算出油井的直径;从王进喜所站的钻台油井同他背后的油井间的距离和密度,推算出油田的大致储量和产量。

于是,三菱重工迅速集中大量专家和人员,在对所获情报进行深入细致的处理之后,全面设计出适合中国大庆油田的采油设备。果然,中国政府不久向世界市场寻求石油开采设备,三菱重工以最快的速度和最符合中国要求的设计设备一举中标。

日本三菱重工就是通过1964年《中国画报》上这张普通的照片破解了当时的中国国家机密——大庆油田

40多年过去了,三菱重工在中国的投资越来越多,与中国的联系也越来越紧密。在全球化的时代,把自己与中国进行绑定,并以此在全球性的博弈过程中赢得优势地位，正在成为三菱重工这个日本老牌重工企业的长期战略。

民用开路，网络先行

从名字上看，三菱重工很容易给人一种庞大笨重的感觉。但这个大家伙最早却是以空调生产商的身份，低调地出现在中国普通大众身边的。

1994年，三菱重工在三菱财团核心企业三菱商事的带领下，联合其全国空调总代理香港和记电业，与当时洗衣机领域的知名企业广东江门金羚洗衣机厂合资3000万美元，成立了三菱重工金羚空调器有限公司，年产30万台空调整机。在中国经济发展形势还不明朗的情况下，三菱重工的投资是非常精明的。一方面，可以利用金羚洗衣机搭建的宽广平台快速实现盈利，减少投资风险；另一方面，通过三菱商事的介入，保证了三菱重工在开拓中国市场的过程中，能得到来自三菱财团的长期帮助。

实际上，在与金羚合资之前，三菱重工就已经开始在为进入中国做准备了。20世纪80年代，中国空调市场还处在萌芽期，除了上海、广州等少数几个地区有需求之外，内地绝大多数地区几乎没有空调消费。为了打开和培育市场，三菱重工开始扶持香港和记电业，向中国内地出口空调整机。由于当时外贸壁垒的限制，三菱空调只能通过有外贸报关资格的内地企业进入中国，不少内地企业都采取了走私的方式牟取暴利。对此，三菱重工始终保持沉默。

进入20世纪90年代，借助三菱商事的帮助，三菱重工空调在中国市场上的代理商数量迅速增多，所占据的市场份额也水涨船高。三菱商事和三菱重工各自的代理商在抢夺有限的渠道资源时，不惜牺牲自身利润，甚至将代理费也掏出来贴给经销商，对此三菱重工依然持放任的态度。在这样的情况下，三菱空调的销量猛增10多倍。同时，其在中国市场的品牌知名度空前高涨，在某些地区甚至还出现了抢购、囤积三菱重工空调的现象。

等到内地的经销商们已经拼得筋疲力尽时，三菱重工站了出来，开始对销售渠道进行清理：一面取消了继续窜货的部分经销商的代理资格，一面开始在全国范围内布设嫡系的经销网点。

即使到了现在,三菱重工也还在拓展销售网络。2007年7月,三菱重工对媒体宣布,将在全国范围内设置华东、华南、华北三地总代理,并将于2008年3月前在全国建立20家空调产品的区域总代理,以实现38%的市场占有率目标。

然而,三菱重工是不会仅仅满足于此的,生产空调对它来说,只不过是正餐之前的一道开胃菜罢了,它的触角开始伸向汽车行业。

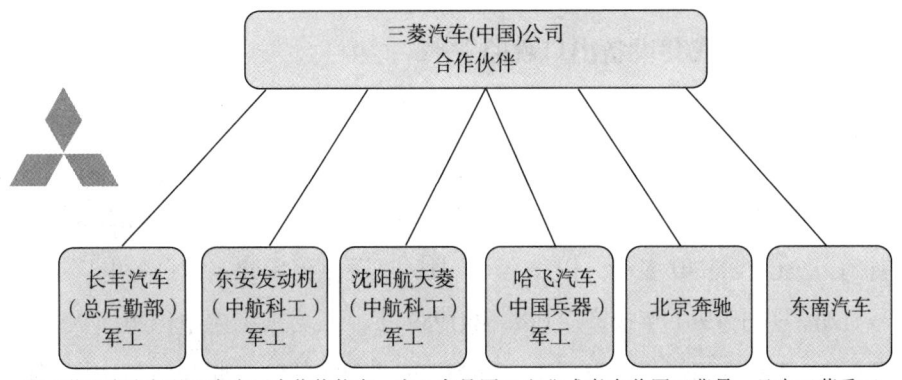

在三菱汽车全部的6家中国合作伙伴中,有4家是军工企业或者有着军工背景,日本三菱重工通过业务合作、情报网络的建设已经渗透到了中国的重工业领域,将自己与中国的工业根基牢牢绑定起来

在三菱汽车中国网站上,可以看到三菱汽车的中国合作伙伴。在全部的6家合作伙伴中,竟有4家是军工企业或者有着军工背景。其中,长丰汽车的大股东长丰集团是解放军总后勤部的嫡系军工企业,长期的战备物资采购及公检法等集体采购大单的无对手竞争,使长丰汽车几乎处于特殊领域的垄断销售状态。

另一家合资企业哈尔滨东安汽车发动机制造有限公司中,一个很重要的合资伙伴就是由中航科工(中国航空科技工业股份有限公司)持有70.01%股权的哈尔滨东安动力(东安汽车动力股份有限公司)。中航科工隶属于中航集团,统合了该集团下所有中国民用航空产品的研发与制造。合资企业沈阳航天三菱汽车发动机制造有限公司的大股东同样来自中国航空工业系统。

三菱重工此举充分体现了三菱汽车对其全球战略的重要意义。三菱汽车中国总经理益子修在官方网站上发表的2007年新年致辞上说："对于三菱汽车公司来说，中国市场是与日本、北美、欧洲同等非常重要的市场。"

通过空调和汽车，三菱重工为自身在中国重工业领域的发展提供了非常好的辅助作用，通过业务合作、人员交流、市场开拓和情报网络的铺垫，它在中国全面展开业务更加得心应手。三菱重工充分活用成套设备出口与合资两大法宝，与中国基础工业领域的支柱企业进行合作，并逐步渗透到中国重工业领域，将自己与中国的工业根基绑定起来。

精彩的"成套设备出口攻略"

在日本，产业界、政界和金融界特别关注成套设备的出口，并认为这是日本贸易立国的基本之一，三菱重工同样注重出口成套设备。

从1964年向大庆油田出口采油设备开始，三菱重工向中国出口成套设备的历史已经有40多年。1978年11月，三菱重工承建宝钢自备电厂1、2号机组，并于1981年投产。1988和1989年，三菱重工向中国提供大连发电厂1、2号机和福州发电厂1、2号机的机组设备，由此开始与中国华能国际电力开发公司的长期合作。1984年5月，三菱重工又承制了秦山核电站的反应堆压力容器，这是日本首次出口核能设备。但对于20世纪90年代以后的情况，三菱重工并没有提及。

三菱重工还通过与设备进口企业建立的联系，不断地深入和扩展自身在中国重工领域的影响力，与中国建筑材料集团的合作就是典型的例子。

2004年8月23日，中国建筑材料集团公司与日本三菱财团的三菱重工、三菱综合材料和三菱商事签署了合作框架协议，其主要内容是三菱重工通过技术转让和合资的方式，将日产一万吨规模的水泥生产成套设备制造技术及余热发电、废物再利用等多项水泥生产相关技术提供给中国建材集团的下属企业，支持中国建材集团进行日产万吨级水泥成套装备的国产化，并在国内及国际市场大型水泥工程项目中进行全面合作。

这个协议充分体现了三菱重工和中建材之间的亲密关系。利用中建材的身份和影响力，三菱重工与中建系统内部和相关行业的企业建立了大量的业务联系。其中比较典型的是中国凯盛国际工程公司和沈阳矿山机械集

第六章
政经"军团"渗透中国基干产业

团与三菱重工交往的例子。

2005年8月22日,据《辽宁日报》报道,当年内沈阳矿山机械集团将实现与中国建筑材料集团和三菱重工的战略重组,完成股份制改造。重组完成后,沈矿集团马上就可以引进三菱重工的立磨、回转窑、篦冷机等设备技术,预计每年可承接三菱重工近2亿美元的制造任务。也就是说,利用中建材,三菱重工成功地将沈阳矿山机械集团转变成自己在中国的设备制造厂。

2006年6月6日,中国凯盛国际工程公司与三菱重工签署水泥技术转让合同。按照此次合同,凯盛将引进三菱重工的水泥烧成和成套设备制造技术,并结合现有技术和产品在中国进行制造,拓展中国及周边国家市场。凯盛国际是蚌埠玻璃工业设计研究院,也是中国建材集团的科技平台的核心企业。这一次,三菱重工通过中建材,将触角深入中国建筑材料行业的核心研发领域。在不远的将来,三菱重工的影响力会在中国建材行业中更多地体现出来。

中建材又是如何与三菱重工建立联系的呢?根据现有的资料,早在2002年,隶属于中建材的北新集团就已经开始与三菱财团的核心企业三菱商事开展合作。当年9月底,北新集团与三菱商事、新日铁和丰田汽车合资组建了北新房屋有限公司,共同生产薄板钢骨结构住宅,发展目标是在5年内将销售额做到上百亿元。

在日本,素有"组织的三菱"之说,讲的是三菱财团成员企业之间组织体系严密、纪律严明。三菱商事与北新集团建立联系,就等于三菱财

中国自行设计、建造和运营的秦山核电站一、二期工程中最核心的部件全部使用的是由三菱重工制造的反应堆压力容器,右图为秦山二期反应压力堆压力容器的吊装现场

团的成员企业都能够从中获得发展的机会,作为三菱财团三大支柱企业之一,三菱重工更是当仁不让从中获利。从此开始,中建材就成为三菱重工

中国战略的一个极富价值的突破口。

近年来在建材行业，中建材与海螺水泥的联合十分引人注目，借用这两家企业的影响力，三菱重工在中国建材系统的影响力一定会更加巨大。

相比已经被自己绑定的中建材，三菱重工与海螺水泥的渊源更加久远。1979年，国家计委对外招标购买国外的水泥设备时，三菱重工成功中标，获得安徽宁国水泥厂4000T/D新型干法水泥生产线的全套设备合同。经过十多年的发展，宁国水泥厂逐渐成长为大型的企业集团，并于1996年更名为海螺集团。海螺与中建材相互之间也许是独立的，但在三菱重工眼里，他们并没有分别，都是自己在中国的亲密伙伴。

在三菱重工众多的业务门类中，建材产品的地位相对较低，真正赚钱的主业是船舶交通、能源设备以及产业机械。在这些领域，三菱重工对中国的成套设备出口也有很多成功的例子：

2003年，获得"十五"计划项下23台燃气轮机中的10台订货；

2004年3月，获得陕西韩城二电厂的大型排烟脱硫装置的订单；

2004年11月，再获河南新乡电厂与山东蓬莱电厂的大型烟气脱硫装置的订单，针对中国市场的烟气脱硫装置累计达到10项；

截至2006年6月，与马钢、邯钢、包钢等6家中国大型钢铁企业就提供高炉煤气燃气轮机联合循环发电机组设备签署合约；

2006年9月，获得秦山核电站的核反应堆冷却剂泵订单；

……

精彩的"成套设备出口攻略"持续不断地进行着，未来一定会有越来越多的中国企业加入三菱的中国伙伴队伍中。

向中国的产业根基渗透

三菱重工的成套设备攻略运作得固然精彩，但这并不是它的最终目标。从最终目标的角度来看，如何把自己与中国产业的根基绑定在一起，才是三菱重工战略的核心。三菱重工在中国的重工领域大多都局限在冶金和燃气发电，以后，它必然会在其他关键工业领域加强拓展的力度。

2006年以前，三菱重工同宝钢合资建立了常州宝菱冶金设备制造有限公司。2006年3月，常州宝菱冶金设备制造有限公司兼并常州冶金机械厂，重组为常州宝菱重工机械有限公司。三菱日立制铁机械（三菱重工和日立合资成立的冶金设备制造企业）、三菱商事和宝钢所占股份分别为30%、20%和50%。

值得一提的是，在这家企业成立前不久，正是中国紧缩冶金产业投资并不断提高设备国产化程度的时候。因为产业政策转向的影响，三菱重工对华冶金设备销售减少近两成，常州宝菱毫无疑问承担起了重振三菱重工在华冶金设备业务的重担。

与冶金领域的情况不同，三菱重工开拓燃气发电领域更多的是依靠自身的努力。

2002年4月，三菱重工与中国东方汽轮机厂签订协议，合资45亿日元组建三菱重工东方燃气轮机（广州）有限公司，主营燃机热部件的制造、售后服务和维修业务，其中，三菱重工以51%的投资比例获得控股权。三菱重工东方燃气轮机公司总经理光斋直树向记者说明，双方合作是"以市场换技术"，日方获得中国的燃气发电机市场，而中方获得33%的燃机热部件制造、质量控制和售后服务方面的技术。"市场换技术"这样的口号似曾相识，但真正能否换来技术，恐怕就无人知晓了。

与三菱东方燃气相呼应，三菱重工在南京投资成立了南京天菱能源技术有限公司。该公司专门面向国内冶金行业用户，从事高炉煤气联合循环发电（CCPP）项目的设计技术咨询服务等业务。综合广东和南京两家公司的力量，加上历年来培养的客户群，三菱重工已经在中国的燃气发电市场上建立了较为完整的产业链条。

尽管三菱重工在中国的冶金和燃气发电领域都建立了合资企业，从而拥有了稳固的据点，但在基础机械和军工这两大重工业的关键领域，还只能徘徊在合资的门外。但可想而知的是，具有深厚军工背景的三菱重工决不会止步于此。实际上，借助中国经济发展的大势，尤其是在船舶市场和平衡区域经济方面的变化，三菱重工正在努力地向自己的目标靠近。

近年来，中国从国家部委到基层的企业，都对装备制造业的重要性形成了相当的共识。东北振兴计划就是在这样的背景下出台的。在振兴东北的旗号下，东北各地开始大规模地对外引资，三菱重工抓住这个机会，力图在东北这一中国基础最优良的老牌工业基地站稳脚跟。

据《沈阳日报》2007年7月16日的报道，东北重工业最为集中的地区之一铁西区，在今后两年内，将通过资本扩张、重组改造、引进发展等措施，逐步成为20个百亿规模的装备制造企业聚集的地区。三菱重工等外资企业是铁西振兴所要引进的重点对象之一。而在哈尔滨，对于三菱重工这样的外资重工企业，优惠的政策更是好到露骨的地步。

黑龙江省省长助理谷焕民对外宣称，省政府正在努力工作，以求实现至少100家省属国有企业的所有制改制，从而为向投资者出售股权做好准备。谷焕民还补充说："如果有好的投资者，我们准备出售省级企业的多数股股权甚至是百分之百的股权。"

有了这样对外资的"饥渴"，再加上三菱重工对中国基础工业等关键产业领域强烈的投资欲望，三菱重工在东北的美好"钱景"，简直是指日可待了。除了这样的直接投资，三菱重工还会借助第三国的力量达到对中国重工产业进行渗透的目的。轰动一时的"徐工并购案"的背后，三菱重工施加的影响力，是很多中国人所想不到的。

2007年3月，在美国凯雷集团收购徐工股份之后，收购案最初的主角卡特彼勒站了出来，卡特彼勒（中国）投资有限公司北京总部的一位高层对外透露："凯雷的背后其实是卡特彼勒，正是卡特彼勒委托凯雷来收购徐工的，以达到它垄断中国市场的目的。这是收购遇阻的真正原因。"

而更有意思的事情还在后头，1963年，卡特彼勒与三菱重工在日本境内建立了第一家合资企业。2001年，双方扩大和加强了它们的合资企业，名称改为"新卡特彼勒三菱有限公司"，成为日本第二大建筑和采矿设备生产商，三菱重工和卡特彼勒两家公司各自持有合资公司50%的股权。

2003年初，在卡特彼勒与徐工密集互访和谈判的阶段，双方高层会面密谈的地点，不是在美国，而是在日本东京。会谈的主要人物除了卡特彼勒的总裁外，几乎全是新卡特彼勒三菱的人，其中的原因实在是耐人寻

| 第六章
| 政经"军团"渗透中国基干产业

味。也就是说,真正想要收购徐工的,不是卡特彼勒,而是三菱重工。在收购徐工的过程中,三菱重工的确是失败了,但在新一轮的产业合资热潮中,它还会一直失败下去吗?这非常值得怀疑。

日本最大的军工企业三菱重工在二战期间研发生产的"零式战机",便是当时日本海军的主力战斗机

相比地方政府对外资的热烈渴望,中国的军工系统就冷静多了。三菱重工是日本最大的军工企业,自然非常清楚军工产品的高额利润以及这个产业对一个国家的重要性。因此,如果绑定了中国的军工产业,那么对于三菱重工来说,就等于能够长期获得无风险的巨额利润和绝对的产业控制力。

2006年9月底,国际船舶制造业传来了一条出人意料的消息:中国船舶重工集团、芬兰瓦锡兰集团和三菱重工正准备共同组建合资企业,在中国制造大型低速船用柴油发动机。合资公司名为青岛齐耀瓦锡兰菱重麟山船用柴油机有限公司,预计将于2008年第四季度投产。三方在合资企业中的持股比例如下:中船重工50%,瓦锡兰27%,三菱重工23%。

中船重工是中国最大的军用舰艇制造商,设计和建造各种吨位的军舰和潜艇,在有关中国航空母舰的大量传闻中都出现了它的身影。基于这样深厚的军工背景,中船重工与三菱重工的合资就格外令人关注。中船重工已经在青岛规划了一个完整的船舶配套产业集群,三菱重工和中船重工的合作机会,慢慢就会到来。

尽管双方的这次合作还没有涉及真正的军工产业,但是假以时日,利用合作过程中积累的人脉资源和各种其他资源,三菱重工打开中国的军工市场,并不是完全没有可能。

2007年6月,经国务院同意,国防科工委、国家发展改革委和国资委

产业就是脊梁

联合发布《关于推进军工企业股份制改造的指导意见》。从此，军工产业将不再只有唯一的所有权身份，民营资本等各种外部资本都可能参与其中。这一政策，对于三菱重工来说，是再好不过的重大喜讯了。

经过几十年的努力，在与安东发动机、长丰汽车和沈阳航天新光等准军工企业长期不懈的合作交往之后，三菱重工终于迎来了进入中国军工市场的一个机会。

绑定未来中国

在中国市场上攻掠斩获的同时，三菱重工并没有忘记为今后开路做好铺垫。以中国最好的理工大学清华大学为目标，三菱重工投入大量资源，力图与中国的学术界建立良好的关系，为自己在未来的中国预定一个有利的席位。

2003年7月11日，日本三菱重工与清华大学合作成立清华－三菱研发中心，开展在燃气轮机方面的基础研究，清华大学热能工程领域的领军人物倪维斗院士和三菱重工技术本部部长青木素直分别担任各自方面的主席。截至2006年底，该中心共进行了73项与燃气轮机相关的合作研究，分布在清华大学热能、力学、机械、材料、电机、工业工程、建筑、精仪、自动化、微电子所等10个院系。

为了支持清华－三菱研发中心的运作，三菱重工投入了大量的设备、资金、人力和精力。从2002年至今，三菱重工与清华热能系达成包括捐赠燃气轮机的零部件、设立奖学金及提供研究生赴三菱重工公司研修的机会在内的多项协议。到2005年底，三菱重工对该研发中心的合作项目经费投入累计达到1200万元，捐赠包括高温冷水机组在内的大量设备，另外还接受超过10位来自清华的研修博士生。

在2007年7月，青木素直更是向清华方面承诺：今后科研合作项目与经费将以每年度20%的涨幅递增。这样大方的投入，足见三菱重工对清华的重视。然而，这样的投入并不是不计成本的，三菱重工正在通过清华大学对中国的产业界进行着潜移默化式的影响。

三菱重工与清华开展的学术交流
2002年9月,共同进行燃气轮机相关研究;
2002年11月,设立三菱重工业奖学金;
2003年2月,达成全领域技术合作意向;
2003年7月,成立清华大学－三菱重工业研究开发中心;
2006年6月,清华大学－三菱重工业研究开发中心第二期启动;
2008年7月,清华大学－三菱重工业研究开发中心升级为校级中心。

累计合作研究项目达381项
2003年（12件）　2004年（14件）
2005年（16件）　2006年（30件）
2007年（56件）　2008年（59件）
2009年（59件）　2010年（75件）
2011年（60件）

以倪维斗为代表，清华－三菱重工研发中心的中方学者开始在各种形式的高层会议上积极提倡核电、燃气和风能等新型能源的好处，对中国的能源产业政策产生了深刻的影响。倪维斗认为中国未来能源战略应以核能与多联产为主，要加快核电发展步伐，学习法日韩，改革体制，增加产量，不要犹豫不决。另外，他还认为要开始整体煤气化联合循环（IGCC）和多联产（煤电生产伴随气和液的生产）系统的示范工程。

对于三菱重工来说，这些正是自己擅长的领域，要达到在这些领域影响中国宏观政策的目的，通过清华来鼓吹要比自己站出来鼓吹效果好得多。更重要的是，作为中国能源研究领域的顶尖学府，从清华－三菱重工研发中心走出来的学者，很有可能成为将来中国能源战略的决策者和实施者。

这些未来可能影响中国产业根基的关键人物，三菱重工自然一个也不会错过。随着三菱重工在中国产业领域的进一步扩张，将会有越来越多的类似清华－三菱研发中心的机构出现。

三菱重工的全球化

在全球化方面，从过去单纯的廉价劳动力，到现在各领域的中国元素，中国的影响力越来越大。如何借助这种影响力，使其为己所用，是三菱重工时刻思考的一个问题。在三菱重工的全球化概念中，中国不仅是一个极其重要的市场，而且还是一个可以用来在全球范围内进行利益博弈的具有极大潜在价值的棋子。

以能源领域为例，中国拥有13亿的庞大人口，在其不断发展的过程中，需要与之相适应的能源支持，由此相关的经济需求足够吸引任何一家能源领域的国际巨头。

2007年9月3日，法国核电巨头阿海法集团和三菱重工正式对外宣布成立一家名为Atema的合资公司，该合资公司将负责研发、认证和销售公司的新产品Atema 1，该产品是一种中等规模的第三代压水堆式核反应堆，装机容量为110万。东欧以及美国市场，电网不能承受大容量的核反应堆的国家和地区将是这一产品的主要销售目的地。阿海法为了进入中国市场，不得不借助三菱重工的力量，这充分说明了三菱重工绑定中国战略的成功。

2007年5月，三菱重工对外宣布，将在中国和越南建立合资企业，以增加船舶发动机的生产量。在国际大型船舶发动机领域，德国的MAN公司和芬兰的瓦锡兰分别占据了七成和二成的市场份额，而仅占有一成市场份额的三菱重工能在越南建立合资企业，不能不说是得益于其在中国市场上的出色表现。

三菱重工用实际行动说明了什么才是真正的"全球化生存"。对于中国重型装备企业来说，三菱重工不仅是一个对手，更是一个难得的学习榜样。

原文发表于《装备制造》2009年7月，作者：张凌

日本财团，"徐工案"幕后辣手

2007年3月16日，美国凯雷集团终于以18亿人民币的价格收购了徐工45%的股份。当社会各界都把关注的目光投向行业支柱企业被外国资本

收购时，却不知日本财团已经悄悄在中国建立了完整的工程机械产业链。

在凯雷集团收购徐工一案中，一切或许并不像公众已知的那样简单明了。

卡特彼勒（中国）投资有限公司北京总部的一位高层透露出幕后消息："凯雷的背后其实是卡特彼勒，正是卡特彼勒委托凯雷来收购徐工的，以达到它垄断中国市场的目的。这是收购遇阻的真正原因。"更让人意想不到的是，卡特彼勒的收购行动又与日本三菱重工有密不可分的联系。

谁是幕后买家？

从 2003 年 1 月 29 日起，卡特彼勒开始了与徐工密集的互访和谈判，卡特彼勒总裁奥伯海曼率日本新卡特彼勒三菱公司、日本三菱重工等高层人员访问徐工集团；4 月 15 日，徐工集团董事长王民率团赴日访问日本新卡特彼勒三菱有限公司时，卡特彼勒公司明确表示了与徐工集团进一步扩大合作、建立战略合作关系的愿望。奇怪的是，这一事件的发生地是在中国和日本，而不是在美国。

实际上，在全球工程机械市场上，"日美同盟"早已存在。1963 年，卡特彼勒与三菱重工在日本境内建立了第一家合资企业，卡特彼勒三菱有限公司于 1965 年开始生产。2001 年，双方扩大和加强了它们的合资企业，名称改为"新卡特彼勒三菱有限公司"，成为日本第二大建筑和采矿设备生产商。目前，三菱重工和卡特彼勒两家公司各自持有合资公司 50% 的股权。

三菱重工有限公司是日本三菱财团的重要支柱企业之一，前身可以追溯到明治维新年间，总部位于日本东京。三菱重工依靠军品生产壮大起来，是全球领先的重型机械制造商之一，公司 2006 年销售额为 246.6 亿美元，在世界 500 强企业中排名 243 位。公司业务涉及航空船舶、火箭、坦克等制造业，石油、天然气、火电和核电工厂的开发及重型机械、环保设备和空调系统的生产等。

在中国，早在 1997 年成立的亚实履带（天津）有限公司，目前由新卡特彼勒三菱、美国卡特彼勒公司、卡特彼勒（物流）有限公司、日本伊藤忠商事、日本 SNT 株式会社等日美企业与亚实动力（天津）有限公司联合组成，投资总额 6867 万美元。

同时，"徐工案"中隐藏的另一主角凯雷投资集团也与日本三井住友财团有着密切联系。2003 年 8 月，在日本三井住友金融集团的借贷安排下，凯雷为一家总部位于东京附近的"鬼头"起重机生产商（Kito Corp.）管理层收购注入了 1.12 亿美元的资金。如今凯雷持有这家起重机生产商约 90% 的股份。

2006 年 7 月，针对"徐工案"，《商务周刊》就曾专门撰文揭露外资并购国有企业背后的诸多细节，但是并没有发现日本财团才是真正的幕后黑手

长期以来，日本三井-住友财团与三菱财团在制造业领域存在着竞争关系，三菱重工和卡特彼勒合作的市场运作方式更多是一种激进的甚至是掠夺式的、美国式的扩张。而三井-住友财团的石川岛播磨重工、小松制作所、住友重机等则是一种日本财团传统的扩张方式，是隐秘的、围剿式的，甚至是精耕细作的方式。在中国以及全球的工程机械和装备制造业市场上，三井-住友财团似乎运作得更加成功。

种种迹象表明，三菱重工和卡特彼勒针对中国工程机械行业的龙头企业"徐工"的收购也许是其扭转与三井-住友竞争不利局面的手段。如果是这样，对三井-住友来说，徐工收购案拖得越久越好。

当然，凯雷入股"徐工"到底是三菱-卡特彼勒的借壳收购，还是三井-住友的消耗战术，或是两者兼有，留给了我们无尽的遐想空间。

我们更希望凯雷仅仅是看中了徐工的价值和潜力，通过海外上市的方式退出获利。但是，这个由"日美同盟"主宰的世界里从来就没有免费的午餐。

日本财团在中国精耕细作

在徐工案闹得沸沸扬扬的2006年,中国人热切关注来自美国资本大量并购的同时,却没有人注意到:在2006年3月的财政年度,日本5大工程机械巨头中的有4家的营业净利润保持强劲增长势头,仅新卡特彼勒三菱公司销售净利润有所下降。2006年,小松公司净利润较前一年增长71%,达到1010亿日元;日立公司增长30%,达到225亿日元;神钢公司增长43%,实现49亿日元;住友公司增长5%,实现净利润30亿日元。

日本住友财团的小松制作所是知名的工程机械制造商,在中国先后成立了多家全资子公司和控股子公司。最早在中国成立的小松山推工程机械有限公司是由山推工程机械股份有限公司与小松制作所及住友商事、丸红、伊藤忠三家日本综合商社于1995年7月合资建立的,目前日方控股70%。

自1995年投产以来,小松山推工程机械有限公司的产品生产、销售量保持成倍的增长速度,2003年实销售收入36.7亿元,利润4.36亿元,市场占有率居中国同行业第一。小松在中国能迅速占领市场,中国对外资的优惠政策仅仅是原因之一,借助于其财团的综合商社"住友商事"的整体布局才是小松制胜的关键。

《三井帝国在行动》揭示了日本综合商社往往通过与制造业建立合资企业,通过保障原料供给、培育营销渠道、提供市场情报的方式,既"服务"又"掌控"制造企业。住友商事先后投资了小松山推工程机械有限公司、小松(常州)工程机械有限公司,并在2007年3月参与小松与江西铜业的矿用电动轮自卸车项目。

小松除了在中国挖掘机市场上排名第一外,在物流运输领域使用的叉车、货车、仓储系统等产品上也拥有巨大优势。小松(常州)铸造有限公司、小松叉车(上海)有限公司、小松发电设备系统(上海)有限公司就是这类产品的相关公司。借助物流运输产品生产上的优势,小松开始进军中国物流行业。2006年6月小松投资的小松物流(青岛)有限公司开业。

在中国市场,小松的产品涉及液压挖掘机、装载机、叉车、非公路用货运自卸车、综合物流设备、搬运车辆等工程机械整机及零部件,甚至还拓展到电设备系统生产和销售。

小松制作所仅仅是住友财团旗下的一家装备制造业企业,其他日本财团企业也同小松一样默默地经营着中国市场。

2005年9月,石川岛中骏(厦门)建机有限公司工厂竣工,首台液压挖掘机顺利下线标志着又一个世界知名品牌挖掘机实现了中国制造。石川岛中骏(厦门)建机有限公司由三井财团的石川岛播磨重工业株式会社(IHI)旗下世界著名建机制造商——石川岛建机株式会社和香港中骏机电控股有限公司合资设立,专业生产、销售中小型液压挖掘机。

石川岛播磨重工业株式会社于1853年创立,主要涉及航空航天设备、能源设备、化工环保设备、搬运建筑机械、产业机械、造船等行业,拥有遍布世界各国的157家子公司,年总销售额达95亿美元。石川岛建机是石川岛播磨重工独资的子公司。

无论是在三峡大坝的建设工地上,还是在上海宝山钢铁厂的车间里,都可以看到日本石川岛播磨重工的身影,在三井物产(综合商社)的带领下它已经悄然进入了中国市场

其实早在1978年,36台石川岛建机株式会社的设备就出口到中国的上海宝山钢铁厂;1994年,石川岛的搅拌站又出现在建设三峡大坝的工地上。随后,三井物产(三井财团的综合商社)带领石川岛播磨重工进入中国市场。例如,江苏石川岛增压有限公司是由日本石川岛播磨重工、三井物产、五十铃公司共同在华设立的第一家专业生产车用废气涡轮增压器和小型压缩机的合资公司,而石川岛中骏(厦门)建机有限公司则是石川岛播磨重工在中国的第八家合资公司。

第六章
政经"军团"渗透中国基干产业

作为石川岛播磨重工（IHI）的中方合作伙伴，香港中骏集团还与住友财团旗下的住友建机合资成立了住重中骏（厦门）建机有限公司。这家合资公司注册资本为 3000 万元人民币，住友占有股份 51%，中骏占有 49%，合资公司的主要任务是从事住友建机制造的挖掘机等工程机械、零配件的销售及售后服务，并完善在中国的销售网络和体系，使其成为住友建机产品在中国的销售总部和结算中心。

同样，日本富士财团的日立建机在中国的业务中心是负责生产制造的日立建机（中国）有限公司和负责销售的日立建机（上海）有限公司。日立建机在中国成立了日立建机（上海）、日立建机（中国）、北京事务所、永立建机、日立住友起重机（上海）、上海 TCM 等公司。其中，日立住友起重机（上海）在中国有很强的竞争力，以占据履带式起重机中国市场第一地位为目的。

日本第一劝银财团的神钢建机在中国也发展迅速，与伊藤忠商事（综合商社）、神钢商事（专业商社）联合打造的成都工程机械（集团）有限公司，2006 年实现销售收入 24 亿，在四川企业 100 强中综合排名 35 位。除此之外，神钢集团又于 2003 年 12 月在中国最大的市场华东地区建立了第二个液压挖掘机生产基地——杭州神钢建设机械有限公司。

在三井物产等几家综合商社的帮助下，日本几大装备制造业企业已经渗透到中国装备制造业行业的各个领域。日本装备制造业企业除了建设自身销售和物流渠道外，积极利用综合商社打造的第三方物流，也与行业优势企业强强联合，使生产、销售、服务在中国市场形成极强竞争力。

日本雄霸全球装备制造业市场

近年来，日本工程机械之所以连年飙升，出口是不可忽视的重要原因，特别是向包括中国在内的东南亚地区的出口不断剧增。2005 年，日本工程机械整机总产值为 1.63 万亿日元，比 2004 年增长 15.2%；整机出口额为 9900 亿日元，比 2004 年增长 20.5%。

以日本住友财团的小松制作所为例，小松 2003 年纯利润增长了 9 倍，当年占有中国工程机械市场 20% 的份额。2005 年，小松公司全年销售利润达到598亿日元,超过前一年的2倍。2006年,小松公司工程机械在美国的销售增长突破34%,而在中国也增长18%。

在北美、南美、非洲、亚洲和澳大利亚的各处大型矿山都能看到930E矿用卡车的车队机群,930E是由日本小松制作所推出的世界上最畅销的超一流矿用卡车

日本装备制造业企业能够获取大额订单,除了技术上的巨大优势外,财团的综合商社对矿山的控制也使这种订单变成了"内需"。三井物产、三菱商事、住友商事等日本主要综合商社的矿山遍布澳洲、非洲、中南美洲等资源丰富地区。在这些地方的矿山,到处都能看到日本超大型挖掘机的身影。

富士财团的日立建机在超大型挖掘机方面占全球40%的市场份额,而日本公司几乎垄断了这种产品的供应。日本虽然在油压挖掘机上起步较晚,但该产品现在已经成为日本企业的独占领地。像工程机械的老祖宗卡特彼勒都放弃了油压挖掘机的开发,全部交给与三菱重工的合资公司卡特彼勒三菱来生产。

中国的基础建设投资是日本工程机械销售额迅速增加的直接推动力。近年来,日本政府和财团认为日本主要利用"最终产品"赚钱的时代已经过去,因此积极推行"知识产权立国"政策,即超越"技术立国"的时代,以输出知识和智力为主,提供附有知识产权保护的技术信息。因此除了完整产品的生产外,很多日本制造的高技术零部件等中间产品也是日本财团盈利的重要推动力,日本企业扩大对华直接投资带动了日本的机械设备和零部件的对华出口。

需要引起注意的一点,装备制造业只是日本重型制造业的一小部分。前面提到的小松、石川岛建机、日立建机、神钢建机、住友建机这样的大型工程机械制造业企业仅仅是日本财团的三级企业(孙子公司),隶属于财团的大重工企业。

具体来讲，新卡特彼勒三菱就是一个三级公司，是三菱重工的合资子企业，而三菱重工是三菱财团的支柱企业。神钢建机是神户制钢所100%控股的公司，由神户制钢所原建机部门独立而成，而神户制钢所是第一劝银财团的成员企业。日立建机是日立制作所下属的子公司，日立制作所是富士财团的成员之一。住友建机是住友重机械工业的全资子公司，住友重机械工业隶属于住友财团。

日本5大工程机械制造业企业中，只有小松制作所是不隶属于财团的大重工集团。小松以装备制造业为主营业务，但现在也在日趋集团化，产业链渗透到相关各个产业，并有住友财团的支持。

"寓军于民"与"民有国营"的日本模式

在2006年徐工并购案的"听证会"上，中国军方仅仅保守地对徐工集团的产品点评了一句：徐工集团并不涉及军品生产。然而，日本的工程机械制造企业绝对与军工有着密不可分的关系。

第二次世界大战结束后，受"和平宪法"的制约，日本的军工生产体制一直是"寓军于民"，国家不设立专门生产武器装备的军工厂，武器装备的研制和生产由防卫厅以"民有国营"方式委托企业完成。日本在政府的大力扶持下，建立了以民间企业为主的军事工业。日本依靠其在民用工业方面的雄厚科技实力，已经成为隐性军工强国。

目前，在日本从事军事装备生产的企业约有2500家，年度生产规模达200亿美元。这些军用装备的生产主要集中在前面提到的诸多财团重工企业，如三菱重工、神户制钢、住友重机械工业、石川岛播磨重工、小松制作所等，此外还有东芝、川崎重工、富士重工、三井造船等，共涉及日本6大财团的20余家大型重工业企业集团。事实上，日本5大工程机械制造业企业的母公司本身就是真正的军工企业。

以卡特彼勒身后的三菱重工来说，它是21世纪以来美日军工合作——导弹防御领域的重要角色。在陆基拦截方面，三菱重工直接从洛克希德·马丁公司获取授权，生产"爱国者3"导弹。据《日本经济新闻》2007年6月17日报道，美日两国外长和国防部长5月份在华盛顿签订了一份协

产业就是脊梁
CHAN YE JIU SHI JI LIANG

部署在日本冲绳美军基地内的"爱国者3"导弹就是由三菱重工负责生产的

议,允许两国民间公司直接交换国防技术信息。在新协议达成后,日本三菱重工和美国雷神公司可在公司层面的技术支持协议下直接进入对方的数据库。

历史上,三菱重工一直是日本军工界"龙头老大",二战期间为日本军队制造了1.8万架飞机、4650辆坦克装甲车。二战后,三菱重工依旧是日本军工生产的核心,多年来始终占日本军工生产订货总额的1/4。仅2003年,该公司从防卫厅接受的军工订货额就达2800亿日元。其生产的装备遍布日本自卫队各个军种,如航空自卫队的F–15J、F–2型战斗机,陆上自卫队的90式坦克等,而海上自卫队一半的潜艇以及包括金刚级"宙斯盾"驱逐舰在内的1/3的驱逐舰也都是三菱重工制造。

三菱重工的"民用机·特车事业本部",是日本陆上自卫队生产各种装甲战斗车辆的生产集团。"民用机"指的是各种民用机械,主要指的就是工程机械;"特车"就是指军用或治安用车辆,生产日本陆上自卫队主要的装甲战斗车辆,包括90式坦克、89式步兵战车、87式自行高炮、90式坦克抢救车、91式架桥坦克等型号,目前拥有2000辆坦克的年生产能力。

日本能够生产飞机的企业包括三菱重工、川崎重工、富士重工等。日本造船业一经动员即可生产航空母舰,三菱重工、住友重机、日立造船等8家11个造船厂可以制造大型军舰。日本生产火炮的主要企业有日本制钢所、三菱重工、小松制作所、丰和工业等厂家。

日本的重工企业不断将民用产品开发中储备的尖端民用技术应用于军事领域。例如,小松制作所生产的轮式装甲车,就充分吸取了本公司生产的建筑机械的液压技术、工业机器人的自动控制技术、工程车辆的特种钢技术等一些先进的民用产品生产技术。日本的坦克生产企业虽然只有三菱重工、日本制钢、小松制作所3家，但如果把部分汽车生产线转为生产坦克，那么坦克的年产量就可高达1万辆。

日本寓军于民的国防工业推动了完整的工业体系的建立，并极大地提高了装备制造产业的整体竞争力。日本装备制造业具有涵盖范围广、产业关联度与集中度高、技术壁垒强、投资规模大、对经济增长拉动力强，对提高国家的技术竞争力与综合国力贡献大等特点。

国防工业需要各个工业部门的密切配合与技术、产品的支持，需要有完整的工业体系支撑。从世界政治经济竞争格局与竞争准则来看，国防建设需要的各个工业部门的产品与技术支持，是不可能通过国际合作或国际贸易来解决的，只能靠本国自身的工业体系完成。军民技术之间的转换，跨行业、跨企业的合作，让日本财团的重工企业在国际竞争中拥有整合的优势。

中国需要自己的"产业组织者"

日本装备制造业背后到底隐藏多大的力量？在技术取得优势的情况下，日本财团企业利用综合商社在流通领域的巨大控制力，在中国市场精耕细作。

日本生产者的形象与美国掠食者的形象截然不同，但前者经济效益更加长远。例如，日本进入中国工程机械行业有自己的一套办法，比如先无偿赠送几百台给农业部，让人们接触它的机器，然后做广告，再合资。而按照合资的规定，中方最低51%，不过很快就会流于形式。

小松山推工程机械有限公司就是典型的例子，这家于1995年成立的中日合资企业，当时中外股份各占50%。然而2002年7月，山推股份就被迫向小松转让了小松山推20%股权。小松威胁说有可能另觅合作伙伴，技术和经营上受制于人的山推股份只能忍痛割爱。最终小松以70%的股权控股小松山推。

扮演掠食者角色的美国资本显然要比日本财团直接得多。1994年，徐工与卡特彼勒成立合资公司"卡特彼勒（徐州）有限公司"生产挖掘机，在1990万美元的总投资中占到40%。

徐工集团的前身要追溯到1943年由许世友将军创办的八路军鲁南第八兵工厂

卡特彼勒与徐工的合资公司在跨国企业转移定价等繁复的财务体系下连续多年"亏损"，不少徐工多年培养的业务和技术骨干也转投卡特彼勒门下，本土人才大量流失到外企。到1997年追加投资的时候，徐工已经没钱投入，被迫卖掉手中的部分股份，如今早已失去了在合资公司的管理权，剩下的股份不到16%。

在本轮"徐工收购"案中，卡特彼勒被列入了黑名单，在首轮竞标即被淘汰。凯雷虽然在两轮竞标之后宣告胜出，但是从85%到50%再到45%的持股变化，国有资本似乎保住了对徐工的控制权，但是以后的发展真像人们所预期的那样吗？

南孚就是前车之鉴，此外，乐凯、哈药、哈啤、青啤、华凌管线、华北制药、熊猫电子、西北轴承、锦西化机、无锡威孚、大连电机集团、前进齿轮箱集团等中国各行业的龙头企业，也先后经历过或正在经历这种美国式的"资本运作"。

日本财团进入中国市场以来很少运用资本运作的方式来控制一个行业，而是通过综合商社与其财团制造业在产业链上的布局掌控市场，从而把中国企业纳入日本财团体系的整体结构与全球战略之中。

日本财团的经营模式与美国模式相反，即它是非"金融化"、非"股权化"的典范。日本财团企业更加重视市场占有率，对打造完整产业链情有独钟。

徐工集团作为国有大型企业，和其他面临改制的国有企业一样，存在技术落后、效率低下等诸多问题，特别是旗下徐工科技更是持续 5 年亏损。一方面是企业面临的实际困难不得不改制，另一方面是行业龙头企业被收购给国家产业安全带来的隐患。这种进退维谷的局面恰恰反映了我国对构建合理产业结构的盲目性。

强大的日本财团企业尚且需要在综合商社的带领下，联合打造从"产品制造"到"销售渠道"相贯通的产业集团，而目前中国企业关注的焦点还在国有资本能不能控股上。我们不禁要问一句，市场主权都丢掉了，控股还有意义吗？

原文发表于《环球财经》2007 年 8 月，作者：白益民

日本新干线的中国之旅

中国 450 亿元购买日本高铁机车

中国经济网 2009 年 10 月 27 日讯，日本共同社报道说中国铁道部已经决定购买由日本川崎重工提供技术支持的 140 辆高速机车，这些高速机车运行时速高达 350 公里，将被用于京沪高铁和北京到广州的高速铁路线上。

日本共同社的报道中说，中国铁道部已经与中国南车四方机车公司（Nanche Sifang Locomotive）敲定了这笔合同，总金额高达 450 亿元人民币（合 6040 亿日元）。南车四方机车公司是日本川崎重工在中国的合作伙伴，同时也是国内唯一一家获得川崎重工授权生产 KHI 高速机车的公司。

据共同社报道，中国铁道部采购的这部分高铁机车组将采用川崎重工在 Hayate 高速机车上所采用的技术，这种机车目前运行在新宿至清森（Tohoku–Shinkansen）的东北新干线上。这部分高速机车的部分零部件如发动机、刹车装置等将从日本进口，因此日本一些公司也将因这笔合同受益。

日资以另一种方式进入中国

根据中国人民网信息,2007年4月13日,行驶在海南—杭州之间的铁路上的动车组列车喷上了"和谐号"名称,这也是中国铁路第六次全面大提速的标志。"和谐号"CRH动车组成为我国既有线时速200公里及以上旅客运输的主力车型,主要产自南方机车车辆工业集团的青岛四方客车股份公司(简称:南车四方机车公司)和中国北方机车车辆工业集团的长春轨道客车股份公司,其中上海铁路局的车辆采购自南车四方机车公司。

早在2004年5月18日,《日本经济新闻》刊出一条消息:日本川崎重工、三菱商事、日立制作所、东日本旅客铁路等6家公司将参与中国现有铁路提速项目的招标,近期已联合成立"光基铁道系统公司",该公司将通过川崎重工向中国出口相关技术,中国的"南车四方"将成为本次招标的窗口。如果日本企业竞标成功,将成为日本高速铁路技术向中国转让的首例,并成为日本企业介入中国新干线铁路市场的突破口。

为实现计划于2005年启动的中国国内现有铁路提速项目,铁道部于2004年7月28日就京沈、济青等5条铁路欲引进的新型列车实行招标。作为中国第六次铁路大提速,此次高速化的路线有北京—沈阳、济南—青岛等5条现有线路,总长约2000公里。日本财团企业决定改良日本东日本旅客铁路(简称:JR东日本,新干线的运营公司之一)的东北新干线"疾风号"车型(即新干线"隼"型的派生型),参加此次竞标。

至今,很多人仍对2004年7月28日那场"时速200公里铁路动车组项目"招标记忆深刻,因为这场招标会曾一度由于日本方面的参与竞标而引起网民的强烈反对。在日本前首相小泉纯一郎参拜靖国神社后,引进日本新干线高速铁路技术对中国而言成为政治问题。许多中国人通过网上签名等活动反对引进日本新干线。正在着力推进铁路高速化的中国政府部门(铁道部),也不得不对引进新干线采取谨慎态度。

南车四方机车公司董事长江靖曾就与日本川崎重工的合作作过解释:一是川崎重工的机车车辆制造技术处于世界先进水平;二是四方与日本川崎重工有近20年的合作历史,四方机车公司既接受过川崎的宽轨转向架技术转让、不锈钢车体设计和生产的技术转让，也与川崎合作生产过出口日本 JR 公司的转向架。随后，日方向中国提供东日本旅客铁道公司（JR-EAST）生产的最新"疾风"型新干线车辆在中国组装，机车生产则由川崎重工来做。

包括川崎重工在内的 6 家日本公司联合体的新闻发言人是三菱商事的神原先生。但是，当《瞭望东方周刊》记者电话采访他时，神原先生回避谈论这个话题。最终事实证明，6 家日本公司成立的"光基铁道系统公司"与南车四方机车公司联合中标了铁道部 60

中国和谐号与日本新干线车头的对比。中国铁道部采购的高铁机车组采用了川崎重工（第一劝银财团）在 Hayate 高速机车上的技术，这种机车目前运行在日本新宿至清森的东北新干线上

列时速 200 公里铁路动车组订单。**日中联合体这次中标成功，对中国政府就长达 1300 公里的京沪高速铁路选用日本新干线技术产生了非常大的正面影响，发出了日资将以另一种方式进入中国铁路建设的信号。**

秘而不宣的第二次招标

铁道部第一次招标的"时速 200 公里铁路动车组项目"签字仪式是在 2004 年 10 月 20 日下午举行的，地点是北京中国通用技术大厦，气氛相当热烈，参加签字仪式的有铁道部运输局以及发展计划司的官员、中国南车集团和中技国际招标公司高层以及川崎重工株式会社社长，日本联合招标体的其他公司也都到场。当天签署了《时速 200 公里铁路动车组项目技术转让协议》和《时速 200 公里铁路动车组项目国内制造合同》等重要文件。

产业就是脊梁

按照技术转让协议，作为技术转让方，川崎重工应负责对南车四方机车公司包括设计、工艺、生产、管理等岗位的300人左右进行培训。2005年，南车四方机车公司的一个培训团队在公司技术中心副主任许韵武带领下到日本川崎车辆厂接受培训，学习和消化日方的管理经验和制造技术。回国后，他们承担了对其他技术人员的培训。

2005年8月17—19日，南车四方机车公司举办了首期专题培训班。到2005年8月，公司已经派出采购、设计等4个团组出国接受培训。

2004年的这次"时速200公里高速列车的招标"是第一次公开招标，外界还是多少捕捉到一些信息。第二次招标则是完全封锁了信息，事后《商务周刊》记者从有关渠道了解到，第二次招标从2005年初开始组织筹备，6月份开始招标，9月份基本结束，目的是采购运营速度为300公里/小时的新型列车。这次招标是在2004年140列时速200公里铁路动车组项目技术引进和招标采购的基础上进行的，继续采用"以市场换技术"的方式。

第二次"时速200公里铁路动车组项目"招标信息并未公开，而是采用了小范围内展开报价和谈判的"竞争性谈判"方式。2005年11月22日，日本几大主流报纸《朝日新闻》、《读卖新闻》、《日经新闻》均在靠前版面以头条方式报道了这一消息，新加坡中文媒体《联合早报》也对此事进行了初步报道。2006年初，铁道部运输局有关官员透露，动车组第二次招标采购已经取得成功。在此次招标中，中技国际招标公司仍然是铁道部的代理方。

2006年1月23日，国家开发银行决定为中国南车集团提供150亿元的金融贷款用于高速列车研制，而由日本川崎重工（第一劝银财团）提供技术支持的高速列车组已经在南车集团开始生产了

2006年1月23日，一则消息引起了业内的关注。当天，南车四方机车公司的母公司——中国南车集团公司与国家开发银行联合在北京钓鱼台国宾馆举行开发性金融合作协议签字仪式。国家开发银

行在今后的 3 年时间里，将为中国南车集团公司时速 200～300 公里高速列车研制等国家重点项目提供开发性金融贷款 150 亿元人民币。此时，南车集团已经获得了铁道部 60 列时速 300 公里高速列车的订单，并开始组织生产。

至今，南车集团对第二次招标仍讳莫如深，因为南车集团的高层承担了很大压力。由于历史原因，中日关系的任何风吹草动，都会触动那条敏感神经。事实上，第二次竞标中，川崎重工仍然是与三菱商事、日立制作所、三菱电机、丸红商事、伊藤忠商事等 5 家大企业出资，通过共同成立的"光基铁路公司"来竞标。作为 6 家日本公司联合体统一的新闻发言人，三菱商事始终没有向外界透露任何消息。

在这个"6 家日本公司联合体"中有 3 个成员是综合商社：三菱商事、丸红商事、伊藤忠商事。有内部人士透露，实际上这 6 个公司仅是主要参与者，还有其他的日本综合商社（三井物产、住友商事的可能性很大）也参与了高速铁路竞标项目。综合商社在联合体中主要执行贸易和公关事务，公关能力非常强大。正是这些综合商社在操作竞标的主要工作。同时，它们也在对各相关机构进行游说公关活动。

其实，一直在中国内地高铁项目中没有公开露面的三井物产与南车集团的关系也非同一般。在巴西淡水河谷（CVRD）扩大巴西国内铁路网的过程中，三井物产动员了交通项目第一部、第二部、物流推进部、北京办事处、巴西和美国分公司的人员和物力，在 2003 年 7 月，促成南车集团及其所属的株洲车辆厂、中国铁路物资总公司与巴西淡水河谷达成了提供 900 辆铁矿石铁路货车的协议，合同金额达 3600 万美元。据巴西当地媒体报道，三井物产还准备与南车集团在巴西共同建造货车生产工厂。

"和谐号"，异乡的新干线？

在国务院 2006 年 2 月批准的京沪高铁立项方案中，正式确定采用轮轨技术。这意味着争论了将近 10 年、一度呼声甚高的磁悬浮技术最终出局。国家发展和改革委员会交通运输司也证实京沪高速铁路采用高速轮轨技术建设，这在某种意义上确认了采用日本新干线技术的可能性。京沪高铁项

产业就是脊梁

目全线按最高时速 350 公里、运行时速 300 公里设计，一次建成高速铁路线路 1320 公里，预计总投资将达 1300 亿元左右。

2006 年 3 月 8 日，中国订购的日本新干线列车运抵青岛码头，这是日本川崎重工抢夺中国高铁投资盛宴努力的一部分。同一天，《经济观察报》刊出报道：时任铁道部部长刘志军表示，投资超过 1000 亿人民币的京沪高铁正式批准立项，力争年内开工，并且有意强调其修建技术将完全依靠自主研发。至此，在经过 16 年之久的论证之后，以中国最大的两个城市——北京和上海为起点和终点的京沪高速铁路终于获准正式立项。

2006 年 12 月 2 日—3 日，日本国土交通大臣冬柴铁三访问了中国，其间除拜会国务委员唐家璇之外，还与铁道部原部长刘志军进行了会谈。在 3 日下午，冬柴铁三访华的媒体吹风会上，一位日本 NHK 记者抛出的问题，引起了在座记者的关注："和刘部长见面时，是否谈到了日本新干线与中国未来高速铁路的合作问题？"冬柴铁三回答："刘部长对日本新干线技术给予了高度评价，希望与日方展开合作，但我们没有就此进行实质性的探讨。"

2007 年 1 月 28 日，被日本媒体称为"异乡新干线"的中国第一列子弹头高速列车正式投入商业运行，其从上海虹桥到杭州仅需要 43 分钟

而在日本，每一次日本外交官员或民间组织就此事访问中国，主流媒体都会及时报道个中进展。2007 年 1 月 28 日，中国第一列子弹头高速列车正式投入商业运行，从杭州开往上海。日本媒体甚至将这趟从上海到杭州的标有"CRH"（和谐号）的动车组称为"异乡的新干线"，或"日本新干线中国版"。日本记者随车进行采访，日本国家电视台 NHK 在当天傍晚以"中国新干线"为题播出了这一专题节目。

在这个节目中，特别播放了记者采访一位中国乘客的镜头，那位乘客对这辆国产品牌列车赞叹不已，骄傲的神情溢于言表："中国能够生产这么好的列车，说明中国的国际竞争力非常强。"然而，随着日本媒体一波又一波的宣传攻势，CRH 遭遇到中国的民族情绪，甚至被网民译成"耻辱号"。此时，随着日本"疾风"E2 – 1000 新干线车型基础上加以改进的中国品牌（"CRH2 型"）列车投入运营，日本企业迎来了新的曙光。

任何一个国家的铁路系统在对外合作中都会慎之又慎，具体到京沪高速铁路项目，除了价格因素之外，起决定作用的因素还包括：是否有技术转让、转让的百分比、所使用车辆等设备是否部分在中国生产，以及国与国政治和外交关系的好坏等。日本国土交通大臣冬柴铁三访华期间，一位日本驻京记者对《世界新闻报》记者说："如果明年能够实现温家宝总理或胡锦涛主席访日，我相信对中日在铁路领域的合作会起到非常积极的作用。"

2007 年 4 月 4 日，在对日本进行正式访问前夕，中国国务院总理温家宝在中南海紫光阁接受了日本经济新闻、朝日新闻、读卖新闻、共同社、日本广播协会等 16 家日本新闻媒体驻京记者的联合采访，并称这次访问是"融冰之旅"。引人瞩目的是，温家宝总理此次访日过程中从东京前往京都时，没有循例乘坐新干线，而是选择了乘飞机。日本媒体猜测认为，温家宝总理刻意避开了乘坐新干线，表明不把"引进新干线技术"作为政治交换。

2007 年 12 月 22 日，南车四方机车公司董事长江靖宣布：中国首列国产化时速 300 公里"和谐号"动车组列车（CRH2 – 300）竣工下线。当天，中央电视台报道了这一消息，并且强调：时速 300 公里"和谐号"动车组是由中国自主研发制造的，是中国铁路全面实施自主创新战略取得的重大成果，标志着中国铁路客运装备的技术达到了世界先进水平，中国也由此成为世界上少数几个能自主研制时速 300 公里动车组的国家。

躲在喧哗背后的三井财团

正当国人为国产"和谐号"高速列车而无比自豪的时候，一直在台湾高速铁路项目上奔忙而未曾在大陆高速铁路争夺战上公开露面的三井财团，其实并没有闲着。早在 2003 年 8 月 18 日，三井物产通信交通部本部部长长尾寿彦就率东急车辆株式会社访问了北车集团的"长春轨道客车股份有限公司"。随后,三井物产中国总代表副岛利宏在2006年的"中国循环经济发展高层论坛"上提到"三井物产和日本另一家公司和长春客车厂三家公司合作正在重庆建单轨项目"。

此时,作为三井财团的产业组织者,三井物产在中国城市轨道交通领域开始发力。重庆市轻轨2号线由三井物产控股的朝阳贸易株式会社(简称:朝阳贸易)通过长春客车厂引进日立公司的跨座式单轨交通系统,于2005年6月18日正式开通。随后,三井物产、朝阳贸易、日立与重庆轨道交通总公司、中铁十一局集团等中国企业共同以股东和发起人身份于2007年9月组建了"重庆单轨交通工程有限责任公司",希望推动跨座式单轨交通系统在中国的进一步发展。

在日本,三井物产、三井物产交通系统、东芝、东急车辆制造、日本电设工业、大铁工业等于2001年从法国Rollindustry公司引进技术,开始积极联合开发"橡胶轮胎式单轨双向导向的轻轨交通系统",并租用新日本制铁株式会社(简称:新日铁)的部分用地,建设了总长度400米的试验线路,使用3节车编组的列车,从2005年5月—2008年进行了约3年的实车试验。这个交通系统已经被中国天津泰达经济技术开发区引进,在2007年正式运营。

借助北车集团的长春轨道客车公司这个平台,三井物产的关系企业还顺利介入北京的地铁建设之中。北京地铁5号线工程电动客车招标项目、十号线工程电动客车招标项目的中标人是长春轨道客车股份有限公司,而北京地铁5号线工程电动客车电气牵引系统、空气制动系统及空调系统招标项目的中标人是住友商事、日立和永济电机厂的联合体,北京地铁十号线工程电动客车电气牵引系统及空气制动系统招标项目的中标人是三井物产、东洋电机和湘潭电机的联合体。

与此同时,三井物产又从南车集团的南车四方机车公司成功切入北京地铁项目中。2006年5月25日,北京地铁车辆更新项目——北京地铁1号线消隐工程电动客车及牵引制动系统采购合同,在京隆重举行签字仪式。在欢快的乐曲和热烈的掌声中,南车集团董事长江靖分别与北京地铁

第六章
政经"军团"渗透中国基干产业

运营公司董事长王德兴和北京国际贸易公司、湘电股份、东洋电机、湘电东洋、三井物产代表在电动客车整车采购合同和牵引制动系统采购合同上签了字。

事隔一年之后,2007年10月12日,成都地铁1号线17列102辆地铁车辆及牵引制动系统采购合同签字仪式在蓉城隆重举行,南车四方机车公司为整车的制造集成商,由三井物产成套设备系统、东洋电机、湖南湘电东洋电气、湘潭电机组成的联合

2006年,日本三井物产(综合商社)、日本东洋电机、湘潭电机的联合体成为北京地铁十号线工程电动客车电气牵引系统和空气制动系统招标项目的中标人

体则是车辆电气牵引系统和空气制动系统(列车的"中枢系统")的供货商。此时,三井物产还在组织财团的关联厂商积极参与天津地铁的投标工作,不断将触角延伸到更多的中国城市。

在中国大陆,东芝公司实际上部分替代了三井物产的综合商社角色,发挥着三井财团在电气制造领域的产业组织者作用,吞下了中国铁路电气装备这样一块现成的肥肉。2002年8月28日,东芝与中国大连机车车辆厂共同出资在大连保税区成立了"大连东芝机车电气设备有限公司",以生产、销售和维修保养铁路机车(电力机车和内燃机车)及城市、城际交通车辆用电气产品为主。该合资公司成为东芝公司在海外成立的第一个铁道车辆电气产品制造基地。

大连机车车辆厂是中国著名的大型国有内燃及电力机车生产企业,是中国最大的铁路机车厂家,而"大连东芝机车电气设备有限公司"的产品包括:铁路机车、城市及城际轨道交通车辆牵引用主变流器、辅助电源装置、监控系统、车辆信息系统及其相关设备。可见,三井财团的东芝公司正是通过在大连的这家合资企业介入中国铁路大提速、京沪高速铁路、城市轨道交通等所有重大铁路电气化项目中。事实上,东芝已为中国的铁路

225

和大连、北京、天津等大中城市的城市交通提供了许多电气产品，占有相当的市场份额。

《环球人物》杂志记者曾经在2007年6月12日采访了东芝公司总裁西田厚聪，然后这样写道："一点都不奇怪，因为这个'巨贾大亨'（指西田厚聪），竟是学政治出身的——早年他在大名鼎鼎的东京大学攻读政治学硕士学位。喜欢德国政治哲学的西田厚聪，经常爱说这样的话：经济学关心人与物，政治学却告诉你人和人怎么打交道，所以政治和经济，都是关心人的利益。"这篇采访文章中还特别提到"在交通领域特别是最近的第六次铁路大提速中，东芝已确定了180台的铁路机车订单目标"。

原文节选自《三井帝国在行动》P253-P259，作者：白益民

第四节
中国向日本政经"军团"学习什么

2007年1月15日，国内多家媒体发出了一个引人注目的消息："为迎接今年4月全国铁路第六次大提速，4列国产CRH2型'子弹头'旅客列车经长途拖运已抵上海。"

据铁道部副部长胡亚东介绍，全国铁路第六次大面积提速后，时速200公里线路延展里程达到6003公里。为满足提速要求，铁路部门引进国外动车组先进技术，消化吸收再创新，打造了时速200公里及以上国产动车组制造平台。

2007年1月21日，浙江在线报

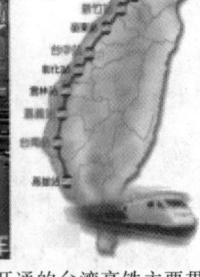

由日本著名的综合商社三井物产负责建设和开通的台湾高铁主要贯通台湾岛西岸，全长约345公里

道:"铁道部总工程师何华武介绍,铁道部在高速列车的引进、消化、吸收上采取了'1、2、7模式',即10%整车引进,20%散件组装,70%实现国产化。有消息人士称,中国的子弹头火车由中国、加拿大和日本三方合资的企业生产,其中技术部分主要以日本技术为主。"

2007年1月28日,中国自主创新国产品牌的第一列子弹头高速列车正式投入商业运行,从杭州开往上海。日本记者随车进行采访,日本国家电视台NHK在当天傍晚以"中国新干线"为题播出了这一专题节目。日本记者采访一位乘客,那位乘客对这辆国产品牌列车赞叹不已,骄傲的神情溢于言表:中国能够生产这么好的列车,说明中国的国际竞争力非常强。

2007年2月1日,《英国金融时报》也以"中国'消化'日本子弹头列车技术"为题报道:"中国开始采用本地装配的日本'子弹头列车',表明中国已完成外国世界级高速列车技术的转让。这些在日本'疾风'E2-1000新干线车型基础上加以改进的列车(CRH2型)上周在上海周边上线运行。根据2004年达成的一项合同,以川崎重工为首的日本企业联盟同意向中国合作方——南车四方机车车辆股份有限公司提供E2-1000的制造技术。这个联盟还包括三菱商事株式会社、三菱电机、日立公司、伊藤忠商事和丸红。"

在这里,我们忽然发现三菱商事、伊藤忠和丸红几家日本财团的综合商社的名字。事实上,规模最大、最著名的一家日本综合商社没有在此露面,它就是三井物产。此时的三井物产正在忙于在中国台湾高速铁路建设的收尾和开通工作。全长约345公里的台湾高铁主要贯通台湾西岸,是台湾第一个,也是全世界最大规模的采取BOT模式的公共工程。中国台湾高铁自2007年1月5日通车进行试营运,2月1日开始正式营运,2007年3月2日全线通车。

日本的这些综合商社并非制造企业,而到底它们在这样的大型合作项目中扮演怎样的角色呢?通过对中国大陆高速铁路和中国台湾高速铁路这两个项目的观察和研究,我们可以清晰地看到日本综合商社在大型国际合作项目中的功能与作用,这为我们中国企业建立产业联合体、积极参与国际市场竞争带来更多的启示。

日本财团运作台湾高铁

台湾高速铁路于 1986 年 9 月由中国台湾当局及民间团体携手合作，此项工程由民间投资，采取 BOT 方式建造营运，为台湾西部走廊的发展提升交通基础设施。

台湾高速铁路股份有限公司前身为台湾高速铁路企业联盟，依据台湾当局的"奖励民间参与交通建设条例"全力推动民间参与投资兴建公共工程的政策，主要成员包括了 5 家本土企业——大陆工程公司、长荣航空公司、太平洋电线电缆公司、富邦产物保险公司及东元电机公司。

日本财团在中国大陆的竞争模式跟争夺台湾高铁类似，但规模更大、成员更多。从现在已露脸的企业来看，譬如担任台湾高铁的主干事是三井财团的三井物产，而在中国大陆高速铁路项目中的三菱商事在"台湾新干线日本企业联合"里也有份参与，第一劝银财团的川崎重工跟制造台湾高铁列车的企业是同一家公司。

再看看近日竞标大陆 5 条铁路线提速的"光基铁道系统"公司里的丸红（富士财团的综合商社）等，不难推知，1997 年为"中国特需"组建的"中国高速铁路日本企业联合"就算不是"台湾新干线日本企业联合"的"原班人马"，绝大多数也都是"老面孔"，可见日本财团是两岸通吃，哪里有钱赚就去哪里。

如果要梳理日本财团在台湾高铁的运作，就必须从所谓的"企业联合会"的主干事"三井物产"说起。

三井物产是世界上最大的综合商社，又是综合商社先驱者，有着悠久的历史，至今已延续了百余年。《三井帝国启示录》一书中这样写道："三井物产不是制造厂家，所以它最大的财产就是人。从 1876 年创业开始，三井物产已成为日本最大的一家综合商社。"

根据 2006 年 2 月台湾《理财周刊》对台湾三井物产董事长兼总经理小川隆的访问，我们可以了解到"台湾新干线株式会社"（简称 TSC）是由日本重量级企业，包括三井财团的东芝、三菱财团的三菱重工、富士财团的川崎重工等 3 家制造商以及住友财团的住友商事、三井财团的三井物产、三菱财团的三菱商事、富士财团的丸红等 4 家综合商社,一起出资组成。由于三井物产在台湾的贸易经验丰富,协调这 7 家公司的任务就由三井物产负责。而三井物产的前任副社长佐藤和夫被任命为 TSC 的董事长。

台湾高铁从 1992 年 6 月核定开始就夹杂着太多的政治利益和经济利益。

1997 年 9 月,欧铁联盟(EUROTRAIN,主要厂商为德国的西门子 SIEMENS 和法国的阿尔斯通 ALSTOM)击败了台湾新干线株式会社,取得最优议约资格。但是台湾领导人希望得到日本政府在政治上的支持,遂继续与日方"沟通、磋商",这给了日本企业反败为胜的机会,使之与欧铁处于继续竞争的局面。

1999 年 12 月 28 日,台湾高铁召开临时董事会,即甩开欧铁联盟,正式宣布选择日本企业联合为优先议约对象。

痛失近千亿元商机的欧铁联盟于 2001 年初向新加坡法庭提请国际商务仲裁,历经 3 年缠讼后,3 月中旬,国际商会(ICC)做出仲裁判断,裁定台湾高铁应补偿欧铁联盟 7304 万余美元,加上利息,约合台币 28 亿多元。最终台湾高铁同意赔偿欧洲高铁联盟新台币 21 亿元以达成和解。同时,为了避免过分得罪欧洲方面,台湾高铁将日本新干线系统与欧洲高铁系统混合使用,这就造成了技术上的不兼容。

台湾高铁跌宕起伏的争夺战似乎和今天的京沪高铁有类似的地方。同样是日、法、德为首的三国争夺,在竞争的初期日本企业也并不占上风,但是随着日本"三位一体"的营销策略展开和推进,优势逐渐被日本企业掌握。

2007 年 1 月,最先投入京沪高铁试运行的机车就是川崎重工与中国四方机车联合生产的"子弹头"机车。欧洲和日本高铁系统的混用,在中国大陆高铁建设中也基本上确定。不同的是中国大陆采取的策略是"市场换技术",而中国台湾选择的是"市场换政治",中国大陆要比中国台湾在主动权上更胜一筹。

"三位一体"的营销策略

所谓"三位一体"的营销策略是指日本政界、日本经团联(经济团体联合会）为首的产业组织机构，以综合商社为核心的相关财团企业等，互相配合的全方位营销。国家大型采购案作"政治运用"是世界各国都会用的，只是程度深浅存在差异，中国和日本也不例外。

日本、法国和德国为争夺中国高铁市场，各国政治领袖频繁活动。为了得到中国大陆第一条高铁的生意，2002年底，德国总理施罗德来到上海，与中国领导人共乘磁浮列车，然后续访北京，表示德国政府愿给予全面的支持。法国也积极表示愿提供资金援助和技术支持。

1999年7月，时任日本首相小渊惠三在访问中国期间递交了一份"日本援建中国高速铁路意见书"，明确表示日本愿意提供新干线的建造技术和建设资金

然而，"中国工作"着力最深、动作最频繁还是日本。1998年4月和11月，中国国家领导人先后访问日本，其间，日本运输省（现国土交通省）特地分别安排中国领导人搭乘最新型的新干线500与700系列的列车，其用意也是推销日本的新干线铁路系统。1999年7月，时任日本首相小渊惠三赴大陆访问，向中方递交了一份"日本援建中国高速铁路意见书"，明确表示日本愿意提供最先进的新干线技术和建设资金。

2003年，日本从夏天起发动另一波推销攻势。2003年8月3—6日，国土交通大臣扇千景带着大礼——低利日元借款（即ODA，日本政府经济援助，原本从2001年起对中援助已逐年锐减，而如果大陆肯采用新干线，日方愿意再提供巨额资金援助）到北京拜见国家领导和铁道部负责人。然而，中国政府方面明确表示"采用哪种技术，正由中国专家做论证"，无论日方如何"利诱"，中方都没松口偏向日本。

和日本政界要员一样，以日本经团联为首的日本产业组织对争取中国高铁订单也不遗余力。2000年10月14日，时任国务院总理朱镕基访日，日本经团联会长今井敬在欢迎宴会上郑重地表示，"日本没有美国的波音客机，也没有法国的空中巴士，只有一条新干线，希望中国能够在建设北京至上海的高速铁路问题上，认真考虑采用日本技术"。但中方并未随之起舞，无论日方如何努力，朱镕基回答的总是一句外交辞令——"欢迎投标参与国际竞争"。后来中国大陆有一段时间较热衷采用磁浮技术，日方一度沉寂下来。

2003年以后，成本高近3倍、建设费时亦多的磁浮技术渐渐在京沪高铁建设中出局，日本新干线取得了优势。2004年11月24日，以新会长奥田硕（原丰田公司总裁）为团长的经团联访问团也去了北京，出发前，奥田硕曾反驳日本国内不赞成将新干线出口给中国的人士，他说这是一个绝对应该争取的事业，"中国的高速铁路计划不单是京沪之间，是涉及将来中国全国多条建设路线的计划，况且日本透过展示先进技术，可促进企业向中国出口"。面对日方产业界这么有分量的代表，温家宝依旧很冷静、理性地回答："我们要紧守住中国的立场。"

相对于政府和经团联为了争取中国高铁建设的努力，日本财团企业的准备和努力更为实际。

日本产业界为了拿下京沪高铁的生意，1997年即由三菱财团的三菱商事、第一劝银财团的川崎重工、富士财团的日立制作所、东日本旅客铁道（简称：JR东日本）等14个企业团体发起"日中铁道友好推进协议会"，聘请前首相竹下登担任会长，总共有70家厂商会员，其中的44家企业组成"中国高速铁路日本企业联合"。为了参与中国的铁路改造工程，川崎重工等6家日本公司与中国南车四方机车车辆公司合作，参加铁道部组织的车辆招标。日方向中国提供东日本旅客铁道公司（JR–EAST）生产的最新"疾风"型新干线车辆。

日本的6家公司包括东日本旅客铁道、第一劝银财团的川崎重工、富士财团的日立制作所、三菱财团的三菱电机、三和财团的伊藤忠

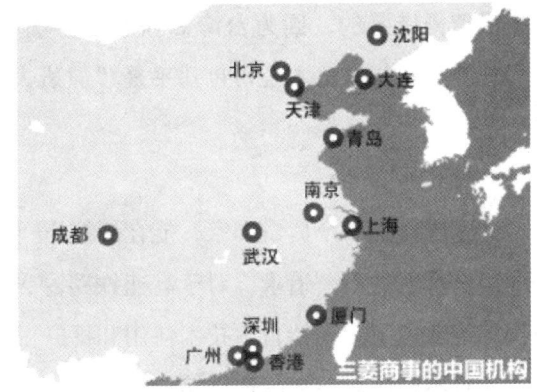

三菱商事（综合商社）作为日本高速铁路联合会的主干事，一直在中日高铁合作中扮演着产业组织者的重要角色

商事、富士财团的丸红等，为了接受东日本旅客铁道公司的车辆技术，6家公司共同成立了"光基铁道系统"公司，该公司将通过川崎重工向中国提供车辆技术。日本综合商社拥有强大的资源的调动能力、产业组织能力和复杂的关系网，在当地的商权争夺战中有巨大的优势，在商社的组织下，日本公司的综合实力要明显强于德国和法国公司。而三菱商事作为高速铁路日本联合会的主干事，一直扮演着产业组织者的角色。

三菱商事中国总代表武田胜年认为："在未来几年的中国铁路建设中，日本企业有很大优势。在产业合作方面，日本铁路建设和欧洲不大一样。欧洲的铁路技术，掌握在西门子等公司手里，而日本的基本技术掌握在日本铁路公司。根据日本铁路公司的要求，厂商进行生产。因此在日本铁路公司的支持下，中国企业可以按设计要求进行生产，有利于铁路设施和设备的国产化，以及技术转移。"

当然，三菱商事中国总代表的话仅仅是日方推销中常用的技巧，这场关系到以后中国铁路建设发展的方向和上千亿巨额订单的巨大博弈中，无论是中方还是外方都不得不站在企业和国家的最高利益上考虑，日本的无所不用其极也无可厚非，因为巨额订单不仅可以给日本铁路公司带来直接盈利，也可以拉动相关制造业的全面发展，甚至可以通过中国高铁项目实现技术上的创新和突破。

在这场博弈中，中国是买方，在一定程度上占有主动权，大陆应该如何在与外国列强的博弈中取得尽可能多的利益，台湾高铁的经验教训应该是最值得借鉴的，因为台湾高铁也是多方混合承建，最后由日本技术主导，甚至参与的日本公司也几乎是"原班人马"。

韩国启示录

韩国作为一个后发国家，能在短短30年中崛起，源于对自主技术和自主经济体系的不懈追求。对于高速铁路这种国家级建设项目，韩国也毫无例外地最大限度支持自主技术使用和提升。

日本财团对亚洲高速铁路的布局中，中国的台湾高铁和京沪高铁项目只是其中一部分，在这之前日本已经参与了韩国高铁项目。早在1970年，日本国家铁路公司（JNR）的工程勘查团队就参与了汉城（现名：首尔）—宝山走廊地区建造增强型的铁路系统的勘查。

在1994年，日本政府主导出台了一份题为《东亚新干线铁路网》的建设计划书：以东京为起点，然后在对马海峡建一个海底隧道，连接韩国，并通过朝鲜半岛再连接中国，再从中国内地一路南下，直抵香港。

时任日本首相森喜朗于1994年10月20日在汉城出席亚欧首脑会议时，向韩国前总统金大中提出了共建日韩海底铁路隧道的计划，但是韩方反应冷淡。而后日本竞标韩国高铁败给法国阿尔斯通公司，建"东亚新干线铁路网"的雄心破灭。韩国人对日本新干线的舍弃不仅出于经济利益上的权衡，可能更多还是出于政治利益的考虑。

2004年4月1日，高速铁路刚开通的韩国，宣称其列车主要是自己的技术，韩国人自认为到2007年将可不依赖外国，以纯粹的韩国技术制造整个列车系统，他们下一个重大的目标就是，继日、法、德之后，出口这一高新技术。

但事实上，韩国高铁的发展并未如韩国人当初设想的那样进入良性轨道。

韩国高铁自2004年开通运营后，故障频繁、运营亏损。其主要原因即出在车辆系统与道路系统的兼容性方面。韩国高速铁路主要技术来自法国，但为了最大限度地为本国厂商创造机会，韩国只引进法国的车辆系统中的核心部分，而道路及供电系统则国产化。虽然韩国宣称的在2007年完全实现国产化有明显的宣传成分，但是我们丝毫不应该怀疑韩国人的这种决心。

在高速铁路建设中，韩国成功使高速列车系统供应商——阿尔斯通除了供应硬件外，还转让了全部技术，帮助当地的制造商，提供培训计划、维修保养手册以及整个核心系统的维修保养服务。韩国高速列车（KTX）工程标志着世界上最大的列车制造技术的转让，100%的技术转让，50%的本地制造。

事实上，技术转让等于让韩国掌握了包括研制、生产、使用及维修保养包括轨道列车、悬链、列车操控在内的高速铁轨系统的全部先进技术。

这一历程，欧洲高速铁轨先驱——法国国家铁路公司及其合作者，花费了20年时间才完成。

韩国高铁运营无疑向全世界表明了在这种高端技术领域实现技术全权转让的可能性。

培育中国的财团

如何实现技术引进与国产化的最佳结合，是中国高铁建设无法回避的问题；同时，也关系到在这一高新技术产业领域如何用事业凝聚人才、造就人才，尤其是以中青年为主体的创新型领军人才。由于投资巨大、技术难度高，并且与中国未来铁路的整体发展息息相关，京沪高铁从提出建设到正式立项，经过了16年的研究论证，几乎耗费整整一代人的心血，也浓缩了中国铁路迈向高速时代的民族梦想。

中国铁路高速列车所使用的技术一直都是众人所关注的焦点。中国铁道部在一份声明中表示："CRH（中国高铁的简称）标志着中国铁路已经掌握了时速200公里及以上动车组核心技术，表明时速200公里及以上动车组具有中国铁路的自主知识产权。"CRH型动车组分为2种，其中CRH1由庞巴迪－四方－鲍尔（BSP）在青岛合作生产，原型是庞巴迪为瑞典AB提供的Regina；CRH2是由中国南方机车车辆工业集团的四方机车车辆股份有限公司联合日本第一劝银财团的川崎重工生产，原型日本新干线E2－1000。

据《羊城晚报》报道，CRH1型核心技术是引进后再进行中外合作开发的成果，整体技术国产率超过62%。CRH动车组国产化率达到75%以上。但是，对于中国铁路高速列车"国产化达到75%"的说法，仍有媒体存有质疑。英国《金融时报》曾指出，中国CRH2型"子弹头列车"只是在日本E2－1000新干线车型基础上略加改进，并且，中国南车集团（南车四方机车车辆股份有限公司的母公司）对该技术使用权仅限于当前这个合同。

据维基百科资料显示，供中国使用的CRH2与E2－1000使用相同的电动机，但其编组方式与日本不同，动力较小，因此在营运速度上低于日本本土的 E2，最高时速为 200 公里。中国向日本订购的 60 列火车中，有 3 列在日本完成，并完整交付予中国；另有 6 组以散件形式付运，由中方负责组装；最后提供中国国内制造剩余的 51 列列车所需要的设备等知识产权，但一些高技术部件仍会采用进口产品。

此外，由于核心技术从国外引进，在中外联合制造过程中，中国企业并没有获得对应的 75% 订单价值，一般都低于 50%，大头由外国合作伙伴获得。比如，40 列 CRH1 的总订单价值约 7 亿美元，其中庞巴迪运输集团（运输总部在加拿大的蒙特利尔，欧洲总部位于德国的柏林）的份额约为 3.82 亿美元。60 列 CRH2 总价值 130 亿元人民币，日方获得的合同金额约人民币 70 亿元。

无论怎样，面对我国铁路跨越式发展的需求、国内铁路技术与国外依然存在一定差距等现实状况，为节省时间和资金，利用国产化替代自主化也是无可厚非的选择。因此，台湾高铁和韩国高铁的经验教训是值得中国大陆重视的。

台湾高铁撇开政治利益不谈，它最大的问题在于日本技术和欧洲技术无法兼容，造成了极大的安全隐患，制约了新技术的应用和发展。而韩国人对自主技术的执着，在短期内造成了法国技术的"水土不服"，但这种牺牲眼前利益、争取长远利益的策略，也可能是最高明的策略。

对中国大陆来说，不仅要最大限度地消化国外技术、避免不同技术的不兼容，也需要注意外国企业在中国的长远布局损害了国家的最高利益，更重要的是努力培养和发展自主技术，让"经济爱国主义"不是一句空谈。技术引进的目的在于寻找培养自主技术的捷径，而不是把中国变成外国的装配车间，并把国内市场拱手送人。

考虑到中国目前并没有成熟的高铁技术，引进外国技术在所难免，因此，在参与中国高速铁路设备竞争的各家企业中，合资公司仍是绝对的主角。特别是日本的财团企业已经在中国悄悄地布局它们的合资或独资企业，迎合中国国产化政策的需要，实现"made – in – China, but made by Japan"的战略步骤。

在中国高速铁路的争夺中，日本财团渐渐以整合的力量取得了竞争的

产业就是脊梁
CHAN YE JIU SHI JI LIANG

《刷盘子，还是读书？——反思中日强国之路》，作者为著名旅日工程师钟庆

优势，京沪高速铁路总值120亿美元的建设合同中，日本第一劝银财团的川崎重工业牵头的日本企业拔得头筹。日本财团为什么能在日、法、德商的角力中拔得头筹？在跨国巨头之间的博弈中，日本新干线先进的技术、出色的业绩和安全性等并非决定性因素，真正决定胜负的是日本有一个以综合商社为核心的财团体制，通过日本政治和经济界的整体配合，在全球范围内赢得市场，从而为其财团企业的技术投入带去巨大收益，并推动日本装备制造业的不断升级。

中国的经济活动中始终缺少一个民间产业联合体，也没有集金融、商业和产业于一身的财团组织，中国政府的铁道部不得不自己始终站在高铁项目战斗的最前线。由于高速铁路建设并非只是机车制造这一个环节，它包括整个铁道系统的改造，涉及很多产业和行业，仅仅靠一个政府部门来协调和推荐是力不从心。从高速铁路的安全性角度考虑，政府也很难依靠力量分散和管理松散的民间力量来运作，这就为外国财团和跨国公司提供了商机。

中国政府应该以"高速铁路""大飞机""3G"这些项目为契机，培育出中国自己的财团组织和产业联合体，让民间力量投入与外国军团战斗的最前线，让其在锻炼中成长和壮大。这样，政府就可以从中脱身，集中精力于产业政策和产业战略上来。

其实，中国信息产业部在这方面有更多经验值得借鉴。这里提到的民间产业组织，并非指的是民营企业，它实际包括除外国独资或控股企业以外的各种所有制形式的企业。

原文发表于《环球财经》2007年5月，作者：白益民

第五节

日本"官民一致"推进新干线出口

从热带的老挝到阴冷的英伦三岛,从干旱的东非到多雨的泰国,已经成为高铁大国的中国,正试图在全世界复制这项产业在本国的巨大成功。

"一百多年前,我们凭借铁路成为日不落帝国,一百多年后,我们却需要中国人来帮我们建铁路。"英国报纸调侃着中英两国计划在高铁技术方面达成的合作,带有一丝无奈。

日本《朝日新闻》评论,目前,中国摆出了对外出口高铁的阵势,锁定的目标则是非洲、东南亚和东欧等今后有引进高铁空间的新兴市场。中国国内的高铁总长度已是世界第一。低成本和援助策略的成套销售或许将成为日本"看家技术"——新干线的新对手。

另一方面,正如安倍晋三成为近年来外访最多的日本首相一样,日本政府官员和企业家也活跃在印度、欧美和东南亚各国,日本同样在推销自己的高铁技术。作为世界上首屈一指的铁路技术强国,没有人会轻视日本技术的竞争力。电视、冰箱等产业逐渐淡出的日本制造业,有望树立自己在世界高铁产业方面的身位优势。

日本力推新干线出口海外

作为日本国土交通相,太田昭宏在吉隆坡与马来西亚交通部长和陆路公共交通委员会(SPAD)主席等人举行会谈,呼吁马方采用新干线技术,推销的目的地还有新加坡。和太田昭宏一起推销的还有东日本旅客铁道(JR东日本)和日立制作所等企业的人员。规划中的新马高铁连接新加坡与马来西亚首都吉隆坡,全长约350公里,建成后全程需一个半小时,新马两国希望在2020年前后通车。国际招标会在2015年举行。意在中标的JR东日本于2014年3月在新加坡开设了他们在亚洲的第一家驻外事务所,开展调查与信息收集工作。

另一方面,5000名中国工人已经抵达了东非国家肯尼亚,他们的目标

2015年5月27日,日本和泰国政府就连接曼谷至清迈的高速铁路项目达成一致,泰国将引进日本的新干线技术,图为泰国总理巴育(左)与日本首相安倍晋三

是建设连通肯尼亚首都内罗毕到位于坦桑尼亚的东非最大港口蒙巴萨的铁路。2014年5月11日,中国国务院总理李克强与肯尼亚总统肯雅塔以及来自东非其他5国的总统或外长,共同见证了蒙内铁路相关合作协议的签署,涉及金额38亿美元。

蒙内线在2014年10月开工,最高时速120公里,以发达国家的标准,这个速度连高速铁路的边都不沾,但在非洲已经是当之无愧的"高速"了。"绝对是高速了,法国人过去修的铁路,现在连30公里都跑不到了。"非洲问题研究者陶短房告诉《时代周报》记者。

除此之外,李克强总理近年的多次外访,包括在泰国、土耳其、英国等,都在力推中国的高铁技术。2014年6月24日,中国南车与欧洲国家马其顿签署了出售6辆时速140公里的高速列车的协议,协议金额达到2500万欧元,中国高速列车首次出口到欧洲。

对于中国的全面铺开,日本既羡慕也在追赶。事实上,日本过去对高铁(新干线的)技术出口并不是很热心,目前只占世界铁路市场份额的10%。比较成系统的成功是台湾高铁(几乎完整地移植了新干线)。另外,企业之间往往互相竞争,比如此前JR东海和JR东日本在加入美国和亚洲各国的建设计划方面,一直"各自为政"。究其原因,高铁的大发展始于20世纪90年代末,对日本来说,放下身边的中国那么大的市场,再去开发其他市场有点浪费资源和精力。所以过去日本的主要精力都放到和欧洲企业争夺中国的高铁市场去了。现在情况截然不同,一方面中国高铁热有所降温,而且建立了属于自己的一套体系,日本只能服务于这个体系,不能主导这个体系;另一方面,日本很多做高铁技术的企业还有核电、造船、宇航等方面的业务，这些业务如核电等受到了冲击，所以需要在高铁方面下功夫。

日本开始奋起直追，并且形成"官民一致"的态势。为推进新干线的海外出口，2013 年 4 月，日本成立了"国际高速铁路协会（IHRA）"，力争通过欧洲、东南亚、巴西、澳大利亚等国高铁项目的订单，使日本提倡的规格成为国际化标准，大量的日本企业参与其中，将向全世界展示出统一步调的姿态。

对于安倍政权来说，扩大基础设施的出口将成为日本未来的成长支柱，日本的目标是，在 2020 年之前，实现基础设施出口额增加至 3 倍、达到 30 万亿日元。在这一目标当中，铁路技术责无旁贷。日本政府为了扶持日本企业拓展海外市场，调整了日元贷款条件，规定了在对日本具有战略意义（例如出口大型基础设施等）时，如果贷款国在以利用日本企业技术和获得资材订单为条件的"日本技术活用条件"框架下，利率从 0.2% 一律下调至 0.1%。

变化莫测的国际市场

中国海外的高铁输出很多都借助和当地国家在政治方面的合作，通常是中国借出资本给这些国家建工程，以后再进行偿还，过去日本也是这么做的。但问题是，政治拼完以后，就是拼当地的商界关系，而日本财团在国际市场上，则很注意在当地打下很扎实的基础。在东南亚，日本就通过各种方式培育当地的合作企业，而未来要获得重大订单的话，这些都是资源。日本诸多财团之间也常常共享资源。

比如，据日本《经济新闻》报道，为了获得泰国的高铁订单，日本的三井物产、三菱重工业以及 JR 东日本、九州旅客铁道（JR 九州）等铁路公司在 2013 年成立了企业联合会，而起到关键性作用的是向来不参与出口问题的 JR 九州。中国企业与此相反，在这方面做得并不好，很多都是捞一票就走，有些甚至在当地引发冲突。有时候为了竞争，报价压得很低，结果事后一算账，都是亏的。

不过，正如泰国的军事政变让"大米换高铁"的模式受到冲击一样，

产业就是脊梁

在投标市场，特别是发展中国家市场的不稳定性方面，中日两国可谓同病相怜，经常遇到同样的计划外难题。

英拉政权倒台以后，让为争取泰国高铁项目费尽心思的日本方面十分沮丧。这意味着大量先期工作包括在2012年邀请英拉访日乘坐九州新干线等努力全部化为乌有。

2015年12月12日，日本和印度就印度首个高铁建设项目达成了合作协议，这条高铁将采用日本的新干线技术，图为印度总理莫迪（左）与日本首相安倍晋三

同样的状况也发生在巴西。2014年5月，巴西发生了大规模的反政府游行，甚至一度影响了总统罗塞夫的访日计划。世界杯结束以后，巴西经济的种种问题日益暴露，能否顺利开展高铁计划令人质疑。

类似的情况还出现在越南和印度，本来这两个国家一向和日本关系良好，就如同中企在老挝能够获得一些便利一样，日企在此有先天的优势。但两国都面临经济困难、政治更替的问题，这也给当地的高铁建设带来了许多不确定性。

在越南，建设费用达到500多亿美元左右的高铁建设计划由于国会的反对而冻结。印度连接主要经济城市孟买和工业城市艾哈迈达巴德的高铁项目，涉及金额数百亿美元，日印双方的协定签订于辛格时代，现在印度已经换了总理。

这样的问题，中国在拉美、中东和非洲同样也会遇到。

中日既有竞争也有合作

中日两国的高铁竞争，也并不像外界想象的那样剑拔弩张。事实上，两国在产业链中各有分工。高铁产业的出口生意，有些是铁路工程的承包，有些是机车制造。中国主要是承包海外高铁的建设，日本的强项是出口机车,所以中日的竞争并不完全是一个层面的竞争。

比如在英国,目前来说中国较有可能获得的是高铁的建设订单。但是车辆订单则可能为日本所得,如目前在伦敦和爱丁堡之间行驶的高速列车就来自日立。

国内现在虽然有南车北车,但很多核心技术都来自日本和欧洲。而就基建来说,日本虽然也可以做基建,但日企在这方面并没有竞争优势。所以,即使日本拿到了工程,也会外包出去,比如给与日本有很多高铁项目合作的中国台湾企业,也会给中国大陆的企业。尽管现在中日高铁技术有竞争,但毕竟也合作多年,所以中国企业获得一些来自日本的外包订单并不奇怪。这些合作确实也常见于中日铁道业之间。除了南车和川崎重工的合作外,2003年,日立在陕西西安市建立了合资工厂,生产铁路零部件。2013年,日立又在吉林长春建起了铁路车辆零部件工厂。

此外,中日两国竞争的另一态势,就是逐渐挤压欧洲企业在这一领域的市场份额。虽然竞争激烈,但即使日本赢了,很多订单也要包给中国台湾和大陆的企业,而中国企业赢了,很多技术也还需要从日本引进,所以也有共赢的一面。

原文发表于《时代周报》2014年8月,作者:张子宇

第七章　一个没有核武器的核大国

2011年，一场突如其来的大地震席卷了日本东北宫城、福岛等地，福岛第一核电站6台机组发生爆炸及核泄漏。据称日本在发现事故之初曾经婉拒了美国方面的帮助，这究竟是日本对自身处理应急事件能力的极度自信还是其中暗藏着什么不可告人的秘密？

美国的西屋电气、法国的阿海珐和美国的通用电气，这些在国际核电市场举足轻重的欧美企业，如今为何都要围着日系企业团团转？现在看来日本在核电技术和市场的垄断雏形已经基本形成，中国若想利用核技术进行能源战略的调整则必然会受制于日本。

哈萨克斯坦，这个位于中亚的内陆国家，原本和地处太平洋的日本没有任何交集，却因其丰富的铀矿储量成为日本安插在中国背后的"定时炸弹"，一旦中日两国在未来打起了抢夺铀矿资源的"核子战"，日本财团就可以随时"引爆"这颗"核武器"，给中国核工业的发展带来致命打击。

作者题注：

将"不拥有、不制造、不运进核武器"作为国策的日本，却长期大量地囤积核材料，核安全及核扩散风险着实令人担心。中国大力发展核电的同时也应重视核材料的储备、核武库实力的充实以及核威慑力的提升。

本章提要

究竟是什么给了日本如此大挑战中国的野心？除了经济上的支撑，不容回避的一个重要的因素是日本核技术和核燃料储备为日本制造核弹提供了可能，正是这样的"优势"心理，成为日本在钓鱼岛问题上敢于叫嚣的底气。

当日本核电厂宣布冷却系统故障后，美国已答应派遣空军紧急运送冷却剂协助，但日本声称可自行处理，婉拒美国协助，最终发生爆炸。媒体及公众纷纷猜测日本在进行核武器试验或者日本在以 MOX（铀钚混合氧化物）作为核电站燃料的同时，储存了大量的钚 – 239。

石原慎太郎称："我们的所有敌人：中国、朝鲜和俄罗斯，都是近邻，也都拥有核武器。世界上还有其他国家处于类似境地吗？"石原甚至还声称日本可在一年内研制出核武器，向全世界发出强烈信号。

日本是一个能源和矿产资源赤贫的国家，所以它把资源保障摆在国家战略的首要位置。结合国家政策，以综合商社为核心的企业集团，正在世界各地积极获取各种战略资源的开采权和控制权。

如今，中日关系持续恶化，拥有三菱、东芝、石川岛等品牌的日本公司显然已经很难大规模涉足中国核电产业链，而此时，在外界看来仍是美国品牌的西屋电气则成为日本财团杀入中国核电产业链的一张王牌。

第一节

日本野心背后的核武器狂想

2012年,若要选一位中国人最痛恨的日本人,那非东京都知事石原慎太郎莫属。由石原慎太郎挑起"购买"钓鱼岛开始,中日关系跌入低谷。目前,日本的态度虽有缓和,但并没有完全放弃对我国钓鱼岛的垂涎,其行为也一步步逼近中国的底线。

究竟是什么给了日本如此大挑战中国的野心?除了经济上的支撑,不容回避的一个重要的因素是日本核技术和核燃料储备为日本制造核弹提供了可能,正是这样的"优势"心理,成为日本在钓鱼岛问题上敢于叫嚣的底气。

核武器幻想

事实上,早在2010年9月中日因钓鱼岛"撞船事件"而在东海剑拔弩张之时,石原慎太郎就提出日本要发展核武器。石原认为:"此冲突以日本警方释放中国渔船船长而告终,暴露出日本在亚洲的软弱无力,如果日本拥有核武器,中国就不敢侵犯尖阁群岛(即我钓鱼岛及其附属岛屿)。"

2011年3月8日,石原慎太郎在接受英国《独立报》采访时表示:"日本是世界上唯一遭受过核袭击的国家,应该发展核武器,应对迅速崛起的中国构成的威胁。"**石原慎太郎称:**"我们的所有敌人:中国、朝鲜和俄罗斯——都是近

2011年3月,日本右翼政客石原慎太郎在接受英国《独立报》采访时说,日本完全可以在一年内研制出核武器

邻,也都拥有核武器。世界上还有其他国家处于类似境地吗?"石原还称日本可在一年内研制出核武器,向全世界发出强烈信号。

日本高层领导人也曾多次宣称日本能够拥有核武器。1994年6月17日,时任日本首相羽田孜在国会回答记者说:"日本确实有能力拥有核武器。"1995年3月,日本著名的《宝石》杂志披露日本政府高级官员在接受该杂志记者采访时说:"日本能在183天内造出原子弹!"

2002年4月6日,日本在野的自民党党魁小泽一郎在福冈举行的一次研讨会上悍然针对中国说道:"如果中国过度膨胀的话,日本就要制造核武器来'反制'中国;日本核电厂里的钚完全可以制造出4000多枚的核弹头,我们在军事实力上不会输给中国!"5月中旬,时任日本内阁官房副长官的安倍晋三说:"毫无疑问,日本将会拥有小型原子弹。"5月31日下午,时任内阁官房长官的福田康夫在记者会上也宣称:"只要坚持专守防卫,日本也可以拥有核武器。"

虽然日本是否拥有大规模核弹尚未可知,但对于日本已经掌握制造核武器技术,国际社会并无质疑。

俄罗斯军事专家弗拉基米尔·比洛乌斯在2005年曾指出:"日本有能力在一年内制造出核武器。即便不进行核试验,也能运用高速大规模电子计算机对核爆炸的全过程进行模拟。"

韩国汉阳大学国际政治学教授金庆敏2009年5月在韩国《中央日报》上发表文章称,"日本能够在6个月之内制造出核弹头",金庆敏还指出,日本拥有世界一流的起爆装置制造技术,而且"只要日本下定决心,任何时候都可以制造出洲际弹道导弹"。

核电站的秘密

2011年3月11日,一场突如其来的里氏9.0级大地震席卷了日本东北宫城、福岛等地。更为严重的是,地震引发福岛第一核电站6台机组出现爆炸、泄露等严重的核事故,而该核电站的业主东京电力株式会社并未妥善处理此事,并成为众矢之的,其行为的丧心病狂也成为日本的污点。

本可以避免的事故为何出现如此糟糕的结果呢?两天后,凤凰网一篇题为"日本婉拒美国协助导致核电站爆炸"的文章披露似乎能找到答案：当日本核电厂宣布冷却系统故障后，美国已答应派遣空军紧急运送冷却剂协助，但日本声称可自行处理，婉拒美国协助，最终发生爆炸。鉴于菅直人政府的反应，以及在福岛地区土壤中检测到可以制造核弹的微量钚-239元素，媒体及公众纷纷猜测日本在进行核武器试验或者日本在以MOX（铀钚混合氧化物）作为核电站燃料的同时，储存了大量的钚-239。

在福岛核事故发生之后不久，日本政府对作为国际原子能机构（IAEA）审查对象的全国262个设施进行了调查，结果从废弃物中发现大量未计量或未报告的浓缩铀和钚等核物质，包括在政府相关研究所内也发现了约2.8千克高浓缩铀，在核燃料生产企业发现了约4吨低浓缩铀，两者均未曾进行过计量。

其实，早在1977年4月，由日本动力燃料事业团（现日本原子力研究开发机构）建造的第一个液态金属快中子增殖反应堆"常阳"号就达到初始临界。1994年，日本在福井县

在福岛核电站冷却系统发生故障之后，日本方面婉拒了美国空军的紧急协助，而是一直坚持自行处理

建设的快中子增殖反应堆"文殊"号也进入临界状态，但是由于第二年发生事故而关闭。不过十几年之后，日本再次启动中子反应堆研究。2008年2月20日，东芝在横滨市建成快中子反应堆研究设施，总投资达20亿日元（约合1854万美元）。

福岛第一核电站6座反应堆中，2座由东芝制造，2座由东芝与美国通用电气联合制造，1座由日立制造，还有1座由通用电气独立制造。自从2006年10月17日以41.6亿美元的价格收购"核电鼻祖"美国西屋电气77%的股份之后，东芝已经成为全球核电产业的佼佼者，并与三菱重工

（属三菱财团）和日立并称日本核电三巨头，几乎垄断了日本的核电技术及设备供应。

2007年4月12日，三菱重工和法国阿海珐集团签署协议，在包括新型反应堆设计在内的若干核能领域结成战略联盟。日立和美国通用电气则在2007年5月签署协议，合并旗下核电业务，组建全球核电业务联盟，并在美国成立了通用－日立核能公司，在日本成立了日立－通用核能公司。

国际核电企业以日系为中心，已经逐步形成三足鼎立局面：日立－通用、东芝－西屋、三菱重工－阿海珐。

早在1982年4月，为了建立铀浓缩用离心机批量生产体制，东芝（属三井财团）、日立（属富士财团）和三菱重工（属三菱财团）3家公司就开始筹划成立联合公司。当年，日本原子能研究所（现日本原子力研究开发机构）成功地从原理上证实了用最先进的铀浓缩技术——激光法进行铀－235同位素分离是可能的。据此，日本原子能研究所制定了一项新方针，从1984年开始着手研究用激光法开发铀浓缩技术。1987年12月10日，东芝率先研制成用于铀浓缩的高功率铜蒸气激光器。

2010年5月24日，东芝与美国核电设备制造企业巴布科克·威尔科克斯公司（巴威公司）分别向美国铀浓缩公司投资1亿美元，以得到核电厂用的浓缩铀。在获得美国政府批准之后，当年9月2日，东芝与巴威公司分别向美国浓缩铀公司出资3750万美元，东芝还向该公司派遣董事及业务战略代表各一名。

美国铀浓缩公司是美国最大的浓缩铀运营商，目前正在开发采用新技术的新型离心分离机（ACP：American Centrifuge Plant），东芝投资该公司正是看中了其正在开发的新型技术，对此东芝也直言不讳地在一份声明中说："我们决定在美国专门知识和美国技术上投资，目的是为世界不断增长的核动力市场生产更多的铀燃料。"

2011年8月15日，美国铀浓缩公司与合作伙伴东芝和巴威修订了离心机项目"暂缓支付协议"。此前，该公司与东芝和巴威达成的协议中规定，如果美国能源部能在2011年6月底之前有条件地批准美国铀浓缩公司20亿美元的贷款担保，2家公司还将追加5000万美元的投资，否则2家公司有权终止投资。尽管这一期限并未得到满足，但是东芝和巴威并未撤出投资，反而与美国铀浓缩公司签订了"暂缓支付协议"。可以看出，日本的公司不会放弃任何一个可以掌握世界最先进铀浓缩技术的机会。

窃取技术的"阳谋"

与东芝的专注方向不同的是，进入21世纪以来，日本核电三巨头之一的日立开始在激光浓缩铀技术上也有涉足。2007年7月，日立和通用在美国康涅狄格州费尔菲尔德合资成立了全球激光铀浓缩公司（GLE），全力进行"全球激光浓缩技术"的商业化工作。该技术此前是澳大利亚的西勒克斯系统（Silex Systems）公司开发的第三代西勒克斯激光铀浓缩技术，被通用电气公司核能业务总裁安德鲁·怀特誉为"改变游戏规则的技术"。2006年，美国通用与西勒克斯系统公司签订了商业化与许可证协议。

日立与通用建立联盟以后，通用-日立公司就开始在由全球核燃料公司（GNF）运营的核燃料制造设施准备自己的全球激光浓缩技术"试验回路"。全球核燃料公司是由通用、日立和东芝在2000年1月设立的合资企业，位于通用的核能总部威尔明顿。为了验证西勒克斯激光同位素分离技术的商业可行性，为商业生产厂的设备和工艺流程提供预先参数，2008年通用-日立核能公司决定在威尔明顿建设一座商用西勒克斯激光铀浓缩厂。

2008年6月20日，与日本东京电力关系密切的加拿大铀矿巨头卡梅科（Cameco）公司宣布，其子公司卡梅科浓缩控股出资1.238亿美元，购买了通用-日立全球激光铀浓缩公司24%的股份。通用电气仍持有51%的股份，日立公司持有25%的股份。卡梅科称如果客户要求铀原料和铀浓缩捆绑服务，全球激光铀浓缩公司和卡梅科公司可相互补充出售其服务。

在一切前期准备就绪之后，2009年1月30日，通用-日立核能公司向美国核管会（NRC）提交了在威尔明顿建设和运行一座激光铀浓缩厂的联合许可证申请的环境报告部分。6月，全球激光浓缩公司又向美国核管会（NRC）递交了世界上第一座激光技术商用铀浓缩设施的许可证申请，很快便得到了批准。

2009年7月，全球激光浓缩公司开始在威尔明顿运行其试验回路设施。2010年4月12日，该公司的西勒克斯激光铀浓缩技术试验回路计划取得初步成功。澳大利亚西勒克斯系统公司总裁戈兹沃西表示："这是西勒克斯激光浓缩技术实现商业化的一个重要里程碑。这意味着该技术已达到关键的浓缩性能标准，未来的进一步活动将着重为可能的商业工厂进行更多的工程设计。"

2012年3月6日，美国核管会发布了关于通用－日立全球激光铀浓缩公司西勒克斯商业激光铀浓缩厂的最终安全评估报告和环境影响报告书，认为全球激光铀浓缩公司的类型、计划书和分析为设施的运行提供了合适的安全与保障基础，设施的运行不会给员工与公众的健康和安全带来不必要的风险。

2012年9月25日，美国通用电气和日本日立公司收到美国联邦政府的许可证，批准它们建造第一个使用机密激光技术的铀浓缩工厂，该工厂将为商用反应堆提供燃料。

日立和美国通用在激光浓缩技术上的突破对于核工业来说也许是个好消息。但批评人士担心，激光铀浓缩技术让获取燃料这个制造核弹最困难的部分得以简化，一旦技术成功且秘密外泄，恐怖分子就可能在隐秘的小型工厂中制造核武器燃料。然而，被美国政府列为绝密的激光铀浓缩技术已被全程参与的日立和东芝掌握。

财团的野心

东芝在中子增殖反应堆上的大规模研究投入以及日立在铀浓缩技术上的突破，使得日本可以获得大量核弹的燃料——钚－239和铀－235。同时，三井物产（三井财团的综合商社）、丸红（富士财团的综合商社）等日本综合商社又在全球拥有大量的铀矿资源。

事实上，从20世纪70年代开始，日本财团已经通过大量的合资企业和交换持股的方式，不断加强与铀矿生产企业之间的联系，而进军海外铀资源的行动最早是从加拿大开始。

1970年，三菱商事（三菱财团的综合商社）联合东京电力、关西电力等日本电力公司成立了海外铀资源开发株式会社,开始进军海外铀矿的开发市场。1979年,日本第三大石油公司出光兴产与加拿大铀矿巨头卡梅科、法国核能巨头阿海珐达成协议,购得加拿大雪茄湖铀矿12.875%的股权,后来出光兴产将5%的股份出售给东京电力。1991年2月,海外铀资源开发株式会社获得加拿大中西部铀矿15%的股份以及加拿大第三大铀矿麦卡林湖7.5%的股份。2000年10月18日,

三菱商事、三井物产、丸红、伊藤忠等日本财团的综合商社已经在世界上铀矿资源最丰富的澳大利亚、加拿大、哈萨克斯坦、乌兹别克斯坦、蒙古等国扎根,获得了大量的铀矿资源

海外铀资源开发株式会社与伊藤忠商事、三菱商事和三菱综合材料株式会社建立了日本加拿大铀资源开发株式会社。

20世纪80年代初,伊藤忠商事(第一劝银财团的综合商社)将目标瞄准了澳大利亚。为此,伊藤忠联合关西电力、九州电力、四国电力出资成立了日澳铀资源开发株式会社。虽然此后澳大利亚出台的"三矿政策"给伊藤忠进军澳大利亚铀资源的开发带来了很大的阻力,但是随着2006年澳大利亚铀矿的开发,日本企业一拥而上。

2008年7月12日,三菱商事联合加拿大卡梅科公司收购力拓旗下的Kintyre铀矿区。10月15日,三井物产购买澳大利亚蜜月铀矿49%的股份。12月,日本石油天然气金属矿物资源机构与澳大利亚邦迪矿业有限公司签署协议共同在澳大利亚探索铀资源。2009年6月18日,伊藤忠商事与日澳铀资源开发株式会社购买了梅特兰湖铀矿35%的股份。

与此同时,伊藤忠商事开始征战中亚。2005年9月,伊藤忠商事与哈萨克斯坦国家原能公司签署协议,在未来的10年购买其3000吨铀,计划销往日本和美国市场。随后住友商事、丸红、三井物产等综合商社纷纷携东芝等重工企业以及瑞穗银行等金融企业进入哈萨克斯坦,其对铀矿产业的野心也跃然纸上。

目前，三井物产、丸红、伊藤忠等日本财团的综合商社已经在世界上铀矿资源最丰富的澳大利亚、加拿大、哈萨克斯坦、乌兹别克斯坦、蒙古等国扎根，获得了大量的铀矿资源。

近年来，日本在钓鱼岛问题上日渐强硬，并隐身背后支持南海周边国家对抗中国，其拉拢东南亚国家对抗中国的阴谋昭然若揭。

不过，根据《波茨坦公告》规定，作为战败国的日本在投降后，其主权只限于本州、北海道、九州、四国及由盟国指定的岛屿；军队完全解除武装；战犯交付审判；不得保有可供重新武装作战的工业，但容许保持其经济所需和能偿付货物赔款之工业，准其获得原料和资源参加国际贸易。其中"不得保有可供重新武装作战的工业"一条足可证明其妄图拥核的想法只能是幻想。

原文发表于《环球财经》2012年12月，作者：白益民

抢占中国核电市场

收购"美国西屋"，潜入中国核电

2005年7月，英国核燃料公司（BNFL）决定将旗下的美国西屋电气公司出售，开价18亿美元。出售消息一出，15个买家蜂拥而至。除了东芝，还包括法国的阿海珐集团（Areva）、美国通用电气（GE）与日本日立（Hitachi）的收购联盟、三菱重工（Mitsubishi）和美国华盛顿集团（Washington）等。至2006年1月，日本三井财团的东芝公司以高出对手10%的价格获得独家谈判权。

美国西屋电气公司被称为"核电鼻祖"，曾经是全球最大的核电设备制造企业，20世纪80年代以前，西方国家所使用的民用核能技术，几乎都来自这家公司。1999年，英国政府控制的英国核燃料公司（BNFL）以

11亿美元收购了当时美国CBS公司控股的西屋电气的核电业务；次年，又以4.85亿美元收购了ABB公司的核电业务。两者整合后，成为今日的西屋电气。

西屋电气如此抢手，一个重要原因是其已参与中国第三代核电站依托项目的核岛技术招标，即广东阳江、浙江三门4台百万千瓦级的核电站建设。目前，日本所采用的大量核电技术都是沸水堆技术（BWR），而我国大型核电项目无一使用沸水堆。因此，东芝、三菱重工、日立、东电等日本核电巨头一直未能成为我国核岛技术的主流供应商。之前，西屋电气的常规岛部门已被法国阿尔斯通收购，所以当前的西屋电气的核心竞争力就在核岛技术上。

在阳江、三门两大核电站的竞标中，西屋电气的技术为AP1000压水堆技术，而法国阿海珐集团旗下的法玛通（Framatome）则为EPR压水堆技术。除参与中国

2013年4月，从三菱重工日本高砂制造厂发货的最后一组汽轮机转子，是三门核电项目1、2号机组的重要部件

的核电项目竞标之外，西屋电气并没有参与其他国家的核电站项目竞标。不过在与中国谈判时，西屋电气曾承诺，到中国第四个反应堆建成时，中国国产化设备与西屋设备的比例将达1∶1。对尚未实现商用的AP1000压水堆技术而言，西屋电气的中标将是其推广的极佳机会。这也正是东芝看中西屋电气的重要原因。

2006年2月6日，中国春节假期刚过，三井财团的东芝公司瞄准全球核电业兵家必争之地——中国市场，宣布以54亿美元高价收购英国核燃料公司（BNFL）所拥有的核电设备企业"美国西屋电气公司"，东芝拟出资51%，其余部分由三井物产、丸红等日本综合商社，以及美国的大型工程公司等联合分担。与东芝同属三井财团且有机器订货关系的石川岛播磨重

产业就是脊梁

工公司（IHI）等应邀加入，形成新的核电技术集团。

在西屋电气被东芝收购之前，中国已投产及在建的核电机组中，几乎看不到日本公司的身影。秦山核电站一期及二期均采用了国产堆型，只有1984年5月三菱重工承制了秦山核电站的反应堆压力容器，这是日本首次出口核能设备；秦山核电站三期则采用了加拿大原子能公司的重水堆型；大亚湾、岭澳核电站采用的是法国阿海珐集团的法马通公司的堆型；正在建设的江苏田湾核电站一期工程，采用的则是俄罗斯原子能出口公司的堆型。

2006年10月17日下午4点，东芝在总公司召开新闻发布会，东芝社长西田厚聪正式宣布完成对西屋的收购。在收购西屋电气的联合体中，其中三井财团的东芝公司出资41.58亿美元，拥有西屋电气77%的股份，美国绍尔集团投资10.8亿美元获得西屋电气20%股权，而三井财团的另一企业石川岛播磨重工业公司则以1.62亿美元获得了3%的股权。

收购西屋电气使东芝在全球核电站建造市场的份额提高到28%，并使东芝成为第一个拥有两种主流核电技术（BWR和PWR）的公司。与此同时，东芝表示会尽早和与西屋电气有长期友好合作关系的另一日本大核电厂商"三菱重工"展开谈判，继续与其保持良好的合作关系。西屋电气公司与其远东最大的分包商日本三菱重工本身就有密切的业务合作关系。

由此，三井财团的东芝公司通过收购西屋电气，获得了这次关系中国能源战略的浙江三门、广东阳江核电机组。事实上，中国已成为东芝乃至整个三井财团不可放弃的市场。在核电建设方面，东芝计划结合西屋电气尚未商用的AP1000反应堆，以及东芝已有建设业绩的第二代沸水堆技术，以美国和中国为中心，在亚洲扩大销售规模。

日本财团大有垄断核电市场之势

东芝最终成功完成收购西屋电气的行动引起了连锁反应。仅一天之隔，2006年10月19日，三菱财团的三菱重工宣布与世界最大核反应堆制造商法国阿海珐集团在日本东京签署了一项谅解备忘录协议，组建战略合作关系，合作开发功率为100万千瓦的中型核反应堆。紧接着，日本日立公司在13日发表声明说，日立公司与美国通用电气公司将在核能商业领域开展全球范围的联盟合作，以强化双方在核能利用市场上的地位。

在中国核电市场也非常活跃的三菱重工曾抱怨："中国的杀价要求十分苛刻，有时甚至逼得我们亏本投标。"三菱综合研究所首席研究员龙本庆一郎指出："日本的核电制造商在日本一直以来从电力公司得到高于全球普遍市价的利润。这样的高成本体制在海外市场缺乏竞争力。"在安全方面增加支出，另一方面又要为在价格战中胜出而被迫降低成本。为使海外事业走上正轨、克服这两个看似矛盾的棘手问题，日本各核电制造商联合形成全球垄断成为必然之势。

随着日系企业纷纷出击寻找合作伙伴，原本核电技术比较成熟、竞争力相对较强的美、法、日三国的均势被打破。日本无疑在世界核电市场拥有了举足轻重的地位，国际核电企业以日系为中心，正在逐步形成三足鼎立局面：日本三井财团的东芝－美国西屋、日本三菱财团的三菱重工－法国阿海珐、日本富士财团的日立－美国通用。日本在核电技术和市场的垄断雏形已经形成，中国加快发展核能应用的能源战略调整必然受制于日本。

来自欧盟委员会的一则消息不能不引起注意。2007年1月，欧盟以参与多家跨国公司的联合操纵电厂使用的真空开关设备价格为由，对日立处以7100万美元的罚款。此外，欧盟对东芝和三菱电机分别罚款9090万美元和1.62亿美元。欧盟委员会认为，1988—2004年，东芝、日立、三菱及其他数家公司，联合操纵了电力工厂供应合同的招标、垄断价格、自行分配项目和划分市场，同时还相互交换重要的商业机密。那么，日本企业在核电市场的行为由谁来监督呢？

就在东芝公司真正完成收购西屋电气仅仅两个月后，中美两国于2006年12月16日在北京签署先进压水堆核电技术转让谅解备忘录，中国引进西屋公司AP1000技术，在广东的阳江、三门核电站建设4台百万千瓦级的核电机组。为保证技术引进和核电站的建设顺利执行，国家发改委主任马凯和美国能源部长博德曼16日代表中美两国政府签署了《中华人民共

产业就是脊梁

和国和美利坚合众国政府关于在中国合作建设先进压水堆核电项目及相关技术转让的谅解备忘录》。

2007年7月24日，中国国家核电技术有限公司与美国西屋联合体（日本三井财团的东芝公司拥有联合体77%的股份）签署了核岛设备的采购合同

显然，如果西屋电气能最终赢得广东的阳江、三门核电站大单，东芝与中国企业的合作自然水到渠成。在东芝的远景规划里，中国并非唯一的"猎物"。在亚洲地区，日本、韩国以及印度亦是核电高速增长的国家。在西屋电气的老家美国，东芝也有很大的胃口。此时，东芝已经成为全球范围内首屈一指的核电集团，不仅持有了西屋电气目前掌握的先进的第三代、第四代核技术，亦将成为民用核能技术的发源地。

来自三井财团的整体支持

在收购西屋电气的同时，三井财团的东芝公司又在半导体领域扩张投资近20亿美元。一个公司在短时间内连出巨资，搞战略性扩张，显然其行为已触动了企业大忌，东芝的大手笔确实令人生疑。

从日本国内需求看，其核电设施要到2030年才需要更新设备。东芝公司不惜血本收购西屋电气，难免令人产生其背后有政府支持和财团意志的疑问。不能不让人联想到日本财团企业"核战略"的一致性，并联想到其有针对性地瞄准急剧扩大的中国市场。

对于收购西屋电气41.58亿美元的出资资金，东芝公司社长西田厚聪表示："将不以发行新股作为筹资方式，从目前的现金流来看，年内将把短期贷款转为长期贷款。"西田厚聪同时表示，东芝斥资收购西屋电气并不会给其他部门带来任何影响，今后，集团对于半导体和电子设备与部件等具有增长潜力的部门还要进行积极的投资。事实上，如此巨大的长期投资，东芝的背后有着三井财团的强力支持和战略部署。

在以东芝为首的收购西屋电气的联合体中,石川岛播磨重工业公司(简称:石川岛播磨,IHI)虽然仅出资3%,但是在未来的核电设施建设中占有重要位置。石川岛播磨的能源事业本部中设有原子能事业部,主要任务之一就是核容器研究开发、设计制作、现场建造、运行及维修,至今已生产沸水型轻水炉(BWR)反应压力容器20台,19座反应堆安全壳及25个核电装置的系统配置,其生产能力和规模都是世界一流的。

石川岛播磨属于三井财团,是二木会成员,与东芝关系紧密。土光敏夫(原经团联会长),曾担任过石川岛播磨的社长,于1965年在三井财团的安排下担任了东芝公司社长。当时,东芝是日本最著名的机电企业之一,它的资本额与员工人数大约都是"石川岛播磨"的3倍,但由于组织庞大、层次过多、管理不善,导致生产效率低下、经营状况不佳。土光敏夫将东芝死气沉沉的垂死的内部组织改造成具有柔韧结构的生命机体,从而使东芝得到了复兴。

石川岛播磨主要生产领域有能源设备(火电、水电、核电等设备)、船舶和海洋开发设备、液化气储存设备、石油化工装置、产业机械、桥梁、钢结构、土木建筑机械、装卸运输机械、环保设备和通用机械等,是日本举足轻重的装备制造业企业,也是与三菱重工同样地位的日本军工企业。 例如,2007年8月23日,被外界称为"直升机航母"的日本海上自卫队最大型护卫舰"日向"号就是在横滨市石川岛播磨的船舶工厂举行的下水典礼。

石川岛播磨的军工背景决定了它具备很高的消化吸收国外引进技术的能力,这也是它参与收购西屋电气的重要原因。石川岛播磨分析认为,如果能够为西屋电气的新一代原子炉AP1000生产主要设备,预计现在的约400亿日元规模的原子能发电业务在10年后能够提高到2倍以上,因而决定对其投资。2006年夏天,石川岛播磨已向美国西屋电气的开发据点派遣了技术人员。

面向被东芝收归旗下的美国西屋电气,石川岛播磨力争在2011年开始量产原子能发电主要设备——加压水型轻水炉(PWR),这将为其提供相当于2个原子能发电站需求量的2座压力容器和4座蒸气发生器。石川岛播磨计划在横滨工厂（横滨市）生产压力容器和蒸气发生器。PWR核心设备——蒸气发生器需要生产数千根细管，为此石川岛播磨需要投资50亿日元购进新的加工设备。

"石川岛"与"东芝"会师在"上海电气"

在中国，石川岛播磨借助中国科学院的力量，以中国政府振兴东北老工业基地为契机，为进军中国核电项目做好准备。中科院沈阳自动化所是中国科学院知识创新工程建设先进制造基地和辽宁现代装备制造基地。2005年2月24日，石川岛播磨与沈阳自动化所合作成立了"中国科学院沈阳自动化研究所与日本石川岛播磨重工联合研究与发展中心"（简称"SIA – IHI 联合研究中心"），这成为提高其参与中国大型或重型现代装备制造及工程建设的重要战略步骤。

2005年2月24日，"SIA – IHI 联合研究与发展中心"正式成立，这是石川岛播磨重工（IHI，三井财团）参与中国大型现代装备制造及工程建设的重要战略之一

实际上，早在2000年4月，石川岛播磨就已经与中国装备制造产业的核心企业建立了密切的合作关系。它与上海电气集团、上海国际株式会社共同投资成立了"上海电气石川岛电站环保工程有限公司"。2005年，宝钢电厂2号机组委托上海电气石川岛公司进行脱硫工程改造。此后，该公司为外高桥电厂、吴泾电厂、石洞口电厂、宝钢电厂、金山石化电厂等大型火电机组上马脱硫工程。到目前为止，上海约有1300万千瓦火电机组实施了脱硫工程，其中60%左右的脱硫工程是由上海电气石川岛公司承建。

石川岛播磨选择上海电气为合作对象并非仅为上海环保项目而来，而是有着更重要的战略目的。通过与上海电气的合作，作为三井财团的重要一员，石川岛播磨得以近距离掌握西屋电气在中国核电项目中的进展情况，从而为同是三井财团的东芝果断收购西屋电气提供准确的情报。在上海电气与外资的合作名单中看不到三井财团东芝公司的名字，但是上海电气在核电领域的一举一动都在三井财团石川岛播磨公司的掌握之中。

20世纪80年代，上海电气为中国第一座核电站——秦山核电站提供了1套国产300兆瓦核电机组，在核电领域拥有了自主知识产权，并奠定了国内领先的基础。30年的核电发展使上海电气形成了从核岛的压力容器、蒸汽发生器、稳压器、堆内构件、控制棒驱动机构、装卸料机、环吊、核级热交换器和核二、三级容器等设备到常规岛的汽轮机、发电机和主要辅机以及大型锻件和仪控仪表等核电设备的配套供应链。

2005年9月，美国西屋电气在被东芝收购之前，刚刚与上海电气集团有限公司签署核电战略合作协议。合作的近期目标是争取秦山、岭澳100万千瓦核电项目；中长期目标是瞄准新一代核电AP1000技术，以整个核岛系统作为基础，通过技术合作和技术转让，使上海电气成为新一代核电设计、研发、制造集团。当月，秦山核电站二期扩建工程主设备供货合同在上海签订，上海电气夺得包括常规岛的发电机、核岛的蒸汽发生器、反应堆堆内构件、控制棒驱动机构等在内的供货合同，涉及金额近9亿元，成为秦山核电站最大的设备供应商。

在东芝2006年10月完成收购西屋电气之后，三井财团的东芝与石川岛播磨这两家公司实现了在上海电气的会师。2007年3月，上海电气宣布，投入60亿元建设上海电气核电制造基地，使之成为国内核电基地中投入最多、设施最集中、专业化能力最强的核电制造基地。2007年8月4日，上海电气董事长徐建国在"第二届江西财经论坛"上表示，2007年底—2008年，上海电气的核电设备订单有望从目前的40亿元增加到100亿元。

关系暧昧的"三井造船"与"斗山重工"

2005年8月29日，韩国最大发电设备制造商——斗山重工进军中国核电市场的步伐迈出了坚实的一步，斗山重工和哈电集团正式签署了合作开发中国新型电力市场的协议，主要内容是关于核电设备制造方面的投资合作。此前不久，斗山重工与哈电集团在秦山核电站二期扩建项目上联手竞标取得成功，并且成功拿到了压力容器项目。

半年之后，2006年3月，韩国斗山重工、中国电力投资集团公司（简称：中电投）和哈电集团的哈尔滨动力设备股份有限公司（简称：哈动力）签署了新核电项目合作谅解备忘录，在今后5年内，3家公司在核电站技术、器材制作等核电站建设项目上将进行全面合作。中电投在此次合作中扮演的是核电站投资方角色，而哈动力与斗山重工将在核岛项目上合作，并为中电投资的多个核电站供应设备。

同年11月6日，就在东芝完成收购西屋电气的一个月之后，三井造船株式会社（简称：三井造船）宣布把旗下的英国锅炉全资子公司——三井巴布科克能源公司（MBE）出售给韩国著名发电设备厂商——斗山重工，以200亿日元（1.7亿美元）转让MBE持有的所有股份。显然，"三井造船"采用被韩国斗山重工业集团（简称：斗山重工）收购的策略借道进入中国核电领域。

资料显示，三井造船1995年收购了英国巴布科克能源公司，后更名为三井巴布科克能源公司，到2000年实现全资出资之前，投入的资金总额为178亿日元。三井造船收购英国巴布科克的目的是实现船舶以外的业务多元化，拓展在不断建设发电站的亚洲的业务。自1991年起，三井巴布科克（和前身英国巴布科克）已经在中国从事商业活动20多年，先后为湖南岳阳电厂、山东菏泽电厂二期、聊城电厂提供多台W型火焰锅炉。

1999年9月，英国洁净煤技术代表团访华期间，三井巴布科克与中国国家电力公司热工研究院（TPRI）探讨了合作项目，并最终达成了协议。该项目被包括在中英两国谅解备忘录中，得到英国贸工部以及中国政府的资金支持，其目的是调查中国引进先进发电（APG）技术的情况。三井巴布科克开发的技术包括：低NOX燃烧器、研磨机、自然循环燃烧锅炉、先进超临界蒸汽设备、流化床燃烧（FBC）、气化及其相关配套技术。

在中国的合作伙伴中，三井巴布科克与中国三大核电装备企业之一的哈电集团旗下的哈尔滨锅炉厂有限责任公司合作非常密切，向其提供了60万千瓦超临界W火焰无烟煤锅炉技术。三井巴布科克与哈尔滨锅炉厂在十几个项目的联合投标中进行了多年

2005年，采用三井巴布科克600MW超临界技术的锅炉在江苏常熟投入使用，这是三井巴布科克与哈电集团长期合作的结果

的成功合作，项目总金额达35亿元人民币。例如，由日本输出银行贷款国际招标的山西王曲电站项目投标中，三井巴布科克将项目的共两台60万千瓦超临界锅炉部分分包给了哈尔滨锅炉厂。

2006年12月19日，隶属韩国斗山重工集团的斗山重工（英国）有限公司正式完成了从三井造船收购三井巴布科克的工作。随后，三井巴布科克能源有限公司更名为"斗山巴布科克能源有限公司"，工作重点集中在电力领域，仍把总部设在英国，而重心转移到中国、欧洲以及美国的核电市场。此前，三井巴布科克原有收入中的20%来自核能业务，其中包括项目建设和维修服务两方面的收入。

韩国斗山重工收购三井巴布科克公司，反而使得三井财团有机会从这家世界上最大的可提供工程设计、设备采购以及工程建设服务的能源工程公司（合同商）中受益。2007年4月24日，韩国斗山重工就出口2座核反应堆和4座蒸汽生成器项目与中国国家核电技术公司签署价值高达3.5亿美元合同。此前，斗山重工已与三井财团东芝公司控股的西屋电气签署了向山东海阳和浙江三门地区的2座核反应堆提供部件的初步协议。

至此，可以清楚地看到，三井财团除了以东芝公司为主力，通过收购西屋电气直接进入中国核电市场之外，还从石川岛播磨和斗山重工手中获得中国核电项目的更多利益。作为三井财团，多方位进入中国核电市场是其"一鱼多吃"经营理念的生动体现。显然，三井财团对于同一条鱼有多

种吃法，同一种资源发挥出尽可能高的效率与价值，不但要实现企业利益最大化，更要实现财团利益最大化。

本文节选自《三井帝国在行动》P285－P293 中国经济出版社，作者：白益民

第三节

收购美国西屋　强夺中亚铀矿

日本在核电技术和市场的垄断雏形已经出现，中国加快发展核能应用的能源战略调整必然受制于日本。

2006年12月，中美签署了先进压水堆核电技术转让谅解备忘录，中国将引进美国西屋公司 AP1000 技术，建设4台核电机组。媒体称，此举意味着日本东芝曲线进入中国核电领域。2006年，日本财团在全球核电市场上的动作之大，令世界震惊，大有垄断全球核电市场的架势。

日本财团全球布点

2006年10月，日本东芝公司宣布，以41.6亿美元收购美国核电站建造企业西屋电气公司77%的股份，完成对后者的收购。

东芝公司是日本核电站的主要建造商，占日本核电站建造市场的35%。收购西屋公司将使东芝公司在全球核电站建造市场的份额提高到28%，并带来了一项新的技术优势。

东芝公司目前的技术优势为沸水反应堆，而西屋公司为压水反应堆。东芝公司预计，将西屋纳入旗下后，它的核电站建造业务将从目前的每年17亿美元迅速扩张至2015年的59亿美元，2020年达到76亿美元。

在收购西屋的同时，东芝公司又在半导体领域扩张投资近20亿美元。一个公司在短时间内连出巨资，搞战略性扩张，其行为已犯了企业大忌。东芝的大手笔确实令人生疑。从日本国内的需求看，其核电设施要到2030

年才需更新设备。以生产半导体为主业的日本东芝公司不惜血本收购西屋,难免令人产生其背后有政府支持和财团意志的疑问。

2006年10月,三菱财团的三菱重工公司宣布,与世界最大核反应堆制造商——法国阿海珐集团合作开发功率为100万千瓦的中型核反应堆;不久,日本三菱重工公司又与美国通用电气公司就合作经营核电站开始谈判,谈判中心议题是要通用电气帮助三菱重工在美国销售后者开发的大型压水核反应堆。目前,压水堆约占全世界核反应堆的70%,而且这一比例还可能上涨。

2006年11月,富士财团的日立公司宣布与美国通用电气公司达成一致,将在核能商业领域开展全球范围的联盟合作,以强化双方在核能利用市场上的地位。

日立公司在一份声明中说,双方希望通过技术和经验的合作产生协同作用,以推动全球核能市场的发展。日立公司说,2家公司将以合资的形式在日本和美国建造和维修核电站。日立公司预计将在未来20年间建100多座核电站。

现在,日系企业纷纷出击寻找合作伙伴,它们无疑在世界核电市场拥有了举足轻重的地位。

日本媒体普遍认为,国际核电企业以日系为中心,正在逐步形成三足鼎立的局面:日本富士财团的日立－美国通用、日本三井财团的东芝－美国西屋、日本三菱财团的三菱重工－法国阿海珐。日本在核电技术和市场的垄断雏形已经出现,中国加快发展核能应用的能源战略调整必然受制于日本。

核资源争夺战已打响

日本是一个能源和矿产资源赤贫的国家,所以它把资源保障摆在国家战略的首要位置。结合国家政策,以综合商社为核心的企业集团,正在世界各地积极获取各种战略资源的开采权和控制权。

从2005年9月中国核能发展计划公布以后,日本企业集团似乎加快了它们的战略部署。日本在中国的背后展开了一场事先部署好了的"核子战",抢先同中国争夺铀。

产业就是脊梁
CHAN YE JIU SHI JI LIANG

日本的三井物产（综合商社）和关西电力公司早在2006年就已经和哈萨克斯坦签订了共同开发铀矿的合同，右图为时任日本首相小泉纯一郎（左）与哈萨克斯坦总统纳扎尔巴耶夫

哈萨克斯坦的铀储量约占世界总储量的25%，在世界上位居第二。2006年2月，哈萨克斯坦的国家原子能工业公司总裁扎吉舍夫宣布，该国已同日本三井财团的三井物产和关西电力公司签订合同，建立合资公司，双方将共同开采哈"梅古杜克"铀矿，两家日本公司将各占公司35%的股份。

2006年10月，三井物产与俄罗斯技术供应出口公司签署协议，开始实施开采雅库特"南方"铀矿区的合资项目。三井物产因此成为俄开放核能战略领域后，第一家进入其铀矿市场的外国公司，也是首家直接参与俄境内铀原料开采项目准备工作的外国公司。

俄日联合开采铀矿资源的项目总投资额为2.45亿美元，而在该项目实施合理性得到确认之后，三井物产株式会社将获得这一项目25%的股份。

三井物产发言人说，日本之所以大规模在全球收购铀资产，是为了抵消未来铀价格的上升。但是，三井物产也不经意地透露，日本的目标其实还是中国。这名三井发言人说："我们必须在中国竞争到来之前，确保铀的份额。"

不仅三井物产开始在铀矿资源上发力，日本其他综合商社也不甘落后。

据路透社报道，日本第一劝银财团的伊藤忠商事（综合商社）透露，该公司要把现有的每年4000吨的铀交易量，在5年内扩大到7000吨到8000吨。这个数字已经超过了中国15年后最高的需求量。

2005年10月，在中国发布核能使用规划不久，伊藤忠商事同哈萨克斯坦国家铀矿公司签订了10年的购买合同，这些铀用以转口美国以及满足日本国内的需求。

日本综合商社的频繁行动引起了国际市场的关注，国际铀价应声而起。2003 年的价格为每磅 7 美元，2004 年为 20 美元，但是 2006 年，铀价每磅价格达到了 35～37 美元。

"核战略"的驱动力

日本财团企业在核电市场频频出击，但把这些事件看成是企业个体的行为，则是比较片面的。日本政府和企业很重视核能的发展，大力开展尖端核技术研究，拥有了完整的核燃料循环体系并掌握生产钚及浓缩铀技术，还积累了大量的动力钚和一定数量的高浓缩铀。

自 1959 年日本建立第一座核电站以来，日本核电开发已有 50 多年的历史了。日本政府一直把核电放在国家战略高度考虑，并且建立了一套庞大的机构来保证核电事业能整合国家所有资源顺利发展。

为了最大限度地整合资源，在政府推动下，各财团企业纷纷组成各自的核能产业集团。核能产业集团的核心是企业和综合商社：三菱财团是三菱重工和三菱商事；富士财团是日立和丸红；三井财团是东芝和三井物产。这三大核能产业集团现在又与通用、阿海珐等世界核电巨头联姻，最终将要形成以日系为中心的世界核能产业体系。

日本利用整合的优势加紧控制世界核电市场、核原料和核技术，其目的不言而喻。我们不愿意看到的是中国的核能发展计划要由日本财团企业去执行。

中国铀矿不到 10 年将耗尽

当中国成为煤炭、钢铁、铜等世界第一消费大国，继美国之后的世界第二石油和电力消费大国后，随着经济快速发展，我国主要能源和初级产品的供求格局发生了较大变化，资源对经济发展的制约作用开始显现。

从长三角的"电荒"到涉及东北、华东、华南、西南等地区的"煤荒"与"缺油"，能源危机已经是中国经济发展不得不面对的巨大挑战。

为了缓解能源供应的压力，2005 年 9 月，中国公布了未来 15 年的核能使用规划。按照计划，到 2020 年，中国将会把核电在发电中的比例提升到 4% 以

产业就是脊梁
CHAN YE JIU SHI JI LIANG

2012年11月,中国在内蒙古中部发现国内最大的世界级铀矿,随着核电重启,中国国内铀矿勘探也随之推进,不过中国铀矿品质低、开发成本高、周期长,难以实现核资源的自给自足

上。要实现这个目标,就意味着在2020年前,中国需要每年建造2~3座核电站,共计40座左右。

中国大规模兴建核电站必须要解决的两个问题,一个是技术问题,一个是铀矿资源问题。

目前,中国核发电能力只占总发电能力的2%,与国际上的平均水平16%相比差距非常大。核电集团总经理康日新认为,中国核电站总发电量如此低的原因,一是起步比较晚,第二是建设过程当中没有发展规划。

要建核电厂,还需要有铀矿资源。中国国内探明的铀矿大约有7万吨。但是,中国现在核电厂每年需要的铀为1500吨,当40座核电站建成后,每年需要的铀将达到7500吨。这样一来,中国现有的铀矿不到10年就耗尽了。

原文发表于《环球财经》2010年1月,作者:袁璐

核电难言放弃

无论大力发展还是逐步放弃,核电都是一个国家重要的战略选择。

因发动对外战争遭受核打击,因核电支撑经济快速起飞,因遭遇大海啸爆发核泄漏事故,又因核泄漏逐步放弃核电,日本面对核能,可谓百感交集、五味杂陈。

2012年5月5日夜间,日本最后一座正在运营的核电站——北海道泊

核电站停止发电。这意味着日本国内在役的50座核电机组全部停运。这也是日本42年后再次进入"核电缺失状态"。

日本的"核静默"引发了关于核电的激烈争论。日本会不会决然放弃核电？日本的选择对中国乃至世界核电发展进程有何影响？记者访问了众多专家学者，以廓清疑惑。

迷离：何时重启？

虽然对于放弃核电日本民众和政客的决心似乎很大，但专家均认为日本核电肯定会重启。"生产遭受影响，对重工业和制造业的影响尤其严重。""考虑到日本经济发展的需要，以及企业对能源的高需求，日本不可能放弃核电。"这是中国国内一些主流媒体和专家的声音。

中国社科院日本研究所研究员、日本经济研究室主任张季风表示，日本的核电原来多建立在落后地区，这些地区的财政多依赖核电站或核电补贴，有些地区依赖比例高达70%。为核电服务和配套的企业一旦随核电停掉，地方经济将难以维持。

中投顾问新能源行业研究员沈宏文也坦言，核电在日本电力结构中所占比例较高，约占30%左右。如果在短期内全面抛弃核电，将会给日本的电力供应和国民经济造成严重伤害。鉴于福岛核事故的恶劣影响以及民众对核电的抵制，预计未来核电在日本电力结构中的比例会逐步下降，但不会全面抛弃。但是，"核缺失"状态持续多久不好预测。

沈宏文接受《国企》记者采访时指出：目前日本的核电站全部进入检修状态，按照正常情况估计，大概需要半年到一年的时间才能实现部分核电开始运行。因此，日本的"核缺失"状态可能会持续一年左右。

"日本重启核电，快的话，7月；慢的话，可能9月。"张季风相对更乐观。不过，他告诉《国企》记者，预测日本核电什么时候重新启动确实挺困难。因为日本核电缺失状态能持续多长时间，不是一个经济问题，主要是一个政治问题。对于如何处理核电问题，日本首相野田佳彦现在一是忙不过来，二是不愿碰这个地雷引火烧身，否则会因小失大。到了7月，天气十分炎热，如果多数人受不了酷暑，核电重启就可能顺理成章了。

福岛核泄漏事件后日本民众的反核电情绪十分高涨,日本各地纷纷举行反核游行运动,2012年5月5日,日本时隔42年再次进入"无核"状态

更多的因素也影响着日本核电尽快重启。

对此,张季风说:"第一,作为唯一受过原子弹打击的国家,日本对核能的感情相当复杂,既好奇又恐惧。在舆论反核的诱导下,不光日本民众,其他国家也会有部分民众难以很快接受核电重启,尽管日本政府对核电站进行过多次压力测试,福岛核危机也是千年一遇的大海啸所致,概率实在很小。第二,日本不像国内人士想象的那样是硬缺电,这也对核电重启构成重大影响。"

其实,早在福岛核危机之前,日本重化工业已经向海外转移。福岛核危机之后,又加快了转移速度。二十几年来,日本物价没有增长甚至是负增长。更重要的是日本的产业结构比较合理,对能源高度依赖的时代早就过去。用电大户对能源的需求减弱,软缺电对工业企业影响不是特别严重。

"除此之外,日本供电潜力巨大,节能技术也是全球领先,"张季风表示,"目前,日本火电开工率不到70%,日本供电能力可以达到现阶段的150%,其中,50台核电机组供电能力只占30%。这就是说,在所有核电机组停止运转的情况下,还有120%的供电能力。只要有石油、天然气,供电就不是问题。即使考虑到石油、天然气的大量进口导致电价出现小幅上涨,也在可接受范围内。日本工业企业利润高、能耗小,受电价上涨影响不大。对于日本民众来说,即使电价上涨20%,三口之家无非一个月多支出1000日元,仅相当于在东京刷一个小时碗的工钱。"

弃核:保持开放

2011年3月,日本大地震引爆福岛核危机,给世界核电发展带来重创。之后,瑞士、德国在3月底相继宣布逐步放弃核电。在日本国内,日本首相菅直人在2011年5月表示检讨核电发展计划,放弃2030年核电占比50%的目标。此后,日本政府对所有核电机组陆续开始了停机检修、压力测试。一年内,日本现役50台核电机组全部停运。

2012年5月25日,日本环境相细野豪志召开记者会,表示2030年核电比例应在0~35%,15%可以作为一个基准。日本政府计划成立原子能规制厅,将核电站最长运转时间设定为40年,若将核电站寿命设为40年并允许新增2座核电机组则可以达成15%的目标。

日本该举动被业界专家认为是"逐步放弃核能"的表态。张季风向《国企》记者表示:"日本目前全面弃核的可能性不大;将核电发展目标提升至以前制定的2030年达到50%的目标更没有可能,因为处在地震带上,有许多不可测因素,自然不能大力发展核电。现实的可能是渐次放弃核电,等核电站到期后自然关停。"

对于福岛核危机之前还积极发展核电的日本来说,逐步弃核将是一个重大打击。

沈宏文向记者表示,缺电将减缓日本经济复苏的步伐,拖累日本经济的增长;能源进口的进一步增加,将促使能源对外依存度进一步上升,影响能源安全;日本将加速日本本土制造业和重工业的海外转移步伐,东亚和东南亚地区是产业转移的主要方向。

"更重要的是日元升值,将促使企业走出去。"张季风表示,日本企业也到了新一轮的周期性走出去阶段。金融危机期间,海外负增长,现在是反弹阶段,包括对中国的投资都会增加。至于企业出走造

2011年11月,日本与越南政府就引进核电技术和两国共同开发稀土资源达成一致,越南希望从日本进口核反应堆的建造技术

成的产业空洞化问题，日本政府早已有预案应对，不会有太大问题。

尽管日本去核化理念会促使太阳能、风能等新能源迎来重要的发展机遇，但目前日本的新能源开发打的是概念牌，发展新能源效果有限，解决不了实际问题。只要石油在 200 美元/桶以下，日本就没有发展新能源的动力。超过 200 美元/桶，才会有真正的商业机会。

然而，选择"逐步放弃核能"，其实意味着获得了一个较长的战略回旋期，以便对各种选择保持开放性。也就是说，"逐步放弃核能"其实可能意在"逐步"，而非"放弃"。日本不会一下子放弃核能，只会慢慢放弃。为放弃核能做准备，需要一个博弈的过程。此外，基于日本的产业金融结构，日本财阀的势力庞大到能够左右日本经济方向。核电机组建设的投资在完全安全收回前，谁来补偿以及如何补偿是个问题。博弈过程包含了诸多不确定性。必须注意的是，瑞士和德国也宣布放弃核电，但并不是立即终止使用核电，而是根据核电站的实际情况顺势关闭核电站，并积极调整能源构成。瑞士媒体就预测，在未来相当长时间内，瑞士的电源结构中核电占比仍接近四成。在决定放弃核电后，瑞士对核电仍然采取开放的态度。瑞士联邦交通、通信和能源部长洛伊特哈德表示，如果未来人们能够掌握更加安全的核聚变技术并将之成功商业化，核能发电的优势可能会再次显现，届时瑞士可能调整政策，重新发展核能。

"有可能仅是作政治秀的德国，2022 年前重启核电的可能性较大。"张季风表示，核电毕竟是 20 世纪最主要的发明。日本福岛核电站遭遇千年一遇大海啸，完全属于不可抗力。相对来说，核电很安全。日本也不会轻言放弃。日本的核电机组到了使用寿命，到时如果有大的技术改进，在追求安全、再安全的前提下，也会重新发展。

日本国内，核电人才比较丰富。渐进式的退核所留下的尖端技术、人才，可以帮助日本到国外开发核电。目前，日本已经在越南做核电项目，与印度也有类似合作计划。这为日本将来占领技术高地保留了核电人才和产业基础，并提供了战略可能。对日本来说，一旦放弃世界上先进的核电技术，就有可能在核电发展上落后中国很多年。这也会成为其未来重新发展核电的重要原因。

中国：稳健发展

一衣带水，日本在核电发展上的一举一动都会对中国产生重要影响。

2011年3月日本福岛核泄漏事件后，国务院紧急启动了核电"国四条"：立即组织对核设施全面安全检查；全面审查在建核电站，用最先进标准对所有在建核电站进行安全评估；严格审批新上核电项目，抓紧编制核安全规划；调整完善核电发展中长期规划。

然而，由于日本与中国国情不同、发展阶段不同、能耗水平不同、产业结构对能源依赖程度不同，两国在核能发展上绝对不可同日而语。

业内人士表示，瑞士、德国都有替代核能的理想选择。德国近年来在可再生能源利用方面取得长足进展。放弃核能后，德国并不会缺电。欧洲电网是相连的，德国仍可以进口法国的核电。在核电方面，德国与法国相比并不具备规模优势和成本优势，进口核电比较划算。

瑞士水力资源很丰富，发展水电潜力大。瑞士曾公开表示，通过大力提高能源使用效率，继续开发水电和可再生能源，发展智能电网，加强能源领域研发，同时扩大能源进口，瑞士可以在不依靠核电的基础上满足自身的能源需求。

"此次日本调整核电发展战略对中国来说，必定会产生影响。不过，这种影响从长期来看不会太大，持续时间也很短暂。核电大国美国、法国、俄罗斯都没有表示要放弃核电发展。中国要理性看待问题，在保证安全的前提下，绝不能放弃发展核电，"张季风表示，"尽管核泄漏危机的阴影还未散去，时间将是解决问题的最好办法。切尔诺贝利事件发生后，也只是头5年影响大。时间一长，民众就能理性看问题，恐惧感也会逐渐消失。等技术革新后，核电会有新一轮发展。我们不能怕溺水，就不游泳了；不能怕事故，就不乘飞机了。"

在减排这一块，发展核电意义更重大，改变以煤电为主的能源结构，实现到2020年非化石能源占一次能源消费比重15%左右的目标，必须大力发展核电。况且，煤炭并非无穷无尽，总有掏光挖尽的一天。能源战略靠化石能源远远不够。远期来看，中国作为发展中国家不发展核电没有出路。目前中国核电占比不超过2%，即使实现2020年的目标，也只是4%，发展潜力巨大。

核电发展的另一风向标美国则显示了有别于日本的态度。

中国应当以日本为鉴，充分汲取福岛核电事故的教训，将安全置于核电发展的首位

据统计，美国核管会至今已经批准了美国71台核电机组的延寿申请。其中21台机组为BWR型，这些机组寿期都延长到60年。更令人惊讶的是，2012年2月上旬，美国核管理委员会宣布批准美国南方电力公司的Vogtle3号和4号两台AP1000核电机组的建造和运行许可证。时隔34年重启核电审批，充分彰显出美国这一能源消费大国对待核电的"积极态度"。

尽管核电发展对于发展中国家来说是不可逆的潮流，然而，我们必须看到日本福岛核泄漏事件有很大一部分原因是管理问题。鉴于此，我赞成张季风对中国新建核电工程的质量和管理水平表示的担忧，由于中国出现了太多的豆腐渣工程，中国在人口稠密的内陆建核电站肯定行不通。

未来，无论核电在中国电源结构中占多大比例，安全第一的原则绝不能动摇。沈宏文向记者表示："日本逐步放弃核电，将增强国际反核力量，那些致力于发展核电的国家，在能源政策上将会更加谨慎地发展核电，安全性将被置于发展核电的首位。中国应当以日为鉴，充分吸取福岛核电事故的教训，将安全置于核电发展的首位。另外，中国应当适度调整自身的核电发展规划，确保核电安全发展。"

核电，只有确保安全，才是人类能够利用的可靠能源。

原文发表于《国企》2012年第6期，作者：吴杰

第五节
中国核电重启下的日本机会

中国核电工程低调开工

2013年1月7日,日本东芝公司对外表示,已经耗资1250亿日元收购美国邵尔集团持有的美国西屋电气公司20%的股份,本轮收购后,东芝公司已经持有西屋电气87%的股权。而就在此前的2012年12月21日,筹备将近10年的国家重大科技专项华能山东石岛湾核电厂高温气冷堆核电示范工程低调开工,这比2008年核电专项启动时规划的2009年9月已经延迟了三年。

核电专项的全称是"大型先进压水堆及高温气冷堆核电站",是国家中长期科技发展纲要提出的16个重大专项中由国务院直接牵头的两个专项之一。核电专项在"十一五"时期设定的目标是突破第三代先进压水堆核电关键技术,完成标准设计,并开始建造首台商用示范机组;完成高温气冷堆核电厂关键技术攻关,建设具有自主知识产权的20万千瓦级高温气冷堆核电厂示范工程。

2012年10月24日,国务院常务会议讨论通过《核电安全规划(2011—2020年)》和《核电中长期发展规划(2011—2020年)》。作为中国核电解禁后第一个开工的新建项目(阳江和福清均属二期工程),又是全球首台开工建设的具有"四代特征"的核电机组,石岛湾核电项目的开工被视为对中国核电界意义重大,这也将引发整个核电产业链的躁动。然而,材料提炼、装备制造技术落后的中国企业在面对日本、德国等行业内巨鳄不断鲸吞国内市场时,仍是束手无策。

此外,近年来,中日关系持续恶化,打着三菱、东芝、石川岛等品牌的日本公司显然已经很难大规模涉足中国核电产业链,而此时,在外界看来仍是美国品牌的西屋电气则成为日本东芝公司杀入中国核电产业链的一张王牌。

受制于人的"中国核技术"

事实上，2012年的东芝中国核电战略在10月份之前就已经悄然拉开帷幕：4月23日，西屋与太重集团合资成立太重派尔核电有限公司，由此涉足国内外核电站全套燃料转运系统设备的供货和服务业务；9月4日，国家核电与西屋合资成立的国核维科锆铪有限公司生产出第一块重1.1吨的核级海绵锆（核级海绵锆是国家重要的战略性物资，是核电站反应堆的关键必备材料）。

石岛湾核电示范工程目的在于以清华大学10MWth（热功率）高温气冷实验堆（HTR-10）为基础，将高温气冷堆这一重大高新技术成果转化为现实生产力，建成一座球床模块式高温气冷堆核电站（HTR-PM）。

不过，记者在采访过程中听到另一种声音："清华大学的高温气冷堆核电技术尽管冠之以中国自主知识产权，但其技术实际上来源于原西德20世纪80年代的技术，可以实现10万千瓦级的小规模应用，但是否能最终实现百万千瓦级的大规模发电应用而真正成为第四代核电技术还是个未知数"。然而，中国自主知识产权的"光鲜"背后依然是材料和装备领域受制于人。

在第四代反应堆特别是高温气冷堆中，核石墨是不可缺少的慢化、反射和结构材料。2011年，日本福岛核电站事故中的主反应堆并没有爆炸，发生爆炸的只是其储存核废料的部分，而保住核电站主反应堆的正是用纯核石墨制成的外罩。可以说，核石墨在捕集核废料、吸收核放射粒子等方面具有极大应用潜力，是核电站不折不扣的"安全卫士"。由于核石墨对纯度、各向同性等指标要求比较高，世界上至今只有德国西格里、日本东洋炭素和东海炭素、法国罗兰石墨等企业能够生产，我国则主要依靠进口。

清华大学的HTR-10石墨堆内构件材料为日本东洋炭素的IG-110核石墨，此次石岛湾项目所需的石墨也早与东洋碳素签署了合同。与清华大学核研院以及石岛湾项目密切相关的日本东洋炭素株式会社从表面上看虽然是一家日本民营企业，公司由近藤纯子及其家属控制，但事实上，东洋炭素与日本第一大财团三菱财团有着千丝万缕的联系。三菱财团的两大核心成员三菱商事和三菱东京UFJ银行均位居该公司前十大股东，各持股3%和1.73%。此外，三菱电机则与东洋碳素在石墨电极加工条件开发方面有着很好的合作。

与三菱重工有着千丝万缕联系的日本东洋碳素株式会社承接了中国第一座高温气冷堆核电站的"国家科技重大专项"项目

高温气冷堆项目上马，意味着同在石岛湾的大型先进压水堆CAP1400项目距获批也不再遥远。它们同为中国在2008年启动的"大型先进压水堆及高温气冷堆核电站"重大专项。CAP1400是在引进美国西屋电气AP1000技术的基础上，通过再创新，从而开发形成安全性与AP1000相当、经济性优于AP1000、具有我国自主知识产权的核电机组。

不过，2011年12月，国家能源局在印发的《国家能源科技"十二五"规划》中已经坦言："三代核电的关键设备尚未实现国产化、核燃料元件和乏燃料处理技术落后于发达国家。"也就是说，东芝旗下的西屋电气提供技术，三菱重工领衔建造，中国的第三代核电项目俨然成为日本公司的掌中之物，为日本企业源源不断地输送巨额订单和利益。

然而，必须注意的是，在中国刚开始引进AP1000技术时便不惜血本收购西屋电气的日本东芝公司，会不会为中国的CAP1400技术留下安全隐患？尽管美国、日本和欧盟都已经出台类似的"核电安全标准"，但这似乎更多的是针对核电站的运营，加之各国对核电采取不同的立场，在全球范围内，核电产业还远远没有达到类似民用航空运输业和民用航空器制造业对每一个零部件都进行认证的程度。

日立：久谋中国核电产业

早在1997年日本三和财团的日立公司便进入中国核电产业。当年1月

31日，中国核工业集团公司带头组建了浙江秦山第三核电站有限公司，全面负责秦山三期工程的建造、运营和管理。日立在这时候以主要分包商身份参与到了工程建设中。

1997年3月27日，日本日立（中国）有限公司与中国核工业集团公司大连五二三厂合资设立大连日立宝原机械设备有限公司，注册资本2.4亿元人民币，其中日立持有公司60%股份，大连宝原核设备有限公司（1999年由大连五二三厂重组而成）持有剩余40%股份。

通过大连日立宝原机械设备有限公司，日立为秦山核电站提供了当时最先进的52英寸半速汽轮机以及发电机、钛管凝汽器、辅机等设备。2000年1月，大连日立宝原机械设备有限公司负责的秦山核电站三期1号机蒸汽涡轮机设备建造完毕，同年10月2号机蒸汽涡轮机设备也相继完成。2003年12月，秦山核电站三期工程1号和2号机组正式投入使用，项目全面投产。

利用合资形式进入中国后，日立最终取得了公司控制权。2005年6月27日，日立（中国）有限公司购得原大连日立宝原机械设备有限公司中大连宝原核设备有限公司所持有的40%股份，成为该公司的独资股东，同时将公司名称变更为大连日立机械设备有限公司。

此后，2008年8月15日，大连日立机械设备有限公司在取得核电设备制造资质后，首次接受委托为红沿河核电站制作设备闸门。第二年5月28日，大连红沿河核电站接收了大连日立机械设备有限公司提供的核电设备闸门。

除设备闸门以外，大连日立机械设备公司还在2010年5月和12月分别为红沿河核电站1号机组和2号机组提供了用于反应堆给水回热系统的除氧器。

东芝：中国核电重启必受益

东芝参与到中国核电产业同样由来已久。在2004年9月28日，中国首个依托第三代核电技术项目——中广核集团旗下广东阳江和中核集团旗下浙江三门核电站启动，同时开始核反应堆供货全球招标。此后，中国发改委就收到了十多家核电公司的投标文件。

2005年8月，西屋电气副总裁Daniel S. Lippmann来华公关，并对媒体强调，西屋电气已经得到了美国所有有关政府部门的批准，将在阳江和三门核电站项目当中把AP1000技术100%转让给中国。这对于追求核电自主化的中国来讲，无疑具有很大的吸引力。

最终在2006年12月26日，中国发改委宣布，经认真招标评标，国家核电技术招标机构选择美国西屋电气公司和美国绍尔集团（Shaw Group）联合体作为优先中标方，中国将引进西屋电气先进的AP1000技术，建设浙江三门和山东海阳的4台核电机组。中美两国还就合作建设中国压水堆核电项目及相关技术转让签订了两节备忘录。

而值得注意的是，日本东芝在2006年2月6日便以54亿美元与西屋电气公司达成全面收购协议。在当时，西屋电气除了中国项目外，没有参与任何一项核电项目，东芝收购西屋便成功地曲线进入中国核电领域。

2007年7月24日，中国国家核电技术公司等部门与西屋电气、绍尔集团联合体在北京人民大会堂签署了第三代核电自主化依托项目合同。国家核电技术有限公司、中国技术进出口总公司与美国西屋联合体及主要分包商签订了AP1000技术转让合同。

2007年7月24日，日本东芝（三井财团）旗下的西屋电气、美国绍尔集团与中国国家核电技术公司在北京签署了第三代核电自主化依托项目合同

到了2011年3月，日本发生大地震，造成福岛第一核电站核辐射危机，中国方面审时度势，暂停了核反应堆项目的审批。

不过，中国放出核电重启计划风声后不久，2012年6月8日，东芝旗下的美国西屋电气公司便与中国国家核电技术公司合作，通过合资公司国核维科镐铪有限公司开始在南通经济技术开发区生产核级海绵锆。

三菱重工：捆绑哈电集团

其实，在上述的浙江三门核电站中，日本三菱财团的三菱重工株式会社也是主要设备供应商。2007年9月28日，中国中核集团三门核电有限公司在北京分别与哈尔滨电站设备集团下属哈尔滨动力设备股份有限公司、三菱重工的联合体签订三门核电站一期工程常规反应堆设备合同，与三菱重工、华东电力设计院签订三门核电一期工程常规反应堆设计合同。

《日本经济新闻》在三菱重工签约当天报道，三菱重工与哈电集团合作，全力进军中国核能设备市场，双方携手接获逾8.65亿美元订单。报道称，两家公司已经获得600亿～700亿日元合约，将供应涡轮机等设备予以浙江三门核电项目。

2008年4月，据《日本日经产业新闻》报道称，三菱重工与哈尔滨电站设备集团正式交换了提供核能发电用蒸汽涡轮机技术的合同。两家公司合作共同获得了山东（海阳核电站）和浙江（三门核电站）合计4台核能发电用涡轮机的项目，同时就三菱重工提供技术一事达成基本协议。

哈电集团与日本三菱重工能够组成"核电联盟"，依托于之前的广泛合作。2003年11月20日，哈尔滨锅炉厂公司与中国华能国际电力公司签订了华能浙江玉环电厂4台100万千瓦超超临界锅炉机组供货合同，而这批合同则被三菱重工和哈尔滨锅炉公司共同合作设计建造，并最终供应给了华能玉环电厂。

继合作建造百万千瓦超超临界机组锅炉后，2004年10月12日，哈尔滨锅炉厂公司又与日本三菱重工签订"转让60万～100万千瓦等级超超临界锅炉技术合同"；2005年3月，哈电集团核心成员哈尔滨锅炉厂公司引入三菱重工的脱硝SCR技术；2009年1月28日，哈电集团旗下另一核心企业哈尔滨汽轮厂公司与三菱重工签署AP1000核电常规反应堆汽轮机和辅机技术许可协议，标志着第三代核电常规反应堆技术向哈电集团的转让正式启动。

原文发表于《中国产经新闻》2013年2月，作者：佟文立
（原文发表于《国际商报》2012年9月，作者：白益民）

第八章 蓄力航天的军国复活梦

日本在二战之后逐步形成了寓军于民的体制，当时，由于受"和平宪法"的制约，日本没有官办的专门从事武器装备生产的工厂，而是在政府的大力扶持下，建立了以民营企业为主的军事工业，把战争潜力深藏于民间。这种军工体制也使得很多日本财团企业拥有军工背景。

而随着朝鲜战争的爆发，"特需景气"促使日本财阀加速回归。1953年，日本国会修改法律，放宽限制。日本财阀形成以交叉持股、互遣人事为架构的横向集团企业关联网，家族淡出权力核心，强化民有国营，其军工产业也实际恢复了战时总动员体制的本质内容。

众所周知，固体推进弹道导弹是当今杀伤力最大、威慑力最强的武器系统，而运载火箭和弹道导弹之间又不存在技术壁垒，因此，在当今各国纷纷选择相对廉价的液体燃料作为发动机推进剂的今天，日本却一直醉心于固体火箭的研发，其暗藏的军国主义野心便不言而喻了。

作者题注：

面对日本在航天业的迅速崛起，我们在警惕和关注的背后，更应该从细枝末节处仔细地观察与学习，借鉴日本重化工业的长处，也同样努力建立属于我们自己的政策支持和官民共举的综合性发展模式。

本章提要

日本拥有三菱重工、新日铁、川崎制铁等一批半军半民的军工企业，拥有雄厚的基础设施和强大的制造能力。有研究表明，"武器出口三原则"一旦被全面突破，日本很可能占据全球战舰市场60%的份额。

国际空间站设计可容纳6人，而日本希望号实验舱便可容纳4人。因此，日本HTV飞船在成为为国际空间站补给物资的最重要力量后，若能实现载人，将使日本拥有彻底独立的宇宙开发系统，甚至与美国不分伯仲。

在日本人看来，经济竞争是另一种形式的战争，是实现民族目标的仅次于战争的最佳手段。敌人就是西方，民族精神是一种战斗精神，从本质上就是对抗西方，同时它又不是一概排斥西方模式的通常意义上的反西方精神。

虽然对日本打造高精度间谍卫星网的阴谋，野间口有三缄其口，但有中国军事专家认为，日本侦察卫星很显然不仅仅用来侦察朝鲜，甚至有可能重点都不是朝鲜。2005年，日本的卫星就曾监视中国东海油气田的开发进展。

日本之所以不遗余力地发展导航卫星系统隐藏着深刻的军事动机。日本当前正大力加强其远程攻击能力，远程攻击力的关键便是精确度，因此，日本将提高武器的精度作为自卫队建设的当务之急。与其他制导方式相比，卫星导航定位系统的制导精度更高、成本更低廉、使用更方便。

| 第八章
| 蓄力航天的军国复活梦

第一节

日本实为航天大国

迈向载人化

2009年9月11日，HTV-1货运飞船在日本鹿儿岛县的种子岛发射场升空。HTV-1全长9.6米，直径4.4米，自重10.5吨，能装载约6吨货物。美国航天局官员随即表示，日本将在未来的国际空间站规划中发挥核心作用。

HTV-1本次飞行任务为检验其脱离运载火箭后的运行技术、控制能力，在封闭的状态自动靠近空间站，以及推进系统和与空间站对接后，宇航员进入飞船内的相关设计等。

根据美国航天局的计划，现役的3架航天飞机将在2010年全部退役，而新型品至少在2018年方能试行。因此，日本HTV与俄、欧的货运飞船将承担向国际空间站运输物资的重任。HTV的加压和非加压货舱设计非常突出，将负责运送外部实验装置和电池等关键部件，因此备受关注。

2014年，若田光一成为首位担任国际空间站站长的日本人，日本宇宙研究开发机构（JAXA）的航天实力因此受到了国际宇航业的广泛认可

根据国际空间站的进度，日本HTV的发射频率将达到每年一架。而《读卖新闻》在2009年就报道，美国航天局（NASA）和日本宇宙研究开发机构（JAXA）已经就美国进口HTV进行磋商，合同数额颇为巨大。

日本似乎不久前还遭遇信任危机，而现在忽然可以向海外大量出口航天工业，力量着实令人惊叹。此次HTV-1本身就通过遥控和遥测技术的结合，代表日本技术无人化已跻身世界先进行列。而在对接时宇航员能否安稳进入加压货舱作业以及返回地球等方面的不懈努力，也说明日本正试图尽早完成载人化。

HTV-1飞船由H2B火箭携带升入太空。H2B是对日本目前的主力运载火箭H2A的改进，它的运力与欧美火箭相当。H2B火箭长56.6米，重531吨，是使用液氧和液氢为推进剂的二级式火箭。地球同步转移轨道的发射能力约8吨，空间站转运飞行器轨道的发射能力为16.5吨。

H2B将使日本在飞船和大型卫星的商业发射领域进步迅速。当然，在国际市场占有重要地位并非易事，它的最强对手欧洲的阿丽亚娜，地点在赤道附近，可以全年发射。而日本的种子岛纬度很高，只能在夏冬进行发射，同时，俄罗斯和中国的较低费用也让日本有些压力。

日本HTV-1货运飞船此次将为国际空间站运输七个实验台、外部实验设备和希望号实验舱的一个保管台。希望号实验舱由日本自主建造，可谓人类巨大的科学成就之一。

国际空间站的美国命运号和欧洲哥伦布号实验舱，均由亚特兰蒂斯号航天飞机在2001年和2008年一次运送并安装完毕。而日本希望号实验舱过于巨大，则需要分三次运送。

2009年7月18日，美国奋进号航天飞机的两位宇航员克里斯·卡斯蒂、汤姆·马氏布恩，完成希望号实验舱的暴露设施的搭建工作，意味着希望号实验舱亦安装完毕。

此前，日籍宇航员土井隆雄和星出彰彦在美国发现号航天飞机的运送下，分别在2008年的3月和6月完成舱内保管室、实验室和遥控操作系统的安装。

国际空间站设计可容纳6人，而日本希望号实验舱便可容纳4人。因此，日本HTV飞船在成为为国际空间站补给物资的最重要力量后，若能实现载人，将使日本拥有彻底独立的宇宙开发系统，甚至与美国不分伯仲。

日本正在加强基础研究，由单纯的"技术立国"转变为"科学立国"。从1970年开始，日本就成为世界申请专利最多的国家，但主要为应用领域，且近年有被美国超越的趋势。但日本在21世纪刚度过的8年间，有8位科学家获得诺贝尔物理学奖和化学奖。而汤姆森路透公布的数字显示，

1998年1月—2008年8月，在该公司索引期刊发表的论文中，日本以论文总数796807篇、被引用总数7201664次排名第四位。

希望号实验舱对于日本基础研究具有鲜明意义。电子、生物制药、粒子物理学、材料化学等大学、研究所和公司都通过参与该项目获益匪浅。

日本已挑选出最先在希望号实验舱开展研究的50个项目。日本科学界和工业界对此表示出浓厚的兴趣。其中，有28项是材料方面的，21项是生命方面的。首批实验中，会出现晶体炉、晶体生长装置、流体物理学装置。

登陆月球竞赛

千禧年到来时，世界主要工业国就公布了太空探索的规划，登陆月球成为重要部分。

曾经的美国"阿波罗"计划虽然鼓舞人心，但毕竟是冷战的产物。此次人类重新登陆月球，多少基于一个和平稳定的环境，但同样是某种竞赛，甚至更加残酷惊险。

日本做到了"先发制人"。凭借自身优良的工业素质，与中国、印度等新兴体相比，日本的月球事业要显得更为目标长远且步履沉稳。

根据JAXA发布的消息，2009年6月11日凌晨3：25，日本月球观测卫星月亮女神号（SELENE），坠落在月球南纬65.5°、东经80.4°的GILL环形山附近。SELENE汉译为塞勒涅，取自希腊神话。月亮女神在日本被称作"辉夜姬"，名字是由公众选举出的，来自日本古老的传说——竹取物语。

2009年6月11日，日本月亮女神号观测卫星坠落在月球的GILL环形山附近，日本提出了2025年着手建设有人月球基地的终极目标，试图开发和利用月球资源

产业就是脊梁

月亮女神号是自美国阿波罗计划以来规模最复杂的探月项目，耗资约2.69亿美元。2007年9月14日，月亮女神观测卫星由H2A火箭搭载升空。月亮女神包括一个主轨道器和两颗子卫星，主轨道器规格为2.1×2.1×4.8米，重3吨。一颗子卫星先前在2月已经坠落月面，另外一颗今后将继续必要的观测，以校正数据。

月亮女神设定的三大科研目标是研究月球的起源和演变、获得月球表面环境信息、在月球轨道上进行电波学研究。自2007年12月—2009年1月，月亮女神一直在距月面约100公里的轨道围绕月球观测。随后降低高度，检测月球的磁场情况，并且拍摄大量月面图片。

日本计划在2012年发射月亮女神2号，主要是月球着陆器和在轨观测的巡视器，目的仍旧是继续勘探月球资源，着陆地点初步选择在赤道或者北极。

日本内阁府在2009年4月3日表示，日本正在寻求在2020年前发射月球漫步机器人，随后开展宇航员联合任务。宇宙开发战略总部宣布，关于任务的细节，例如技术拓展和预算，会在两年内确定。以宇宙开发战略总部的报告，类人机器人与宇航员联合登陆月球成为开发的重点。框架内，还有研制弹道导弹预警系统、太空无线电波分析系统、地球自然灾害预报跟踪系统等。

路透社援引日本内阁府的会议，如果日本空间太阳能发电站和探月的工程得以实施，不仅需要机器人，也需要宇航员。因此，载人航天项目无疑将提供技术基础。日本目前有6位宇航员升空，但均是与别国合作。因此日本将力主独立从事载人航天。

遵照长期发展，日本提出2025年着手建设有人月球基地，开发和利用月球资源。这是日本探月的最终目标。日本还将制作类似美国航天飞机的可反复使用的飞行器。随着美国力图重返月球，日本和美国间的竞争和合作越发明朗。

与探月相匹配的是日本空间太阳能发电站，它将同时向月球基地和地球输送电力。太阳是一颗稳定的恒星，它的电磁辐射，是地球的大气圈、水圈、生物圈运动以及岩石圈作用的主要能源。经过实测，地球仅能获得太阳辐射总能量的二十二亿分之一。除去被大气层反射和吸收的部分，每秒到达地面的能量与燃烧500万吨无烟煤炭相当。因此人类社会在数十年前就把目光投向太阳。

根据日本政府的计划，日本将在30年后建立空间太阳能发电站，安装4平方公里的电池板，发电量达到1吉瓦（约合10亿瓦），可供29.4万户东京家庭使用，耗资超过2万亿日元。日本始终是新型能源的领军者。

超级谍眼

日本的侦察卫星计划是"情报搜集卫星"（IGS）系统，包括4颗卫星，都已经发射入轨。其中，光学成像卫星和雷达成像卫星，属于第二代侦察系统，分辨率约为1米，重点"关照"亚太地区，能对地球任何角落进行每日2次的侦查，并通过同步轨道上的"数据中继与跟踪卫星"（DRTS），实时传回地面情报处理中心。

日本IGS系统的中枢位于东京新宿，3个地面站位于茨城县北浦、北海道苫小牧和鹿儿岛县阿久根，在澳大利亚西部珀斯地区建有珀斯卫星管制站。

美国严禁就光学敏感元件的支持装置、摄影用望远镜的驱动装置、图像数据压缩传输技术对日本转让。但近年传出，美国已经授权日本维修装载侦察卫星、宙斯盾等方面机密技术的"黑匣子"，这意味着美国在对日本持续松绑。

日本的侦察卫星主要是根据日本长期的多用途民用遥感卫星建立的。目前，日本早已启动第三代、第四代侦察系统，并在2009—2011年部署第三代，只在朝鲜地区上空通过一次就会完成全部拍摄任务。第四代堪称"超级间谍"，范围将精确覆盖全球，直逼美以，分辨率小于50厘米。

另外，由三菱电机、日立、丰田汽车合作的民间"准天顶"卫星定位系统，将与美国GPS卫星定位系统合用，精度达到10厘米左右，可以弥补日本侦查系统的盲区，并且抗干扰能力很强。此外，在美国的扶持下，依靠自身的工业优势，日本正在依靠宇宙开发构建导弹系统。

例如，日本的M5火箭是直径为2.51米的世界最大级别的三级固体火

产业就是脊梁

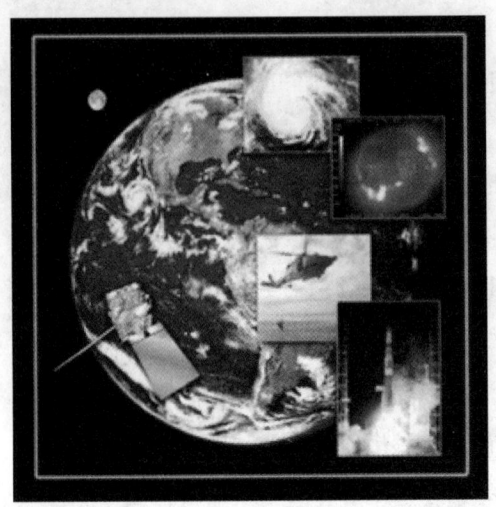

由日本三菱电机、日立等合作的民间"准天顶"卫星定位系统，计划与美国 GPS 卫星定位系统合用，用以弥补日本侦查系统的盲区

箭，可以将 1.8 吨的卫星送到 250 千米、倾角 31°的地圆轨道，可改装为极强的洲际弹道导弹。

日本在电子和半导体领域具有优势地位，在精确制导方面领先，美国需要与日本合作，获得日本先进的技术，达到平衡。1985 年"星球大战"计划实施后，美国就要求东芝提供成像寻的装置，往后又要求提供高速逻辑砷化镓器件、亚微米光刻技术、图像识别技术。

重要筹码

如何看待日本迅速在航天业赶超中国是一个关键的问题。我们是严厉警惕，是从细枝末节处观察和学习，还是单方面地寻求合作、达成微妙的平衡？值得深思。

日本试图从战败国逐渐政治正常化，军事实力成为它的重要筹码。航天业的发展趋势所体现的正是军事实力的扩张，但军工终究也是日本重化工业一部分。日本重化工业的长处，并非显而易见的政策支持、官民共举，而是它的综合性。

在航天业，从无人的货运飞船到载人实验舱，到大运力火箭，到探月卫星，到空间太阳能发电站，日本从不放弃任何领域，始终集中和协调资源，将各领域规划成一个整体，爆发力量。

原文发表于《经济观察网》2010 年 1 月，作者：白益民

潜藏火箭里的军事意图

2012年10月29日,日本宇宙航空研究开发机构宣布,将于2013年夏季发射第一枚新型固体运载火箭,用于观测金星和火星。但此举恰在中日因钓鱼岛问题剑拔弩张的当口,日本究竟意欲何为?

除了炫耀自己的军事能力外,种种迹象显示,日本发展导弹的政治意图昭然若揭。众所周知,固体运载火箭与固体弹道导弹之间,在技术上来讲就是一墙之隔。

在各国纷纷选择相对廉价的液体燃料作为发动机推进剂的今天,本该用低级别的液体火箭执行任务才符合经济原则,但日本却从20世纪50年代以来就一直醉心于固体火箭的研发。日本人何以甘愿付出如此不划算的代价,给自己的固体火箭如此多的测试机会?答案不言而喻,其对于固体燃料火箭的执着的军事图谋显而易见。

意欲何为

对于日本运载火箭的军事意义,民间媒体较少提及。众所周知,运载火箭只要加上制导装置,解决弹头再入大气层技术,就很容易发展为弹道导弹。

自V-2弹道导弹问世以来,固体推进弹道导弹已成为当代杀伤破坏力最大、威慑力最强的武器系统,除联合国的5个常任理事国外,不少国家也想拥有它。倘若把火箭运载的卫星换成导弹的弹头或核弹头,改变飞行轨道,它就成为能攻击地面目标的弹道式导弹或核导弹。

正因如此,20世纪90年代,日本把碳/碳复合材料用于航天技术,并于1996年2月12日,通过二级状态的J-1火箭将1040公斤重的日本"希望"号航天飞机的"高超音速飞行实验件"射入亚轨道。这次再入飞行试验表明,日本事实上已完成了相当于射程3000公里弹道导弹弹头的再入防热工程考核。

一个显见的事实是,目前,民间的商用火箭通常使用液体火箭发动机,日本宇宙航空研究开发机构2004年的航天发射计划共有5次,其中3次都用M-5,分别搭载2颗天文卫星和1颗探月卫星。

20世纪90年代,日本的M-5火箭就采用了罕见斜向发射,完全可以在战争时期改装为洲际导弹,成为破坏力和杀伤力都极大的战争武器

M-5运载火箭由日产汽车(属富士财团)和IHI宇宙空间株式会社(属三井财团)制造,在三节式固态燃料的导弹或火箭中,是世界之最,总重约139吨,较美国空军的LGM-118A和平守护者导弹洲际弹道导弹(88.5吨)、洛克希德-马丁公司的雅典娜II型运载火箭(120.7吨)及俄罗斯的R-39Rif潜艇发射弹道导弹(90吨)大。M-5火箭还采用了较少见的斜向发射。

2006年,M-5型火箭停产后,日本宇宙航空研究开发机构从2007年开始新一代三级"先进固体火箭"的研发工作,并在2009年完成了方案设计和初步的设计评审。"先进固体火箭"由IHI宇宙空间株式会社建造,可以将1.2吨卫星发射入低地球轨道,有效载荷重量比M-V火箭的轻1/3,每次发射成本是M-V火箭的1/3。

新型固体燃料火箭全长约24米,火箭第一级将采用和H-2A火箭相同的固体燃料助推器,原先"M-5"型火箭的第三级将被挪到新火箭的第二级,火箭的电子部件也将与H-2A通用。种种措施将使这种二级小型火箭既可以承袭"M-5"型火箭集大成的固体燃料技术,提高可靠性,又可大幅度降低成本。

第八章
蓄力航天的军国复活梦

日本火箭之父的钟情

在日本三大宇航机构合并为宇宙航空研究开发机构之前，日本的固体火箭主要由宇宙科学研究所和日产汽车（属富士财团）负责研发和生产，2000年，石川岛播磨重工（属三井财团）收购了日产汽车的宇宙航空本部，成为宇宙科学研究所的合作方。

事实上，只要追溯宇宙科学研究所的历史，便可发现其钟情于固体火箭研发的原因，这还要从"日本宇宙火箭开发之父"糸川英夫说起。

在二战前，糸川英夫是日本中岛飞机公司（属旧安田财阀）的设计师，二战后期，他还为日本军方研制导弹，不过最终未能成功。日本战败后，安田财阀被美国强制解散，中岛飞机公司也因此分裂重组为现在的富士重工业株式会社（属富士财团），中岛飞机公司的东京工厂重组为富士精密株式会社，后来被日产汽车（属富士财团）接管。糸川英夫则回到他的母校东京帝国大学担任第二工学部教授。

二战后，东京帝国大学清除了军国主义教育的一套做法，去掉了"帝国"二字，重新恢复了最早东京大学的校名。第二工学部则改名为生产技术研究所，主要从事军工产品的生产和运用，现为东京大学规模最大的研究所，设有44个工程技术研究室，其中多元数值信息处理工程研究室为客座教员研究室。研究所还附设有千叶实验场、计测技术开发中心、尖端材料开发研究中心、灾害减轻国际工程研究中心、特殊电子学研究中心等机构。

1955年3月12日，在二战中曾研究导弹的糸川英夫，领导东京大学生产技术研究所航空技术研究班成功水平发射1枚长23厘米的铅笔型固体燃料火箭，当年6月和8月，糸川英夫带领团队再次发射2枚长度分别为30厘米和124厘米的火箭。8月份发射的火箭由东京大学生产技术研究所设计，与糸川英夫关系紧密的富士精密工业株式会社（后日产汽车宇宙航空事业部，现IHI宇宙空间株式会社）负责制造。

1964年，东京大学在生产技术研究所航空技术研究班的基础上，成立了日本宇宙与航空科学研究所（ISAS），1981年更名为日本宇航科学研究所。

由于糸川英夫与东京大学生产技术研究所航空技术研究班以及富士财团的历史渊源,日本宇航科学研究所在研究固体火箭的过程中一直与富士财团的日产汽车紧紧捆绑在一起。如今,虽然经过了多次的重组,作为后继者的宇宙航空研究开发机构和三井财团的IHI宇宙空间株式会社在固体火箭的研发和生产上仍然是关系紧密的联盟。

2009年9月18日,就在"九·一八事变"78周年纪念日的当天,日本空间站转运飞行器1号成功与国际空间站完成了对接

20世纪60年代末期,日本开始研制运载火箭。根据1969年7月31日日本与美国签订的一项空间合作协议,日本宇宙开发事业团在1970年10月引进美国"雷神德尔塔"号运载火箭技术,以此为基础,日本开发研制了日本最早的卫星运载火箭——N-1运载火箭(N象征nippon)。1976年开始,日本将N-1火箭改进为N-2火箭,提高了运载能力。

1977年2月23日,N-1火箭成功发射了日本的第一颗地球同步轨道卫星,标志着日本掌握了地球同步轨道卫星发射技术。该火箭的第二级是由三菱重工株式会社(属三菱财团)研发的LE-3液体发动机,这也是号称日本军工老大的三菱重工第一次正式涉足日本火箭领域。

从1981年开始,三菱重工和日产汽车株式会社(属富士财团)在N-2型火箭的基础上,研制运载能力比N-1约大1倍的H-1型火箭。1986年8月13日,H-1运载火箭首次发射,成功地将3颗卫星送入1500公里的地球圆轨道,这次发射使日本初步掌握了多星发射技术。H-1火箭使用N-2型的零级和第一级,第二级用三菱重工研制的LE-5液氧液氢发动机,第三级使用日产汽车研制的固体发动机。

第八章 蓄力航天的军国复活梦

官商一体 寓军于民

日本航空工业飞速发展的背后，离不开大财团的影子。2009年9月18日，是日本军国主义发动"九·一八事变"，侵占中国东北地区78周年纪念日。就在此日凌晨，日本的空间站转运飞行器1号（HTV-1）成功与国际空间站完成对接，引发世界广泛关注。作为关键步骤，它使得素来视野深远的日本航天事业在产业链方面开始成熟，日本已是事实上的宇宙开发大国。

此次搭载飞船的H2B火箭主要由三菱重工研制，其中，两个LE-7A引擎的涡轮泵是三井财团的石川岛播磨（IHI）的产品。

三菱重工最早在爱知县飞岛村的工厂向外界展示H2B火箭时便引起轰动。2000年，石川岛播磨收购日产汽车的宇宙航空本部后，在航天业领域迅速进步。石川岛播磨的GX也是著名的中小型卫星发射火箭。

HTV-1货运飞船此次为国际空间站运输7个实验台、外部实验设备和希望号实验舱的一个保管台。希望号实验舱由日本自主建造，可谓人类巨大的科学成就之一。希望号实验舱历经24年研发，耗资7600亿日元。

负责领导应用与操作工作的技术支持商是日本载人航天系统公司（JAMSS）。这家公司其实是日本政府与若干家财团企业的协调机构。这些财团企业包括：三菱财团的三菱重工、三井财团的石川岛播磨、住友财团的日本电气（NEC）以及第一劝银财团的川崎重工等，社长多出身自三菱重工。

日本航空工业中的火箭系统公司和高可靠性元件公司，也多为政府和财团联合创办：三菱重工、三菱电机是三菱财团经理联席会议"金曜会"的成员，石川岛播磨、东芝、丰田汽车是三井财团"二木会"的成员，日本电气是住友财团"白水会"的成员，日产汽车、日立、富士重工是富士财团"富士会"的成员，川崎重工是第一劝业银行财团"三金会"的成员。它们与政府机关密切配合，负责提供资金和技术，而政府机关则提供政策导向。**三菱重工的产业范围包含交通运输、工程机械、能源、环境、工业及通用设备等，在海洋、陆地、天空和宇宙进行着持之以恒的开发，**

强化军民结合。与美国"寓民于军",强调军工产业对民用产业的"溢出"效应不同,日本的道路为"寓军于民",强调民用产业对军用产业的"溢入"效应。

日本重化工业的综合实力使得日本的科学资源能够最快整合,短时间内获得突破便也不是难事。同时,日本的"大后方"其实正是无数的中小企业。它们与少数的大企业分工协作,彼此形成关联网。例如北岛绞制造所,职工不到20名,但其掌握的旋压技术已经被广泛用于航空、宇宙开发和原子能等领域。

日本始终是新型能源的领军者。例如,三和财团的京瓷公司便是太阳能发电和光伏产业的创始企业。说到制造空间太阳能发电站,似乎是日本科幻动画片里面才有的场景,但这一幕很可能在不远的未来成为现实。三菱电机和石川岛播磨在2009年6月宣布将参与政府主导的空间太阳能发电项目。

日美角力航天工业

第二次世界大战曾给日本财团带来毁灭性的打击。约翰·W. 道尔在《拥抱战败》中说,日本财阀普遍乐于看到战败,因为他们已经将战争视为与军部和经济官僚对民间部门实行完全控制的"国家社会主义"的对抗。于是,被自由资本主义的美国占领,看起来是有利的形势变化。

然而,美国政府却不愿上当。美国人对日本财团的力量有着清醒认识,他们将日本财阀视为推行军国道路、发动战争的根源,颁布了《过度经济力集中排除法》,对三井、三菱等财阀进行拆解和清洗。

随着朝鲜战争的爆发,特需景气促使日本财阀加速回归。1953年,日本国会修改法律,放宽限制。日本财阀形成以交叉持股、互遣人事为架构的横向集团企业关联网,家族淡出权力核心,强化民有国营,实际上已经恢复了战时总动员体制的本质内容。

日本前首相鸠山由纪夫在竞选中曾说,美国全球化对日本的传统有所破坏,而他希望在上台后厉行改革,并且寻求日美关系的相互平等。这是鸠山得以聚集人心的一个重要原因。日本奋力发展航天业,自然是朝野内

第八章
蓄力航天的军国复活梦

外坚定的共识。

随着日本航天技术的进步，西方国家开始对其严重依赖。这种依赖性以军工为发轫，在民用领域则更为普遍。例如，波音是世界最大的航空航天企业，但波音787被称作日本国产，因为它的机体材料——碳素纤维全部由三井财团的东丽纺织供应。

三菱财团的三菱人造丝，同样曾与东丽纺织以及三和财团中帝人的子公司东邦Tenax合作，为空中客车A380飞机提供碳素纤维。3家日本企业几乎垄断了世界碳素纤维的生产。

另外，由三菱电机、日立与三井财团的丰田汽车合作的民间"准天顶"卫星定位系统也居于世界领先地位。三井财团的石川岛播磨的M5火箭，是世界最大级别的三级固体火箭，可以将1.8吨的卫星送到250千米的地圆轨道，可改装为极强的洲际弹道导弹。

由于日本在精确制导方面领先，美国需要与日本合作，获得日本的先进技术。1985年"星球大战"计划实施后，美国就要求东芝提供成像寻的装置，往后又要求提供高速逻辑砷化镓器件、亚微米光刻技术、图像识别技术。

1983年4月美国《时代周刊》杂志的封面。封面文章内容即为有关里根总统的"星球大战"计划的争论

但美国也在侦察卫星等方面对日本实行牢固的技术封锁，对日本警惕的意图十分明显。尽管日本几乎完成了第三代、第四代侦察卫星系统，但美国严禁就光学敏感元件的支持装置、摄影用望远镜的驱动装置、图像数据压缩传输技术对日本转让。

根据日本政府的计划，日本将在30年后建立空间太阳能发电站，安装4平方公里的电池板，发电量达到1吉瓦（约合10亿瓦），可供29.4万户东京家庭使用，耗资超过2万亿日元。

而在探月方面，现已完成任务而坠毁的月亮女神卫星，其搭载的14种科学仪器成绩斐然。它携带的多频带成像仪、光谱剖面仪将尝试从月球地层的龟裂中找寻岩浆的源头。日本科学家将对月亮女神传输回的10TB的数据进行解析，为寻找未来着陆地点和勘探月球矿石分布提供信息支持。

目前，日本的核心依然是深空探测和空基天文观，SELENE卫星只是日本建立月球载人基地30年计划中第一阶段的一项内容，日本还将继续探月计划，例如，推进宇航员与类人机器人同时登陆月球。丰田与日产汽车均是机器人产业的佼佼者，很显然，探月计划又将给政府和财团带去双赢的局面。

原文发表于《环球财经》2013年4月，作者：白益民

日本财界的"星球大战"图谋

2012年9月28日，据《日本新闻网》透露，日本政府计划在2013年发射第一颗海洋观测卫星，以强化对钓鱼岛及其周边附属岛屿和船舶的"监控"。

此前3个月，日本国会单方通过了《独立行政法人宇宙航空研究开发机构法》修正案，删除原法案中太空开发"限于和平目的"的条文，从而使其可以进行防卫研究，并将日本的太空开发成果应用于军事领域，为日本研制太空侦察和太空防御、太空武器奠定了"法律"基础。

事实上，从20世纪90年代开始，三菱电机株式会社（属三菱财团）便与三菱重工等其他日本军工企业一起步入间谍卫星研发之路。如今，三菱电机等日本公司还将目标瞄准东南亚，意欲"帮助"越南、泰国等国打造卫星系统，以监测中国在南海的动向。种种迹象无不表明，日本宇宙开发的野心已经昭然若揭。

第八章 蓄力航天的军国复活梦

密谋研发

2011年9月23日，三菱重工（属三菱财团）和日本宇宙航空研究开发机构联合将一颗代号为"光学四号"的侦察卫星送入宇宙，用以替代超过设计寿命的"光学二号"卫星。"光学四号"属于日本的第三代侦察卫星。

日本《LIVEDOOR》杂志发表文章强调说，这款新型卫星最令日本自卫队看重的一项功能就是监控东北亚地区，主要是中国和朝鲜的军事动向。特别是在东海方向上，"光学四号"卫星以其超高的精度，可辨别停在基地跑道上的战斗机的型号，以及出入军事基地的车辆种类。

其实在"光学四号"卫星之前，日本从政府到商界对研发间谍卫星的觊觎早就有之，即便在日本和平宪法的限制之下，日本也未放弃过研发间谍卫星的奢望。这一点在日本间谍卫星"开山鼻祖"、三菱电机株式会社首席科学家兼总裁野间口有身上体现得淋漓尽致。

1994年之前，日本军工受和平宪法的限制，任何相关军事动作都会受到国际社会的关注。于是，野间口有牵头，把日本太空委员会和非政府的国防研究中心的专家叫到一起，开始探讨自行研究侦察卫星的可行性，后一致决定自行研发有自主产权的太空侦察卫星，并且由三菱电机具体执行，这样可以避免涉及军事机构。

日本文部科学省还于1997年8月同意拨款3.8万美元支持自主研发太空侦察卫星。野间口有称："虽然这只是象征性的拨款，但对于三菱电机来说却是坚定的政治支持！"

1998年8月31日，朝鲜发射的一枚"大浦洞"导弹从日本列岛上空掠过，引起日本朝野上下极大震动，然而，此事对当时担任三菱电机常务董事的野间口有来说却是一个天大的喜讯。第二天，日本内阁官员们纷纷打电话给野间口有说："要钱给钱，要人给人，我们支持你尽快研发太空侦察卫星。"

9月，日本、美国就此举行部长级安全磋商，日本取得了美方的谅解，并将侦察卫星项目冠以"多用途情报搜集"的名义，借此淡化军事色彩，美国还批准洛克希德·马丁太空成像公司与三菱电机结成"研发伙伴"。

产业就是脊梁

至此，日本得以正式启动侦察卫星计划。

很快，野间口有就把他的"情报搜集卫星"研发方案摆到了美国人面前：2颗是分辨率1米的光学成像卫星，2颗是雷达成像卫星。4颗卫星将在地球上空500公里轨道处运行，对外公开的职能是：监测大气、自然灾害、走私与非法移民活动等。

1998年11月6日，日本政府正式宣布，为收集安全保障的有关情报和应付灾害危机，将于2002年前发射4颗军事侦察卫星。为了淡化新型卫星的军事色彩，日本政府将军事侦察卫星称之为"多用途情报卫星"。

可随着"朝鲜导弹威胁"加剧，有人提出"直接从美国进口太空侦察卫星"。这给了野间口有当头一棒，他后来回忆道："我把自己关在屋里，花了整整3天时间，给内阁决策成员写了封陈情信。"

野间口有的信点到了日本的痛处：美国决不会将最先进的军事技术交给日本，且一旦购买了美国的卫星，那日本将毫无秘密可言！1999年5月，日本政府宣布自行研发太空侦察卫星。

三缄其口的间谍卫星

2000年7月，日本政府正式通过决议案，批准防卫厅在2003年前耗资12.5亿~20.5亿美元，研制和发射4颗名为"北极"系列的多用途情报搜集卫星。日本防卫厅最后确定由日本三菱电机研制侦察卫星。

2011年9月，日本成功利用三菱重工制造的运载火箭将"光学4号"情报收集卫星送入预定轨道

为推动该计划的运作，2001年4月2日，日本政府在内阁设置了由外务省、防卫厅、通产省、邮政省和科技厅等有关部门联合组成的"情报

搜集卫星推进委员会",由内阁官房长官福田康夫出任主席,负责项目的规划和管理工作。

2003年3月28日,日本用三菱重工制造的H-2A火箭采用"一箭双星"方式,将三菱电机设计并制造的2颗侦察卫星"光学1号"(GS-1A)和"雷达1号"IGS-1B送入轨道。同年11月30日,三菱电机设计的两颗太空侦察卫星再次被运往发射场,已经担任三菱电机社长的野间口有亲自坐镇指挥。

然而,结局却令人大失所望,载有两颗太空侦察卫星的H2A火箭刚一升空就爆炸了。"我在控制台前亲眼目睹了那一幕,真是欲哭无泪,"野间口有说:"但我们已没有时间流泪,得马上组织人力重新研发生产。"

6年后,2009年11月28日,日本鹿儿岛县的种子岛宇宙中心,三菱重工制造的H2A-16号运载火箭成功将"光学3号"的情报收集卫星送入预定轨道。"这是我一生中最光荣的时刻!"发射成功后,坐在种子岛宇宙中心地面控制台主席位置上的三菱电机会长野间口有,开口只说了这句话。

能让三菱电机会长如此激动,"光学3号"当然不是普通产品。事实上,它是一颗"让日本太空侦察能力实现历史性突破"的间谍卫星。日本负责卫星情报收集的官员对媒体表示,"关于'光学3号'卫星的性能不能多说,但是过去看不到的东西,现在都能看到了"。此外,日本官员还透露,未来发射的"光学5号"的性能可精确到点,能识别出地面上的行人。

防卫省的一名官员透露说:"野间口有其实不只是间谍卫星的技术行家,他实际上编织了日本太空侦察卫星的整张网。"欲监控东亚"敏感区域","这只是开始,野间还有更大的计划"。一位知情者如是说。

虽然对日本打造高精度间谍卫星网的阴谋,野间口有三缄其口,但有中国军事专家认为,日本侦察卫星很显然不仅仅用来侦察朝鲜,甚至有可能重点都不是朝鲜。2005年,日本的卫星就曾监视中国东海油气田的开发进展。

官民一体打造日本版 GPS

总耗资达 2000 亿日元的日本"准天顶卫星"系统不只是以民用商用为主,同时也大量运用于军事侦察,早在 2005 年,日本的卫星就曾监视过中国东海油气田的开发进展

整体协调行动一直是日本军事力量发展的重点,虽然采用美国 GPS 定位系统基本实现了军事力量的战略和战役级协调,但部队和火力的战术协调仍无法实现。为此,日本很早就开始谋求自主卫星导航技术的发展。1972 年开始了卫星与地球赤道成夹角运行的轨道控制技术研究,到 1992 年基本确认了这一控制技术的可行性。

1996 年,日本科学与技术厅提出建立一个区域性导航卫星系统,其系统由 1 颗地球静止轨道卫星和 3 颗或 8 颗低轨道卫星组成。这一建议虽因美国的反对而搁浅,但日本并未彻底放弃。1997 年 3 月,日本科学与技术厅要求日本宇宙开发事业团用 7 年时间开发导航卫星的关键技术。

经过长期谋划,日本政府从 2002 年开始酝酿建立自己的卫星导航定位系统,为了实现这一计划,日本经济团体联合会(经团联)决定设立以民间为主导推进"准天顶卫星"系统的官民一体化新公司。按计划,准天顶卫星系统的总费用约为 2000 亿日元,民间企业将负担 1500 亿日元左右。

2002 年 11 月 1 日,由三菱电机社长野间口有主导成立的"新卫星商业株式会社"正式挂牌成立,共有 43 家企业出资,启动资金为 1 亿日元,三菱电机前常务董事饭沼健雄担任该社社长。

三菱电机作为最大股东持有 17.1% 的股份,日立制作所(属富士财团)、三菱商事(三菱财团的综合商社)、伊藤忠商事(第一劝银财团的综合商社)、NEC-东芝航天系统株式会社(属三井-住友财团)和丰田汽车(属三井财团)各持有 16.9%、11%、11%、11% 和 10% 的股份,三菱重工（属三菱财团）、三菱汽车（属三菱财团）等其他公司持有剩余23%的股份。

2003年4月，日本经济团体联合会、政府综合科学技术会议决定开发国家"准天顶卫星系统"项目，为日本新一代移动通信、广播电视、卫星定位、信息服务等提供技术支持。

"准天顶卫星系统"至少包括3颗近似地球同步轨道卫星，和地球同步轨道卫星不同的是，它们各自有不同的轨道，并且这3条轨道都与地球赤道所在平面形成45度的夹角，因此，在日本本土始终有1颗卫星停留在靠近天空顶点的地方。

7年之后，2010年9月11日，日本三菱重工与日本宇宙航空研究开发机构（JAXA）用三菱重工的H-2A运载火箭从种子岛航天中心发射首颗"指路"号准天顶卫星。2011年9月30日，日本政府内阁会议决定，为构筑精度更高的卫星定位系统（GPS），计划先期发射4颗"指路"号准天顶卫星，未来力争达到7颗。

日本"准天顶卫星"系统一旦服役，将可能成为目前定位精度最高的导航系统之一。据《日本经济新闻》报道，三菱电机在美国GPS的基础上开发出新的定位技术，能使汽车、火车在速度100千米/小时的情况下，定位精度达到0.2米。

日本海上保安厅甚至宣称，如果新系统与美国GPS的24颗卫星配合使用，定位精度可提高到0.1米左右。目前美国新的GPS系统正在将定位精度提高到1米以上，俄罗斯GLONASS系统即使恢复到24颗星的水平，也只能在2011年达到1米精度，而前途尚渺茫的"伽利略"系统免费信号精度只有6米。

日本之所以不遗余力地发展导航卫星系统隐藏着深刻的军事动机。日本当前正大力加强其远程攻击能力，远程攻击力的关键便是精确度，因此，日本将提高武器的精度作为自卫队建设的当务之急。与其他制导方式相比，卫星导航定位系统的制导精度更高、成本更低廉、使用更方便。

日本"准天顶卫星"系统具有覆盖范围集中、全天候、连续、实时的精确导航与定位能力，可为战机、舰船、战车等作战平台与武器系统和指挥员提供精确的位置、速度和时间信息，并可用于对敌目标的侦察定位以及导弹制导等。因此，日防卫厅研究部门也参与了"准天顶卫星"系统的研究与建设。届时，使用"准天顶卫星"系统的精确制导弹药将比GPS等系统更加适用于日本高层建筑众多、山岳密布的地理。

航天联盟臆想

随着日本卫星开发技术的日渐成熟，其意欲跻身世界卫星市场的动机越来越明显。《产经新闻》曾报道称，目前有越来越多的亚洲国家都表达了发展航天工业的意向，日本的想法是牵头组建一个"亚洲航天联盟"，而且按照日本的意图，这个联盟要将本地区的航天强国——中国排除在外。

2010年8月，同属日本住友财团的住友商事和日本电气株式会社（NEC）计划在越南河内市和乐高新工业区建设宇宙中心，主要研究和生产各类小卫星，满足越南国内天气预报、观察、勘探、通信信号收发以及救灾等需求。

2011年8月13日，日本政府与越南政府对话，协商有关日本向越南提供政府开发援助（ODA）支援越南发射人造卫星的计划。日越协议草案的内容为：日方为越南制造2颗可监控洪水、森林火灾等自然灾害的地球观测卫星，提供总额约70亿日元（约合人民币5.8亿元）的贷款。**不过，日本提供贷款的条件是越南允许日本企业加入其卫星项目。在越南建设航天中心、为越南国产卫星的研发培养所需人才也是其今后的计划。**

《产经新闻》指出，法国虽然对越南的卫星事业提供了大力支持，但它也追求商业利益。法国为越南制造并发射卫星，都收取了不菲的费用。像日本这样提供贷款和技术法国是做不到的。报道指出，日本向越南提供的贷款在日本ODA计划的框架之内。该计划主要用于援助发展中国家解决贫困问题，从来没有被用于太空开发项目。

2011年10月底，越南政府决定将其地球观测卫星项目的合同授予日本电气株式会社（属住友财团），由日本电气负责建造首个轨道器，计划

第八章
蓄力航天的军国复活梦

于 2017 年发射升空；同时负责监管第二颗卫星的生产，计划于 2020 年发射。2 颗卫星具有监控洪水和其他灾难、全天候勘测森林和农场的能力。日本电气还将负责 2 颗雷达观测卫星的研制和发射工作，建造一个地面设备厂，培训人员控制轨道器和分析数据等。

事实上，由日本电气负责的两颗卫星还具有军事用途，它们将为越南军队提供全天候的周边实时侦察能力，具体的任务是可以侦察到中国海军在南海的兵力部署以及海军舰艇数量和具体型号。越南政府希望通过这一卫星系统实现"每天可至少一次观测包括南海周边特别是中国海军军事设施在内的适时侦查数据"的构想。

2012 年 7 月 21 日，搭载由越南 FPT 集团属下的 FPT 大学 F 空间研究室研制的 F-1 号卫星的日本 H2B3 号火箭，在日本种子岛宇航中心成功发射升空。这是越南首颗自主研制的卫星，重量为 1 公斤，由 FPT 大学 F 空间研究室于 2008 年底开始研制。

2012 年 9 月 19 日，越南宇宙中心开工仪式在和乐高新工业区举行，越南政府副总理阮善仁当天发贺信表示，越南宇宙中心是越南科技发展事业 35 年来最大规模投资项目，将开启两国在航天领域的合作进程。

2014 年 10 月 10 日，越南科技翰林院与日本宇宙航空研究开发机构签署了加强合作关系的联合声明，日本计划拉拢东南亚国家打造航天联盟

出于对中国的戒心，东南亚已出现在太空相关技术方面依赖日本的动向，加上日本想撇开中国拉拢东南亚国家共同打造亚洲航天联盟的野心，这对中国处理南海问题是个极大的威胁。

原文发表于《环球财经》2013 年 4 月，作者：白益民

第四节
日本寓军于民的军工体制

近年来,日本在政治、经济、军事、外交等各方面越来越活跃。尤其在军事方面,日本多次积极参与美国主导的军事演习,打破长期以来的对外武器禁售框架,动工建造2艘新型准航母,高新武器频频登台亮相,日本武器在全球军工市场上初露锋芒。

日本自卫队,这支"二战"后"基于防御和救援的军队",如今正渐渐地站在风云突变的亚太舞台的前沿。而在这支不断扩张的军队背后,是全球第三大经济体支撑的庞大的军工产业。三菱、川崎、新明和、日本制钢所、小松、美弥……这些各有所长、相互竞争的日本军工企业正是打造日本自卫队的"国防族"。

经团联为日本军工出海铺路

2011年11月27日,日本政府甩出一枚"政治手榴弹",炸掉了其坚守了44年的"武器出口三原则"。自此后,日本将允许本国公司与其他国家合作研发武器,放宽武器和技术出口。

同一天,具有日本"财界总理"之称的日本经团联会长米仓弘昌称赞这是"划时代的举措"。经团联一直是影响日本政治方向的一股强大力量,日本政治家几乎没人不想得到经团联支持。

早在1995年5月,经团联的防卫生产委员会就向日本政府呼吁,日美两国共同开发的F-2战斗机投入批

2011年,日本宣布了放宽武器和技术出口计划,素有"财界总理"之称的经团联会长米仓弘昌称赞这是一次划时代的举措,时任日本首相野田佳彦(左)与米仓弘昌

量生产后，应允许一部分零件向美国出口。2004年，经团联在日本政府修改《防卫计划大纲》时提出"有必要对武器出口三原则进行再研讨"。

2009年7月，日本经团联再次向日本政府建言，呼吁在当年末修改《防卫计划大纲》时修改"武器出口三原则"，以便让日本企业可以参加战斗机等尖端武器的国际共同开发。

事实上，经团联代表的是日本经济界的意志，而此次日本政府的决定将对日本经济界是空前的利好。此前日本的军工产业由于客户单一而开工严重不足，且存在武器生产成本过高的不利因素，放宽"武器出口三原则"无疑具有巨大的诱惑力。这也是经团联积极要求制定新的武器出口原则的原因所在。

日本拥有三菱重工、新日铁、川崎制铁等一批半军半民的军工企业，拥有雄厚的基础设施和强大的制造能力。有研究表明，"武器出口三原则"一旦被全面突破，日本很可能占据全球战舰市场60%的份额。

因此，对于日本政府的这个决定，三菱重工等军工方面的业界普遍表示欢迎，认为"这将有助于维持提供生产和技术基础"。对日本航空产业而言，三原则的放宽也是多年的凤愿。兼任日本航空宇宙工业协会会长的三菱重工会长佃和夫在2011年12月22日召开的业界联谊会致开幕词时，非常期待地说："我们期待三原则早日得到重新评估。"

二战后形成的寓军于民体制

日本寓军于民的体制形成于二战之后，当时，由于受"和平宪法"的制约，日本没有官办的专门从事武器装备生产的工厂，而是在政府的大力扶持下，建立了以私营企业为主的军事工业，把战争潜力深藏于民间。寓军于民的政策，使得日本很多企业都拥有军工背景。

二战后，日本军事工业曾一度彻底瓦解，但随着20世纪50年代朝鲜战争的爆发，日本军工企业又迅速得到恢复和发展。日本政府为了保持军工企业对军事装备生产的积极性、防止其设备和技术力量转向其他产品生产，对军工企业采取了一系列保护和扶植措施。如防卫厅每年同一些主要企业签订合同，保持必要数量的军事订货，并提高价格30%左右，以吸引和鼓励企业从事军品生产。

日本政府每年还安排一些自卫队退役高级官员到各主要军工企业或军工行业组织内担任要职，加强军队与企业的联系。另一方面，支持"日本兵器工业会"、"日本造船工业会"、"日本防卫装备工业会"等民间军工团体，也起到政府与企业之间的桥梁作用。

20世纪70年代初期，日本经团联认为，商业技术发展将会比军事系统提供更加有利可图的机遇，商业发展周期是2~3年，而军事发展周期是5~10年，商业技术比军事系统进步的速度更快。因此，日本政府和财团更加强调民用技术经过适应军事需求的改造，向军工生产系统的"溢入"。

1970年，日本颁布了《国防装备和生产基本政策》，为军工生产确立了基本方针，这样，在政府的大力扶持下，建立了以私营企业为主的军事工业，形成了"寓军于民"的模式。"寓军于民"的军工生产模式就是国家不再设立专门的从事武器装备生产的兵工厂，军事工业以私营企业为主，武器装备的大部分研制任务和全部生产任务均由防卫厅以合同方式委托民间企业完成。

日本经团联防卫生产委员会是负责政府与民间团体、企业之间的联系，调查研究军工生产中各种问题的联合军工组织。参加"经团联"的有百余家从事军工生产的大型企业，其订货合同占军工合同总数的70%以上，因此，"经团联"对防卫厅制定武器采购计划起着举足轻重的作用。

另外，由134家大型军工成员组成的日本防卫装备工业会、日本航空宇宙工业会、日本造船工业会等，在军工生产中也发挥着重要作用。军工生产由防卫生产委员会、航空工业会、造船工业会、兵器工业会和火箭开发协会等所谓"军工五团体"控制和组织。

日本财团的专业化分工

日本将国防工业定义得非常宽泛，产业链被极大地延长了，而日本独特的财团机制在整合产业链方面具有独特的优势。财团企业之间紧密的协作和配合，使得武器系统的兼容性、稳定性大幅提高，生产成本大大降低，自主化率不断提高，最终体现在产品竞争力上。

第八章
蓄力航天的军国复活梦

日本制造业专业分工明确的特点在防卫产业明显地反映出来。例如，F－15J 战斗机和 SH－60J 直升机由三菱重工制造，P－3C 反潜机由川崎重工制造。但是，这 3 种飞机的引擎都是定点由石川岛播磨重工提供。

就是同一种武器，其生产流程也往往由不同的

以三菱重工为首的十多家日本企业共同参与制造的美式 F－15J 战斗机，使得其武器系统得到了大幅提高，目前仍是日本空中自卫队的主力战斗机

厂家协力完成，在总装厂以外还有为数众多的、负责制造零部件的中小工厂。比如，参与制造 F－15J 的大公司不下十余家，而这十多家企业又把其承担的部分流程分包或转承包。

专业化分工有利于提高质量和生产效率，同时，也使承担防卫生产的企业得以将它们擅长的民用技术迅速推广和运用到武器装备研制中。正是在这种专业化生产中，发展出一套日本独有的、由民用技术转用于军事领域的"溢入"（spin－on）体制。这和美国等国将军事技术推广到民用市场的"溢出"（spin－off）形成鲜明对照。

不仅如此，日本各财团的下属公司之间也能够进行较为密切的合作，各个公司在自己负责的领域内，可为兄弟公司提供价格较低的配套产品。

例如，日本邮船是三菱重工船舶部门的订货大户，三菱重工则为三菱电机提供机电产品，三菱制钢、三菱伸铜、三菱铝业和三菱材料等公司，则可为三菱的船舶和航空航天部门提供可靠的原材料。三菱银行和东京海上等公司可以提供贷款和特殊保险服务（如航天发射保险）。尼康公司负责的光学产品、三菱树脂负责的新材料等，对高科技武器而言均是必不可少的组成部分。

财团机制表面上看是相互协作，其本质则是对国家经济和产业组织上的计划与控制。日本深受中国儒家思想的影响，在产业运行方面重视国内

产业就是脊梁

的宏观控制，这是日本军工产业发展选择"寓军于民"的思想根源。

人脉：联系防卫省与财界的纽带

为了确保日本企业的军工生产能力，日本往往不采取自由竞争的方式生产装备，而是指定多家企业轮流生产，以确保一旦发生战事可以迅速扩大生产。例如，海上自卫队长期以来保持一年一艇的速度换装潜艇，其生产由三菱重工和川崎重工轮流负责。驱护舰艇的建造则由三菱重工、石川岛播磨重工、三井造船等几家公司轮流承担，降低军工生产的集中度。

防卫厅在选定生产厂家，签订生产合同时，通常分三种形式，即"一般竞争合同"、"指名竞争合同"和"自由价格合同"。"一般竞争合同"指的是由具有一定资质的、非特别指定的众多企业，以投标形式争取合同；"指名竞争合同"是指从具有一定资质的企业中指定少数企业进行竞争而签订的合同；"自由价格合同"则是由防卫厅与其特别指定的企业进行交涉而达成的合同。从表面上看，企业必须经过公平竞争才能获得合同。但实际上，防卫厅的合同大多数是"指名竞争合同"和"自由价格合同"，最终都落到了少数大企业手中。而大企业为确保合同到手，除凭借其技术优势和雄厚实力争抢外，更多的是在平时就注意和防卫厅、自卫队高层领导拉好关系，甚至出高薪聘请其退职高级官员和将领，利用他们的"关系网"四出游说，力求长期垄断防卫厅的军火采购合同。同世界上多数国家一样，日本有关军事人员不仅有严格的退职年限，而且要比其他人员退职早。如何安排他们"下凡"到民间企业再就业，确保他们退职后的生活，是日本防卫厅面临的最大难题。防卫厅与企业接触的渠道不多，而拥有军需品采购权，能与企业打交道的采购防卫厅实施总部也就成了防卫厅对外联络的主要窗口，负责开拓"下凡"岗位的"特殊任务"。

日本军工产业界早就流行这样一种说法："每接受1名防卫人员'下凡'，就能得到11亿日元的订货保证"，而"每售1辆坦克就必须接受1名防卫人员'下凡'"。根据防卫厅的观点，安排防卫人员以"顾问"、"嘱托"等身份到企业再就业，可以让他们带着在防卫厅时积累的知识和经验到企业发挥作用。

第八章
蓄力航天的军国复活梦

官民并举，研发新式武器

为了扶植本国的防卫产业，防卫厅即使可廉价向国外市场采购，也宁可组织国内厂家自行研制或根据外国许可证由日企仿制。

众所周知，日本航空自卫队主力战斗机F-15J和"爱国者"导弹之类的先进武器都是根据美国专利由三菱重工业公司等企业在日本国内生产的。在日本生产F-15J战斗机的造价，每架高达130亿日元，是从美国进口价格的2倍多。陆上自卫队的主战坦克90式坦克，每辆造价为20亿日元，用这笔钱在国际军火市场上可以购买2~4辆同类型的坦克。

从20世纪六七十年代开始，武器装备的更新速度日益加快。为适应这一潮流，日本也加快了研制开发高科技武器装备的步伐。日本研制开发国产新式武器装备的主干力量除了防卫省技术研究本部以外，更为重要的是日本防卫产业中的"龙头"企业。

三菱重工是日本最大防卫生产企业，拥有近6.9万职工（2012年3月）和6个研究所。它之所以能在日本的防卫产业独占鳌头，与它所拥有的技术开发优势是分不开的。

第二次世界大战中，在太平洋战场风靡一时的"零式战斗机"就是三菱重工在名古屋的工厂生产

20世纪80年代，美国政府要求日本共同参与"星球大战"计划，这使得日本军工企业有机会跟上世界高科技武器研发的快速脚步。图为美方设计的卫星武器

的。20世纪50年代时，三菱重工根据美国许可生产F-86F战斗机，60年代生产F-104J，80年代则是F-15J。目前，日本自主研发的第四代战机"心神"也是由三菱重工主导。

1983年，美国国防部为推进"星球大战"计划，曾专门派遣代表团考察日本的尖端产业，代表团对三菱重工开发的毫米波制导技术情有独钟。

根据其报告，美国政府要求日本共同参加"星球大战"计划，指定要日本向美国提供三菱重工的这类技术。

日本的武器装备从进行预先研究到决定订货，大体需要20年时间。防卫厅技术研究本部也好，防卫产业的大企业也好，在研制开发新的武器装备方面都非常注意前瞻性和预见性，敢于进行需要许多年才能回收的长期投资。石川岛播磨重工早在20世纪90年代初就斥巨资研制取代F－15J的下一代主力战斗机FX的引擎。

日本的防卫产业实行"军民兼顾，寓军于民"的原则。为了确保来自防卫厅的订单，各大企业竞相投入巨资，研制新式武器装备以及相应的尖端技术。但是，由于军品生产在其生产总额中所占比例不大，加上它们不希望过分张扬，这笔费用往往和民用产品的研究开发经费合并统计。**特别是武器生产商一般都把零部件生产分包给众多中小企业，这些企业用于研究和改进生产的更不可能单独立项统计。因而日本的防卫费开支除了国会审议通过的"盘子"外，还有相当大一部分属于"灰色"支出。如果把这一部分支出计算在内，日本的实际防卫费开支恐怕要比官方公布的高得多。**

原文发表于《中国航空报》2013年1月，作者：白益民

日本尽是"爱国贼"

无论美国的经济崛起多么不可思议，与流星疾雨般突如其来的日本现代化相比，其发展仍是步履缓慢和华而不实的。日本近代的两次崛起都仅用了不到30年。无论在社会领域还是在经济领域，这一现代化进程速度之快、成效之显著均可谓史无前例，它所创下的纪录迄今无可匹敌。

在这种高效的背后，我们可以看到民族精神的巨大推动力，正如著名政治学家和社会学教授格林菲尔德教授所说，"现代经济的持续增长特性

并非是自我维持的,它需要民族主义的激励和支撑"。

在日本人看来,经济竞争是另一种形式的战争,是实现民族目标的仅次于战争的最佳手段。敌人就是西方,民族精神是一种战斗精神,从本质上就是对抗西方。同时它又不是一概排斥西方模式的通常意义上的反西方精神。有必要时,日本会把对西方的对抗和对西方"文明"的钦佩结合起来。在日本经济发展的历程中,充满民族主义思想的企业家多不胜数,选取其中代表人物足以说明经济领域真正的爱国者必须是民族的,必须是充满竞争意识的企业家。

涩泽荣一:开"侍魂商才"之先河

在日本,涩泽荣一(1840—1931)的名声极大,从后人赞美他的头衔就可以看出这一点。这些头衔有"日本实业之父""近代日本资本主义之父""日本产业经济的最高指导者""儒家资本主义的代表"等等。谈到日本明治时期的工业化,不可不提到涩泽荣一。他一生的业绩宏伟非凡,仅仅参与创办的企业,就多达500余家。这些企业遍布银行、保险、矿山、铁路、机械、印刷、纺织、酿酒、化工等当时日本最重要的产业部门,可以说当时社会各方面的创立者或者指导者几乎全都是涩泽荣一。

《论语与算盘》是日本商业之父涩泽荣一(1840—1931)商业智慧与处世哲学的集大成,日本历任首相必读

涩泽荣一出身于经商世家,他的父亲农商兼营,诗书俱通,用中国的传统观念来说,"耕读传家"和"商贾致富"占全了。涩泽荣一很早就开始学习儒学兼练习剑道和书法,并拜颇具志士风格的尾高新五郎为师。少年时期的良好教育及武士精神的熏陶,使儒学的基本思想和武士道渗入了

涩泽荣一的血脉。这种在启蒙阶段似懂非懂状态下学到的知识，对人一生的影响是显而易见的。

涩泽荣一少年学壮而行，经历了从"倒幕攘夷"志士到幕府家臣的转变，受幕府派遣到欧洲学习游历，又"以夷为师"。明治维新以后，新政府器重涩泽荣一在财政方面的卓越才能，任命他为大藏省租税官，兼任制度改革小组主任（类似于中国发改委主任），参与了新政府的货币制度改革、废藩置县、发行公债、殖产兴业等几乎所有重大政策的酝酿和制定。

明治七年，时任大藏少辅（财政部副部长）的涩泽荣一毅然弃官从商，当时日本官尊民卑思想仍然根深蒂固。涩泽荣一却说："若人才皆集中于官界，而平庸之辈散于民间的话，何能指望一国之健全、进步与发展？我的辞职就是为了使民间企业里大批涌现出德品方正、知行合一的工商业者……"此后，日本越来越多的人才致力于产业报国，各个行业的知名企业家层出不穷，后来活跃在世界经济舞台上的百年企业也在那个激情燃烧的岁月不断创立。

在实业思想上，他把来自中国的儒家精神与日本武士精神合为一体，奠定了日本经营思想的基础。他不仅是日本人所公认的近代产业先驱，而且是近代日本工商业的精神领袖。涩泽荣一在《论语与算盘》中将"侍魂商才"确定为日本商人的理想人格，涩泽荣一从工商业者应该具备的人格和品德的高度来认识经商之道即儒家的"内圣外王"，又将其打上鲜明的日本"武士道"烙印，以充分唤起工商业者的高度职业使命感。时至今日，日本财团企业还保持着这种武士儒商的传统。

涩泽荣一以后的日本企业家，不是每一个都给生意赋予如此高尚的品质并研习《论语》的，然而他们无一例外地赞同已经完全现代化了的武士伦理——"侍魂商才"。

日本毛纺织业的先驱井上声在谈到他创办企业的理由时就说，是为了"让祖国与欧洲和美国并驾齐驱"。1908年，日本实业家铃木勋三郎也承认民族主义情感在创办和努力经营企业的过程中起到的激励作用，他曾说："一旦我的事业得以开始，最终受益的将是国家和民族。"

按照涩泽荣一的观点，国民"富"而后国家能"富"，国家"富"而后能"强",国家能"强"而后能"独立"和有"尊严"。因此,"商场"即"战场","企业家"即"将领","工人"即"士兵","经济战争"是全体国民的"对外战争",要"内和而外战"。竞争与合作一直是日本财团企业之间的主旋律。

跟涩泽荣一同时代,日本最著名的思想家及教育家、庆应义塾大学的创立者福泽谕吉关于"商业是战争的最佳代替物"的观点被当时实业界称为"这个时代最响亮的声音"。

1880年第一期《东海新经济评论》的社论就代表了日本人对"经济战争"的看法,也是对福泽谕吉"经济战争"理论的最好注脚。社论认为:"我们当今把外国人基本上看作是平等的人类,我们试图用经济与他们战斗——战争的手段是贸易。"如今,日本万元大钞上的头像正是福泽谕吉,足见此人在日本人心中的地位及其理论对当代日本的影响。

濑岛龙三:脱下军装换西装

二战以后,近1000万日本军人解甲归田,他们中的大部分都进入企业,成为企业中的骨干力量。旧日本军队中忠君爱国的思想并未因为美国人的改造而消退,这群脱下军装换上西装的商人很快就把日本的产品卖到了当年枪炮也没够得着的地方。在战后军人出身的企业家中,濑岛龙三无疑是其中的佼佼者和传奇人物。

1932年,濑岛龙三在陆军士官学校以第二名的成绩毕业,并获天皇御赐的银表;1938年12月,他以第一名的成绩从陆军大学校毕业,获天皇赏赐军刀;之后,他由于参与制定和执行了很多重大战役计划而被称作"昭和三参谋"之一。

年轻时的峥嵘岁月随着日本的战败成了过眼云烟,而濑岛龙三在战后的经历简直就称得上"神奇"两字,单单看他在被苏联人关押于西伯利亚11年以后进了伊藤忠商事的经历就是一个奇迹。

1958年1月,濑岛进入伊藤忠商事时只是四等社员,这是女高中毕业生的待遇。而2年后的1960年7月,他被晋升为航空机部部长,同年10月成为业务本部部长,1962年5月成为取缔役(董事),1963年荣升常务

产业就是脊梁
CHAN YE JIU SHI JI LIANG

伊藤忠商事社长濑岛龙三曾经是日本关东军大本营参谋，1946年9月17日，远东国际军事法庭传讯濑岛龙三出庭作证

董事，1968年成为专务董事，1972年当上副社长，1978年成为董事长。

这种经历除非在中小型家族公司几乎是不可能的——尤其在日本这种企业风气基本上是论资排辈的情况下，但濑岛龙三却做到了。濑岛龙三晋升如此之快的奥秘是他为伊藤忠商事这个主要贩卖纤维制品的中型商社的转型掘来了第一桶金，且指挥伊藤忠商事脱胎换骨，成功转型。

综合商社是日本特有的一种企业形态，一直在成长最快的领域展开事业，在贸易方面支撑了日本经济的高速成长；而多元化经营及通过贸易带动投资，让综合商社跨越商业资本、产业资本和金融资本，成为产业组织者和日本财团的最核心企业。20世纪90年代，包括伊藤忠商事在内的综合商社一直占据着世界500强前10名的位置，后因业务重组、拆分及旗下公司的独立核算，其排名迅速下降。

濑岛龙三把任大本营参谋本部作战科长和关东军参谋的经验用于伊藤忠商社的组织中，在综合商社引入了参谋组织。在综合商社中，业务本部并不从事具体业务，而是像总参谋部一样制定战略计划和应对战略层面上的公司转型。濑岛龙三手下的直属员工都称以濑岛龙三为核心的管理层是"濑岛机关"，这个称呼带有典型的日本帝国陆军参谋本部组织的色彩。

濑岛龙三准确预见1967年的中东战争将在6天内结束，并提前判断1973年将发生石油危机，从而给公司带来了巨大的石油行市差价，他在自己任专务和副社长时负责伊藤忠商社内的参谋组织，收集并活用各种情报，获得了"战无不胜的情报人员"（CIO）这一称号。

濑岛龙三一直站在财经界总参谋长的角度思索着国家的经济战略。1973年，韩国政府邀请他为韩国经济发展献策，濑岛龙三向他在日本陆军士官学校的后辈朴正熙总统提供的对策是设立综合商社,因为韩国没有资源,必须靠出口才能发展经济。1975 年,韩国一号综合商社——三星物产成立,之后三星、LG 等财团又模仿伊藤忠商社的业务部门改组"秘书室",使之成为企业的"总参谋部"。韩国财团对日本财团的学习和模仿最终在 21 世纪初上演了青出于蓝而胜于蓝的一幕。

濑岛龙三在 1981 年退任伊藤忠顾问后,又出任了日本政府从事行政改革的"临时行政编查会"委员,到了中曾根内阁时代,濑岛成了中曾根的智囊。为政府提供参考意见,成了退休后的濑岛的重要工作。中曾根以后的各界内阁,也均重用了濑岛。成功预测海湾战争的爆发时间,又为濑岛龙三的经历增添了一份传奇色彩。

濑岛龙三在 2007 年 9 月 4 日走完了他 95 年的人生旅途。在二战中,他是日本大本营参谋;战后则为伊藤忠商事从普通贸易公司发展成日本 5 大综合商社发挥了巨大的作用;个人退休后依旧对日本政经界有着很大的影响,直接参与了日本主要改革的策划与推进。从一个职业军人,到从商,再到成为影响日本政治的重要人物,濑岛龙三在日本从军国主义向经济大国的转变过程中发挥了很大的作用,是日本转变的一个侧影。

军人出身的华为总裁任正非常讲:"在战场上,军人的使命是捍卫国家主权的尊严;在市场上,企业家的使命则是捍卫企业的市场地位。"军人出身的企业家具有强烈的民族主义与理想主义色彩,这使他们的事业充满了激情和使命感,避免限于锱铢利害之中,企业经营更有长远性。

企业领导人的坚强意志是企业得以生存的基础,懂组织、善激励是企业短期成功的保证,富于果敢和魄力的风险偏好是企业高速成长的关键,具有强烈的社会责任感和民族主义情怀是企业基业长青的前提。

御手洗冨士夫:新时期的"和魂洋才"

"和魂洋才"是日本明治维新中的一个重要思想,由思想家福泽谕吉提出。顾名思义,"和魂"指大和民族的精神,而"洋才"便是指西洋的科技。"和魂洋才"的精神,鼓励日本国民学习西方文化,同时也要求国民保留日本传统文化。日本的经济团体和行业协会的起源是涩泽荣一创立的"择善会"和"东京商法会议所",如今日本最重要的经济团体是由日本最大的 1500 家企业组成的经济团体联合会(经团联),其会长被称作日本财界"总理",对日本的经济、政治、外交等有着举足轻重的影响力。

2006 年 5 月 24 日,佳能公司董事会主席御手洗冨士夫出任经团联会长,在佳能美国公司工作 23 年的御手洗冨士夫被称作日本最熟悉美国、最了解国际经营手法的一位企业家。而要成为经团联的会长,必须得代表整个日本企业界的利益,全盘西化的人物显然不可能担任这样的角色。御手洗冨士夫是"和魂洋才"式的人,外部拥有西洋的技巧而内心仍然秉承着传统的日本商业价值观念。

佳能会长御手洗冨士夫与伊藤忠商事会长丹羽宇一郎于 2008 年合著出版的《经营者的思考》

1997 年,御手洗冨士夫晋升为 CEO。他的上台标志着佳能正式进入转型期。上任之初,御手洗冨士夫借鉴美国控制成本、现金流至上的经验,在许多制造领域大刀阔斧地削减成本。他果断地关闭了个人 PC、液晶显示器和电子打字机等一系列亏损的业务部门,拍卖了相应的资产,把佳能十多条产品线缩减到打印机、复印机、照相机与光学仪器等 4 条产品线,从而避免了近 3 亿美元的巨额亏损。

另一方面,御手洗冨士夫并未通盘接受硅谷文化,他拒绝指派外部董事,理由是他们对公司贡献太小,但他授权审计人员严格监督主管;另外他采取记点调薪的方法,鼓励员工打拼业绩,坚定地保持了终身雇佣制。佳能的变化是日本企业这 10 年努力过程的一个缩影,从中也可以看到日本企业今后的发展方向。御手洗在终身雇佣制上的态度,让佳能公司在业绩上取得了成功。现在日本众多的企业不得不重新开始审视终身雇佣制。

一个制造企业,需要不断地开发新产品,而一种技术的培育、一个新

第八章
蓄力航天的军国复活梦

产品的开发总要花上 8~10 时间，回收生产销售成本也要几年，这个链条很长很长，不用终身雇佣制的话，工程师的工作、生活将很不稳定，没法把精力全部投入研究开发中去。**终身雇佣制的最大好处就是能把教育成果积累下来。日本企业不像美国企业那样靠不断地变换员工来强化组织，而是通过对员工的彻底教育来强化组织。**御手洗认为企业的生产内容需要不断调整，因为生产内容的调整而让一部分职工失去工作是很不应该的。佳能的做法是不断开拓新的生产领域，通过对职工的技术培训，让他们进入新的工作岗位继续工作下去。企业有责任做到在不裁员的前提下，实现生产内容的转换。

成为日本经团联会长后御手洗富士夫依然是老骥伏枥、志在千里。他认为日本"失去的十年"已经过去，要积极面对发展中国家的挑战。御手洗富士夫在上任之初便撰文指出："日本还不能为眼前的业绩沾沾自喜，没有资源的日本要想保持繁荣，不仅要在经济和社会的结构上，还要在包括国民意识在内的层次上，进行更大的变革。因此，我才提出了'革新日本'的口号，描绘了一个转守为攻的改革计划。"

御手洗富士夫呼吁日本人应该确立"自立信念"，给强者创造机遇，使其能够依靠自己的才能和努力获得发展，同时，给失败者东山再起的机会，并保护弱者。这种效率与公平兼顾的方式正是美国经验和日本模式的结合。同时，作为日本转型时期的企业家和工商业领袖，御手洗富士夫也继承了松下信之助、盛田昭夫等老一辈日本企业家以产业报国为己任的进取精神。

结束语：有什么样的企业家，就有什么样的企业

1964 年东京奥运会距日本二战投降仅仅 28 年，奥运会使索尼、松下等一批日本典型的民族品牌为世界所熟知，从而开始了日本大批民族品牌以岛国为根据地走向世界的新起点。

从日本企业取名就可以看到日本民族的凝聚力：

1946 年索尼成立，立志要在经济领域把日本的太阳旗插遍全世界，SONY 即 SUNNY 的谐音，代表太阳军旗；

松下 Panasonic 最早在日本的英文叫 National，品牌含义非常明确，就是民族牌、国家牌，在日本人的心中，松下是他们的民族英雄；

NEC，是 Nippon Electronic Company 的缩写，即日本电器公司；

尼桑 NISSAN，它的意思是日本生产；

尼康 NIKON，日本光学的缩写；

NHK，日本广播公司；

立邦漆，它的英文名称 Nippon paint，就是日本漆；

三洋 Sanyo，寓意立志在经济领域做出好的产品、占领三大洋——大西洋、印度洋、太平洋；

JVC，Japan Victory Company，即日本胜利公司；

富士通 FUJITSU，是日本民族的标志；

日立 HITACHI，即日本站立起来；

CANON 佳能，是将加农炮 CANNON 去掉了一个 N，意谓立志要成为经济领域的加农炮；

……

这些品牌都充分体现出越是民族的越是世界的。

日本经济就是在这样一批令日本人骄傲的民族企业的带动下，以日本文化为凝聚力，团结一大批优秀技术人才和管理人才，以本土市场为根据地，相互支持、相互鼓励，然后走向国际，以创新和高质量的产品，来树立日本产品的高品质形象，在全世界群策群力，最终实现民族经济的腾飞。

在一个国家经济突飞猛进、冉冉上升的过程，也必然有一股巨大的精神力量起着激励和支撑作用，这种精神其实就是民族主义，离开民族主义，我们根本无法解释日本经济梦幻般的崛起过程。因为在当代社会，只有民族主义，才既为政府和精英人士努力提高民族威望和国家经济实力提供持续的精神激励，又唤起社会大众对经济问题、国家权力问题、民族优势问题的极大关注，激发人民对国家前途命运的担忧。只有在民族主义的激励下，国家内部各个阶层的人士才能上下凝成一股绳，为一个伟大的、振奋人心的目标而持续不断地努力，从而共同努力，将国家经济带入快速

发展的轨道中去，实现经济强国的梦想。 在中国，高喊"爱国"本是令人激情澎湃、引以为豪，催人上进的口号；而时下，高喊"爱国"者却被认为是出于某些特殊目的或是因青春期躁动而对社会产生不满的愤青。充满民族主义精神的爱国行为成了某些伪自由主义文人攻击他人的大棒，词义也发生了巨大的转变，从"爱国者"变成了"爱国贼"。爱国是一种道义行为，如果爱国可以谋利，那贼可就多了。

纵观日本崛起的历史，曾经烧了英国大使馆的伊藤博文是"爱国贼"，涩泽荣一、福泽谕吉是"爱国贼"，当代的濑岛龙三、松下信之助、盛田昭夫同样也是"爱国贼"……最后发现日本尽是"爱国贼"，但正是"爱国贼"，让日本走向富强。

原文发表于《环球财经》2009 年 5 月，作者：白益民、袁璐

第九章　磨刀霍霍的日本海空力量

2001年4月1日，美国海军的一架EP-3型电子侦察机在中国南海上空与中国战斗机发生碰撞，中国飞行员王伟壮烈牺牲。时至今日，当我们再次缅怀英雄的时候，却发现在祖国东海的上空依然盘飞着一架架EP-3型军用飞机，而这一次隐藏在美国机翼下的正是野心勃勃的日本空军。

其实，在二战之后美国对日本进行了所谓的改造，尤其是对日本军事重工业进行了严格管制，然而时至今日，日本已经逐步摆脱美国对其军工产业的控制，甚至通过技术和产业合作，悄然渗透进美国公司，并鬼魅一般地延伸到全球产业链。

日本媒体将美国波音787飞机称为日本的"准国产"飞机，并且从产业链的角度来看，日本财团与美国波音公司的关系不断加深，在获取丰厚利润的同时，也巩固了日美在亚太地区政治、军事、经济等方面的联盟关系。

作者题注：

日本敢于在东海、南海与中国对抗，以其独立自主的飞机、航母制造业发展实力为支撑。在发展民用飞机制造的同时，日本形成了军工技术和装备制造的完整体系，为可能爆发的战争做好长期准备，这值得中国警惕与借鉴。

本章提要

在西太平洋地区上空，经常盘飞着一架架大型军用飞机，日夜监视着中国海监船以及军舰在东海海面的活动。它就是日本海上自卫队在西太平洋上空最为活跃的远程巡逻反潜机P-3C。

其实，逐渐摆脱美国控制是日本自主研发隐形战机的首要目的。战后，日本的军事发展一直受美国掣肘。特别在高精尖武器的研发上，美国通过阻挠和打压的方式影响日本，使日本对美国的依赖性越来越大。

在政治方面，日美联盟具有战略上的亲密关系。在军工制造业方面，以三菱财团为首的重工业巨头与美国波音的联盟，更是通过产业链搭配，开拓全球经济领域的市场，促使双方在军事领域流畅衔接，从而巩固了双方在亚太区域的势力影响。

当我们看到美国波音公司与日本财团民航产业链的关系不断紧密的时候，也要注意到两国在军事领域衍生的合作步伐。因为从美国的角度和从日本的角度选出一个交集来说，那就是在亚太地区发挥各自应有的实力，以及提防潜在的危机，而对象无不对准逐渐复兴的中国。

与西方经济学和经济体制环境下的企业发展道路不同，以三井财团为代表的日本财团走出了自己独特的发展演变道路，这与其背后的政治、文化、法律、历史等背景密切相关。

第九章
磨刀霍霍的日本海空力量

第一节
日本航空部队的军国复活梦

2012年,中日钓鱼岛问题因日本的挑衅性举措不断升温,日本前首相野田甚至公开挑衅北京,妄言若中日冲突持续甚至爆发军事冲突,中国将付出比日本更严重的代价。

外界普遍猜测,一旦钓鱼岛局势失控,日本自卫队将扮演"急先锋"的角色。由于空中力量具有反应速度快、机动能力强、作战效能高等特点,2012年9月,日本防卫省将航空自卫队前置部署,以提升针对钓鱼岛的机动作战和监视能力,这也成为日本政府企图"购岛"的仰仗。

朝鲜战争爆发之后,日本军工生产在美国支持下得以发展,如今,日本已经逐步摆脱美国对其军工产业的控制,以三菱重工、川崎重工为代表的日本军工企业为日本打造的航空部队,其目的是妄想有一天在东亚的天空中有所"作为"。

P-3C:东海上空的窥视者

在西太平洋地区上空,经常盘飞着一架架大型军用飞机,日夜监视着中国海监船以及军舰在东海海面的活动。它就是日本海上自卫队在西太平洋上空最为活跃的远程巡逻反潜机P-3C。

由日本川崎重工(第一劝银财团)生产的P-3C反潜机经常盘旋于西太平洋上空,日夜监视着中国海监船以及军舰在东海的活动

日本一位前国土交通大臣曾称:东海蕴藏有足够使用上百年的锰、镍、天然气以及其他重要资源。

如果日本拥有那些资源,足以从天然资源匮乏国变成"天然资源大国"。也正是出于此野心，近年来，该型机曾多次对中国在东海上的活动采取监视行动，为日本争夺海上利益提供情报服务。

特别是自 2010 年 9 月日本海上保安厅巡视船非法拦截并撞击中国渔船以来，日本 P-3C 侦察机在钓鱼岛海域的活动越来越频繁。2012 年 9 月 18 日，当中国海监巡航编队在东海海域执行巡航执法任务以加强对钓鱼岛海域的巡航监视时，日本再次派出 P-3C 反潜机以及巡逻船、直升机对中国海监编队进行干扰。

P-3C 为美国洛克希德－马丁公司在民用客机的基础上改进的反潜飞机，绰号为"猎户"。每架该型机都配备 11 名机组人员，其中 2 名声纳情报专家随时可以对声纳浮标获取的数据进行分析，辨别水下目标的具体类型。日本是 P-3C 最大的海外用户，从 20 世纪 80 年代开始，为加强对苏联战舰在日本海活动的监视，日本川崎重工业株式会社（属第一劝银财团）在美国洛克希德－马丁公司的授权下生产了 100 多架 P-3C 反潜机。

20 世纪 90 年代，日本海上自卫队出于特殊任务的需要，把一些 P-3C 改装成特种用途飞机，其中川崎重工将 6 架 P-3C 改装成 EP-3 型电子侦察机，专门负责对中国等国战舰进行电子侦察。

川崎重工是日本军工产业的重要成员，仅次于三菱重工，是目前日本自卫队飞机和潜艇的主要生产商。川崎重工起家于明治维新，前身为 1878 年川崎正藏在大藏省帮助下建立的川崎筑地造船所，1896 年更名为株式会社川崎造船所。川崎公司成立后借助政治关系，迅速成为日本最重要的重工业企业之一，1906 年向日本军队交付了第一艘国产潜艇，并于当年建造了第一台国产蒸汽机车，1939 年公司更名为川崎重工业株式会社。

二战期间，川崎重工为日本军队提供了飞燕战斗机、五式战斗机、一式运输机等空军装备，还建造了榛名号战列舰和加贺号航空母舰。二战结束后，川崎重工仍然保持着重要地位，其业务涵盖航空、航天、造船、铁路、发动机、摩托车、机器人等领域，代表了目前日本的科技水平。

假借"针对性"研发

日本认为世界上尚没有理想的机种可以采购，于是从 2001 年开始自主研制 P-X 反潜机。日本虽然一向重视日美合作,但在许多关键武器装备方面,一直在寻求独立开发。

2000 年 5 月 3 日,日本防卫厅(现防卫省)拨出 874 亿日元,委托日本航空宇宙工业会进行 P-X 反潜机和 C-X 运输机共用机体的可行性研究。同年 7 月 10 日,日本航空宇宙工业会向防卫厅提出了中期研究报告。报告的结论是:最好是研制适合各自任务的 P-X 和 C-X,实现机体构造和装备共用化,尽可能一起实验各种数据,这样既可以提高效率,又可以节约成本。

据此,日本防卫厅决定同时进行 P-X 和 C-X 开发,并将一部分机体结构和装备共用化。日本确定同时研制 P-X 和 C-X 以后,决定采用民间研制体制,要求相关企业提供研制方案,并对其能力进行调查。对此,先后共有 7 家公司提出方案,其中有川崎重工、富士重工、三菱重工、昭和飞机工业、新明和工业(前身是二战的川西)、日本飞机等企业。

经过招标,2001 年 11 月,日本防卫厅最终确定以川崎重工为主,三菱重工、富士重工、日本飞机 3 家企业为辅的研制模式。川崎重工负责制造飞机的前机身和水平尾翼,三菱重工负责制造中部和后部机身,富士重工负责制造飞机主翼和垂直尾翼,日本飞机负责 P-X 机体的流线型罩,设计工作由设在川崎重工岐阜工场的大型飞机设计队伍进行。2003 年 9 月,当时各公司派遣的技术人员已经有 650 名开始从事设计工作。2004 年 11 月份,日本称中国一艘汉级核潜艇误入了日本海域,日本使用巡逻机进行了跟踪。2004 年 12 月 2 日,日本防卫厅展示了下一代 P-X 反潜机的模型,时机之巧合耐人寻味。

P-X 反潜机于 2003 年完成设计定型,2005 年完成制造图纸,并在 2007 年 9 月 28 日首次试飞成功后正式定型为 XP-1。2008 年 8 月 29 日,日本防卫省在岐阜县接收了首架川崎重工研制的 XP-1 型反潜机。随后该机在防卫省技术研究本部和海上自卫队的主导下,在海上自卫队的厚木基地投入长时间的测试和评估。2009 年 8 月初,日本防卫省接收第二架 XP-1 反潜机的原型机 P-1 反潜机。

2011 年 8 月 22 日,日本共同社报道称,P-1 反潜机具备强力舰艇形状

产业就是脊梁
CHAN YE JIU SHI JI LIANG

由日本川崎重工（第一劝银财团）研制的 P-X 反潜机于 2008 年 8 月在日本岐阜县正式交付日本防卫省，它被日本舆论称为"中国潜艇的最大克星"。

与性能判别功能，将担任"监视"中国海上与空中动态的任务。日本舆论把这款反潜机吹捧为"中国潜艇的最大克星"。

报道认为中国共有 60 多艘潜艇服役，实力可以说是亚太之首。但如果反潜巡逻机 P-1 进驻亚太区域，中国潜艇可能很难再潜藏海底。因为 P-1 配备有日本研发的光波探测器和红外线深海探测器，具备强力的舰艇形状与性能判别功能，加之其强大的续航能力和飞行高度，能迅速赶赴执行侦查。

如果说 P-X 反潜机的防范重点是中国和朝鲜，那么与 P-X 同时诞生的 C-X 运输机则是为了让日本自卫队以及大型装备走向海外。自 1991 年日本强行突破宪法限制，首次将自卫队派向海外以来，日本冲破了战后日本不向海外派兵的禁区。

2004 年 12 月出台的日本《防卫计划大纲》要求，日本本陆上自卫队要成立一支几千人规模的队伍随时待命，以便开赴海外，参加维和行动，为国际社会作"贡献"。如果要实现向海外派兵，并且携带如 90 式坦克等重型武器装备，依靠日本现有的运输机队是无法完成的，而且从美国进口的运输机无论是从运载量还是从航程来看，都无法满足日本的需要。因此，日本认为拥有自己的大型运输机是非常重要的，于是就着手研制 C-X 运输机。

2010 年 1 月 26 日，日本国产"XC-2"（C-X）的新型运输机 1 号样机从航空自卫队岐阜基地起飞，并进行了一个多小时的试飞。事实上，C-X 的载荷航程指标与换装 CFM56 发动机的伊尔-76MF 大型运输机已经相差无几，后者在载重 40 吨时航程为 5200 公里，而最新的空客 A400M 在载重为32吨的时航程为5000公里，远不及C-X。

不容忽视的一点是，C-X运输机还是个"多面手"。如果军方需要，它还可立即"华丽转身"，成为空中预警机、空中加油机、远程侦察机或战略轰炸机。这也是日本变相违反并挑战"禁区"的佐证。

众所周知，日本的军工产业是寓军于民的体系，所以C-X运输机还可以转为民用。2007年7月，川崎重工宣布将在未来把军用运输机转为民用，进入民用飞机市场，向日本及海外的航空货运企业销售。

右派的军国复活梦

从历史上看，由三菱重工株式会社（属三菱财团）制造的"零"式战斗机曾经"横行"亚太地区的天空。战后日本航空自卫队受和平宪法限制，无法自行研制先进战斗机，因此先后购入了美国的F-86F、F-104J、F-4CJ和F-15D/DJ"三代四型"的生产线。

不过，随着二战后日本经济的迅速发展，日本政客迫不及待地要使日本成为政治军事强国。相应的，日本战斗机也迈向了自主研发生产的道路。F-2战斗机在未命名时被定为FS-X计划，最初由日本防卫厅参谋会于1984年12月6日讨论。1985年3月，三菱重工提出独立自主开发代号为JF-210的战斗机方案，外形类似瑞典JAS-39"鹰狮"（Gripen），可见日本人计划时的野心。

然而，美国政府为继续控制日本军事力量、满足本国军工公司需求，这时开始向日方施加压力，于1985年12月提出了共同开发的方案。美国提出了以下理由：日本欠缺开发先进战斗机的技术与经验；独立研制价格过高，风险过大；独立研制与日本禁止武器输出政策可能有冲突，并会造成美日贸易失衡。美国在美日两国国防部首长级会议上不断施压。美国各军工公司也不遗余力地游说国会、政府，并向日本政府企业推销各种方案，包括改进F-16、F/A-18和F-15。

日本各方虽然希望能自力更生，但是迫于美国的压力以及经费、技术上的风险，不得不选择了与美国共同开发。在开发FS-X的最终协议中，主承包商是日本三菱重工，美国通用动力公司（现洛克希德·马丁公司）

产业就是脊梁

和日本川崎重工、富士重工为合作厂商。整机由三菱重工组装,并负责机身前段和左主翼;川崎重工负责机身中段、主起落架舱门和腹鳍;富士重工负责机头、进气口段与水平尾翼和垂尾;通用动力公司负责机身后段和右翼。日本三菱电机公司负责火控雷达和电子战系统,美国通用电气公司负责发动机(后将技术转让给日本石川岛播磨仿制生产)。1994年初,FS-X第一架原型机开始组装,1995年1月12日从三菱重工业公司的小牧南工厂出厂,同年10月进行了38分钟的第一次试飞。1996年3月,日本政府决定:FS-X正式投入批量生产,飞机编号定为F-2。2000年10月2日,F-2战斗机在日本三泽基地举行了服役典礼,正式成为日本航空自卫队21世纪的主力。

由日本三菱重工、川崎重工(第一劝银财团)、富士重工(丰田财团)联合生产的F-2战斗机于2000年正式服役日本航空自卫队,号称"平成零式"

F-2战斗机集先进性和争议性于一身,虽然该机在研发和生产过程中遭到美国多次的干涉和破坏,但F-2的成功研制和先进性能还是值得日本军方和军工企业庆祝,它激活了日本右派的军国"复活梦"。

"心神"搅局者

进入21世纪以来,日本开始加大推进第五代战斗机的采购计划。最初,日本计划向美国购买F-22"猛禽"第五代战斗机,但是美国国会禁止出口该型飞机。最终日本在2004年开始为本国第五代战斗机研制项目拨款,该研制项目由三菱重工承担,不过该项目似乎刻意避免美国的参与,至少为了防止像F-2战斗机项目那样受到美国政治因素的影响。

2005年9—11月,日本将全尺寸模型秘密运往法国,进行一系列隐形效果的测试,其中包括整个雷达反射截面、机体吸波性能和发动机红外辐射等。

2007年7月，日本启动了名为ATD-X隐形战机的五代机项目。该机外形大小堪比瑞典萨博公司的"鹰狮"战机，于2010年开始实机研制。日本石川岛播磨重工（属三井财团）获得了为ATD-X方案研制XF5-1发动机的任务。

然而，此时日本政界发生了让美国不安的变化，尤其是鸠山由纪夫提出的"脱美入亚"以及"东亚共同体"的主张大大激怒了美国。

为了讨好美国，修复此前恶化的美日关系，鸠山政权更替以后新任外务大臣前原诚司迅速表示：要竭尽全力恢复日美关系。但是美国方面对日本民主党政权并不放心，为此菅直人担任日本首相后3个月，做了一件彻底让美国相信日本不会亲近中国的事情。那就是在2010年9月7日，日本海上保安厅巡逻船在钓鱼岛附近海域撞击正在作业的中国渔船，并在第二天逮捕了中国渔船船长詹其雄。

此事发生后，中日关系每况愈下，美国成功将美日之间的矛盾转移至日本与中国及周边国家的矛盾上来。以此为契机，2011年1月13日，美国国防部长盖茨奔赴日本兜售美国的F-35战斗机。盖茨在会见日本外务大臣前原诚司时，建议正打算提升军事实力的日本考虑购买美国F-35战斗机，他还说："如果日本人做出正确的选择，他们就能拥有第五代战机能力。"

2011年12月12日，日本政府最终决定采用由美国主导、国际共同研发的隐形战机F-35作为自卫队的下一代主力战机。然而，日本选择F-35并非真心。

《华尔街日报》刊文称，有西方专家认为，日本选择F-35是迫于美国压力。用《简氏防务周刊》分析员詹姆斯·哈迪的话说，"美国是日本的防务安全合作伙伴，日本航空自卫队自20世纪70年代起就一直装备美制战机"，言外之意是现在和将来也不会例外。

尽管决定采购美国先进的F-35隐形战斗机，但日本并没有放弃国产ATD-X隐形战斗机的研制。

2012年3月28日，日本三菱重工宣布当天上午在爱知县飞岛工厂成功举行了国产第五代战机"心神"（ATD-X项目）的试验机组装仪式，正式开始该机的生产阶段。

在启动仪式上,三菱重工航空航天系统公司副总裁小林孝说:"我们的目的是开发纯国产战机,我认为当下是这漫漫险途的第一步。"日本航空自卫队也称,"心神"战机将在未来空战中赋予日本空军"F3"能力,即"首先发现(First Look)","首先攻击(First Shoot)"和"首先摧毁(First Kill)"。

日本防卫省技术研究本部宣称,作为一款超音速飞机,"心神"能够既像苏-35、苏-37等飞机那样进行高机动性飞行,又能具备不逊于F-22战机的隐身性,从而成为世界领先的"万能战机"。

其实,逐渐摆脱美国控制是日本自主研发隐形战机的首要目的。战后,日本的军事发展一直受美国掣肘。特别在高精尖武器的研发上,美国通过阻挠和打压的方式影响日本,使日本对美国的依赖性越来越强。

此次,日本一边寻求购买美国先进的F-35战斗机,一边推进自己的隐形战机研发,两手同时进行,实际上采取了一个折中手段,这也是日本追求武器供应自主性与美国保持对日本武器供应垄断性博弈的体现,但更深更大的臆想是日本右派的军国复活梦。

原文发表于《环球财经》2012年11月,作者:白益民

日本拉抬"大飞机"意在吞蛋糕

2010年11月29日,来自亚洲6个城市的专家齐聚日本东京,参加旨在培养亚洲航空制造业的东京研讨会,并提出了"亚洲客机展望",计划在未来10年内各国通过协作,自主研发100~150个座位的支线飞机。

研发支线飞机是11个城市参加的"亚洲大城市网络21"共同项目的一环。此次会议由东京都知事石原慎太郎(相当于东京市长)发起,东

京、台北、德里、河内、雅加达、吉隆坡等城市参加,"展望"预测2020年亚洲的飞机需求将与欧美持平,并提出发挥亚洲技术、开发低价机体等目标。

东京研讨会"亚洲客机展望"的消息经环球网发布后,立即被人民网、新浪、腾讯、搜狐等各大网站、论坛转载,而这条新闻之所以受到如此关注,恰是因为就在11月15日,我国新一代中短程

日本右翼政客石原慎太郎是"亚洲航空制造业东京研讨会"的发起人,他曾在2007年指导拍摄了一部歌颂日本神风特攻队的电影《我这是为君去死》

商用干线客机C919第一次公开亮相。环球网的文章同时提到日本如果开始研制100~150座级客机,势必会对中国的C919干线客机(168个座位)构成一定的威胁。

俗话说"一个和尚有水吃,两个和尚抬水吃,三个和尚没水吃",日本期望与11个国家和地区结成联盟,联合制造大飞机,无疑是有占领亚洲飞机市场的野心。

目前,日本产业界已将航空工业作为重要经济增长点,一方面欲以百座级支线客机MRJ为突破口,带动航空工业民机领域发展,培育民用飞机配套产业;另一方面,日本国产大型海上反潜巡逻机P-X和国产大型运输机C-X都已成功试飞,日本将以两型飞机为基础,挖掘军用大飞机的民用潜力,寻求尽快进入国际大型飞机市场。

财团研发赶美超俄

2010年1月26日,日本花10年时间独立研制的大型运输机C-X试

飞成功，这是日本继2007年新一代固定翼反潜巡逻机P-X试飞之后，取得的又一个重要成果，标志着新世纪日本航空工业取得了重大突破。

中国军事专家表示，日本花了10年时间自主研发了军用大型运输机，从性能上讲，已经超过了美国的C130和俄罗斯的伊尔76，达到了当前世界一流的水平，成为继美俄之后自主研发新型军用大飞机的重要国家，并走在了中国和印度等国的前头。

C-X运输机在设计上谋求大型化，该机全长43.9米，翼展44.4米，是日本C-1运输机的1.5倍；8900公里/12吨载荷，航程5600公里/37吨载荷，约为C-1运输机的4倍。如果日本向洪都拉斯派遣自卫队的话，使用美国C-130运输机需要4天3夜才能到达，而如果使用本国C-X，只需2天1夜就可以到达，可以说其载重量和航程方面都远远优于美国的C-130"大力神"运输机。除此之外，C-X可以非常容易地通过加长机身、加大翼展等方式，将载重提高到40吨。**特别要强调的是，精明的日本人总能找到让投入产出收益最大化的办法，C-X与我们前面提到的P-X是同时研制。并采用了由第一劝银财团的川崎重工为主承包，三菱财团的三菱重工、富士重工（三井财团的丰田汽车持有其16.48%的股份）、日本飞行机这三家企业为辅的研制模式。**

在日本的飞机制造企业中，只有川崎重工具有同时研制两种飞机的能力。C-X/P-X的设计团队由设在川崎重工的大型飞机设计队伍MCET和三菱、富士、日本飞行机等派遣的设计团队组成，共650名设计师进行设计工作。

所谓投入产出收益最大化是因为当时的防卫厅认为，如果两类机型同步研发，零部件通用，就能大大降低研发成本：新型反潜巡逻机"P-X"与"C-X"大型运输机相比，占机体总重15%的部件可通用，如机翼外壳、水平尾翼等；航电系统的通用比例则高达75%，如飞行控制计算机、APU（辅助动力系统）等。零部件及设计通用，共节省研发经费250亿日元（约合3亿美元）。

不过，为了不过分刺激美国，日本在"C-X"上使用了美国发动机，而P-X则装备了4台由石川岛播磨重工（IHI）负责研发的F7-10涡轮发动机，IHI 负责生产涡轮机等核心部分，川崎重工和三菱重工则提供零件。该型发动机性能特点是动力强、噪音小、油耗低，巡航速度 830 公里/时，大幅超越美国 P－3C 反潜机的 620 公里/时。巡航高度也由 P－3C 的 8800 米提升至 1.3 万米，反潜探测区域也大大增加，机上载有日本自产的主动相控阵雷达，并装有更为先进的声呐系统，具有很强的浅海探测能力。

日本是在 2000 年由日本防卫省提出了大型运输机和大型反潜巡逻机的计划。从时间上来看，这两型飞机从设计签约到相继研制完成交付自卫队，仅用了约 10 年时间。两型飞机的机载设备不仅实现了日本国产，P－1 型飞机还使用了自行研制的国产发动机，充分显示了财团企业的技术研发能力和工业水平。

目前，日本经产省、防卫省和川崎重工等财团企业已开始论证基于这两型飞机发展民用大飞机型号，试图尽快进入国内甚至国际大型飞机市场。川崎重工计划将 C－X 型运输机改为运载特殊大型货物的民用运输机，将 P－X 型巡逻机改为 125 座中型客机。

根据"日本航空机开发协会"的测算，未来 20 年间，国际市场对特殊大型民用运输机的需求量约为 200 架，如能及时将日本国产运输机投入这一市场，将可能获得一定份额。这种方式一方面可以绕开"武器出口三原则"，另一方面还可大幅增加飞机产量，降低平均造价，有利于自卫队节省装备成本。

财团协作的 MRJ 客机

除了已经试飞成功的 C－X/P－X 外，第三个项目就是被定位为日本首架自行研发的新一代喷气式客机 MRJ。日本产经省认为，小型客机有发展前景，飞机研制技术的进步，有望促进其他相关产业的技术进步，掌握飞机开发技术将有利于国家安全保障。并且，MRJ 可以显示日本挑战新领域的决心，获得难以衡量的巨大社会效益，在极大程度上加深日本人的自信。

新一代喷气式客机 MRJ，由在军机与商用飞机拥有悠久研发与生产历

产业就是脊梁
CHAN YE JIU SHI JI LIANG

日本三菱重工的 MRJ 支线飞机采用了美国普·惠公司的发动机，普·惠发动机公司是美国最大的航空发动机制造公司，一直为美国政府、包括 NASA（美国国家航空航天局）和军队系统提供服务

史的三菱重工负责。继此前成功为波音公司的"梦幻客机"波音787设计并制造复合材料主翼之后，三菱重工进一步发挥其研发和制造实力，主要负责 MRJ 机体、主翼、尾翼等重要部分的制造，同时还承担飞机最后的整体组装和系统设备调整等工作。2010 年 9 月 28 日，三菱航空机株式会社表示："MRJ 项目进展顺利，我们已经完成了关键的设计审查阶段，首架 MRJ 飞机将于 30 日开工建造。"

同时，身为波音公司的协力厂商，三菱重工成立三菱航空机株式会社后也获得了波音公司的支持。因为打算推出 MRJ90 与 MRJ70 的三菱航空机，看准的正是波音公司没有经营的 60~99 席座位的短程喷射客机市场。

在 2011 年 9 月，波音与三菱航空机已签订了合作协议，波音将对 MRJ 研发、市场开发与销售等提供协助，三菱航空机社长江川豪雄表示公司预计该机 40% 销往北美，30% 销往欧洲，20% 销往亚太，其余地区的销售占 10%。

此外，日本富士重工已向三菱航空机株式会社派遣了 4 名航天部门的高阶工程师，加入 MRJ 研发计划，而挹注航天技术人才的动作也意味富士重工正式成为三菱航空机的研发协力伙伴，共同催生 MRJ 喷气式客机。

三菱重工与富士重工在航空事业领域都有坚实的基础，双方不仅担任美国波音航空公司旗下 747、767、777 与 787 等机型重要零组件与机体的代工协力厂商，而且富士重工生产的 T 系列教练机目前也提供给日本自卫队使用。因此，共同针对飞航事业的利益，是两家重工业结盟的主要基础。

根据股权结构来看，丰田汽车为三菱航空机第二大股东，同时又是富士重工的最大股东，富士重工此次出手帮助三菱航空机或许还有其他深意。本田技研工业开发的商务喷射客机 Honda Jet 已成功打入全球豪华商务客机市场；三菱汽车母公司三菱重工也设立三菱航空机来催生 MRJ 短程喷射客机，要在全球飞机市场取得更佳战略位置。

此次丰田汽车的持股与富士重工的技术协助，是丰田财团竞逐航空事业的信号。日本舆论认为，作为全球最大的汽车生产企业，丰田的参与将激起全国开发国产飞机的热情。

综合商社要将蛋糕做大

三菱航空机株式会社是专门负责 MRJ 的研发、制造与销售而成立的公司，组建于 2008 年 4 月。三菱航空机株式会社可谓集结了日本制造业与商业的精英阵营。从股权结构上看，三菱重工持股 67.5%，为最大股东，三井财团的丰田汽车持股 10%。随后 3 位是日本三大老牌综合商社：三菱商事（持股 10%）、住友商事（持股 5%）与三井物产（持股 5%），以及三菱电机（1%）等。

目前，MRJ 项目已获得 125 架订货。其中，日本全日空航空公司订购了 25 架 MRJ90 飞机（15 架确认订单及 10 架购买意向）。美国 Trans States Holdings 公司与三菱航空机签订谅解备忘录，购买 100 架 MRJ 飞机（含 50 架购买意向）。

三菱重工估计，今后 20 年内，世界百座级以下支线客机市场可达 4000～5000 架，而 MRJ 的目标是获得其中 1000 架订单，按照 MRJ 飞机 30 亿～40 亿日元的单机价格，这意味着 3 万亿～4 万亿日元的整机市场"蛋糕"以及庞大的售后服务市场。

那么 125 架之外的 875 架由谁来"分担"呢？这可能就是综合商社入股的意义，综合商社将分担一部分飞机的销售任务。综合商社的经营范围极其广泛，用日本人的话形容就是"从卫星到鸡蛋，从方便面到导弹"。

二战前，三井物产（三井财团的综合商社）就从事飞机销售工作，目前三井物产除了从事日本防卫厅的军火采购外，还从事"客改货"货机与直升飞机的销售。在直升飞机领域，三井物产作为美国贝尔直升机公司的代理商推销其生产的直升飞机，迄今已经累计销售1400多架。

三菱商事（三菱财团的综合商社）与住友商事（住友财团的综合商社）也与国际诸多航空公司有业务往来，它们一直从事着飞机租赁业务，目前共出租给日本国内外约15家航空公司，因此MRJ很有可能出现一个举财团之力，倾力出售的局面。

利益最大化的日美合作

波音787是双方合作的典型代表项目，除此而外，日本财团与美国波音公司在航空的其他领域也加强了合作。从产业链的角度来看，日本财团参与的方向是向上走的趋势，并且与美国波音公司的关系不断加深。这种逐渐加深的关系，将日美同盟的关系、商业利益关系保持得非常火热，同时也实现了日美亚太利益的最大化。

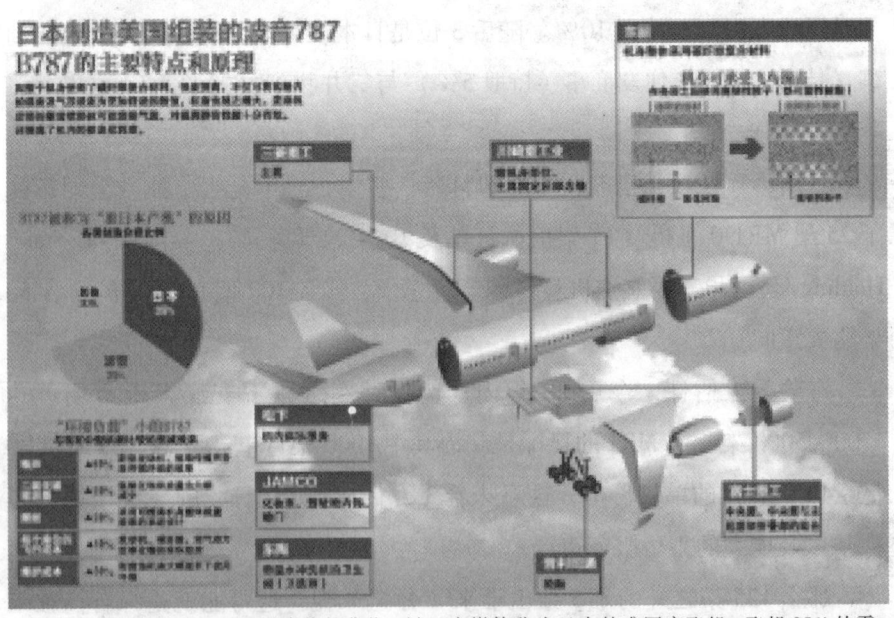

"梦幻客机"波音787是日美合作的典范，被日本媒体称为日本的准国产飞机，飞机35%的零部件产自日本。制造厂商有东丽纺织（三井财团）、川崎重工（第一劝银财团）、三菱重工（三菱财团）、富士重工（丰田财团）、普利司通、松下（住友财团）、TOTO等

2000年5月18日，美国波音公司和欧洲空中客车工业集团公司之间日益激烈的竞争，促使世界最大的飞机制造厂家波音公司和日本最大的工业企业三菱重工业公司扩大了合作领域。这两家公司说，它们将把可行性

的研究结果促成"有利的项目,其中包括商用大型喷气式客机、电子系统、运载火箭以及载人和非载人航天系统",这将使它们在全球20万亿日元的航空市场中占据主导地位。

波音不仅与三菱重工进行合作。2001年6月12日,日本川崎重工宣布参与美国波音公司的飞机改造,主要内容是将波音的老式中型客机B767-200改装为货机,同时提供改造必需的货舱门和机体镶板。当然,合作伙伴三菱重工也与波音合作改造B757,供应货舱门,从2002年开始以每月两架的速度为波音供货。

随着三菱重工与波音的全方位合作,其民用飞机制造技术也在不断积累,渐渐趋于成熟,并随即准备制造日本第一架客运飞机。2007年6月20日,据《日本经济新闻》表示,美国波音公司将与日本三菱重工合作,推动日本的第一个客运飞机项目开发。

三菱重工董事长西冈乔(音译)和波音公司商用飞机部门负责人斯科特·卡森已在巴黎航展上就此签订了协议。根据协议,两家公司将在营销及维护等方面进行合作。

随后,日本另一大重工业巨头石川岛播磨也与波音牵手进行了合作。2010年3月3日,波音音公司与日本石川岛播磨重工业IHI株式会社表示,双方将一起研发飞机燃料电池系统,波音希望借此进一步降低碳排放,而IHI则希望公司客机试飞能使用该系统。

高技术合作成为战略重点

当波音与石川岛播磨在航空领域燃料电池领域携手后,波音与日本三大重工业巨头三菱重工、川崎重工、富士重工也进一步提升合作水平。2011年6月28日,三菱重工、川崎重工及富士重工三家会社宣布,将与波音及东京大学(IIS)生产技术研究所合作并签署谅解备忘录。

根据该备忘录,双方将展开联合研究,组建联盟以开发工业级制造技术和工艺,创造学术与产业合作的新模式。最初工作将专注于钛、铝和复合材料的加工和钻孔工艺技术。此次合作目的是与IIS组建一个创新制造联盟,解决当前和未来的不同行业的生产制造问题。

产业就是脊梁

这是日本国内的飞机相关大型厂商首次合作研发新技术,日本希望此次合作能够充分利用 IIS 的研发能力和航空制造企业的丰富经验,加强日本产业的技能和水平。此外,我们可以看出一个飞机制作的企业体系也会随着这个基础的建立在未来慢慢成长。

日本综合商社与波音除了在硬件方面进行合作外,还在软件方面进行了相互合作与融合。2012 年 9 月 19 日,波音与综合商社双日株式会社,就共同为日本提供高度网络安全解决方案服务达成协议。双方将为支援日本政府机关及民间企业所持有的重要信息技术基础防护而共同提供解决方案。

基于此次协议,波音将提供顶尖网络以及数据分析工具、网络安全相关的训练及人才教育、模拟平台、网络防护解决方案等。而在日本与波音一直保持着牢固的合作伙伴关系的双日,将提供日本市场相关的知识及优秀的信息技术要员。此外,波音将通过实施教育以及训练等活动,积极支援需要大批网络安全专家的日本。

通过软硬件的多方面合作,日本财团在与波音的合作当中也在逐渐建立两者的联盟关系,随着这层关系的提升,日本加速向产业链上端延伸。在波音扶持下,日本在航空领域的系统建设以及在民用和军用领域的研发和制造能力不断取得进步。

我们看到,在政治方面,日美联盟具有战略上的亲密关系,在军工(民用)制造业方面,以三菱财团为首的重工业巨头与美国波音的联盟,更是通过产业链搭配,开拓全球经济领域的市场,促使双方在军事领域流畅衔接,从而巩固了双方在亚太区域的势力影响。

日本财团与波音的产业联盟的思路和做法,值得我们借鉴,更激发我们警醒。

原文发表于《环球财经》2011 年 1 月,作者:白益民
(原文发表于《中国航空报》2013 年 1 月,作者:白益民)

第九章 磨刀霍霍的日本海空力量

第三节

波音机翼下的日本魅影

当我们看到美国波音公司与日本财团民航产业链的关系不断紧密的时候，也要注意到两国在军事领域衍生的合作步伐。因为如果从美国和日本各自的角度选出一个交集来，那就是在亚太地区发挥各自应有的实力，以及提防潜在的危机，而对象无不对准逐渐复兴的中国。

2012年9月21日，正值中日钓鱼岛冲突愈来愈紧张之际，中国广州白云机场迎来了波音787首航航班，这也为不久波音交付南航首架波音787奠定基础。事实上，不仅南航，国航、东航、海航和上海航空等各航空公司共订购的59架波音787也会陆续交付。

但是，鲜为人知的是，波音787的美国国籍遮蔽了日本财团影子，当我们感性地认为美国飞机的优越之时，理性提醒我们，"美货"渗透着"日本制造"。

以日本三菱财团为首的重工业巨头与美国波音的联盟，通过产业链搭配，开拓全球经济领域的市场的阴谋日益显现出来。而更为隐蔽的是，美日在民航产业链的

2015年9月22日，中国政府有关部门和企业与美国波音公司签署了订购300架波音飞机的协议

关系不断紧密的同时，在军事领域衍生的合作，日本的意图可谓是"项庄舞剑志在沛公"。

日美联盟打造产业链

二战后，美国对日本进行了民主主义改造，涉及领域包括政治、金

产业就是脊梁

融、企业等，尤其是对日本重工业如原材料方面的钢铁、经营方面如军工等进行了管制。可如今，日本通过技术和产业合作，悄然渗透到美国公司，并鬼魅一般地延伸到全球产业链。说到日本军工与波音的配合，最好的例子便是波音787。

波音787是波音公司1990年启动波音777计划14年来推出的首款全新机型，2003年10月9日，由三菱重工株式会社（属三菱财团）波音7E7项目经理Takashi Sasaki、富士重工株式会社（属丰田财团）波音7E7项目经理Yasuhiro Toi、川崎重工航空航天株式会社（属第一劝银财团）工程部总经理Atsushi Kaneko以及其他西方公司组成的波音787项目委员会宣布成立。

据当时项目分析员所说，相对空客A380的13亿~15亿美元的项目研发资金，波音的研发资金达到了80亿~100亿美元。为了分摊成本，波音将7E7的许多研发与制造工作，委托三菱重工、川崎重工、富士重工等共同从事，占整体制造的35%（与美国一样），而这也为吸引日本投资增添了吸引力。2004年，全日空株式会社以60亿美金订了50架具有宽敞机身的7E7，这是波音公司成立88年以来接到的最大的订单，这也为项目提供了丰厚的研发资本。

不过，日美这种产业链模式也引起了竞争对手的抨击。2003年12月12日，全球第二大民航机制造商欧洲空客认为，波音公司为梦幻喷射客机7E7（即波音787）研发所拟定的筹资计划，可能已经违反国际贸易法规。此外，空客执行官Noel Forgeard说，欧盟贸易官员对7E7研发的资本结构应该有所了解。

为了将中国纳入产业链模式下以及由此激发的民族自豪感能带来的未来市场前景，波音将7E7改名为787。2005年2月，波音接到63张一共129架波音787的订单，其中4/5都来自中国大陆。不过需要注意的是，相对美国、日本各承担35%的比率，中国本身参与制造所占比是很低的。

通过产业链模式，不仅参与国得到参与的机会，也促进了每个国家的自豪感，更重要的是市场的进入以及销量也会扶摇而上。但是我们更要看到，在这分工的过程中，真正的获利者是日美联盟，这对创新与精尖的制造业的融合,在配套模式下顺势奠定了市场前景,获得了丰厚的回报,创造了新的辉煌,巩固了蕴含政治、军事、经济等因素的联盟关系。

躲在787背后的日本魅影

在波音787项目中,日本的三菱、川崎、富士重工株式会社共同出资2400亿日元参与生产计划。这项占总投资金额(8000亿日元)三成五的计划,创下日本企业投入参与国际民航飞机开发计划最大规模的纪录。

日本三菱重工承担7E7(即787)客机主翼的设计与生产,这是波音公司首次将主翼的设计与生产委托给外国公司。飞机主翼是决定机体设计最重要的部分,其难度不亚于飞机驾驶舱系统。

此外,川崎重工业株式会社将承担7E7的前段机身部分和机轮及起落架部分的开发与生产,富士重工负责飞机主翼与机身连接的中翼部分的生产。据透露,三菱重工、川崎重工及石川岛播磨重工株式会社(属三井财团)还分别与参与7E7客机生产的美国GE公司及英国罗罗公司开展合作,分包了GE公司及罗罗公司中标工程的部分生产项目。

随着日本、中国等国家的大订单送来,波音787的前景也越来越被看好。为了加大产能,三菱重工在日本山口县下关造船所投资建造的,主要生产波音客机"787"机翼强化复合材料的工厂于2006年4月12日竣工。该工厂于2006年8月正式投入生产,生产人员120人。生产的部件将被运送到名古屋航空宇宙系统制造所,安装到波音客机的机翼外板上。

2006年9月26日,波音787良好的订单业绩迫使三菱重工做出了增产决定,将在其飞机引擎生产基地——名古屋诱导推进系统制作所(爱知县小牧市)建设成面向民用飞机的引擎部件新工厂。投资额约为50亿日元,计划于2008年1月投产。

当然,参与波音787项目35%的生产份额的不仅仅只有三菱、川崎、富士重工。日本松下(属三井财团)参与了787机内娱乐服务,伊藤忠(第一劝银财团)、全日空控股的JAMCO株式会社参与飞机的机舱、化妆室、驾驶舱内饰,东丽株式会社(三菱财团)参与了机身整体的碳纤维复合涂层,普利司通参与了轮胎供应,日本东陶参与了机内卫生间的设计与

产业就是脊梁
CHAN YE JIU SHI JI LIANG

建设。

这架被日经BP社称为准国产的波音787于2011年9月28日出现在日本羽田机场的天际，在上百家媒体镜头的追逐中平稳降落。飞机于美国当地时间27日上午从美国华盛顿州西雅图起飞，经过10个多小时飞行后抵达东京。此外，这架飞机的未来任务便是来往于航空市场前景无限的中国市场。

随着波音787飞机在中国等国的热卖，日本继续扩大产能，2012年4月17日，美国波音公司日本分公司与日本中部国际机场宣布，将在机场内兴建存放最新型客机"波音787"主机翼等部件的仓库，而此举旨在使日本厂商制造的部件顺利运往美国的组装工厂。

不仅如此，2012年7月11日，富士重工宣布，波音787客机连接左右主翼的"中央翼盒"的生产能力已得到提升，会社位于爱知县半田市的半田工厂生产线从2条增至了3条，以此来应对波音公司到2013年年底将月产量从目前的3.5架提升至10架的增产计划。

看着日本企业承担波音项目35%的比率或许没有感觉，但是回顾日本在波音上一代机型B767的16%，B777的21%，到如今35%，我们可以感觉到以三菱为首的重工巨头与美国波音的关系越趋紧密，在这种紧密的联盟关系中，美国发挥了日本重工业优势，正如《日经商务周刊》所言，"为这架带来'航空革命'的高科技飞机的制造提供技术支撑的正是日本企业"。

财团入侵美国

当我们将注意力过多地集中于日本财团在波音787项目参与的重要性时，日本财团与美国波音公司在航空的其他领域也加强了紧密关系。从产业链的角度来看，日本财团与美国波音公司的关系不断地加深，或因这种逐渐加深的关系，将日美同盟的关系、商业利益关系以及日美亚太利益保持得非常火热。

2000年5月18日，美国波音公司和欧洲空中客车工业集团公司之间日益激烈的竞争，促使世界最大的飞机制造厂家波音公司和日本最大的工业企业三菱重工业公司扩大其合作领域，它们将把可行性的研究结果促成"有利的项目，其中包括商用大型喷气式客机、电子系统、运载火箭以及载人和非载人航天系统"。这将使这两家公司在全球20万亿日元的航空市场中占据主导地位。

2014年6月，日本三菱重工、川崎重工（第一劝银财团）和富士重工（丰田财团）等多家日本企业与美国波音公司达成了新一代大型客机B777X的研发协议

波音不仅与三菱重工进行合作。2001年6月12日，日本川崎重工宣布参与美国波音公司的飞机改造，主要内容是将波音的老式中型客机"B767-200"改装为货机，同时提供改造必需的货舱门和机体镶板。当然，合作伙伴三菱重工也将与波音合作改造"B757"，供应货舱门，然后从2002年开始以每月2架的速度向波音供货。

三菱重工与波音全方位的合作包括波音787、777、767，其民用飞机制造技术也在不断积累成熟，并准备制造日本第一架客运飞机。2007年6月20日，据《日本经济新闻》表示，美国波音公司将与日本三菱重工合作，推动日本的第一个客运飞机项目开发。

三菱重工董事长西冈乔（音译）和波音公司商用飞机部门负责人斯科特·卡森已在巴黎航展上就此签订了协议。根据协议，两家公司将在营销及维护等方面进行合作。不过，波音并不打算对该项目进行投资。但此事件当日即遭到波音公司的否认，波音公司发言人伦道夫·哈里森当天表示："（双方）没有签署协议……我们同意继续就此进行研究。"

三菱重工造飞机的意愿得到波音的冷淡回应时，日本另一大重工业巨头石川岛播磨正与波音进行合作。2010年3月3日，波音公司与日本石川岛播磨重工业（IHI）株式会社表示，双方将一起研发飞机燃料电池系统，波音希望借此进一步降低碳排放，而 IHI 则希望公司客机试飞能使用该系统。

当波音与石川岛播磨在航空领域燃料电池领域携手后，波音与日本三大重工业巨头三菱重工、川崎重工、富士重工也进一步提升合作水平。2011 年 6 月 28 日，三菱重工、川崎重工及富士重工 3 家会社宣布，将与波音及东京大学（IIS）生产技术研究所合作并签署谅解备忘录。

根据该备忘录，双方将展开联合研究，组建联盟以开发工业级制造技术和工艺，创造学术与产业合作的新模式。最初工作将专注于钛、铝和复合材料的加工和钻孔工艺技术。此次合作目的是与 IIS 组建一个创新制造联盟，解决当前和未来的不同行业的生产制造问题。

日本综合商社与波音除了在硬件方面进行合作外，还在软件方面进行相互的合作与融合。2012 年 9 月 19 日，波音与综合商社双日株式会社，就共同为日本提供高度网络安全解决方案服务达成协议。双方将为支援日本政府机关及民间企业所持有的重要信息技术基础防护而共同提供解决方案。

基于此次协议，波音将提供顶尖网络以及数据分析工具、网络安全相关的训练及人才教育、模拟平台、网络防护解决方案等。而在日本与波音一直保持着牢固合作伙伴关系的双日公司，将提供日本市场相关知识以及优秀的信息技术要员。此外，波音将通过实施教育以及训练等活动，积极支援需要大批网络安全专家的日本。而通过软硬件的多方面合作，日本财团在与波音的合作当中也在逐渐建立两者的联盟关系。

军事同盟诡道

孙子言："兵者诡道也。"不错，用兵之人必懂寓军于民之理，放在当今也有鲜活的例子。2012 年 10 月，当中国的华为、中兴在美国受到政治"迫害"时，著名电视媒体评论人阮次山便提到，早在 2002 年，中国在波音公司购买的一架作为主席专机之用的波音 777 客机中，发现了 400 多个窃听零部件，光是在引擎的附近就发现了 40 多个窃听的零件！

因此，当我们看到美国波音公司与日本财团民航产业链的关系不断紧密的时候，也要注意到两国在军事领域衍生的合作步伐。如果要从美国的角度和从日本的角度选出一个交集的话，那就是在亚太地区发挥各自应有的实力以及提防潜在的危机，而对象无不对准逐渐复兴的中国。

事实上，早在 1999 年 1 月 7 日，三菱重工便向美国波音公司提供火箭发动机阀门和油箱，用于德尔塔 4 两级运载火箭上。两家公司就提供发动机部件一事达成基本协议，预计每枚德尔塔 4 火箭成本是 8929 万美元，火箭需求量大约为 100 多枚。需要注意的是，这种火箭在军事领域主要运用于美国军事卫星以及美国国家侦察部侦察卫星等军事航天领域。

此后，在 2000 年 2 月 14 日，美国航天计划的火箭推进系统研制和制造商波音 Rocketdyne 公司与三菱重工公司商议，宣布一项长期合作计划，从事设计和研制新的液态氧/液态氢顶级发动机，以满足广泛需要的、新

2012 年 6 月 28 日，由日本三菱重工、川崎重工（第一劝银财团）、富士重工（丰田财团）和美国波音公司以及日本经济产业省联合东京大学发起的"产学官一体合作项目"正式成立

的、高性能的下一代一次性的发射装置的推进系统，而这种发动机主要用于美国航天发动机领域。

波音除了和三菱重工合作外，还和三菱财团的三菱电机进行战略合作。2001 年 6 月 20 日，美国飞机制造商波音公司同日本三菱电机公司达成战略联盟，它们将在宇宙航空领域携手合作。

波音公司在巴黎国际航展上发表一份声明称，它同三菱的合作领域涵盖了宇宙通信技术、空中交通管理、多媒体应用、导航、空中通信服务、市场开发服务以及空间基础建设市场等。三菱公司也发表声明称："这个协议对于我们两个公司都至关重要，我们将利用双方所拥有的科技和经验，

发掘新的发展机会。"

美国波音与日本三菱军工巨头的合作的不断加深,日本的军工市场对波音来说也是非常重要的市场,因为除了利益,最重要的是中国与亚太力量的崛起,使得日美的利益关系日益紧密。正如 2002 年 6 月波音首席执行官菲尔康迪特到日本访问后所说,"日本在维护国际和平中的作用更加重要,这将增加对波音军事产品的需求"。

正因为亚太局势的"利好"因素,三菱与波音的关系才会不断加深。2007 年 10 月,波音公司副总裁兼 ABL 项目主管 G. 希斯洛普参加美空军协会 2007 年度航空航天会议时表示,受到朝鲜导弹威胁的日本政府和工业界对 ABL 表现出浓厚兴趣不足为奇,但关于日本购买 ABL 飞机的可能性还没有正式列入谈判议题,日本目前只是希望进一步了解 ABL 对付朝鲜导弹威胁的能力。

一直以来,日本国内常有声音抱怨称日本战机作战范围偏小,在东海油气田等问题上体现得尤其明显,驻冲绳的 F-4 战斗机的作战半径只能勉强覆盖钓鱼岛,因此往往刚飞临争议海域后就会因油料不足而必须返回。此后,在 2009 年 2 月 25 日,波音公司将第三架为日本生产的 KC-767 加油机转交给了合作代理商伊藤忠商事。

不过随着 2011 年中国歼-20 隐形战斗机的出现,亚太的均衡形式被改变,这也让日本充满危机感。为此,在随后的战机采购中,美国将在"超级大黄蜂"的价格及交付时间上向日本政府提供双重保证,从而使得这款性能优越的多用途战机可以早日装备到日本防空部队。2011 年 9 月 28 日,波音日本公司总裁迈克·丹顿表示,"超级大黄蜂"是目前世界上最先进的多用途战机,它将为日本防空提供史无前例的作战能力。波音公司战斗攻击机开发负责人介绍说:"无论敌机具备多么优秀的隐身性能,最新式的 F/A-18E/F 都可以一边搜集敌方情报,一边进行战斗。"

原文发表于《环球财经》2013 年 4 月,作者:白益民

第四节

财界武装的日本海军

2012年的东海因日本单方面宣布"购买"钓鱼岛的行为显得格外不平静,中日围绕钓鱼岛主权争夺的气氛也越来越紧张。从2012年8月24日日本首相宣布自卫队参与钓鱼岛警戒开始,钓鱼岛事件一直未能完全平息。

事实上,自冷战结束之后,日本一直借钓鱼岛问题伺机发展本国海军实力,并依靠三井、三菱等大财团里军工企业的支持,打造了一批披着"运输舰""直升机驱逐舰"外衣的准航母,日本的"航母梦"阴谋已经跃然纸上。

日本航母梦

20世纪90年代初苏联解体之后,日本将中国假想为竞争对手,并炮制"中国威胁论",制造钓鱼岛冲突,以谋求壮大本国海上军事力量。在1990年,日本右翼组织青年社,登上钓鱼岛建造灯塔。作为回应,1992年中国通过《中华人民共和国领海及毗连区法》,写明钓鱼岛等岛屿是中国领土。

当时日本军事专家认为他们需要防卫型航空母舰,但是日本受到和平宪法的限制,批准航空母舰项目几乎是空想。为躲避亚洲各国舆论谴责并争取国会的批准,日本海上自卫队开始"挂羊头卖狗肉",变相打造自己的航空母舰。

1993年,日本国会批准了建造"大隅"级运输登陆舰,当年10月,日本海上自卫队便迅速向三井造船株式会社(属三井财团)订购了该级别的第一艘舰只。此后,日本一些主要军工企业加快结构调整和联合集中的步伐。

1995年4月,三井造船和日立造船宣布将共同使用其造船厂的350名工程技术人员。10月,石川岛播磨重工和住友重工同意联合双方的海军舰艇和武器设计业务，同时合并双方的产品维修业务。

1996年11月18日，日本海军战后最大的两栖登陆舰"大隅"号在三井造船玉野事业所缓缓下水。日本海上自卫队将其称为"新型运输舰"，这显然是一个避嫌的称号，实际上该舰是执行两栖作战任务的"登陆舰"。

另外，以"运输登陆舰"名义设计制造的"大隅"级巨舰，其实是一种准航空母舰。该舰满载排水量1.3万吨，与意大利的"加里波第"号航母1.34万吨相仿，比泰国的"差克里·纳吕贝特"号航空母舰1.15万吨还大，一次可运载1000名陆战队员、10辆90型主战坦克及数架CH-47重型直升机。

日本战后最大的登陆舰"大隅"号可以在48小时内改装成轻型航母，被称为日本海上自卫队的"准航母"

由于这艘"准航母"采用前后贯通式飞行甲板，甲板上可以加装滑跃式的跳板，因此只需简单改装，就可以起降"海鹞"之类的垂直起降战斗机。该舰甲板下的空间可以改装成机库，必要时还可加装舰载机的指挥控制导航等相关设备。据专家分析，"大隅"号可在48小时内改装成轻型航母。

1998年3月4日，三井造船玉野事业所制造的"大隅"号两栖运输舰正式服役。"大隅"级运输登陆舰为日本拥有真正的航母奠定了基础。日本国内一些军国主义分子认为"大隅"号的服役，标志着日本航空母舰的"东山再起"。

很快，"大隅"级的第二艘"下北"号于2002年3月份服役，第三艘"国东"号也于2003年2月服役，三艘"大隅"级"准航母"的加入再次提升了日本海上自卫队的远洋防御能力。

"大隅"号服役之后曾多次执行重要任务并远赴海外练实战。2004年2

月14日，150名日本自卫队队员乘上"大隅"号战舰，离开了位于广岛县的海军基地，在"村雨"号驱逐舰的护卫下，组成一支远洋编队踏上了赴伊拉克的航程，为先期到达伊拉克的陆上自卫队运送补给。

在2006年11月9—16日，日美双方举行的代号"18G"的联合军演中，"大隅"号也隆重登场。"大隅"号的加入在局部形成以这艘"准航母"为核心编组的有一定独立性的航母特混舰队，组成除了"小鹰"号航母之外的另一个大型进攻平台，将单航母战斗群变成"一个半"航母。

"海上哥兹拉"

"大隅"级运输登陆舰服役之后，日本海上自卫队并不满足于这样的"准航母"，开始图谋新的航空母舰。

2000年12月中旬，日本内阁通过2001年度"五年中期防卫力整备计划"，准备在此后5年间投入总额达25万亿日元来加强自卫队的主要预算及基干部队，其中备受瞩目的是两艘航空母舰型驱逐舰。

关于购买两艘1.35万吨级超大型直升机驱逐舰（DDH）的方案，日本防卫厅的解释是为了取代即将淘汰的两艘部署有3架反潜直升机的"榛名"号和"比睿"号驱逐舰（排水量各为6800吨）。**但是略有军事常识的人都能一眼看出，新型驱逐舰的排水量之大令人咋舌，加上它配备的"宙斯盾"导弹系统、拥有的反潜能力和舰队指挥能力，这种万吨级超大型驱逐舰的潜在战斗力，已经不亚于一艘轻型航母。**

对于这两艘驱逐舰的配置，英国《金融时报》曾评价说："这艘足以花掉一家大银行的钱建造的舰，里面到处是'优良器官'。"

英国《简氏防务周刊》在2001年1月8日报道称，对两艘1.35万吨级直升机航母型驱逐舰在日本国内闹得沸沸扬扬，包括日本国会议员在内的日本各界精英人士都质疑：日本防卫厅炮制的是一个不精确的蓝图，故意欺骗政治家、纳税人和邻国，同时也是欺骗自己的行为。

日本《朝日新闻》记者田冈俊次则认为，日本防卫厅隐藏建造航空母舰的企图其实是在愚弄日本国民，而日本海上自卫队本身也是出于虚荣心而想拥有这种不伦不类的"海上哥兹拉"。

产业就是脊梁

田冈俊次指出,只要将岛型建筑物偏右建造,从舰首到舰尾便成为连贯的喷气机飞行甲板。他还石破天惊地表示,自己日本防卫厅的"内线"已经搞到防卫厅真正拟建的航母构想,这种未曝光的航母型驱逐舰很像英国和意大利现有的轻型航母。

2002年,正值中日邦交正常化30周年,日本再次挑起钓鱼岛冲突。4月1日,日本宣布向栗原家族"租借"钓鱼岛一年,租金2256万日元。这一行为遭到中国强烈反对。2003年,日本政府打算长期"租借"钓鱼岛列岛中的黄尾屿。中日两国关于钓鱼岛问题的争端陡然升温。

恰逢此时,2003年8月底,日本国会批准了首艘新型直升机驱逐舰的建造预算,该舰被称为16DDH,舷号145。日本舆论认为,日本决定建造的航母型驱逐舰虽然还不能搭载战斗机,但它已为日本海上自卫队将来引进真正的航空母舰开辟了道路。

2009年3月18日,由石川岛播磨重工(三井财团)建造的"日向"号直升机驱逐舰正式编入日本海上自卫队第一护卫队群

研发16DDH的基本计划获得批准后,防卫厅技术研究本部(现防卫省技术研究本部)开始进行基础设计。由于要在短时间内绘制出庞大的设计图,因此基础设计不能完全依靠技术研究总部的设计部门,造船厂在签订劳务征借合同后也参与基础设计。

石川岛播磨、三井造船、三菱重工、宇宙造船等4家公司与技术研究本部签约,参加了16DHH的初期设计工作。设计图完成后,2005年3月海上自卫队参谋部与石川岛播磨签订了16DDH的建造合约。

2006年5月11日,16DDH在石川岛播磨重工横滨船厂开始铺设龙骨。由于该舰采用了模块化建造方法,所以进度很快,仅用了一年多时间,即在2007年8月23日下水,当时的防卫大臣小池百合子宣读了命名书,正式将其命名为"日向"号，舰号也由原先预定的145改为181。

2009年3月18日，"日向"号正式加入海上自卫队第一护卫队群，被部署在横须贺基地开始服役。当年8月21日，石川岛播磨重工建造的第二艘大型驱逐舰——"日向"级直升机驱逐舰"伊势"号在横滨工厂举行命名和下水仪式。2011年3月，"伊势"号正式交付自卫队并开始服役。

航母工厂：石川岛播磨

石川岛播磨重工是日本海上自卫队建造驱护舰的三大指定企业之一，也是三井财团的核心企业之一，其前身是1853年成立的石川岛造船所。1960年石川岛重工与吴海军工厂的造船设备、船坞和播磨造船所合并，组成石川岛播磨重工业株式会社，成为一个集造船、飞机、重型机械于一身的大型企业集团。

吴海军工厂是在1903年11月10日由吴海军造船厂和海军造兵厂合并而成。第二次世界大战期间，吴海军工厂建造了"赤诚"号、"苍龙"号等6艘航母和水上飞机母舰以及"大和"号、"扶桑"号和"长门"号战列舰和3艘巡洋舰以及数十艘潜艇，成为当时日本最大的海军专用船厂。吴海军工厂的加入，给石川岛播磨重工抹上了强烈的军工色彩，也让其成为真正的航母制造商。

石川岛播磨重工（IHI）还向航空装备领域拓展，是日本最大的航空发动机制造商，同时与三井财团的另一家军工企业东芝公司有着密切的关系。东芝公司是日本防卫厅的主要供货商之一，1979年度军需订货为181亿日元，在防卫厅订货合同中居第五位；1981年度上升到322亿日元；1983年度又上升到492亿日元。在日本政府的宇宙发展计划中，东芝公司承揽到卫星发送的肥缺。

早在20世纪60年代时，东芝公司由于盲目过度投资而造成严重的经营问题的时候，身为石川岛播磨公司董事长的日本经济界泰斗土光敏夫就在东芝社长石坂泰三的邀请下，于1965年4月20日就任东芝公司总经理，举起复兴东芝的大旗。事实上，此前东芝和石川岛播磨就有协作关系，双方经常互换董事会成员。

产业就是脊梁

土光敏夫，1896年出生于日本冈山县一个农民家庭，1920年毕业于东京高等工业学校机械系，后来留学瑞士。毕业后到石川岛播磨重工业公司造船厂当机械工程师，后出任总经理。他使石川岛公司起死回生，并进而发展成名列日本工业企业50强之一的超级企业。1965年，他又出任赤字累累的东芝公司的总经理，几年之后又使该公司跻身于世界50家最大的企业之中、十大电器企业之列。

从准航母到真航母

2009年8月31日，日本防卫省发表了2010年度预算草案，其中包括决定建造一艘2万吨级的直升机驱逐舰，并要求为此拨款1166亿日元。按照设计，新型舰外形与当时最大的"日向"号相似，采用航空母舰式的直通式甲板，上层建筑位于甲板一侧，该舰长248米，宽38米，比"日向"号长51米，宽5米。如果该项草案得到落实，日本的航母力量将进一步增强。

2012年1月27日，石川岛播磨重工（属三井财团）横滨工厂为海上自卫队首艘22DDH级直升机母舰举行了龙骨铺放仪式。此前自卫队宣布计划建造改型舰时就遭到媒体热炒，认为该舰将让日本的"准航母"变身为"真航母"。

石川岛播磨此次建造的22DDH型直升机航母是日本新一代直升机驱逐舰。这艘仍被日本官方称为"驱逐舰"的舰艇吨位高达2.4万吨，排水量竟然超过意大利海军13850吨的"加里波第"号航母、西班牙1.7万吨的"阿斯图里亚斯亲王"号航母和英国皇家海军2.1万吨的"无敌"级航母。

22DDH级直升机母舰装备有3部"密集阵"近战武器系统和2部"拉姆"导弹发射装置，舰长248米，甲板和机库可搭载14架舰载直升机，同时起降5架直升机。22DDH的飞行甲板和机库布局显然不满足于搭载直升机，它还能搭载固定翼战斗机、旋翼飞机乃至无人机。迥异于"日向"号，22DDH的一部升降机由飞行甲板中心线移到甲板边缘位置，甲板宽度显著增加，而为飞行甲板上的机群提供弹药的升降机数量也由2部增至4部。

第九章
磨刀霍霍的日本海空力量

有消息说，22DDH 的飞行甲板采用特殊材料制造，强度及耐飞机尾焰烧灼能力均可满足 F-35B 的起降要求。此外，22DDH 舰的设计中也包含运行无人机的考虑。22DDH 从吨位、布局到功能都已完全符合现代轻型航母的特征。

22DDH 建造计划曝光后，外界就纷纷猜测，未来这艘巨舰可能搭载 F-35 战斗机，最终助日本重走"航母之路"。这样，一旦中日双方发生主权纠纷，中国海军数量众多的潜艇部队作为能在战时冲出第一岛链的作战力量，就会面临日本强大反潜力量的制衡。日本建造 22DDH 直升机母舰对中国海军潜艇部队将是致命的威胁。

日本《世界舰船》杂志认为，22DDH"高灵敏度的声呐与直升机远距离作战能力相结合，在战时有助于阻止以鱼雷为主要武器的邻国潜艇靠近日本水面舰队，为海上自卫队舰队廓清方圆 300 海里左右的水域"。

22DDH 级驱逐舰与"日向"级的体积对比，日本海上自卫队的舰艇正朝着大型化、远洋化发展，22DDH 直升机母舰对中国海军潜艇部队也将是致命的威胁

不过，日本并不满足于现状。其多年来的野心是建立以轻型航母为核心的均衡舰队。事实上，早在日本提出"金刚"级"宙斯盾"舰计划时，就有专家提出这种专司防空的"宙斯盾"舰之后必然会出现真正的编队核心——海基航空兵母舰。"日向"号以及 22DDH 就是在这种指导思想下出炉的，但远不是最终目标。

日本的真正图谋是日本海上自卫队在《长期军事力量建设》报告书中提出的，到 2015 年将开始建造两艘 4 万吨级的、可搭载固定翼预警机和垂直/短距起降战斗机的中型航空母舰。不仅如此，日本军界还有更具野心的提议：要求政府批准建造排水量达 6 万吨的核动力航母。

从"大隅"级、"日向"级到 22DDH 级驱逐舰，日本海上自卫队舰艇正朝着大型化、远洋化发展，日本海上战略正在从"专守型"转向"攻守型"，轻型航母的建造正是日本海军梦的开端。中国追求和平但不怕战争，不过日本的海上实力需要正视，也将是中国在未来必将面对的课题。

原文发表于《环球财经》2012 年 11 月，作者：白益民

中国制造靠什么顶起航母 style

歼-15 在"辽宁号"成功起降。"允许起飞"的手势变身"航母 style"，点燃了国人的"航母狂欢"。狂欢，并不止于这个简单的手势。在各国"航母竞争"背后，更是各个国家高端装备制造业、尖端材料学等工业实力的竞争。

对于航母产业链中的核心技术，按照中国传统的"以技术换市场"的路子，想换也换不来，这必然倒逼产业升级，而要抓住这样一个机遇，只能依赖自主研发。

航母倒逼产业升级

实际上，从南海争端到钓鱼岛争端，机遇就已经到来。这样的领土争端作为一种强烈刺激，其实是在向国人释放一种信号，只有提高本国军事实力和军工产业，才能在谈判桌前拥有更多的话语权。这更是一种倒逼，倒逼中国产业升级。

航母是国民经济产业链产品终端中最具综合性的超大型产品。各国的"航母竞争"背后，不光是经济实力，更多是高端装备制造业、尖端材料学乃至燃料工业等的竞争。

| 第九章
| 磨刀霍霍的日本海空力量

2012年9月25日，中国第一艘航母"辽宁号"服役。在众人眼里，"辽宁号"过于神秘，但世界上最难以保守的秘密莫过于航母的建造。这个"大块头"下潜伏的庞大产业链，随即在A股市场上有所表现。

歼-15在"辽宁号"的成功起降，让"允许起飞"手势变身"航母style"，点燃了国人的"航母狂欢"

有证券界人士梳理了中国航母产业链的主要个股，包括造船行业的中国船舶、中船股份；材料行业中，特种钢材和稀有金属如HY100特钢、钛和稀土等，这些都是制造航母的关键，包括的有宝钢股份、宝钛股份、包钢稀土等；必须依赖自主创新的飞机弹射器，包含东方电气、云内动力等；而中国重工、中国船舶、中船股份、西飞国际、哈飞股份、洪都航空、航空动力等，被认为是在航母产业链中受益较大的个股，这些企业很多属于"央企中的央企"，是关系"国家安全和国民经济命脉"的国有重要骨干企业。

这样一条涵盖高端装备制造、航空武器系统、动力系统、高端材料和信息系统的航母产业链对国民经济的反哺显而易见。

"未来5年，航母产业链年均市场容量将达300亿元。"方正证券机械行业资深研究员李俭俭表示，"瓦良格"号航母形成战斗群所需费用约为60亿美元，中国首艘自建航母战斗群约需120亿美元。至2016年，中国至少形成2个航母战斗群，年均市场容量将达300亿元。

依据国际航母造价推算，我国首艘自建航母及"瓦良格"号改建费用共需180亿美元，再加上人员培训、燃油和航母维护费用等，预计需1500亿元。

"最先进的科技成果往往首先产生于军事领域，尔后向民用转移，推动民用产业升级换代,航母改装和研制尤其如此。"国防大学经济研究中心教授姜鲁鸣说,这1500亿元对船舶工业能力和装备技术水平提出了极高要求,也对航空、动力、机械、电子、材料提出了超乎寻常的要求。

受制于人的痛

一个显而易见的例子就是航母用钢,它已经成了许多国家心中的痛。

2006年4月,印度为打造自己的航母,花高价从俄罗斯进口了456吨特种用钢,而建造一艘航母大约需要2万吨这样的钢材。

至今,全世界仅4个国家制造的钢材能用于航母制造。美国的HY–100、HY–80钢是制造航母的最佳钢材。

目前,中国钢产量居世界第一,但特种钢却严重依赖进口。原中国工程院院长徐匡迪曾表示,我国装备制造业主要在核心技术和核心部件上受制于人,核心技术主要指控制系统和软件,核心部件主要是材料不过关,尤其是飞机起落架、高速列车车轴、轴承等抗疲劳高强钢,核电站用耐高温、抗辐射不锈耐热钢管,燃气轮机、涡扇发动机的高温合金叶片等材料,尚不能实现国产化。

"我们想造航母,于是拿出4000多万美元给造船厂,修路、建船坞、盖工房,只是等这些基础设施都搞完了,才发现我们没有造航母用的钢。"军事专家张召忠的这番话,道出了我国在张开双臂迎接航母时的一丝无奈。

"瓦良格"号从乌克兰运抵大连后,一直存放了三四年,就是因为中国没有修复航母所用的钢材。

在2003年举行APEC会议期间,大连公安局的一位副处长曾透露,"瓦良格"号在运抵中国之前,已经十余年没有进行过防锈处理了,中方人员检查发现"瓦良格"号使用的钢,可以自然抵御海水腐蚀。

更让人叹服的是,军舰为防止被磁性水雷或者磁力探测到,一般都是无磁的。但由于地球本身带有磁场,军舰在航行数年后必须消磁,但"瓦良格"在中国进行"体检"时,磁力依然为零。

一位不愿具名的军事专家说,航母的钢板和焊接技术目前是我国急需

| 第九章 |
| 磨刀霍霍的日本海空力量 |

解决的课题。

航母的外壳钢板,需要在水里承受巨大的压力和耐腐蚀,而航母甲板需要承受飞机起降的巨大冲击力以及燃气冲刷、爆炸冲击等极端复杂的服役环境,强度级别和厚度大大高于一

受制于人员经验、舰载机及航母舰队的建设,"辽宁"号航空母舰在未来相当长的时间里还只是会充当中国海军的训练舰

般船体结构钢。而当时,中国还没有能力生产甲板上拦阻索需要的钢材。

"市场换技术"走不通了

由航母引发的千亿级别的市场,按照传统的发展方式,就是"以市场换技术"。

在经济学家李才元看来,中国过去 30 多年,一直靠引进技术、让出市场来发展经济,如今"能换的都换来了",剩下的,"想换也换不来了"。

具体而言,在传统产业,西方还握有少数技术专利,虽不多,但都是维持高利润的"看家本事",不可能让中国拿去。除此之外就是军工、航天等,它们关系到国家安全的战略产业和高科技,更不可能"换"给中国。

以发动机为例,飞机发动机以高温、高压、高转速、高负荷这"四高"为技术难点,考验的是一个国家材料工业和制造工艺最尖端的加工能力。路透社曾评论,中国搞出了核导弹,又将航天员送上了太空,但中国迄今仍未能造出一台可靠的、高性能的飞机发动机。

"歼-15本来已经装了国产的发动机,就是仿制的AL31(俄飞机发动机型号),但各方面性能很不令人满意,最后又换回AL31来上舰。"在热播节目《晓说》中,超级军迷高晓松这样透露。

在高晓松看来,发动机是战斗机真正的核心。一款发动机需要长期研发和资金投入,对于中国企业而言,花钱买,再解密、再仿制无疑是条捷径,但这就形成了技术依赖,一旦发生战争,别人不卖给你发动机,就卡住了你的脖子。而现在,由于中国仿制能力太强,俄罗斯宁愿把最先进的战机卖给印度,也不愿卖给中国。

2012年11月的珠海航展上,中航工业展出了一款国产发动机模型,这款发动机将用于中国造的大飞机上。然而,环球网军事频道分析认为,即使是中国最先进的发动机,和美国至少也有30年差距。

作为世界三大航空发动机厂家之一的罗尔斯·罗伊斯公司,它为A380生产的发动机内部最高温度达到了太阳表面的一半,涡轮叶片的转速也达到了2000公里/小时,这让我国的发动机制造难以望其项背。

然而,如果对外国技术形成技术依赖,也就在市场上越来越被动。如果没有自主研发能力,得到的技术永远都是低档货,只能跟着别人跑。

一位高铁工程师就亲身感受了这种"被动"。在一次动车启动前的例行检查中,他发现控制系统出现故障,只亮灯不走秒。在向总部报告后,他收到的指令是"待命",这句话的意思就是说,"什么也不能做"。后来,出故障的控制器被系统提供商西门子卸了下来,自行拿回国内去修,"我们连看的机会都没有"。

没有科研和人才积累,就很难抓住机会

中国社科院世界经济与政治研究所研究员沈骥如在央视节目中透露,中国航母上所需要的四条拦阻索,本来想向俄罗斯购买,但遭到拒绝。

航母用拦阻索,在世界上只有美国和俄罗斯能够制造。这种拦阻索要求非常结实,因为一架喷气式战斗机小的20吨大的40吨,以每小时200多公里的速度着舰,这个冲击力要在很短的距离把战斗机钩住,缆索要非常细而且有韧性,造粗了就钩不住了。

"由于没有人愿意卖给我们,我们自己也就研究出来了。"沈骥如说。这一细节被放大,成为航母"倒逼"中国高端制造业升级的典型案例。

但是,如果中国企业不能扎实搞科研积累人才,要抓住这个被航母

| 第九章
| 磨刀霍霍的日本海空力量

'倒逼'的机会,仍然很难。让我们看看三井财团的扩张之路,从一家服装店起步的三井财团,在明治维新后得到政府无力经营的军工企业。

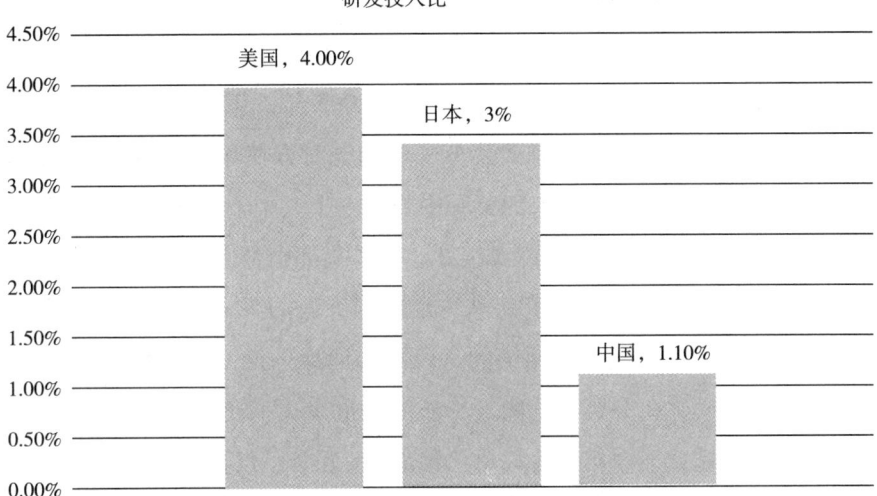

2014年,中国企业的研发投入仍然处于较低的水平,制造业研发投入强度(即企业研发投入总量与产品销售收入的比值)为1.1%,而美国的这个数值是4%,日本则是3.4%。数据来源:《中国经济周刊》

这些军工企业一进入财团所拥有的广阔市场,便迅速发展,转化为民用产业;军工技术也在充足资金保障下持续进步。到太平洋战争结束,日本先后建造了29艘航空母舰。

二战后,由于日本军事发展受到压制,军工生产便藏军于民——战车、战机、舰艇乃至导弹基本都可由民企迅速转产,这也使日本的钢铁、汽车和电子等工业,从外表到核心零部件,形成了独立自主的产业体系。比如三井财团下的东芝,不光在家电、笔记本电脑等领域有强大竞争力,同时还是日本防卫厅的主要供货商之一,它生产的半导体,是可以应用在导弹上的。**再来看中国企业,同样也是军工企业出身的长虹,它的彩电第一条生产线是松下提供的。从此以后,长虹就没有离开过日本,三天两头往日本跑,干吗?要去采购人家的零部件。**

2011年全球企业投资研发排名显示,丰田以77.54亿欧元居榜首,第二位是美国微软,第三位是德国大众,韩国三星位于第五。排名最靠前的中国企业是华为,位于第41位。而按国家和地区分,这个排行榜的前100

产业就是脊梁

家公司，美国 34 家，欧盟 29 家，日本 25 家。在这些方面，中国企业需要向日本学习，学习日本企业的危机意识、长期的技术研发投入。或许，宁波慈溪大成新材料股份有限公司研发生产、拥有独立知识产权的"超高分子量聚乙烯纤维"，可以给我们一些启发。这种转基因新材料被军迷形象地称为"蜘蛛丝"，主要用在防弹衣上。"2003 年，伊拉克战争期间，30 多名英国人与 100 多名伊拉克武装分子相遇，对方使用的是 AK-47 自动步枪。有 3 名穿了大成防弹衣的英军中弹，一个人中了 7 发子弹，人很好；还有一个中了 12 发子弹，防弹衣很好，但是头部中弹，死掉了。中了 7 发子弹的士兵退役后创办了一个网站，说中国大成防弹衣救了他的命，"大成公司老总陈成泗对流传于网络的这段故事津津乐道，"市场一下子就打开了，现在美国人也来买，德国人、法国人也来买了。2004 年，公司卖出了 4 万套防弹衣，而今年销售订单已经有 15 万套，仅英国就有 2 万多套，总销售额 2 亿多元。"

但是，很少有人知道，"蜘蛛丝"从开始研发到打开市场，陈成泗前后共花费 8 年时间。在长期的研发过程中，看不到前景的骨干人员大量流失，这也让大成公司这家民营企业濒临破产，但正是陈成泗的坚持，让他的产品得以与美国、荷兰、日本三井公司的产品齐肩并行。

就像李才元所说，中国必须卧薪尝胆，力求在新兴战略产业上实现突破，进而在即将到来的"新技术革命"浪潮中占有一席之地，才能获得真正的"竞争优势"。

原文发表于《齐鲁晚报》2012 年 12 月，作者：刘德峰

第十章　中国如何应对产业战争

资生堂、丰田、东芝、奥林巴斯……如今"日货"好像已经渗透到我们日常生活的方方面面，其实不仅仅只是生活领域，工业领域甚至是在军事领域都有着日本企业的身影，我们的工厂、我们的矿山、我们的交通运输，日本企业都在一点一点地吞食着我们的利益。

支撑着日本企业在中国、亚洲甚至全世界不断取得成功的秘诀，就是它们掌控了产业链的主导权，而正是完善的财团体制，使得日本在日益激烈的国际竞争中占得先机。日本财团就像下围棋一样，早已在不知不觉中包围了对手，通过整个产业链将其他企业真正控制住。

想要应对产业战争，中国必须卧薪尝胆，力求在新兴战略产业上实现突破，能够反省、重新借鉴日本综合商社和财团模式的成功经验，并指导中国下一步的经济发展。中国亟须做自己的综合商社、自己的财团，进行产业链的竞争，并打造中国独立自主的产业体系，争取在全球产业链上有更多的主导权，才能获得真正的"竞争优势"。

作者题注：

当"九一八事变"排日情绪高涨的时候，鲁迅说："在这排日声中，我敢坚决的向中国的青年进一个忠告，就是：日本人是很有值得我们效法之处的。"在钓鱼岛争端激化了中日两国关系的今天，我们不能因为仇恨而忽视了对日本的学习。

本章提要

三井财团里有一个叫石川岛播磨重工的公司,二战很多航空母舰都是它来造的。财阀面临着战争体制,所以我们会发现,一方面日本的财阀有一种中国传统文化的属性,也有一种商业文化的属性。另外呢,日本财团也有一种战争的属性,就是它有一点军队的体制。

综合商社是日本经济的总参谋部,是日本国家经济战略的制定者,同时也对日本政治、外交和军事等具有很强的政策影响力。同时,日本财团几乎都加入经团联,经团联主席又被日本民间誉为"财界总理"。日本政府对世界经济事务的认识和研究几乎完全依赖于财团的研究机构。

商社以及其财团所属企业就成为日本经济的基石。从某种意义上讲,商社也就是日本微观经济的操盘手。既然政商双方都对商社这种商业形态的存在和发展具有高度共识,商社在日本的快速发展就不难想象了。

在经济战争中,财团就是军队,中国也要形成自己的财团,组建商业、产业、金融一体的组织,否则可能被各个击破。中国大的金融机构普遍缺乏商业、产业平台,所以在海外收购中往往吃亏,而商业、产业缺乏金融机构的支持,很容易在内部竞争中消耗掉。

国内当前的宏观环境与20世纪七八十年代的日本相似,同时在文化上也具有相通性。因此,了解和学习包括三井财团在内的日本国际知名企业的经验,为我所用,可以帮助中国企业找到更适合自身的发展模式,从而加快集团公司的战略转型。

第十章 中国如何应对产业战争

第一节

警惕日本对华产业战争

2008年12月12日,在国务院新闻办公室举行的新闻发布会上,工业和信息化部部长李毅中表示,我国在铁矿石定价谈判中受教训太深,不能再吃第二次亏。2007年、2008年初铁矿石价格疯涨时,中国钢企大量购进高价矿石,初步估计存货已超过2.2亿吨。随着2008年矿石价格狂降30%~40%,导致全行业出现亏损。

然而,很少有人注意到,价格升降的背后,有一只手在悄悄推动,事实上,这只手已经进入了中国许多产业中,一场看不见的产业战争,正拉开序幕。

2008年10月中旬开始,一本名为《三井帝国在行动—揭开日本财团的中国布局》的书在网上热传,被认为是继《货币战争》后又一振聋发聩之作。白益民这个在三井公司服务了12年的北京人,用自己不懈的努力,揭开了日本经济的秘密。

三井是干什么的

问:您是如何被三井录用的?

白益民:我毕业于北京轻工业学院,毕业后在一轻总公司工作了两年,当时大家都想去外企,我应聘了很多公司,都不成功,没想到被三井录用了。那时我和大家一样,不知道三井是干什么的,只知道三洋、索尼、松下等。我外公那年90岁,他知道旧上海有家三井洋行(三井物产的俗称),说是家大公司,这是我当时知道的唯一信息。

问:您是如何了解三井公司的?

始建于1903年,位于上海四川中路175-185号的日本三井洋行(三井物产株式会社上海支店)

白益民：当时三井在中国只有一个办事处，不经营，只收集信息，并协助东京本部工作。1995年，我帮助公司将一船玉米（5万吨）卖到中国，这是历史首次，引起了总部的轰动，调我到东京本部"研习"3个月，这样我才有机会真正了解三井。

问：三井在中国的知名度似乎不高，它究竟是做什么的？

白益民：三井在中国的知名度不高，在日本，也很少有人写文章介绍三井，但三洋、索尼、松下等都在它的控制之下。日本有6大财团，三井是其中历史最悠久的，日本明治维新就是三井在背后投资，此外，三井资助过孙中山。二战期间，三井是军国主义的帮凶。三井类似于中国温州的"商帮"，是一个将贸易、投资和产经结合成一起的财阀。

日本卖的玉米从哪来

问：您在三井总部看到了什么？

白益民：1995年，我到东京"研修"，一下就被震撼了：日本不产玉米，卖的都是美国玉米，但在国际玉米贸易中却起着重要作用，三井每年向中国台湾和韩国出口200万吨玉米，日本与美国同时报价，美国到岸价100美元，日本却能报99美元。

问：那样三井不是亏了吗？

白益民：不，三井是用现货与期货对冲，将盈利最大化。换言之，三井根据对本地市场信息分析，推断出未来价格变化的空间，这样就可以放低现货价格，大量购进，当价格上浮时，日本人就赚钱了，即使价格下跌，他们也可以通过现货贸易、深加工等减少损失。

日本财团集金融、产业、贸易于一体，这样便于现货与期货对冲操作、相互支撑，并大大降低风险。相比之下，美国期货都是单独的公司在做，没有贸易、产业支撑，是纯粹的投机。由于有对冲机制，三井可从事大宗购买，这样物流也便宜。

问：这等于别人生产，日本赚钱？

白益民：日本90%的粮食来源于海外，它就是用做现货与期货对冲的方法来维持其粮食安全。所以三井特别重视信息整理，在东京，我们能得到各种各样的信息,交易员可以直接和美国大佬电话联系。三井每年交易400万吨玉米,真正做业务的只有10个人,效率特别高。

可怕的日本财团

问:您说三井是日本的财团,什么是财团?

白益民:财团近似于中国温州的"商帮",商帮有钱庄和商会,分别负责经营和金融。日本财团更现代化,金融中包含保险、银行等,经营则由商社负责。日本财团和美国不同,美国收购企业是为了包装一下再卖掉,赚"快钱",而日本财团的盈利都是通过经营,仿佛温州"商帮",遇到一个好的实业,大家都投入一点,经营好了大家分利,很少拿钱去股市投机,或炒卖公司。

问:在中国,日本财团控股的企业并不多啊。

白益民:日本财团一般只购买企业10%左右的股份,但购买数量非常大,可能达几千家,这样,你的产业上下游都被人家买了,你却一点也不知道。日本财团

日本财团不采用控股的模式,这就如同下围棋一样,慢慢地将目标包围,使其失去发展的空间

不控股,很少引起企业的警觉,不知道自己实际上被控制了。这有点像下围棋,其实你早被围住了,失去了发展的空间,用美国经济学的理论,很难理解这一点,美国企业更偏好控股。

问:不控股,日本财团如何控制企业?

白益民:比如钢铁行业,日本财团可能只购买一家企业10%的股份,这样,它就知道中国钢铁企业的成本构成、利润空间、管理模式等,同时,财团大量收购矿山等资源,这样,当你想进口原材料时,所有的矿山都有它的股份,人家对你的价格底线一清二楚,很容易取得最大利益。与

此同时,钢铁生产线、工艺、销售、维护等公司,都有日本公司的股份,这样,它就很容易控制你。

问:日本财团操作的手法为何与中国温州商帮这么像?

白益民:我专门研究过,包括"三井"这个名称都来自中国温州。日本经济源于农耕文明,非常精细,而美国经济更像游牧文明,相对粗放。

日本的商业文化是中国传过去的,中国宋代是当时世界上最大的商业体,以后明代也有所恢复,但最终都被游牧民族消灭。大量的宋、明移民到了日本,我看过一份资料,其中80%的移民来自江、浙、闽、徽,这恰恰是中国商业最繁荣的地区,而今天中国的温州商帮实际上是正在恢复我们的传统商业文明。

产业战争是阳谋

问:按您刚才的说法,日本财团在谋求控制中国产业,换言之,这是一场看不见的产业战争?

白益民:是这样的,日本财团一直在进行这样的努力,目前在钢铁、IT、家电、汽车等行业取得了显著的成绩。比如日系车在广东等地,每年给当地政府缴税就有100亿,这产业规模多大?

有人说,可以算一下日本财团在中国的总投资,就能了解它们控制产业的规模了,我说那是胡说,即使你算出来了,你也无法揭示其对中国产业的控制程度。日本经济非常特殊,不能用美国派的观点来看问题。

问:宋鸿兵的《货币战争》出版后,日本"阴谋论"甚嚣尘上,您的这本书是不是会加剧人们的这种看法?

白益民:我不同意"阴谋论",人家事实上一直是公开的,你不知道,所以你就觉得是"阴谋"。所谓产业战争,都是正常商业行为。日本进入中国也有益处,会带来一些新的技术和市场,帮助中国企业实现产业链整合。但长期来看,日本财团要达到的是长期控制、为其所用的目的,我们不应沉醉在田园牧歌中。

中国人对日本有误读

问:很多人觉得,日本正在衰落,您怎么看?

白益民：这是对日本的误读。确实，日本 GDP 增长缓慢，原因一是进入老龄社会，需求减少，二是产业外移。但 GDP 对日本并不适用，我们应关注 GNP（国民生产总值），"海外日本"是一个值得重视的现象，其中很大一部分在中国，换言之，中国 GDP 进步中，有一部分是日本 GNP 增长，我们不应该盲目乐观。一个简单的例子，温州近 10 年是浙江省 GDP 增长最慢的地区，但这 10 年却是温州在全国乃至全世界投资最活跃的时期，你能说温州经济衰退了吗？

问：日本财团这种形式，是不是不利于全球化？

白益民：那要看怎么理解全球化，美国人说，成吉思汗是全球化的鼻祖。美国人有一本书，叫《世界是平的》。可对于发展中国家来说，你希望世界是平的吗？你必须期待有屏障，否则你的财富就会被人家全部掠夺走。日本财团保护了日本的市场，因此日本市场是世界上最难进入的，这样日本才有了产业和技术升级的条件，才能最大化地保护民族产业。

中国需要向日本学习

问：面对日本财团发动的产业战争，中国企业应该如何应对？

白益民：在经济战争中，财团就是军队，中国也要形成自己的财团，组建商业、产业、金融一体的组织，否则可能被各个击破。中国大的金融机构普遍缺乏商业、产业平台，所以往往在海外收购中吃亏，而商业、产业缺乏金融机构的支持，很容易在内部竞争中消耗掉。

中国企业许多是游击队，要抵抗正规军，必须向日本学习。组织财团不仅是为了坚守本土市场，更是为了出海作战，在全球化的背景下，企业摇着橹出海，怎么可能取胜？

问：中国该如何形成财团？

白益民：必须有政府支持。三井在日本被称为"政商三井"，与政治的关系很深。日本明治维新后，政府将国有企业、矿山等低价卖给业绩好的公司，公司付不起钱，就分 50 年付，等于白给。日本政府努力将最好的资源给真正会经营的人，这样财团才成长起来。中国当年政企分开，很多官员下海，今天再回头看那些企业，很多已经不在了。如何将资源与经营

《财团就是力量——"一带一路"与混合所有制启示录》,作者:白益民

能力有机结合,我们要更多思考。

问:财团的出现,不会毒化公平竞争的环境吗?

白益民:日本财团都已实现了国民化,成了"国民公司",像三井,二战后其家族的人都被赶出去了。国民公司是不会影响公平竞争的。

慎言中国在危机中获益

问:有这样一种观点,认为中国经济将是全球经济危机中最大获益方,您怎么看?

白益民:非常幼稚。从经济的角度看,美日同盟正左右着世界经济,美国偏宏观(金融),日本偏微观(产经),事实上,日本对世界经济的控制力更强。对于新的竞争者,美日肯定会联手来保护原秩序,即"中国当长工,美国当资本家,日本当地主",日本控制着市场,像地主,美国控制资本,像资本家,经济危机难以动摇这个规则,既然这样,中国怎么会成最大获益方?

问:您认为谁会是最大获益方?

白益民:日本。因为美国产业已被掏空,在上一次经济危机中,美国依靠互联网产业、战争等保住了霸主地位,这次如果没有类似的产业契机出现,未来10年美国很可能被日本超过。

低调的都是强者

问:您在三井工作了12年,似乎三井方面很不希望您评论它?

白益民:我很感谢三井,是它培养了我,让我学到了很多新的东西。三井很低调,真正的强者都很低调。它们在左右着世界经济,不希望被任何人关注,与中国不同,日本公司都不希望进入世界500强。

问:为何专业研究日本的机构没有得出和您类似的观点呢?

白益民：我在三井工作，很少有人能像我这么深入，通过近距离观察，我说"日本不再有秘密"是有道理的。目前国内许多日本研究机构已经有日本财团介入，它们当然不会研究日本财团。

问：您和宋鸿兵分别解读了美日经济，您怎么看《货币战争》？

白益民：我很佩服宋鸿兵，《货币战争》采取了演义小说的写法，我偏重实证，在日本公司中，一切都用数据说话，我习惯这种写作方式。

原文发表于《竞报》2008 年 12 月

揭秘日本财团帝国

日本企业"急攻"中国市场

郎咸平：我最近看到了一条新闻，心里特郁闷，我念给你们听。这个新闻这样讲的："日本东京证券交易所最新评选出来的'五大抢眼板块'中，专门列出 28 家'急攻'中国的日本企业，它们被称为是未来日本最有成长性，赢得前景最看好的证券之星和成功的'铭柄'。"

郎咸平：我就把这 28 家中，各位比较熟悉的几家念一念。

资生堂：预计十年后其来自中国的营业收益将超过总收益的 50%。没有中国它怎么办呢？

小松机械、日立建设机械：这两家占了中国建筑矿山市场份额的第一名。（"铁工基"经济刺激取向最大受益者之一）。

商船三井、日本邮船、川崎汽船：中国沿海海运市场、中国煤铁物流最大市场份额。看中国钢铁行业最近闹得不可开交，什么力拓间谍案等，中国钢铁业忙碌得很，但最后海运费、物流的收益大部分落入日本人手中。

东芝：目前是中国打印机市场份额的第一名。

爱普生：中国墨式打印机市场60%左右份额属于日本的爱普生。

大金空调：中国商用空调市场35%的份额。

伊藤忠商事、住友商事：大规模入资台资的"顶新"食品，还进入铜、发电及汽车物流领域。

奥林巴斯：占有中国镜片（日语为"内视境"）八成市场。

这只是28家急攻中国企业的一小部分而已。

2009年9月16日，日本民主党党首鸠山由纪夫以327票当选日本第93代第60位首相，从而结束了自民党对日本政坛长达53年的一党独大历史。有舆论将本次大选的结果称为"日本变天"，这次日本的政党更迭，被认为与日本民众对日本经济长期低迷的失望情绪有关，面对日本经济衰退，"临危受命"的鸠山由纪夫上台后的新经济政策显得格外引人瞩目。

实际上，在鸠山的竞选纲领中，已经明确提出了重视亚洲的新思维，可以想见此后日本与亚洲各国尤其与中国的经贸关系将会更加密切。那么日本一直是以一种什么样的战略思维在进行着其经济布局，日本的经济布局对中国经济的影响，又是如何体现出来的呢？

包罗万象的日本财团

郎咸平：很遗憾地告诉各位，20世纪90年代我们曾对日本进行过大量的调研，之后我们基本上没有看到过像样的研究。所以这次我们的研究助理找到《三井帝国在行动——揭开日本财团的中国布局》这本书，是由白益民先生写的。今天我就请白益民同志来谈谈。

郎咸平：白老师你在三井做过，做过多少年？

白益民：做了12年。

郎咸平：做了12年。你喜不喜欢日本人呢？

白益民：怎么说呢？我上学的时代，上小学中学的时候，大量媒体的口径都是学习日本，都是这个态度，包括我们的女排，那时候都学习日本。

郎咸平：东洋魔女！

白益民：对。所以我在上学的时代受到整个环境的一个影响，虽然曾经有过抗日战争,但是那时候的气氛可能更好一些。但是 1997 年以后,一个是东南亚金融危机使得日本在国际上经济形象不好,再加上它在台湾问题、靖国神社问题、东海油气田的争夺等问题上给中日方面带来很多冲突,中日关系并不理想。

郎咸平: 对于日本这些所谓的不友好行动,我们的反应是在电视剧或在文化方面对日本表示一些愤怒、愤慨。这个我完全理解,其实这也是一种文化的表现。但我觉得我们最遗憾的一点是缺乏对日本的研究。其实白老师在日本住过这么多年,你对日本的情报工作应该有所了解对不对?

白益民: 最近有个力拓事件,间谍门事件。里面有个主角,他叫胡士泰。他搜集了很多中国的产业方面的情报,其实在我看来,那些情报就是我在日本三井的日常工作。我生存基本依靠就是这些情报。日本号称贸易立国。它的情报组织系统是非常发达的,甚至有媒体称日本的综合商社的情报能力能够与美国的中央情报局媲美,这个不是随便吹出来的。

郎咸平: 日本这种情报搜集到现在有没有改变?

白益民: 没有改变过。

郎咸平: 没有改变过,但是我们觉得很好奇。日本这种大财团,我相信我们的观众朋友对它们有点陌生。日本这种大财团全世界各国都没有。他们说三洋这个洗衣机工厂可以在短短几天之内转换成军火制造商。

白益民: 那是完全可能。

郎咸平: 完全可能。比如三菱,前面节目里面,上海的一个教授在家里搞了这个光伏的屋顶,他说屋顶是向三菱买的,想到三菱我觉得有点意思。三菱不就是 20 世纪 80 年代收购美国洛克菲勒的那家公司吗?再往前走,二次世界大战,制造最可怕的零式战斗机也是三菱。你看三菱这么一个财团,它今天不但制造光伏、太阳能发电,还去收购了美国洛克菲勒,引发美日金融大战。再往前走,偷袭珍珠港的飞机也是它制造的。那么这种财团为什么有这种威力呢?

我们知道,在过去的几十年间,日本的发展模式就是重视出口、重视制造、重视财团和大企业。在这样的发展模式指导下,日本取得了令世界震惊的成绩,目前的经济规模居世界第二位。可以说,在日本的经济结构中，财团无疑是最为核心的内容，那么在历史上日本的财团是怎样形成的，又为何有如此强大的能量呢？

日本财团的中国"DNA"

白益民： 关于日本财团，国人可能更多知道的是三菱。其实最早的财团是三井，就是我在这本书里写的。这个三井大家也许不了解，甚至你在日本想买三井的资料都是买不到的。但是，大家很熟悉丰田，关于丰田的书有很多；东芝我们也很熟悉。大家可能忽略了一点，就是丰田汽车和东芝这种企业是属于三井财团的，除了这个以外，题板里提到的像商船三井，它号称世界第一大航运公司，是做铁矿石运输的。

郎咸平： 商船三井？

白益民： 对，商船三井，包括里面提到的日本邮船。日本邮船属于三菱财团。所以表面上看，看不出三井的名称，但是它属于一个财团。这个财团用美国模式解读的话，是解读不出来的。因为财团在我的定义里，实际上是一个商帮。这个商帮里面有这些企业，那这些企业之间相互持股，共同投资。这种行为方式其实就跟温州商人和浙江商人的行为方式很像。而且，我发现三井这个名称的来历，就来自浙江的天台山，那里有个三井潭。

白益民： 那是在1000多年前，唐代时期，日本的一个僧人，到浙江来修行，他回国以后，把当地的一个寺庙改名叫三井寺。围绕这个寺庙，以后有这个三井村。后来就以这个姓氏开始。从那出来的人开始从事商业活动。那都是1000多年前的事情。

所以如果仔细观察，我们可以把最开始形成的

位于浙江天台山的国清寺（原名天台寺），是佛教天台宗的发源地，距今已有1400多年的历史，日本三井寺的第一任住持长吏圆珍大师就曾在此修行

三井财团看成是最早的温州商人。

郎咸平：我们温州商人发展了一二十年后去炒楼炒股了，三井这些温州商人在1000多年后几乎掌控全世界了。那您能不能告诉我说他和温州商人不同点是什么？到底三井的精神是什么？他们到底在干什么？

白益民：实际上，无论是以前中国的浙商、徽商还有晋商，他们发展到一定时候，随着社会的动乱，都退出了历史舞台，没有和政府结合在一起，也就是民间商人没有和政府走到一起。而你看三井，看它的历史，在300多年前起家，开始是做一个小服布店，就是丝绸店，也就是现在号称世界第一大的百货公司的三越百货。随后在日本全国各地建了很多店，通过这个商业往来，最后又进入票据行业。

郎咸平：就是从百货公司进入金融？进入金融第一步是做政府的票据？

白益民：对。因为当时幕府没有在全国设置商业机构，三井为幕府做金融，钱庄就起来了。如果看这个财团的形态，实际上有两个核心，一个叫主办银行一个叫综合商社。所谓主办银行就是中国原来传统的钱庄。

郎咸平：也就是我们晋商的那个钱庄。

白益民：对，综合商社其实就是原来的商会。它实际上就是从这么一个发展过程过来，一直保留到明治维新。

郎咸平：像中国的晋商一样，日本的财团最初因为与政府的结合而发展成长起来。然而，晋商随着西方势力的入侵以及大清帝国的灭亡退出了历史舞台。日本的财团却在西方入侵之下，从明治维新后奇迹般地壮大崛起。那么，日本财团与明治维新之间，有着怎样的关系，西方的入侵又让日本财团走上了一条什么样的道路呢？

晋商模式的日本"进化"

白益民：我们一直说日本的明治维新是美国或者西方的资本主义改造了日本。日本国力是从明治维新开始增强的，但如果仔细研究它此前一两百年的历史会发现，它其实是在晋商模式的基础上进行了一下改造。基本的东西没有太大的变化。明治维新实际上是地方的武装军阀造反，背后是

产业就是脊梁
CHAN YE JIU SHI JI LIANG

在日本明治维新时期，明治新政权与德川幕府曾经发生激烈争斗，三井家族曾资助新的天皇制政府，并为军队支付过军饷

谁支持呢？就是三井，还有背后的一批商人叫作三都商人。

三都商人包括名古屋、大阪还有京都商人，以三井为首，在筹备军饷上给予支持以建立新的政权。

但是当时军政府的人都比较年轻，三十几岁，没过有治理经济、国家，国内处于一种混乱状态。这时政府反而很依赖这种家族——三井也就是类似于晋商的家族——来管理国家经济。明治维新初期，日本面临着美国的威胁，也就是历史上说的黑船事件。美国开进日本的港口以后，实际上对日本的冲击很大。这对日本有一种威胁感，日本建立军工厂、造船厂包括我们说的造航空母舰就是从那时开始。

郎咸平： 也是三井的吗？

白益民： 对，三井财团里头有一个叫石川岛播磨重工的企业，二战时期很多航空母舰都是它造的。财阀面临着战争体制，所以我们会发现，一方面日本的财阀有一种中国传统文化的属性，也有一种商业文化的属性；另一方面呢，日本财团也有一种战争的属性，有一点军队的体制。

在这个财团体系里面，配备了很多企业，包括石川岛播磨重工，这种企业我们都没怎么听说。但是，它甚至涉足日本的宇宙航空这样最关键的行业，当然也包括一些轻工行业，东芝，我们通常认为的做电视的企业，也包含其中。

郎咸平： 日本东芝，中国打印机市场首位。

白益民： 我们最初的印象是东芝是做打印机、电视机的，我记得小时候看的就是东芝电视机。但实际上，东芝最大的产业不在这一块，它最大的产业现在是在电站，核电站。包括我们前两年知道的美国西部电气，实际是东芝收购的。东芝涉及核能。核能和核工业、核装备都是联系在一起的。东芝还有一个很大的产业，就是做半导体。半导体是用在导弹里头高精尖的东西。

郎咸平：所以它们转化成战争兵工厂是分分秒秒的事。像东芝这种做电视机的企业就可以做导弹。

白益民：对。而且不光是在装备这块。财团大企业在组织上也像个军队，基本上还保持着终身雇佣制。虽然这几年有些变化，但变化不大。

日本财团从支持军阀斗争发迹，又因与军事的种种关联，形成了极其特殊的组织结构，这样一种结构也让它们在二战结束后遭遇沉重打击。那么这些日本财团又抓住了什么样的机遇走出困境，实现了经济奇迹？这些实现奇迹的日本财团在组织结构上又有什么样的特点呢？

商社，助力日本走出困境

白益民：1955 年，日本面临着进入 WTO，那时候叫关贸总协定。当时所谓的关贸总协定让日本面临全球化的一个过程。在 20 世纪 60 年代，它又加入金融方面的自由兑换的协议，面临着与西方国家的经济接轨过程。在这个过程中，它为了保证开放以后自己的产业能继续与西方竞争，促进了财团的统一，财团形成能够进一步保护产业和培育新产业链。20 世纪 60—80 年代，日本就是通过这个体制进行海外扩张，打到海外市场、欧洲市场的。

郎咸平：那么这个时期的日本财团和二战时期有什么不同呢？

白益民：这个时期的领导方式不是由家族来领导，而是由职业经理人来领导。

郎咸平：那就是家族变成职业经理人的最大转变。

白益民：后来真正的家族无非是一种象征。

郎咸平：就像日本天皇一样是一种象征。

白益民：对，职业经理人才是真正的操控。在二战前，也是职业经理人来做事情，所以没有什么太大变化。只是组织的方式，资本构成的方式出现了一些变化，跟二战前其实是一样的。

郎咸平：对。比较有意思。不管是从天皇而言，还是从家族而言，在

产业就是脊梁

就如同现今的日本天皇一样,家族体系对日本而言就是一种符号,财团商社都一直是由职业经理人来运作的

日本只是一个符号。举一个例,日本财务大臣,大藏省,比如说这次民主党当选之后由他来指派,可是干事的不是他,干事的是那些副手,只有一把手是跟着政党轮换,其他绝对专业化,而且一辈子干这个专业,非常专业化。所以不管换谁,你要改变整个组织的意识形态是不可能的,为什么呢?这人干了一辈子,他就这么干。换个一把手就像换天皇一样,换家族一样,就换个符号。从明治维新到现在,可以这么形象地讲,日本没有改变过,包括日本的官场、日本的商社都是这个样子,全部都是由职业经理人如职业官僚、职业经理人来运作。

白益民:对,他们管职业经理人叫"民僚"。

郎咸平:官僚跟民僚,政府的民间组织里面是官僚,商社是民僚。一把手基本都是摆摆样子。有意思。

按照投资银行高盛的预测,到2010年,中国将占到全球消费增长的30%,是美国消费增长的2倍,随着日本民主党登上舞台,他们也看准了亚洲将是新崛起的经济增长高地。鸠山由纪夫关于调整日本贸易投资战略侧重于东亚市场的说法,更让经济学家认为,日本民主党将改变过去倚重欧美市场的局面,转向加速融入新的快速发展的亚洲市场。那么,日本财团的亚洲战略到底是怎样实施的?对中国经济的影响又是怎样的呢?

日本财团的亚洲战略

白益民:我在《三井帝国在行动》有一章讲液晶产业,其实现在情况跟这个问题类似。当初液晶产业化之前,就是我们说的电视产业显像管,

第十章
中国如何应对产业战争

那时中国上了几百条生长线。

郎咸平：跟光伏是一样的，跟太阳能一样，上了之后都产能过剩。

白益民：产能过剩，而且没有升级的能力，最后都淘汰掉，被人家的液晶替代掉了。我们买来的技术，我们老说拥有自主知识产权，无非是把人的图纸买来，把人家的专利买来。

郎咸平：像我们的风能发电，买人家图纸。

白益民：我们购买的只是一些专利，但是真正持有这些技术的是人，我们没法买过来，买过来的这些东西，没办法升级，过了几年就被淘汰了。所以你不光要买技术，还要买配套设备，还得花很多钱。最后，投资还全都打水漂了。但是日本的财团就能解决这些问题。财团通过产业链把企业培育起来，通过终身雇佣制把人积淀下来，技术积累最终积累在人的身上。

郎咸平：就像他们的特殊钢，新日铁，技术一直是日本掌控，我们得从日本进口，我们做不出这种特殊钢。

白益民：我在这本书里第一章其实就讲的钢铁，日本的产业链是怎么给中国布局的，写得很清楚。30年前建宝钢的时候，新日铁就把它的成套设备卖给中国了。

郎咸平：就是淘汰的设备。

白益民：对，把它淘汰的设备给宝钢，而且那时候我们还得花很多钱。当时中国没有钱，只有通过日元贷款还有各种方式，欠着人家钱，先把这东西拿过来。可是等你把这些设备拿过来，会发现一个最大的问题，你只是把它的锅炉拿来了，锅炉还有特定的要求，必须得消耗高品位的铁矿石，中国不存在高品位的，都是低品位的，那么怎么办？必须去买澳大利亚和巴西的铁矿石。

郎咸平：自己生产的铁矿砂就不行？

白益民：不行。

郎咸平：所以你就去买力拓、必和必拓跟淡水河谷的铁矿砂，而且这三大铁矿砂公司又都是日本控股的。我们就处于这么被动的局面。

白益民：日本在这些公司谈不上控股，但是有部分股权，大概百分之十几。但它实际上的概念并不是要在矿山里头挣很多钱，因为矿山是属于

产业就是脊梁
CHAN YE JIU SHI JI LIANG

这个国家，是它们国民的财产，很难控股。日本更多是在物流上挣钱，也就是介入基础建设、港口的建设、铁道的建设，在这里面它们可以卖大量的设备，同时可以拥有一定的股权。看一看海运公司，全球最大运输钢铁的、铁矿石的海运公司，都是日本的这几家。所以我们会发现，最后你买到手的铁矿石，可能是50美元一吨，但是你交的运费大概就超过50美元，日本在这里面赚了很多钱。

郎咸平：你看，日本在这里头玩着游戏，把需要用高等铁矿砂的设备用高价卖给我们，卖给宝钢，那么我们为了用这个设备，就不能用自己的铁矿砂，必须要从澳洲进口铁矿砂；结果去澳洲进口铁矿砂发现，日本的三井在这里有股权，有百分之十几的股权，它从中赚一把；然后运铁矿砂运到上海，你得用日本船运公司，一吨铁矿砂假设60块钱的话，船运费搞不好不止这个价钱，所以日本又从中赚一次，比美国还厉害。如果不买这种炼钢的锅炉，还可以用中国自己的铁矿砂。

我再举个例子，上次我到香港，买了个日本索尼的DVD播放机，很小很精巧，也不是很贵，送家人。如果买的是在大学门口的盗版碟，比如是咱这期节目，一个都不能放，只能放从美国进口的碟，一张120美元。你到北大清华门口去看，3块钱一张，所有节目压缩在里面，但是索尼的DVD不能读，步步高才能读。同理可推，我们向日本三井买的炼钢的锅炉就是"索尼的DVD机"，只能读这种高质量的碟，必须向澳洲来买，向力拓买。如果用我们自己做的炼钢设备那就可以了，叫什么呢？叫"步步高"，我们鞍山的铁矿砂就可以用了。

郎咸平：所以你看，这一切不是简单的企业战略，不是简单的企业失误的问题。在我看来，是三井帝国等精心策划的结果。

当"九·一八"事变爆发、排日情绪高涨的时候，鲁迅说："在这排日声中，我敢坚决地向中国的青年进一个忠告，就是：日本人是很有值得我们效法之处的。"70年过去，言犹在耳！

原文为2009年11月第94期《郎咸平说》实录

| 第十章
| 中国如何应对产业战争

第三节
三井物产模式透视

不少中国企业的梦想是跻身世界500强,但在三井看来,世界500强排名不过是西方人搞出来的玩意儿,本身并不能完全反映出企业存在的价值,三井对500强排名从来都不屑一顾。

三井财团体系内的500强企业有一大把,财团所属的成员企业就有丰田、东芝、索尼等全球行业翘楚,财团投资、参股的关联企业则延伸到通用、西门子、爱立信等全球顶级企业。如果三井想争500强排名,只需简单地将财团所属企业的财务报表并入三井,就可以轻松坐到世界第一的位置。

在世界范围内,三井投资、参股的企业几乎无所不在,但是在三井关联企业的身上基本看不到三井的名称,三井就如一艘潜艇——它就潜伏在你身边,但你却感受不到它。

控制产业链:左手翻云右手覆雨

早在1985年,三井物产(三井财团旗下综合商社财团的日常协调和决策机构)与宝钢就签署了战略合作协议。2002年12月初,三井物产与宝钢合资3000万美元成立钢铁流通企业——上海宝井。

2007年7月,日本三井物产(综合商社)与上海宝钢签署合作协议,在宝钢的资金、原材料、生产制造、运输、销售的每个环节都能看见三井物产的影子

其后,三井物产与日本日新制钢、宝钢在宁波共同兴建了中国最大的不锈钢厂。目前,三井物产在中国拥有10个钢材加工配送中心……

宝钢不缺钱，为什么还要跟三井合作？研究一下钢铁行业的产业链布局就不难回答这个问题。

宝钢必需的生产原料，大多由三井物产等日本企业参股控制。不仅如此，这些铁矿石还是由三井物产的成员企业——三井商船运输到上海的；而运输的大型矿砂船是由三井物产的另一家成员企业三井造船制造的；三井物产与宝钢合作生产卷板，根据汽车、家电等企业特别是日本在华企业的需求，进行剪裁打孔等加工后销售。

可以说，在宝钢运营过程中，从资金、原材料、生产制造、运输、销售的每个环节，都能看见三井物产的影子。宝钢在得到帮助的同时，也不知不觉中被纳入了三井的势力范围。

由此，我们不难理解下面的事实：2005 年，新日铁率先与巴西淡水河谷公司达成协议，每吨铁矿石价格比 2004 年上涨 71.5%。2006 年，宝钢代表中国企业艰苦谈判的时候，印度最大的私营铁矿石出口商 Sesa Goa 公司也把供应给日本客户的铁矿石价格上调 19%。

在旷日持久的铁矿石价格谈判中，宝钢可谓孤军奋战，而需求量也较大的日本钢铁企业却丝毫不担心，包括三井在内的日本财团还成了获益者！

事实上，在铁矿石的主要产地澳大利亚、巴西、加拿大、智利乃至印度，三井物产等日本企业都直接或间接拥有大量当地铁矿石企业的权益。同时，三井物产拥有新日铁的股权，也是新日铁最大的钢材代理贸易商，而 Sesa Goa 公司 51% 的股份也在三井物产囊中。

因此，铁矿石涨价对中国企业简直就是一场灾难，而对以三井为代表的日本综合商社来讲，无非是把钱从左手转到了右手。

不仅如此，在石油等其他资源的争夺中，这样的例子也比比皆是。资源争夺战的背后，往往能看到三井物产等日本综合商社的身影。因其对整个产业链的控制，三井总能游刃有余地追求收益最大化。

商业军团：产业组织者

到此，我们不得不问，三井物产何以具有如此巨大的能量？

第十章 中国如何应对产业战争

三井物产是三井财团的核心企业,也是全球最大的综合商社。三井物产到底是做什么的?三井物产中国副总代表魏林的介绍简直让人摸不着北:"问我们做什么,不如问我们不做什么。我们不做毒品、武器弹药这些违法的事,但是其他的只要有机会我们都可以做。"

不过,在日本,三井物产被称为"产业组织者"。

三井创业以来的几百年间,为适应时代要求,在粮食、机械、能源、纤维、物资、金融等广泛领域,培育了形形色色的产业资本。三井财团的发展史,就是其地区多样化、产品多样化、行业多样化尤其是功能多样化,逐步展开、渐趋推广、日益深入、综合运用、自如协调的历史。

从历史发展轨迹上看,三井财团从发展初始就进入了国内贸易、实业和金融领域。其后,伴随着国家的扩张,财团不断发展国际贸易和全球范围的物流运输服务。因为财团的主要股东都是金融机构,这些金融组织便为财团所属企业直接提供优质低息的金融服务。

同时,随着财团贸易规模和实业经营的不断扩大,接触的行业不断增多,财团顺势就做起了各种交易服务的中介人,为出口商开发海外市场,为进口商寻找所需的原材料或产品。

再后,因为在贸易和实业经营方面积累了大量政商情报,财团不仅为客户提供最有效的商业动态、市场行情等信息,自己也做起了产业投资。

在我的理解中,所谓综合商社,实际上就是将现代战争中以集团军为基础的多兵种联合作战体系引入了经济活动中。日本财团是典型的"对内军团主义,对外军国主义"。

目前,三井物产具备两个关键职能:一是通过各种各样精心设计的服务促进国际贸易;二是全球性地调动信息、人力、财力等资源进行产业投资。

投资原则:打通产业链

在外界看来,三井物产简直像个万花筒,但对三井人而言,无论是贸易还是投资,三井物产的一切业务都遵循着相同的投资原则:

首先,依托财团已有的企业,对其产业链上下游外围企业进行投资,目的是打通产业链,维持与生产企业的长期合作关系,取得产品的贸易代理权。这与商社作为产业组织者的定位有极大的关系。

一般来讲,三井物产投资的企业本身就是三井财团多年的合作伙伴,投资的目的是想利用对渠道的控制来掌握该企业的原材料供给和运输,三井物产参股宝钢就是一个鲜明的例子。

三井物产海外市场投资活动的基础是日本经济的加工贸易格局。多边化投资活动的目的在于辅助或完善其作为本业的销售活动,谋求稳定地确保"商权"。通过海外投资掌握原料进口渠道,是三井物产具有流通支配力的重要基础。

其次,因为要做产业整合者,三井物产是否投资某个项目的主要考虑因素不是追求利润第一,而是追求长远的产业发展空间。

最后,与财团所属企业共同投资,但三井物产本身并不做大股东。三井物产在被投资企业所占的股份一般在5%~10%,也不直接进行生产活动。它会让财团所属企业控股,之所以这样做,是因为它认为,财团所属对口企业才是该行业的专家,这样才能确保经营决策的科学性。

决策体系:有为而有不为,无治而无不治

像三井这样如此庞大的组织如何进行决策?

所属产业	核心企业
金融保险	三井住友银行、三井信托、三井生命、三井住友海上火灾保险、住友三井金融租赁
商业商社	三越、三井物产
地产建设	三井不动产、三井住友建设、山崎工程、东洋工程、JA三井租赁
矿产冶金	三井金属、日本制钢、三井石油
汽车船舶	丰田汽车、三井造船
石油化工	太平洋水泥、三井化学、电气化工
机械制造	石川岛播磨重工、三机工业、新王子制纸、新日本空调
电子通信	东京放送、东芝、富士胶卷、Unisys
轻型工业	日本纸质、日本制粉、东丽、札幌啤酒
流通仓储	三井仓库、三井soko、AIM服务
科研情报	三井物产战略研究所
交通运输	商船三井

日本三井财团的最高领导机构称为二木会,共有26家核心成员,上表中粗体字的为二木会成员

就财团这个层面而言,"二木会"是三井财团的最高领导机构,由财团内26家主要大企业集团共同组织,目的是定期聚首、互通信息、统一决策、协调战略、促进友好,其中三井银行、三井物产、三井不动产是财团的三大支柱企业。这三大企业的首脑人物形成最高领导核心,对外代表三井财团。

二木会表面看起来似乎只是大佬们的俱乐部,而实际上联系更为紧密,在最高领导人的任用上就可见一斑。东芝是三井财团重要成员之一,被称为东芝"重建之王"的前任社长土光敏夫曾经是三井财团另一企业石川岛播磨重工的社长。在东芝经营出现极大问题的时候,时任东芝董事长的石板泰三就曾直接任命土光敏夫为东芝社长。

这种高级经理人在财团内部流动,在当时和现在的三井都十分普遍。对于财团参股比较大的公司,商社会派几个高层去管理,但也仅此而已;对于参股比例不大的公司,商社不仅不会派高管,甚至不允许它们的公司名称里出现"三井"二字。

此外,在日本财团内,担任财团会长的往往不是大股东,而是在财团内部拥有资历和崇高威望的人(一般是财团所属企业退休社长)。日本企业的员工都是根据"年功序列制"从基层慢慢成长起来的,财团的会长也不例外。

三井财团的日常协调和决策机构正是综合商社——三井物产。当三井物产的业务部门遇到某个投资项目时,在进行分析判断后,便会拉上财团所属企业对口部门主管和职能部门的同事一起进行一年左右的考察调研。考察结束后,拟写考察报告报三井物产所属部门部长,部长就有权做出是否投资的决定。

三井物产一般会邀请财团所属企业共同投资,如被邀请的某企业不愿意参与该项目也没有关系,反正财团的成员单位众多,总有成员单位对已考察项目感兴趣的。甚至,三井也会邀请其他财团的企业加入项目,这种倾向现在已经相当普遍。当然,也有三井物产单独投资的。

在三井物产,不存在对财团所属企业进行强制管控,因为这样做根本

产业就是脊梁

没必要。三井物产本身一方面是财团所属其他企业的股东，一方面又拥有对这些企业上下游资源的控制，大家是靠一种供求关系把利益联系在一起的，三井物产又何必让别人事事听命于它？

正因如此，三井物产的员工从来都把东芝、新日铁等当成自己的客人、客户，绝不会把它们当下属企业的。而这也正是三井物产社长上岛重二在回答中国中央电视台记者关于三井有哪些下属企业的问题时含糊其辞的原因。

商社和财团产生的必然性

为什么以综合商社为核心的财团这种企业形态产生于日本？我认为可以从两个角度进行透视：

从日本政府的立场看：对外，商社的发展壮大有利于日本实施海外扩张战略，一方面获取资源，一方面获得市场；对内，也有利于社会建立良性的市场经济秩序。

从日本企业的立场看：因为日本是一个岛国，国土面积狭小、资源贫乏，自然灾害频发，形成了日本人天然的危机意识。加入以商社为核心的财团有利于企业之间优势互补，在经营上财团内部所属企业之间可以相互扶持。特别是在遭遇经济危机的时候，抱团求生有利于企业保留人才和技术，等待宏观经济回暖后，发挥规模优势，迅速捕捉商机，实现集团利益最大化。

显然，日本财团是一种一损俱损、一荣俱荣的商业组织形式，这与日本文化中的共生共荣思想的影响有极大的关系。此外，日本自古就有以商兴国的传统，特别在二战之后，贸易立国甚至成为日本的国策，杰出的商人在日本被誉为"商魂"、"国宝"。

长此以往，商社以及其财团所属企业就成为日本经济的基石。从某种意义上讲，商社也就是日本微观经济的操盘手。既然政商双方都对商社这种商业形态的存在和发展具有高度共识，商社在日本的快速发展就不难想象了。

值得注意的是，在日本，政商之间的关系一直是相互依存、相互支持。日本政府的重大国策多咨询于财团,而非院校学者,财团领袖成为内阁高级顾问也是常事。二战结束后初期,三井、三菱、住友等大财团的家庭成员和大管家都曾担任过首相、大臣。三井历史上也曾被称为"政商三井"。

这种政商关系如何形成?抛开上述大道理,我们可以从这个视角解读:日本的政商名流大都毕业于东京大学、早稻田大学和庆应大学等,同学或校友关系自然有利于政商之间建立无缝隙人脉资源。

日本经济 = ∑综合商社

二战结束后,日本经济全面崩溃,日本企业的竞争力远远比不上欧美企业。

为了提高企业在国际市场的竞争力,20 世纪 50 年代,大企业之间合并、协作以及产业再组织成为当时日本政策思想的主流。

1953 年,日本政府修改了《禁止垄断法》,放宽了对持有竞争关系的公司的股份及兼职的限制,三井、三菱和住友三大老财阀重聚起来。同时,战后的一些新财阀也相互结合,形成芙蓉、第一劝银及三和三大新型财团企业集团。

此外,日本政府还鼓励财团之间通过相互持股、系列贷款、人事互派等,形成集团之间的联系,增强团体对外竞争能力。这些政策的出台直接促进了日本财团的形成和发展。这些大财团横跨各产业,构成日本经济的基础,掌握着国家的经济命脉。

因为日本财团不存在上下级支配关系,因此财团也被称为"横向集团企业群"。另一方面,"纵向集团企业"也是日本大型企业所必备的一个特征。这类集团企业是一个在母公司一元化、垂直领导下的活动的有机的事业集合体。

不仅如此,集团企业的经营活动范围往往并不限于集团内部,许多制造业企业将集团外部的中小企业(行情论坛)群作为长期、经常性交易的对象(外包公司),将它们纳入自己业务经营的内部范围。外包公司有的朝着水平方向延伸,如三菱公司拥有 190 家成员公司;有的朝着垂直方向发展，像丰田公司拥有 175 个初级供应厂商和 4000 多个二级供应厂商。

此外，在主要的制造商和全国几千个零售商之间，还存在着销售联盟。局外人要想打入系统内部，真是比登天还难。

综合商社是日本经济的总参谋部，是日本国家经济战略的制定者，同时也对日本政治、外交和军事等方面具有很强的政策影响力。日本财团几乎都加入经团联，经团联主席又被日本民间誉为"财界总理"。日本政府对世界经济事务的认识和研究几乎完全依赖于财团的研究机构。

从以上表现看来，把日本经济称为一家超大型综合商社并不为过，西方人甚至将日本称为"大日本会社"。

《日本现代综合商社论》一书全面分析了日本三菱商事（综合商社）的模式与特点，作者为日本经济学家堀口健治

中国：如何跨越障碍？

日本综合商社素有"第二银行"之称，它表面是一个商业公司，实质上却是一个金融公司。没有金融功能，也就没有综合商社。

中国如果发展综合商社，关键在于如何建立商社的金融功能。而从现实看，中国现有的金融体制确实又限制了综合商社的发展。

中国的金融体制正处于转轨时期，目前的银行还属于管得较死的行业。对于较为垄断的金融市场，综合商社难以介入，尤其是商社贷款功能在中国属于严格的金融业务，因此，金融禁区不打破，中国的综合商社很难取得实质性的发展。

在我个人看来，政府应该给部分流通企业以重点的资金支持，而选择企业进行扶持的前提是：该企业是否有较强的经营能力和市场辐射能力，是否有较强的抵御风险能力。对此，不妨假设流通类上市公司为最适合培育综合商社的母体。为使这些企业成长为综合商社，首先使其扩大自有资金规模，具体方法可采用兼并重组方法，也可采用增资扩股方法，或扩大向金融机构融资。当然，资信状况提高后，还可以在国际范围内采用其他的直接融资方式获得资金。

我国综合商社的金融功能需要最早发展的应该是营业信用。因为在流通贸易中，赊购赊销是极其自然的，这也是所有流通企业涉及资金信用的最早形式。待综合商社的资金来源稳定后，则可进一步开展租赁和担保业务。最后，在商社金融功能成熟后，根据情况开展长短期贷款及预支货物和预付货款等业务，使综合商社具备全面的金融功能。

具体而言，要发展综合商社，在金融体制改革方面有三条路可走：一是以银行为龙头，兼并工商企业；二是工商企业兼并银行；三是给商社金融以银行经营权。对于发展中国的综合商社来说，将面临一次新的重大选择。

当然，未来往往就是人为选择的结果。

原文发表于《中国商业评论》2007年5月，作者：萧三匝

第四节
三井模式带给中航工业什么启示

访中航工业投资公司分党组书记魏晓龙

提起日本的三井物产，我们可能不太熟悉，但是丰田、东芝、索尼、三井住友银行、商船三井等却在中国有着极高的知名度，这些行业龙头都只是三井财团体系内的家族企业，而三井物产则正是汇集众多著名品牌的三井财团的核心领导成员。

《三井帝国在行动》一书的出版和畅销，引起学界和实业界的关注，书中的三井模式给我们提出了很多值得思考和学习的问题。

国内当前的宏观环境与20世纪七八十年代的日本相似，同时在文化上也具有相通性。因此，了解和学习包括三井财团在内的日本国际知名企业

产业就是脊梁

《三井帝国在行动》一书详细地介绍了三井模式,并给我们提出了很多值得思考和学习的问题

的经验,为我所用,可以帮助中航工业这类国内企业找到更适合自身的发展模式,从而加快集团公司的战略转型。

那么,三井模式到底是一个什么样的模式,学习三井模式,可以引发我们什么思考?本次采访,与其说是寻找答案,倒不如说是提出问题,希望能引起业内同行更加深入的关注和思考。

三井帝国的行动逻辑

记者:人们把三井财团称为三井帝国,您认为,三井财团是一个什么样的企业?

魏晓龙:三井财团是日本6大财团之一,其核心成员包括24家大垄断公司,其中银行2家、保险公司2家、工矿企业15家、商社1家、大百货商店1家、房地产行业企业1家、运输企业2家,由这些企业组成的二木会即经理会是三井财团的最高领导机构,其中三井银行、三井物产、三井不动产公司是财团的三大支柱企业,这三大企业的首脑人物形成最高领导核心,对外代表三井财团。

三井物产历史悠久,最早可追溯至18世纪初,后经多次沧桑变迁、分合并立,最终于1959年合并,成为日本规模最大的综合商社。目前,三井物产已拥有1万多名员工、1000余家下属企业,在世界93个国家和地区设有226个办事处。其经营范围包括钢铁、纺织、机械、化工、能源、电子和信息、粮油食品、有色金属、轻工建材的内贸、进出口贸易和转口贸易等。

早在1993年,三井物产就排在了世界500强的首位,其后的10年间稳坐前10把交椅。在2003年的战略调整之后,三井物产渐渐隐藏了身影,将旗下众多企业推进世界500强的行列，自己则成为真正的幕后推手。

记者：您认为，三井物产主要运营模式有什么特点？三井物产在企业运营中扮演哪些角色？

魏晓龙：与西方经济学和经济体制环境下的企业发展道路不同，以三井财团为代表的日本财团走出了自己独特的发展演变道路，这与其背后的政治、文化、法律、历史等背景密切相关。

三井财团有这么几个特点

（1）新家族式经营模式

与家族经营比较，三井财团是一个新型的家族式企业联盟。它以金融资本作为维系纽带，以综合商社作为推手和辅导者，将各个企业结成命运共同体，互通有无、资本共享、协同发展。当代的三井财团企业经过现代企业制度改造的洗礼之后，已经成为名副其实的社会企业，并将家族文化不断传承。

（2）产业组织者

作为产业组织者，三井物产看重的是长远的产业发展空间，而不是短期利润。作为三井财团的核心公司，三井物产的产业组织者职能表现在：通过精心设计的多样化服务促进国际贸易活动，全球性地调动信息、人力、财力等资源，并与客户一起共同努力，创建新的业务、新的公司，从而不断向新产业迈进。

三井物产的经营特色体现在两个方面：第一，参与企业生产和科技开发，从而获得生产企业的贸易代理权；第二，为中小企业提供融资服务，从而促进贸易流通业务的发展。三井物产用百余年时间，将经营特色渗透到了粮食、机械、能源、纤维、物资、金融等广泛领域，培育了诸如丰田、索尼、商船三井等形形色色的产业资本。

（3）资源与金融的统合

三井物产是日本资源战略的优秀执行者，其从战后不久即开始投入大量资本、技术、设备到资源丰富的国家和地区。从单独买矿，到经过签订长期合同、融资买矿，最终直接参与矿产资源的开发，从而尽可能多地获取资源。

介入资源收购需要强有力的筹资、融资能力,三井物产的成功正是得益于金融机构源源不断的贷款支持,而保障融资顺利的体制即是银行作为综合商社的大股东并相互持股,保持长期持续资金交易的关系。

三井物产的主要股东包括三井住友银行、中央三井信托银行、三井生命保险等金融机构。商社金融无论采取什么金融策略,均不是以获利为目的,而只能是对综合商社和交易功能的补充、完善和确保商权的稳定扩大。

(4) 惊人的网络力量

始建于1971年的三井物产环球通信系统,通过其在东京、纽约、伦敦、悉尼和巴林的5个电脑控制中心,联结着驻海外的149个事务所,通信线路总长达44万公里,可以环绕地球11圈。其情报信息中心面积达12.5万平方米,信息通信系统24小时不间断运转,广泛搜集世界多个国家和地区经济、政治、军事、科技、社会等各类信息,进行综合性和战略性的研究。

市场情报的交换不仅在全球事务所之间,而且在三井物产子公司及成员企业之间传递。与此同时,三井财团中的专业物流公司也是巨大网络中的重要组成,与三井物产的网络形成交叉互补。对于物流公司的掌控,三井物产首先通过投资持股其他物流企业,进一步扩张分销配送网络,然后在新兴市场加快构筑高效的物流体系,同时也积极构建电子商务市场,并强化承包整个物流、货款支付、保险、审查等相关业务。

借此,三井物产在与外国企业合作的同时,强化了对合作国企业的控制,而合作国企业的内部信息也往往成为三井财团企业群共享的情报。

(5) 制造业的"牵引车"

凭借遍布世界的庞大的信息网络,三井物产等综合商社以中间人和牵线人的角色将先进技术大规模引入日本,参与了几乎所有的引进过程。

技术引进后,综合商社以其巨大的情报能力和产业协调能力,使企业可以把来自各国的不同技术加以集成创新,根据市场需求的变化开发新功能、研制新产品,同时借助强大的财团制造企业将创新技术规模化、产业化。

如今,在三井-住友这个大财团体系下,一大批综合性制造企业都已经成长为大型跨国企业集团,在各自产业领域发挥着综合商社的功能。如丰田、东芝、索尼、NEC、松下、三洋等财团成员,通过财团内部新的分工和协作,正在分别统合汽车、电气装备、消费电子、电信、家用电器等领域的资源,牵引全球制造业的发展。

记者:《三井帝国在行动》总结了三井物产的"行动逻辑",您能概括一下吗?

魏晓龙: 就是在一个100多家子公司和上千家股权管理企业组成的全球交易网络和信息情报网络中,三井物产借助强大的信息集成、产业组织和沟通协调能力,实现产业资本、商业资本和金融资本有机结合,将整个财团的资源统筹协调,发挥陆(产业资本)、海(商业资本)、空(金融资本)综合作战的"狼群效应"。

最终,三井物产通过强大的贸易能力和物流网络建设能力,将上下游资源统合起来,从而为整个财团创造高额利润,并占领商业机会的"制高点"。

三井模式引发的思考

记者: 一直以来,欧美企业的发展模式是国内企业争相学习的标杆,由于种种原因,我们长期以来忽视了像三井财团这种统合资源、全球布局、运筹帷幄的产业巨鳄的经营智慧和巨大影响力。

魏晓龙: 是的,我们一直很重视欧美企业的发展模式,其实,由于文化相近,像三井财团这样的亚洲企业发展模式更值得中国企业去深入研究。

记者: 您认为,结合中航工业的发展战略,三井模式可以带给我们哪些启示和思考?

魏晓龙: 其一,交叉持股。三井财团的交叉持股模式有利于持股各方形成利益共享、资源共享(情报、技术、财力)、共生共长的利益纽带,有利于分工协作、统筹协同,有利于建立完善的法人治理结构。

产业就是脊梁

中航工业在专业化整合和各直属单位成立过程中,正在实施交叉持股、"抱团发展"的模式。但仅有资本和文化的纽带,是否足以解决局部利益超越集团利益的道德风险问题?日本财团如何设计具体的机制和方法实现其"狼群效应"?

三井财团将资源统筹协调,充分发挥陆、海、空综合作战的"狼群效应",从而为整个财团创造高额利润,并占领商业机会的制高点

其二,产业布局。作为日本历史最悠久的综合商社,三井物产的业务范围从矿产资源、钢铁制品到机械制造,从零售、贸易物流到金融产业,从化工产业到信息产业,大到汽车、钢铁,小到口香糖和超市,几乎涵盖了经济生活的方方面面,可以说是一个典型的多元化企业。

通过对三井物产的研究可以发现,三井物产并不是对所有的投资企业都采取控股的策略。对于一些战略性、资源性和自己具有行业优势的产业,三井往往采取控股或联合控股的方式,借以赚取高额投资收益;而对于一些非战略性的、自己并不是特别精通和熟悉的行业,三井往往采取参股的形式。

三井笃信"让专业的人做专业的事"的原则,对具体的经营很少干预,它常常通过与被投资企业的资本联系来为其成员企业创造出更多的商业机会,从而获得远高于一般投资收益的综合投资效益。

值得研究的是:三井物产进行产业布局,多元化选择的标准是什么?其决定进入或退出一个产业、控股或参股一个企业的策略和原则又是什么?金融资本与产业资本的融合是如何巧妙规避不同国家和地区的法律管制,又如何进行风险隔离的?

其三,全价值链竞争。三井物产产业化发展的一个突出特点就是围绕着全套完整产业链进行布局,并努力使整个产业协调发展。三井物产的主要功能就是调动全球的信息、人力、财力等各种资源,为财团旗下的各个企业服务，打通产业链，并帮助财团开创新的业务、进入新的产业。

三井物产又有"产业组织者"之称，以钢铁产业为例，三井财团的成员企业涉及铁矿、运输（运输所用的船舶都是其成员企业所制造）、钢铁冶炼、钢铁制品（船舶、汽车等）。通过对上下游产业的全产业链投资，加大了其在产业内的话语权，并增加了利润来源。

目前，中航工业已经构建了航空产业与非航空业、制造业与服务业的全产业价值链，那么，当前应该如何打造产业的"产业组织者"？如何构建全产业价值链高效协同竞争能力？如何防范全价值链布局所带来的多米诺骨牌效应？

其四，集成网络。三井物产高度重视集成网络的建设，致力于打造世界一流的全球商业情报调查和研究平台，高效统筹信息资源并将其用于经营发展战略决策和项目投资决策。早在 20 世纪 90 年代，三井物产用于电报、电传等的通信费用就约占公司总开支的 10%，是员工工资的近 1/3。

中航工业目前具有构建集成网络的多种资源：金融资本与良好的外部金融关系、海内外的贸易与物流体系、经济技术情报研究机构等。但我们如何统合、延伸现有要素并逐步形成真正意义上的集成网络？集成网络所生成的资源如何在不同地区和不同单位间共享和使用？如何才能最大化实现信息的增值功能，将信息转化为生产力？这些问题都需要进行更为全面、深入的研究和探讨。

原文发表于《中国航空报》2009 年 9 月，作者：刘文波

第五节

失之筑波，收之财团

按照星座划分，日本绝对是个不折不扣的天蝎座，神秘、占有欲很强，外加长了个喜欢哭穷扮可怜的心眼，然而，内心却强大无比。

产业就是脊梁

我们看到的大幅报道都是日本经济不行了，国债很多，甚至在日本，从政府到学者都在大肆渲染日本经济衰退论，其实，真正的日本不是这样的！我们要用客观而正确的视角去看待日本。

在日本"衰弱"、"可怜"的低迷形象下，事实上，我们忽视了日本打造一个"海外日本"的野心。日本的 GDP 只占 GNP 的 40%，说明日本已经是投资国了，其在海外的经济体远远超过国内。

打个通俗的比喻，在今天世界上，除日本本土国家之外，还存在"1.8 个日本"。这"1.8 个日本"指的日本的海外资产和海外产业，纯资产、整体资产是世界上最强大的。更重要的是，日本企业的海外扩张并不是单兵作战，而是集团作战，因此战斗力很强。

为了向读者形容日本"实力依旧强劲"的"1.8 个日本"的概念，外媒还一度巧妙地利用了数据对比。

外表光鲜亮丽的日本筑波科技城其实发展得并不好，与理想的科学产业园模型相距甚远

常驻东京的爱尔兰记者、作家和经济评论员埃蒙芬格尔顿在《纽约时报》撰文写道："自'失去的十年'开始后，东京建造的超过 500 英尺的摩天大楼有 81 栋，相比之下，纽约有 64 栋，芝加哥有 48 栋，洛杉矶有 7 栋。"

中国赶超日本，成为世界第二经济体，中国的崛起已经成为不争的事实，但我认为，赶超其实也是一个学习的过程，做得好的，我们可以借鉴，做得不好的，我们防患于未然。

那么，我们该如何学习。实际上，每一种经济模式的背后都有它的一套 DNA 符码，我们无论在学习还是模仿的过程中，都一定要深刻了解这种模式的来龙去脉和缺憾，以及与自身的基因是否契合的问题。创新模式需要具备一定的现实土壤。

第十章 中国如何应对产业战争

筑波科学城其实是个"病号"

科学城是科技工业园区的一种类型,通常由政府进行规划,把大批研究机构和科技专家集中在高质量的某一特定空间,以产生卓越的科学成就或科技成果,并创造出协同的研究活动。日本筑波科学城的兴建,正是这种模式的典范。

二战后,日本经济高速起飞,本质上是日本在技术上对先行国家的追赶。日本大刀阔斧地实施模仿策略,所谓的模仿策略是指以技术引进为基础,以改进和集成为手段,借助规模化生产和销售实现盈利的研发方式。在这种模式下,盈利的维持和扩大完全依赖于产品市场的扩大是否足以消化持续扩大的产能。

随着日本产品竞争力的不断增强,这种模式给日本带去了诸多困扰,日本大量购买科技专利成果,导致受外国工艺的控制,放松了对本国的科研和试制,不断购买专利不仅费用日益昂贵,甚至出现要让出部分股份或联营等不利于经济发展的态势。随着技术竞争的加剧和各国知识产权的保护加强,日本大规模引进技术难上加难。

模仿策略显然不是一种可持续发展方式,要真正实现经济的可持续发展,日本意识到必须从以往的争夺市场向开发市场转变,要从"最佳模仿者"的道路转向创造性开拓的道路。在这种背景下,日本政府将科学工业园定在筑波。

但是,新生的筑波同时肩负着另一种使命。在东京大都市发展规划中,日本政府首次提出为东京建设一个卫星城,并将东京及其周边的国家级实验性研究机构全部迁至其中,日本政府期望借助筑波有序的搬迁缓解东京过度拥挤的状况。因为那里的28平方公里土地不但可以满足各级研究机构的需求,还可以容纳日后"必然"大量进驻的企业。

这种搬迁持续了整整30年,直到1993年,日本内阁才在耗费超过2万亿日元之后完成搬迁任务。然而,日本政府的付出并没有与回报形成正比关系,随后的事实证明,日本政府的期望值在不断下滑。

筑波科学城与理想的科学产业园模型相距甚远,官产学结合在筑波始

终都只是一个遥不可及的梦想。因为这里只有搬迁，没有整合，只有政府意志，没有产业支撑。

日本筑波科学城之所以成为这样的"病号"，我认为原因有二：

其一，政府主导的不科学性，政府在扮演技术研发总召集人的角色。从规划、审批、选址到科研等整个过程和运行完全是政府决策，连科研机构和科研人员都是政府从东京搬来的，不像美国硅谷完全依靠内在的创新环境吸引着世界各地的淘金者来此创新创业。直到现在，东京仍是日本最拥堵的城市。

由于各类研究机构和教育机构都有各自的行政主管部门，垂直式的领导和指挥，没有让筑波成为一个相互交流、协调统一发展的事业集合体。

其二，筑波科学城的技术并没有为支撑产业的发展服务，科研机构与企业的联系力不从心。由于筑波科学城以基础理论为主，使得园区不太讲究应用型技术的开发和应用，不太善于与外界交往，因此它被人们被冠以"科学乌托邦"。

因各种原因而被荒废的"开发区"在中国早已屡见不鲜

筑波的技术创新周期很长，研究人员的个人意志体现在政府的计划之中，这使得筑波成为一个官僚科学城，而非真正为本国的产业服务。他们的一项科研从立项、审批、研究论证到出成果一般需要10年时间，并且研究成果多半用来满足论文的发表而已。

从经济角度上看，筑波科学城对日本的经济和科技发展没有做出很大的贡献。据了解，日本知名的诺贝尔得奖者川端康成、大江健三郎都毕业于东京大学，而携带过筑波身份的诺贝尔获奖者田中耕一、江崎玲于奈、本田靖等人名气大不如前面两位，至少在比邻而居的中国如此。

教育设施的匹配不足，在一定程度上让筑波科学城终究变成了个"孤岛"，很多研究人员对筑波科学城望而止步。日本最好的大学仍集中在东京，筑波科学城除了筑波大学，并没有吸引到其他一流的大学，日本政府的科学城计划并没有足够的经费把研究与教育机构迁出东京，这直接导致了很多研究人员不愿意在东京与筑波之间往返奔波，因为他们希望自己的孩子能接受更好的教育。

诚如前面所言，做得不好的，我们需要防患于未然，筑波科学城的失败归根结底在于它的管理模式上，这对于同是政府主导型的中国高新区又有着怎样的启示意义呢？

无论在何种形式的高科技园区中，政府的作用都是不容忽视的，即使在市场主导型的美国硅谷，政府依旧发挥了重要的间接作用，如通过采购、加大投资力度等措施，为半导体工业提供人才资源，同时，如果没有政府税收政策、风险投资等资助，单靠院校的力量难以在新的领域有所作为。

但是，问题在于政府的影响是否是积极的促进，是否具有科学性。政府主导型的高新区，应该根据发展阶段和条件的改变，对发展定位适时做出调整，以促进园区形成自主发展的力量，应该强调的是，高科技园区经不起复制。

同样，筑波的失败原因之一在于它的技术提供与实际应用存在脱节现象，技术来源的途径也值得考究。技术不仅要与科技园区紧密挂钩，更要与企业产生千丝万缕的联系。技术到底放在哪里去？终究是要回归到企业，企业才是技术附着的主体。

一般来说，高新区要想发挥预想中的高新技术特色，就要有一个厚实的科学技术的来源与基础。所以，大部分创新高地靠近大学、研究机构等单位，成为高新技术产业的研发源泉。

研究机构或是大学作为熟练培养和提供创新人才的供应者，需要为科技园区提供支持而使自己的研究水平大幅度提升，并且自身的研究具有切合实际的目的性和实用性，从而在创新环境下产生自己的市场。反言之，科技园区通过提供资金和机会反哺科研机构，双方可以形成良性互动关系，相互促进使得研究和制造水平不断得以提升。

产业就是脊梁

如果没有综合商社，日本经济就会垮掉

初衷为好，执行走偏，日本最初利用筑波打造"技术王国"的梦想终究不尽如人意。但是对日本而言，筑波科学城自始至终没有成为日本的创新主体并不是一件令人恐慌的事情。

"技术王国"的梦想仍在延续，日本技术正在熠熠生辉，世界上最强韧的"超级纤维"，世界上最坚最重的钢丝缆绳，世界上最小的集成电路MU芯片，甚者是高级不锈钢无缝钢管界的"劳斯莱斯"……从细到粗，从里到外，世界级的标签词都指向同一个方向，那就是日本创新，日本创造。

筑波的创新价值有限，日本强大的发展动力又源自哪里？个人认为，如果没有综合商社，日本经济就会垮掉，综合商社对日本经济发展起着强大的助推作用。

财团，大企业才是日本的创新主体，而这也成为日本抢占全球制造业中心的秘密武器。在此，我们也可以解读成日本释放了另一种信号，技术终究附在了企业身上。在这里，我谈日本综合商社的三个成功之处：

成功之一：形成产商融结合的财团体系

提起综合商社，一定不能离开日本财团。财团即为日本产业的"母体"和组织者，主要由三个核心部分组成：主力银行、综合商社、大型制造企业。

打个比喻，在这个财团家族中，主办银行扮演父亲的角色，通常决定家属成员的血缘关系和姓氏归属，以企业法人之间的资本关系形成新型的命运共同体。而综合商社扮演了母亲的角色，它负责生儿育女（众多的制造业），对孩子的教育和成长施加影响，并为儿女长大后外出求学与发展谋划（获取情报），甚至为子女选择对象和操办婚嫁（创办合资企业）。

日本综合商社多发端于贸易公司，它以贸易为平台，介入产业之中，同时又有金融的服务功能。在贸易领域，综合商社可以预付货款，让工厂有足够的流通资金进行生产，在流通中，对于闲置的资源它还可以再分配，给中小企业提供如租赁服务，帮助组织生产。

以丰田汽车为例，它背后有一个综合商社，即丰田通商。丰田汽车刚刚进入广州时，其物流网络、配送方案、零部件存储都是由丰田通商完成的。在其培育下，丰田汽车现在在中国有100多家合资企业，包括汽车制造企业，也包括世界上数一数二的汽车零部件企业，还包括汽车的装备制造企业丰田自动织机。在这种体系构造下，日本的丰田不是单个的组装厂，而是相互支持的全产业链生产基地。

这种全产业链的方式，就是所谓的一体化发展，即是指打通产业的上下游产业链，一家企业既做上游也做下游。对想不断触及产业链上游的中国企业来说，应不仅仅只从事产业链某一段的专业化生产，还得形成自己的产业和技术，企业应该从各自为政的竞争方式转而联手打造全产业链模式的竞争方式。

当产业、商业和金融结合时，形成一个稳定的三角关系，财团实际上就是命运共同体和利益共同体，其中的企业相互持股，捆绑在一起，由于自身跟上下游的企业紧密关联，因此当任何一个企业遇到问题，后者都会对陷入困境的企业施以援手，比如说东芝的芯片业务相当于是水源，而松下和索尼都是支流，一旦水源污染了，整个产业链都有危险。出于整体战略考虑，财团愿意牺牲眼前利益，救别人等于是在救自己。

成功之二："走出去"的高瞻远瞩

这里的高瞻远瞩，也可以解释为放长线钓大鱼。在海外投资战略方面，日本是个擅长循循善诱的行家。

三井物产在海外80多个国家有200多个分支机构，所谓的分支机构就相当于事务所，有些就是当地的法人公司，比如三井物产中国有限公司、上海有限公司或大连有限公司。在全球，三井物产投资过的公司有几千家，在中国就至少有200家。

相较于日本，中国企业"走出去"多以失败而告终，比如中铝增资力拓、中海油竞购优尼科、联想收购IBM、上汽收购双龙等，无论是收购品牌、技术，还是石油、矿山等资源，都遭遇了同样的命运。

面对这个令人唏嘘的现象，我们应该看看日本人是怎么成功的。日本的"走出去"有点类似浙江温州人，他们先去跟人打好交道，与当地政府

产业就是脊梁

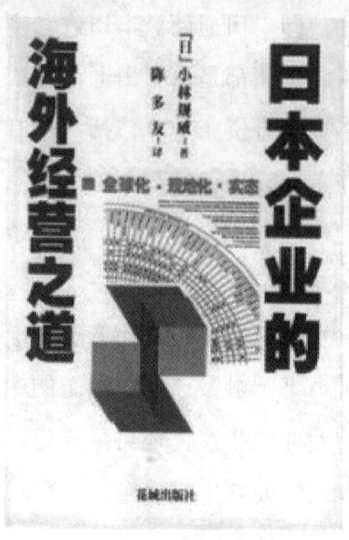

《日本企业的海外经营之道——全球化·现地化·实态》，作者：小林规威

打好交道，然后再带领一群企业杀过去，不仅各个企业之间的资源汇集、情报汇集，而且其背后还有主办银行的金融支持。有协作单位，有关联企业的支持，这是在整个产业链条中做长远布局。

与中国企业单兵突进式直奔股权的做法不同，日本的收购往往先在战略布局上把外围工事打通。因为它们更愿意先通过合资，再稀释股份的方式，慢慢蚕食。先建立人脉关系，其实最后能否完成收购，关键的还是这些被收购方的人是否认同你。如果他们把你当作伙伴而不是敌对的收购，那么趁他们危机或缺钱时再去收购，对方反而是欢迎的。

日本海外投资的模式在中国有迹可循，松下电器就曾是这种蚕食性做法的执行者。2003年，松下电器中国有限公司的注册资本为300万美元，而到了2006年，这个数字已经飙升了10倍。松下正是通过这笔钱不断稀释中方合作伙伴的股份，把原本的合资工厂变成了独资。对于中方合作伙伴来说，或许获得了不少现金收益，但经过多年打造的销售渠道和网络却拱手让给了松下公司。

日本的海外投资战略具有参考价值，但是值得注意的是企业在征战海外市场时，必须掌控产业的主导权。就像财富这个简单的尺度，很容易就将人划分为穷人和富人两大群体一样，企业"走出去"的竞争力其实也能衡量出该企业是否是真正的强大企业。从这点来看，中国的企业还任重道远。

成功之三：人才的集成效应

日本人在工作时是什么样的性格？大抵我们可以从荧屏上得知。丈夫失业了，妻子不得而知，因为丈夫每天还是光鲜亮丽地出门，跟平常无异样，实则他躲在咖啡厅，对报纸上的招聘信息反复斟酌，直到下班时间，又装作若无其事地回家去……

害怕失败，不太愿意尝试新的事物，日本人的"一根筋"一度受到西方人的诟病。在倡导自由的西方世界，人才的超流动性成为一个明显的特征，包括闻名于世的硅谷，科技人员很容易变换工作单位，有人认为这为加速硅谷的创新活动提供了十分

日本佳能（富士财团）社长御手洗富士夫曾说过："终身雇佣制是日本的灵魂，是一种不可思议的文化"

有利的条件。美国在华投资公司非常注重本土化，管理人才就地招聘。但是，日本在华投资的公司高管基本上是从日本派遣过来的，本土化程度较低。

日本人才的不流动，有人认为这是阻碍日本创新和进步的绊脚石，我认为这种认识是个误区，人才的相对稳定对日本是件好事。培育人才，首先得具备安全感，一个相对稳定的环境就比较适合，日本的人才是在体系内流动。其次，人才流动过于频繁，其实会流失掉一定的技术，甚至技术被带给你的竞争对手。

人才的相对稳定，无疑给日本的高端制造业的持续发展提供了保障。由于产品的复杂性，特别是高精尖的零部件和材料的研究，需要日积月累、长年累月的技术积累，这种积累沉淀下来就是核心竞争力，随之沉淀下来的还有一种是共生共荣的价值观。

在日本综合商社流传着这样一句名言："能做成事就靠人。"人才是企业最大资产的用人观念将企业和人才牢牢地捆绑在一起。日本人以企业为家，企业和社会是一体的，再加上财团这种协调机制，日本的经济具有很强的抵抗危机的能力。在日本，共生共荣已经成为一种普遍的价值观。

这不禁让人想起中国创业英雄马云说的一句话："来到阿里巴巴不是为了一份工作，是为了一个梦想，是为了一份事业，只有梦想、理念、使

命，价值体系才能让我们走得更远。"毋庸置疑，发展需要人才，创新需要人才，然而如何让集聚的人才往同一个方向发力，大概只有对同一种价值观的共识了。

原文发表于《中国高新区》2013年9月，作者：王芳

后　记

4万亿投装备制造业，"武力"保卫中国商业

● 中日产业战争，谁才是赢家？

如果中日打经济仗，基本上是中国的损失会更大，而且很被动，因为我们经济很多方面是依赖于日本。反过来，日本并不完全依赖于中国，它在全球市场包括传统的像美国市场、欧洲、加拿大、澳大利亚市场以及新兴市场有很多的产业，实际上并不完全依赖于中国的市场。

所谓钓鱼岛问题显性化是什么意思？中日两国打贸易战？还是动真刀真枪，在军事等各个方面跟日本对着干？以我个人的观点，在经济上跟日本对立，首先是两败俱伤，都会有损失，而且中国的损失要大于日本。

我们的国民甚至我们的舆论宣传，基本都说日本的经济依赖中国市场，日本国内不景气，整个经济不好，正是因为有了中国的市场，它才能够活着。但是这种观点并不准确。请大家提前看看我的书《三井帝国在行动》，这可能让你大吃一惊。2008年这本书出版以后，成为畅销书，有人称为日本版的《货币战争》，当然它不是《货币战争》，而谈的是产业战争。

日本企业、产业在中国形成这样一个布局，藏在我们产业的很多核心地方，但是我们并没有感受到，我们只是知道有那么几个品牌。但其实在日本，包括索尼、松下都是小玩闹的公司，日本真正的"央企"是不做具体产品的，而是做装备制造、金融、商社。这些日本核心企业相当于中国的央企，与我们的央企类似，比如联想、海尔、长虹看似挺有名，但实际上在中国也是小玩闹公司，真正大型的企业集团是不做这些产品的。

我们说抵制日货，抵制那几家公司的产品其实意义不大，日本也不会伤筋动骨。我为什么写了那么一本书？实际跟我的经历有关系，我在日本

企业工作了12年。从1991年大学毕业，1993年进入日本的一家公司，这家公司叫三井物产，它不是一般的公司。如果看日本历史的话，包括明治维新推翻当时的政府，背后是谁出的钱？三井出的钱。中国爆发辛亥革命，武昌起义时没有钱了，谁给的钱？孙中山从哪儿要来的钱？从三井要出来的钱。

在三井财团里，我所在的三井物产实际是三井财团的一个综合商社，也许大家并不知道这个三井物产，但可能都知道丰田、东芝，它们其实是属于三井财团的。它有这么样一个体系，财团有20几家核心企业，不是叫企业，而是企业集团，丰田只是其中一部分，此外还有外围的关联企业，也就是跟它关系比较密切的公司。还有，在二战后，它扶持起来的公司像索尼等，这些事实，可能很多人都不知道。

另外，三井财团跟住友财团现在合在一起，成为三井住友控股金融集团，住友里面有谁？是松下、NEC、三洋这样的企业，而现在三井跟住友的产业群其实是合在一起的。

我在这样一个日本财团核心的企业里面工作了12年，我知道它是怎么操作的，它的根基在哪儿，所以写了这么一本书。这次来也是再揭秘，我认为，如果中日打经济仗，基本上是中国的损失会更大，而且很被动，因为我们经济很多方面是依赖于日本。反过来，日本并不完全依赖于中国，它在全球市场包括传统的像美国市场、欧洲、加拿大还有澳大利亚市场以及新兴市场有很多的产业。

• 隐藏的日本经济实力

日本除了在发达国家或中国以外，包括在越南、蒙古等国，也有大量的投资、大量的产业，所以所谓日本国内经济不景气，其实是因为它把产业外移了，就像我们的温州，要是现在到温州看，一点也不景气，都是老弱病残留在那儿，但实际上温州人在全国全世界赚钱海了去了。日本也是这样，我们老用GDP衡量中国，但实际上看日本还有美国不能用GDP看，它们是资本输出国，它们国家的产业是在外面赚钱的，它们的经济实力并不完全都在国内。日本的GDP只占GNP也就是国民生产总值的40%！

另外，我们老说日本"失去的十年"，股市暴跌、房价暴跌。但是我们忽视了一点，就是日本房价跌了一半，股市跌一半多，但是它的日元升值了一倍多。如果用美元计算，它的房价没跌，它的股市也没跌。只不过用日元来计算的时候，看着是跌了。我们看到的很多数据并不真实，我们老是说日元升值对它打击，但是实际上只是短期对它的产业可能有影响，相反，日元的升值促使了它的产业升级，把那些不赚钱或者低附加值的外移，集中精力做高精尖的东西。

日元升值为它在海外收购企业降低了大量成本，实际它的钱一下子更"值钱"了，收购大量的矿山和在海外投资，实际上给它带来的益处远远超过所谓的日元升值带来的损失。

我们并没有理解真正日本的实力，对日本的误读还在报道，让中国老百姓有很多误解，大家看的问题也不真实，实际上，日本隐藏的经济实力远远超出我们的想象。

● 掌握装备制造的"核武器"

在世界经济中，日本用产业和商业金融结合的财团、美国用华尔街的力量占据了优势。那么，日本产品深入我们的品牌背后，我们要想把它们打出去，靠什么？就要提高我们的装备制造业，提高我们的军工水平，4万亿不要扔到房子里面，4万亿扔在装备制造，搞装备制造就要无条件往里投入。

为什么？日本的制造业经济体是很强大的，并不是媒体上说的衰败了。它在20世纪80年代扩张的时候被美国打了一下，整了一下，所以它躲起来，暗中较劲。

我不赞成大家砸日货的方式，但是我的观点是：一定要跟日本斗争，跟美国斗争。我也不同意说没有阴谋论，我认为是有阴谋，而且美国有阴谋，日本有阴谋。它们的阴谋很简单，这种阴谋其实是"阳谋"。你说它是阴谋，是因为不懂它的玩法，所以认为是阴谋。它的"阳谋"是什么？就是为了它本国国民的福利而在全球争夺资源、争取市场，使用别的国家的廉价劳动力，这个就是它们做的事情。美国在做这个事情，日本也在做

产业就是脊梁

这个事情，我们现在想生活得更好、有更多的物质财富，能够享受像西方发达国家一样的生活水平，那么我们也需要去拿资源、拿市场、拿技术，那么必然跟它们发生冲突对撞，这实际就是经济战争。

也就是说未来的战争——或者说不用等未来，现在已经有——就是"第三次世界大战"。而这次世界大战不是拼刀枪，而是一场经济战、金融战、产业战，是商战，这场战争中，我们看到钓鱼岛其实也是跟经济有关的资源争夺。其实不光资源争夺，通过钓鱼岛争端，中日之间争斗起来，那么可能美国在经济上就得益，包括美元霸权的巩固。

我们看到，就在中国跟日本在钓鱼岛问题弄得这么凶的时候，2012年6月1号，中日之间达成了贸易以人民币结算的协议。什么意思？这是对美元的一次挑战。现在国与国之间更多是在打经济战，这种经济战不是简单的砸砸日货，这种方式是打不赢的。为什么别人能打赢？因为别人有发达的制造业，能够占据高端，因为它有它的一套体系，这套体系，日本用的是产业和商业金融结合的财团，美国用的是它的华尔街的力量。我们要想打赢经济战，就一定要用自己的经济体系。

中国的制造业转型实际上是被压制的，所谓制造业转型就是我们鞋子、袜子、布变成新的东西，这能够叫制造业的转型吗？真正的制造业转型一定是往装备制造业的高端方向走，我说的是材料、机床、生产线、成套设备。这些东西是什么？实际上是军工，日本和德国挑战老牌的资本主义国家的时候，靠的就是这些，只是战争把它的技术给拉下来了。我们在和平年代不能有战争了，不能拼刺刀了，但是我们还要有经济账，要拉动我们的装备制造业、材料升级，得有打战争的勇气，要不惜花血本。战争的时候，不跟你算账，不算将来利润是多少，统统没有，要全民投入。所以，日本产品深入我们的品牌背后，我们要想把它们打出去，靠什么？就要提高我们的装备制造业，提高我们的军工水平。4万亿不要扔到房子上，要扔在装备制造上，搞装备制造就要无条件往里投入。

钓鱼岛争端对于我们来说是好事。这个争端提醒了我们的国民——我们要提高军事技术，带动产业升级，用军事力量来威慑日本、威慑美国，保护我们在全球的商业利益，或者像美国一样用武装力量去搞油田。我们可能搞不过美国，但是我们得保护我们的利益。要做到，就需要我们付出努力。

● 从危机感身上找到信仰

按照新中国成立后工业化的发展阶段，在这一时期，尤其是加入WTO后，不管是学界还是实业界，一个共性的认识是——科技的对外依赖在一定程度上多于自力更生。随着多方呼吁，社会舆论开始意识到要大力支持自主创新，研制出关键"零部件"。

然而，钻研之路并不容易。当下缺的不仅仅是技术层面上的师傅，也缺少在阻碍自主创新环境下勇于改革的师傅，更缺在精神信仰上给年轻人鼓劲儿的师傅。

从整个社会层面来说，问题的关键并不是有没有人或是该有多少人的问题，而是需要一种切实可抓的信仰建设，即让年轻人有一个充满干劲、为着自己的兴趣以及国家需求去释放拼搏的环境。

在这一点上，不止一位学者认为，日本就十分值得学习——从危机感身上找到信仰，比如《日本沉没》等影片带来的生存感冲击。

这样的危机感还来源于国内大众传媒上的言论。以那本曾掀起轩然大波的《中国能否赶超日本》为例：20世纪90年代，日本经济的发展势头逐渐减弱，各种社会问题逐渐暴露。该书作者唐津一表示，面对近邻中国良好的经济发展势头，日本国内从民众到学者普遍有一种不安全感，甚至是一种被中国超过的危机感，"要写本书鼓起国内年轻人的自信，同时给出危机的信号"！

而这恰恰是国内所缺失的，即一种爱国教育的缺失，这种教育并非简单的言传，更在于身教，这也正是要用师傅来带徒弟，才能搞活中国工程科技的原因所在。

换句话说，"为了下一代，先找回这一代"。老一辈以身作则的行为可以慢慢影响到年轻人的想法，并形成一种信仰——一种发自内心的动力。而当信仰形成之时，浮躁、急功近利都将成为"浮云"。

2012年10月，当日本科学家山中伸弥获得诺贝尔生理或医学奖之时，

产业就是脊梁

我们也开始反思,"我们要向日本——一个在自然科学领域已经有19位诺贝尔奖获得者的国度学习什么"。

关键不在于日本人有多聪明,而是其认真和执着,一个人、一个民族能够持续认真、执着地做一件事,除了内在兴趣的动力之外,一种较为完善的教育、科研、产业环境以及干实事的信仰环境是更为重要的。

以日本人引以为傲的制造业来说,日本人自己也将其归结为民族特性中的谦虚和好奇心。1543年,漂流到种子岛上的葡萄牙船只带来了火药绳枪,这项技术立即就传遍了整个日本列岛,并完全改变了当时的战争形态。在日本,火药绳枪被人们彻底地分解开,并在不到一年的时间里,就进行了复制品的试射。

面对有着先进文明的西方殖民主义者,日本人不仅没有被吓倒,反而兴奋地睁大双眼去推理其构造,学习制作出了无数仿制品。从不满足的欲望使他们不安于"差不多",而是要"做得更好",这一点正是中国人应当借鉴的。

就当下还未降温的钓鱼岛事件,其实就是"一个变革的机会"——外部危机常常让国内齐心协力,形成一个共同的"信仰点"。

原文发表于《搜狐财经》2012年9月 作者:白益民

引用文章

[1]《给日本制造一个真相》发表于《经济观察报》2010年1月,作者:白益民

[2]《是中国制造还是日本制造》发表于《董事会》2007年8月,作者:白益民

[3]《日本控制关键零部件,中国只是组装厂》发表于《搜狐财经》2010年9月,作者:白益民

[4]《模具"日本制造"品质佳》发表于《模具网》2011年7月,作者:林正则

[5]《日本占据全球制造业最高端的秘密》发表于《南方都市报》2009年11月1日,作者:白益民

[6]《综合商社成就日本超一流"母体工业"》发表于《装备制造》2008年6月,作者:袁璐

[7]《日企深度介入中国面板产业》发表于《第一财经日报》2009年4月9日,作者:王如晨

[8]《上广电被托管之路》发表于《中国计算机报》2009年4月28日,作者:李强强

[9]《丸红撤出京东方 不影响另类掌控》发表于《21世纪经济报道》2010年1月,作者:郎朗

[10]《"台日"联手搅动东亚产业战》发表于《中国产经新闻》2013年1月23日,作者:佟文立

[11]《三安并购璨圆背后 闪现三井身影》发表于《新产业》2011年第12月,作者:罗葛妹

[12]《长虹:中国企业的宿命?》发表于《董事会》2007年6月,作者:白益民

[13]《经济地震启示录》发表于《新经济导刊》2011年5月,作者:白

益民

[14]《揭穿日本电子业假面》发表于《环球财经》2012年12月,作者:白益民

[15]《日立公司打造中国"白金暗道"》发表于《环球财经》2012年12月,作者:余启阳

[16]《日美同盟的中国攻略》发表于《环球财经》2011年1月,作者:白益民

[17]《华为亮剑,阻击日立》发表于《环球财经》2011年4月,作者:白益民

[18]《丰田用50年打败美国》发表于《环球财经》2011年4月,作者:白益民

[19]《丰田到底是做什么的?》发表于《装备制造》2008年7月,作者:袁璐

[20]《狙击丰田:美国打响新一轮产业战》发表于《环球财经》2010年4月,作者:白益民

[21]《丰田的"和解"谋略》发表于《中国汽车报》2012年1月,作者:杨学敏

[22]《丰田交给美国政府的"保护费"》发表于《汽车经济网》2013年3月,作者:白益民

[23]《要想反垄断 必须自己"垄断"》发表于《华夏时报》2014年8月,作者:丁玲

[24]《"影子丰田"隐秘布局吞噬合资公司利润》发表于《时代周报》2010年10月,作者:信晓霁

[25]《财团体系支撑丰田"不死鸟"》发表于《环球财经》2010年4月,作者:白益民

[26]《以丰田为镜,看吉利最缺什么》发表于《现代物流报》2013年3月,作者:白益民

[27]《吉利收购沃尔沃:警惕重蹈空瓶覆辙》发表于《环球财经》2010年5月,作者:白益民,王维

[28]《谁来审判高盛?》发表于《环球财经》2010年5月,作者:白益民,

王维

[29]《三菱重工的中国攻略》发表于《装备制造》2009年7月，作者：张凌

[30]《日本财团，"徐工案"幕后辣手》发表于《环球财经》2007年8月，作者：白益民

[31]《日本新干线的中国之旅》节选自《三井帝国在行动》中国经济出版社，作者：白益民

[32]《中国向日本政经军团学习什么》发表于《环球财经》2007年5月，作者：白益民

[33]《日本"官民一致"推进新干线出口》发表于《时代周报》2014年8月，作者：张子宇

[34]《日本购岛，野心背后的核武器狂想》发表于《环球财经》2012年12月，作者：白益民

[35]《抢占中国核电市场》节选自《三井帝国在行动》中国经济出版社，作者：白益民

[36]《收购美公司采海外铀矿》发表于《环球财经》2010年1月，作者：袁璐

[37]《核电难言放弃》发表于《国企》2012年第6期，作者：吴杰

[38]《中国核电重启下的日本机会》发表于《中国产经新闻》2013年2月，作者：佟文立

[39]《日本核工业巨头的中国布局》发表于《国际商报》2012年9月，作者：白益民

[40]《日本实为航天大国》发表于《经济观察网》2010年1月，作者：白益民

[41]《潜藏火箭里的军事意图》发表于《环球财经》2013年4月，作者：白益民

[42]《日本财界的"星球大战"图谋》发表于《环球财经》2013年4月，作者：白益民

[43]《日本寓军于民的军工体制》发表于《中国航空报》2013年1月，作者：白益民

[44]《日本尽是"爱国贼"》发表于《环球财经》2009年5月，作者：白益民、袁璐

[45]《日本航空部队的军国复活梦》发表于《环球财经》2012年11月，作者：白益民

[46]《日本拉抬"大飞机"意在吞蛋糕》发表于《中国航空报》2013年1月，作者：白益民

[47]《波音机翼下的日本魅影》发表于《环球财经》2013年4月，作者：白益民

[48]《财界武装的日本海军》发表于《环球财经》2012年11月，作者：白益民

[49]《中国制造靠什么顶起航母style》发表于《齐鲁晚报》2012年12月，作者：刘德峰

[50]《警惕日本对华产业战争》发表于《竞报》2008年12月，作者：白益民

[51]《揭秘日本财团帝国》摘自2009年11月第94期《郎咸平说》实录

[52]《三井物产模式透视》发表于《中国商业评论》2007年5月，作者：萧三匝

[53]《三井模式带给中航工业什么启示》发表于《中国航空报》2009年9月，作者：刘文波

[54]《失之筑波，收之财团》发表于《中国高新区》2013年9月，作者：王芳

[55]《4万亿投装备制造业 武力保卫中国商业》发表于《搜狐财经》2012年9月29日，作者：白益民

[56]《工科生来了，师傅们准备好了吗》发表于《中国青年报》2012年12月，作者：邱晨辉